U0467531

国家自然科学基金面上项目（71673238）
浙江省新型重点专业智库"中国政府监管与公共政策研究院" 资助
浙江省高校高水平创新团队"转型升级和绿色管理创新团队"

定制化绿色信息影响研究
探索、验证和解释

王建明 等◎著

Research on the Impact of Customized Green Information

Exploration Verification and Interpretation

科学出版社

北 京

内 容 简 介

本书对定制化绿色信息及其影响作用进行专门研究，整合使用探索性研究（分析定制化绿色信息维度结构的四大主范畴）、验证性研究（分析定制化绿色信息四维度对绿色消费行为的主效应和交互效应）和解释性研究（分析定制化绿色信息对绿色消费行为的影响作用）三种研究方法，对定制化绿色信息及其影响进行了系统研究，试图为推动绿色消费和生活方式绿色化的政策实践提供理论支撑和实验证据，也从消费视角推动践行"绿水青山就是金山银山"的绿色发展理念。

本书对政府部门、工商企业和非营利组织制定绿色消费政策和定制化绿色信息策略具有重要借鉴价值，也可作为绿色发展、绿色消费、绿色管理等相关领域高校师生的参考用书。

图书在版编目（CIP）数据

定制化绿色信息影响研究：探索、验证和解释 / 王建明等著. —北京：科学出版社，2022.3
ISBN 978-7-03-070398-9

Ⅰ.①定⋯ Ⅱ.①王⋯ Ⅲ.①绿色经济-经济发展-信息管理-研究-中国 Ⅳ.①F124.5

中国版本图书馆 CIP 数据核字（2021）第 219515 号

责任编辑：石 卉 陈晶晶 / 责任校对：韩 杨
责任印制：徐晓晨 / 封面设计：有道文化

科学出版社 出版
北京东黄城根北街 16 号
邮政编码：100717
http://www.sciencep.com

北京建宏印刷有限公司 印刷
科学出版社发行 各地新华书店经销

*

2022 年 3 月第 一 版　开本：720×1000　B5
2022 年 3 月第一次印刷　印张：23 1/2
字数：396 000

定价：168.00 元

（如有印装质量问题，我社负责调换）

前　言

近年来尽管中国消费者的绿色消费（green consumption）意识已经有所提高，但总体上消费者在实际生活消费中的非绿色消费（不可持续消费）仍旧非常普遍，且消费者在绿色消费上往往还显示出言行不一的现象。根据生态环境部环境与经济政策研究中心发布的《公民生态环境行为调查报告（2020年）》，受访者普遍认为消费者自身环境行为对保护生态环境重要，但不同领域践行程度呈现明显差异。在呵护自然生态、选择低碳出行和节约能源资源方面践行程度较高，能够做到"知行合一"。但在践行绿色消费、减少污染产生、关注生态环境和分类投放垃圾等行为领域，消费者践行程度相对较低，仍然存在"高认知度、低践行度"现象，生态环境行为还有较大提升空间。事实上，消费的绿色化已滞后于生产的绿色化，这使生产领域的绿色努力往往被消费领域的非绿色消费所抵消，也在一定程度上制约了中国绿色消费市场的发展和企业绿色营销的实施。

2017年10月，十九大报告指出"加快建立绿色生产和消费的法律制度和政策导向"，"倡导简约适度、绿色低碳的生活方式，反对奢侈浪费和不合理消费，开展创建节约型机关、绿色家庭、绿色学校、绿色社区和绿色出行等行动"。2018年5月，习近平在全国生态环境保护大会上再次指出"倡导简约适度、绿色低碳的生活方式，反对奢侈浪费和不合理消费"。2019年9月，习近平主持召开中央全面深化改革委员会第十次会议，审议通过的《绿色生活创建行动总体方案》指出，倡导简约适度、绿色低碳的生活方式，开展节约型机关、绿色家庭、绿色学校、绿色社区、绿色出行、绿色商场、绿色建筑等创建行动，建立完善绿色生活的相关政策和管理制度，推动绿色消费。事实上，唤醒绿色消费意识，推进绿色消费行为已成为驱动中国高质量发展的"重要性、紧迫性、艰巨性"课题，对推动中国生态文明建设迈上新台阶至关重要。

问题在于，如何通过有效的绿色信息传播让绿色消费从理念上升为实际行动？理论界和实践部门也提出了诸多绿色信息传播策略，如绿色宣传教育、绿色公益广告、绿色户外横幅、绿色能效标识等。尽管这些绿色信息传播策略在一定程度上影响了受众的知识、态度、意识和价值观念，但是对于推动绿色消费和生活方式绿色化的社会期望和目标来说仍旧远远不够。这里的一个关键问题在于，传统的绿色信息大多属于一般化或大众化信息，而不是定制化或个性化信息。在移动互联网和大数据时代，传统的大众化、一般化的绿色信息策略，越来越不能适应和满足消费者的需求，这在一定程度上制约了推进绿色消费的实际绩效。移动互联网的发展和大数据技术的应用（包括手机APP、微信公众号等）已经使定制化绿色信息的实施逐渐成为可能。目前定制化信息已经被广泛运用于很多领域（定制化新闻推荐、定制化广告推送等），也有很多学者对此进行了相应的理论研究。但对推进绿色消费领域中定制化绿色信息的理论研究和实践应用还相对缺乏。这里的定制化绿色信息是指，基于消费者不同的特征属性（选择偏好、兴趣、价值观、生活方式等），向不同消费者展示最能影响他们消费特定绿色产品或服务的个性化绿色信息。在移动互联网和大数据时代，如何设计定制化绿色信息更好地激发微观主体行为的决策端响应，更有效地推进绿色消费行为，这是推进绿色消费的机制和政策领域一个亟须解决的理论和现实课题。

　　本书整合使用探索性研究、验证性研究和解释性研究三种研究方法。探索性研究是对定制化绿色信息及其影响进行初步的典型小样本研究，遵循归纳性的逻辑思维，主要通过深度访谈、现场观测、焦点小组等质性研究方法进行。验证性研究是在设计定制化绿色信息实验框架下验证实验结果，主要通过问卷调研、实验研究、统计分析等方法进行。解释性研究是通过对定制化绿色信息的问卷调研和实验数据进行统计分析，阐释定制化绿色信息及其影响作用的发生原因、内在因果联系，主要通过实验研究、统计分析等方法进行。本书整合探索性研究、验证性研究和解释性研究三种研究方法体现了混合研究法（mixed methods research，MMR）的思路。混合研究法结合质性研究和量化研究两者的优势，使质性研究和量化研究两者的数据资料和分析结果相互佐证（即三角验证），可以提高研究结果的科学性和鲁棒性[①]（robustness），从而更全面地测度定制化绿色信息对绿色消费行为的影响效应，并对作用机理进行深入解析、深度诠释。具体来说，本书主要采用以下几种研究方法：①深度访谈法。通过对代表性消费者进行深度访谈来收集探索性研究所需的第一手资料。使用非结构化问卷（开放式问卷）对代表性消费者进行面对面访谈，或通过微信、QQ等聊天工具进行网络在线访谈。由此获得受访者对定制化绿色信息的认识、态度和行为影响的深层次资料。②扎根

---

① 鲁棒性也称稳健性，它是指控制系统在一定结构、大小的参数摄动下维持某些性能的特性。

理论法。采用探索性的质化研究方法和扎根理论,对上述资料按照开放式编码、主轴编码、选择性编码、理论饱和度检验四个步骤,探索定制化绿色信息的多维构念,建构定制化绿色信息的维度结构模型,揭示定制化绿色信息的多维属性黑箱。③实验研究法。选取合适的实验产品(如新能源汽车、节能冰箱等),设计四个线上或线下的绿色消费决策模拟实验,主要采用两因素双水平组间设计实验等不同实验方法,探究不同定制化绿色信息对绿色消费决策过程的影响。④统计分析法。通过逻辑斯谛回归、独立样本 T 检验、单因素方差分析、多因素方差分析等方法检验定制化绿色信息对绿色消费决策过程的影响效应,运用 SPSS22.0 软件的 PROCESS3.3 插件和 Bootstrap 方法检验特定变量的中介效应和调节效应。

本书的主要观点如下:

(1)推进消费者绿色消费的定制化绿色信息可以划分为四个主要维度。本书运用扎根理论探索归纳了推进绿色消费的定制化绿色信息因素,结果发现定制化绿色信息可以划分为定制化反馈信息维度(基于自身反馈以及参照群体的相关反馈)、定制化获得信息维度(绿色消费给个人和社会带来的价值)、定制化损失信息维度(非绿色消费给个人和社会带来的损失)、定制化贴士信息维度(绿色消费的建议贴士和榜样贴士)。这四个维度形成了定制化绿色信息的维度结构框架,它们可以有效地推进绿色消费。

(2)定制化绿色信息四个维度之间并不是互相独立的,而是紧密联系的。首先,定制化反馈信息能让消费者清晰深入地了解自己当前的绿色消费行为程度,这是有效推进绿色消费行为的前提和基础;其次,绿色消费的定制化获得信息维度和定制化损失信息维度向消费者传播绿色消费给社会或个人带来的利弊,引导消费者综合权衡绿色消费的有益影响,这是有效推进绿色消费行为的重点和关键;最后,进一步给消费者提供绿色消费的定制化做法、建议(即贴士维度),这是有效推进绿色消费行为的支撑和保障。

(3)不同维度的定制化绿色信息对感知价值、绿色情感、在线绿色消费决策的影响效应不同。定制化反馈和贴士信息对感知价值、绿色情感、在线绿色消费决策的影响效应无显著性差异,而定制化获得和损失信息对感知价值、绿色情感、在线绿色消费决策的影响效应有显著性差异,且定制化损失信息刺激下的购买均值低于定制化获得组和对照组。定制化获得信息可以促进绿色消费,定制化损失信息在一定程度上可以避免(或抵制)消费者进行非绿色消费,这也是推进绿色消费的做法，并不一定都体现在购买绿色产品上。

（4）无论在一般情境还是定制情境中，消费者绿色消费决策行为中都存在框架效应。定制化目标框架与定制化尺度框架对消费者感知价值、购买决策的主效应在两种情境中都显著。在定制化目标框架中，强调获得框架能最大限度地激发消费者感知价值与购买决策；在定制化尺度框架中，强调大尺度框架能最大限度地激发消费者感知价值与购买决策。获得框架能扩展思维，更有可能全局地加工信息，而损失框架会窄化思维，更有可能详尽地加工信息。另外，大尺度的信息更能让消费者感知到获得更大的价值，或者启动避免损失的动机状态，进一步规避消极、负面结果的产生，从而有利于消费者采取积极的购买行为。

（5）感知价值在不同情境中发挥的作用不同，即在一般情境中，消费者感知价值的中介作用发挥得更好。在一般情境中，感知价值对"定制化目标框架—购买决策"和"定制化尺度框架—购买决策"两条路径都起到完全中介作用，感知价值能正向显著影响购买决策。但在定制情境中，感知价值仅在"尺度框架—购买决策"路径中起到完全中介作用，不同类型家庭对获得利益或损失利益的感知不同。但总的来说，这也再一次验证了消费者感知价值理论在绿色信息策略领域的有效性。

（6）高涉入度消费者在面对定制化绿色信息时会有更高的感知价值。提升消费者涉入度是提高感知价值的有效办法和途径。在一般情境中，低涉入度消费者本身对绿色节能信息认知少，并不关注相关产品，从认识损益理论角度看，更倾向于考虑损失或负面信息。当消费者的涉入度越高时，消费者越倾向于采取积极态度加工定制化绿色信息，在购买绿色产品时更加关注产品的功能属性，并能够迅速感知到对自身有用的信息。因此，涉入度高的消费者在面对定制化绿色信息时会有更高的感知价值。

（7）解释水平的调节效应在两种情境中既有相似之处，也有不同之处。相似之处是，解释水平在两种情境中均不产生明显的框架效应。不同之处是，相比定制情境，在一般情境中高解释水平者在获得-大尺度信息策略上有更多的绿色消费决策，而低解释水平者在损失-大尺度信息策略上有更多的绿色消费决策。这是因为当消费者面对正面信息时，倾向于用高解释水平的心理表征模式对绿色消费决策的结果进行解释，同时大尺度信息又能激活更多的抽象及更高层次的思考，正好与高解释水平匹配。

（8）绝大部分家庭乐于接受一般情境中的定制化绿色信息策略，但不同类型家庭有偏好选择。定制化绿色信息策略的传播效果在两种不同情境中存在显著差异,从总体上看,相比定制情境,消费者在一般情境中的感知价值与购买决策更显著;在定制情境中,定制化绿色信息策略对高耗电水平家庭最有效,对低耗电水平家庭效应不明显。同时,不同类型家庭也存在偏好选择。其中,获得-大尺度信息策略对高耗电水平的家庭最有效,损失-小尺度信息策略对低耗电水平的家庭影响最小,损失-大尺度信息策略对任何类型家庭影响都不大。

(9)绿色信息策略的不同表现形式对购买决策具有不同影响。采用"视频+图片"的信息表现形式明显优于"纯文本"的信息表现形式。在"纯文本"的信息表现形式下,绿色信息策略对购买决策的主效应更加显著,但交互效应并不显著,而在"视频+图片"的信息表现形式下,两种效应都非常显著,且"视频+图片"的信息表现形式下消费者感知价值和绿色消费决策都明显高于"纯文本"的信息表现形式下。这显示"视频+图片"信息表现形式的传播效果更好。产生此种现象的原因可能在于视频和图片都带有特质,能给消费者以直观印象,而纯文本形式不能直接吸引消费者的注意力。

(10)在绿色消费决策过程的不同阶段,基于自己/基于他人的定制化绿色信息推荐对绿色消费决策过程的影响效应不同。在前期考虑阶段,相较于基于自己的定制化绿色信息推荐,消费者不一定会更多考虑基于他人的定制化绿色信息所推荐的绿色产品,也不一定会感到更高的推荐信任度。在后继选择阶段,相较于基于自己的定制化绿色信息推荐,消费者会更多考虑基于他人的定制化绿色信息所推荐的绿色产品,也会感到更高的决策满意度。可见,相比前期考虑阶段,到了后继选择阶段消费者更可能会最终支付购买他在前期考虑阶段加入购物车的节能产品。

(11)绿色涉入度和产品属性对"定制化绿色信息推荐类型—绿色消费决策过程"路径存在调节效应。以绿色涉入度为例,绿色涉入度对"定制化绿色信息推荐类型—绿色消费决策过程的前期考虑阶段"路径不存在显著的调节效应,即高绿色涉入度组和低绿色涉入度组消费者在接受两种不同定制化绿色信息推荐之后,两组加入购物车的节能产品在数量和推荐信任度上并无太大差异。绿色涉入度对"定制化绿色信息推荐类型—绿色消费决策过程的后继选择阶段"路径存在显著的调节效应,即相较于低绿色涉入度组来说,高绿色涉入组消费者在接受两种不同定制化绿色信息推荐之后,最终支付购买节能产品的数量和决策满意度远高于前者。

(12)定制化绿色信息类型对不同特征消费者的绿色消费决策过程(前期考虑阶段、后继选择阶段)的影响不同。定制化绿色信息类型在不同的性别、年龄、学历、个人月收入、周访问次数和网站购买经历等情境下的影响效应不同。以网站购买经历（个体过去是否考虑或选择）为例，在整个绿色消费决策过程（包括前期考虑和后继选择两个阶段）中，网站购买经历（个体过去是否考虑或选择购买过网站推荐的产品）这一特征变量对绿色消费决策过程的影响效应均显著。

为了更有效地推进绿色消费，政府部门、工商企业和非营利组织在设计定制化绿色信息时可以遵循以下思路：①着重使用定制化绿色反馈信息；②普遍应用定制化绿色获得信息；③适当应用定制化绿色损失信息；④大力应用定制化绿色贴士信息；⑤组合使用不同维度的定制化绿色信息。定制化绿色信息的实施策略包括：①挖掘不同的消费需求，制定有效的定制化绿色信息内容；②面向不同的目标对象，采用合适的定制化绿色信息；③选取不同的传播渠道，采用合理的定制化绿色信息；④根据不同的行为决策阶段，采用有针对性的定制化绿色信息；⑤针对不同的信息接触点，采取有针对性的定制化绿色信息；⑥利用不同的中介因素，提高定制化绿色信息的传播效果。

本书由王建明设计研究思路、拟定写作提纲、开展质性研究和量化研究、撰写主要内容。研究生彭伟参与了本书第四、第五章的数据分析和初稿撰写工作，研究生王秋欢参与了本书第六、第七章的数据分析和初稿撰写工作，研究生赵青芳参与了本书第八章的数据分析和初稿撰写工作。浙江财经大学绿色管理研究院教师解晓燕、刘康丽以及浙江财经大学研究生赵婧、李永强、刘亚、汪逸惟、吴旖旎、刘灵昀、胡志强、武落冰、杨澜、李阿勇、杨心成、冯雨、王硕硕、茹文萱等参与了本书部分章节的资料收集、文字整理和书稿校对工作，浙江财经大学工商管理学院的王建国副教授、高键博士等为本书出版也做了不少工作。在此一并对他们表示感谢。

本书是国家自然科学基金面上项目"定制化信息政策对家庭节能行为决策过程影响的追踪研究"（71673238）的最终研究成果，同时也获得浙江省新型重点专业智库"中国政府监管与公共政策研究院"、浙江省高校高水平创新团队"转型升级和绿色管理创新团队"的资助。最后，由于定制化绿色信息及其影响研究是一个相对前沿的领域，可直接借鉴的研究文献还并不多见。本书完成时间也较仓促，加上笔者水平有限，书中难免存在一些不足和疏漏之处，恳请批评指正。

王建明

2020年10月25日于杭州

目　　录

前言

第一章　绪论 1
　第一节　全球气候变化形势严峻 2
　第二节　节能减排成为国际关注的焦点 3
　第三节　节能减排成为中国关注的焦点 10
　第四节　消费领域节能减排成为重要课题 14
　第五节　绿色消费问题与定制化绿色信息 18

第二章　定制化绿色信息及其影响的研究述评 23
　第一节　定制化信息及其影响 24
　第二节　绿色信息及其影响 32
　第三节　信息框架效应 40
　第四节　相关中介变量及其作用 47
　第五节　相关调节变量及其作用 57
　第六节　本章小结 65

第三章　定制化绿色信息及其影响的相关理论 69
　第一节　信息影响作用 70
　第二节　个体行为机理 84
　第三节　消费决策过程 101
　第四节　本章小结 107

第四章　定制化绿色信息的维度结构探索 109
　第一节　质性研究设计 110
　第二节　资料收集方法 116

    第三节　扎根理论 ·· 119
    第四节　开放式编码 ·· 123
    第五节　主轴编码 ·· 125
    第六节　选择性编码 ·· 127
    第七节　本章小结 ·· 128

第五章　定制化绿色信息的影响验证：四维度间的差异比较 ·········· 131
    第一节　研究假设和概念模型 ································· 132
    第二节　实验设计和样本描述 ································· 138
    第三节　主效应检验 ·· 144
    第四节　中介效应检验 ·· 150
    第五节　调节效应检验 ·· 152
    第六节　本章小结 ·· 154

第六章　定制化绿色信息的影响解释：获得和损失的差异比较 ·········· 157
    第一节　研究假设和概念模型 ································· 158
    第二节　实验设计和样本描述 ································· 164
    第三节　主效应检验 ·· 171
    第四节　中介效应检验 ·· 178
    第五节　调节效应检验 ·· 179
    第六节　本章小结 ·· 184

第七章　定制化绿色信息的影响解释：得失和反馈的综合效果 ·········· 189
    第一节　实验设计和样本描述 ································· 190
    第二节　主效应检验 ·· 196
    第三节　中介效应检验 ·· 202
    第四节　调节效应检验 ·· 204
    第五节　不同情境下定制化绿色信息的差异检验 ········ 208
    第六节　本章小结 ·· 210

第八章 定制化绿色信息的影响解释：自身和他人推荐的差异 ⋯⋯ 213
第一节 研究假设和概念模型 ⋯⋯ 214
第二节 实验设计和样本描述 ⋯⋯ 218
第三节 主效应检验 ⋯⋯ 224
第四节 消费者涉入度的调节效应检验 ⋯⋯ 230
第五节 产品属性的调节效应检验 ⋯⋯ 234
第六节 本章小结 ⋯⋯ 240

第九章 定制化绿色信息影响的研究结论和应用启示 ⋯⋯ 243
第一节 定制化绿色信息影响的结论 ⋯⋯ 244
第二节 定制化绿色信息设计的思路 ⋯⋯ 253
第三节 定制化绿色信息实施的策略 ⋯⋯ 268
第四节 总结和展望 ⋯⋯ 276

参考文献 ⋯⋯ 281

附录一 实验一的实验材料和测试问卷 ⋯⋯ 334

附录二 实验二的实验材料和测试问卷 ⋯⋯ 341

附录三 实验三的实验材料和测试问卷 ⋯⋯ 347

附录四 实验四的实验材料和测试问卷 ⋯⋯ 350

图 目 录

图 2-1 信息框架效应的影响因素 …………………………………… 44
图 3-1 精细加工可能性模型 …………………………………… 71
图 3-2 说服模型 …………………………………… 72
图 3-3 规范激活理论 …………………………………… 75
图 3-4 目标设置理论框架 …………………………………… 79
图 3-5 前置-进行理论 …………………………………… 80
图 3-6 态度-情境-行为理论 …………………………………… 85
图 3-7 理性行为理论 …………………………………… 86
图 3-8 整合性理性行为模型 …………………………………… 87
图 3-9 计划行为理论 …………………………………… 88
图 3-10 习惯行为理论 …………………………………… 90
图 3-11 人际行为理论 …………………………………… 90
图 3-12 知信行理论 …………………………………… 91
图 3-13 知情意行理论 …………………………………… 93
图 3-14 扩展的知信行理论 …………………………………… 93
图 3-15 动机-能力-机会模型 …………………………………… 95
图 3-16 环境价值观-态度系统模型 …………………………………… 96
图 3-17 价值观-态度-行为系统模型 …………………………………… 97
图 3-18 价值观-信念-规范理论 …………………………………… 98
图 4-1 扎根理论研究过程与量化研究过程的比较 …………………………………… 121
图 4-2 扎根理论的资料编码流程 …………………………………… 122
图 4-3 定制化绿色信息的维度结构模型 …………………………………… 128
图 5-1 本章研究的概念模型 …………………………………… 138
图 5-2 对照组和定制化信息组之间的均值比较 …………………………………… 149
图 6-1 本章研究的概念模型 …………………………………… 164

图 6-2　不同定制化绿色信息策略的差异描述……173
图 6-3　不同定制化绿色信息策略对感知价值与购买决策的交互效应检验…175
图 6-4　不同定制化目标框架下的感知价值与购买决策差异……176
图 6-5　不同定制化目标框架下的购买决策差异……177
图 6-6　感知价值的中介效应检验图……179
图 6-7　消费者涉入度与定制化绿色信息策略对感知价值的三重交互作用…181
图 6-8　消费者涉入度与定制化绿色信息策略对购买决策的三重交互作用…182
图 6-9　解释水平与定制化绿色信息策略对购买决策的三重交互作用……184
图 7-1　本章研究的概念模型……191
图 7-2　不同定制化绿色信息策略的差异描述……197
图 7-3　定制化绿色信息策略对感知价值与购买决策的交互作用……200
图 7-4　不同目标框架下的感知价值与购买决策差异……200
图 7-5　不同类型家庭与定制化绿色信息策略的交互分析……202
图 7-6　定制情境下感知价值的中介效应检验图……204
图 7-7　涉入度与定制化绿色信息策略对购买决策的三重交互作用……206
图 7-8　解释水平与定制化绿色信息策略对购买决策的三重交互作用……208
图 8-1　本章研究的假设模型……218
图 8-2　不同定制化绿色信息推荐类型的差异描述……228
图 8-3　前期考虑和后继选择阶段差异描述（客观）……229
图 8-4　前期考虑阶段差异描述……232
图 8-5　后继选择阶段差异描述……232
图 8-6　涉入度与定制化推荐类型对前期考虑阶段的交互作用……233
图 8-7　涉入度与定制化推荐类型对后继选择阶段的交互作用……234
图 8-8　前期考虑阶段差异描述（客观）……238
图 8-9　后继选择阶段差异描述（客观）……238
图 8-10　前期考虑阶段差异描述（主观）……239
图 8-11　后继选择阶段差异描述（主观）……240
附图 1-1　对照组视频截图（实验材料Ⅰ）……335
附图 1-2　定制化绿色反馈信息组视频截图（实验材料Ⅱ）……336
附图 1-3　定制化绿色获得信息组视频截图（实验材料Ⅲ）……337

图 目 录

附图1-4　定制化绿色损失信息组视频截图（实验材料Ⅳ）……………337
附图1-5　定制化绿色贴士信息组视频截图（实验材料Ⅴ）……………338
附图2-1　获得-大尺度信息策略（实验材料Ⅰ）…………………………341
附图2-2　获得-小尺度信息策略（实验材料Ⅱ）…………………………342
附图2-3　损失-大尺度信息策略（实验材料Ⅲ）…………………………343
附图2-4　损失-小尺度信息策略（实验材料Ⅳ）…………………………344
附图4-1　基于自己推荐—高经济价值（实验材料Ⅰ）…………………351
附图4-2　基于他人推荐—高经济价值（实验材料Ⅱ）…………………352
附图4-3　基于自己推荐—低经济价值（实验材料Ⅲ）…………………353
附图4-4　基于他人推荐—低经济价值（实验材料Ⅳ）…………………354

表 目 录

表	标题	页码
表1-1	主要国家/地区/组织降低碳排放的政策及其目标	6
表1-2	近年来中国削减碳排放、应对气候变化的部分政策及主要内容	11
表1-3	居民人均消费支出情况	14
表1-4	居民家庭平均每百户年底耐用消费品拥有量	15
表1-5	生活能源消费量	16
表1-6	推进绿色消费的干预策略总结	20
表2-1	定向广告分类的研究回顾	26
表2-2	部分网络推荐系统概念回顾	28
表2-3	个性化网络推荐系统分类的相关研究回顾	29
表2-4	三类框架效应的比较分析	42
表2-5	框架效应的分类汇总	43
表2-6	消费者感知价值的分类维度	48
表2-7	部分学者对消费者涉入度的定义汇总	58
表2-8	部分学者对消费者涉入度分类的汇总	58
表2-9	涉入度与框架效应的研究	60
表2-10	解释水平的具体应用汇总	62
表2-11	高解释水平与低解释水平的具体特征	63
表2-12	部分学者对产品属性分类的汇总	64
表3-1	施瓦茨的亲社会行为模式	75
表3-2	行为机理和行为变革的社会心理学理论	98
表3-3	部分学者对消费者偏好不一致的研究汇总	102
表3-4	消费决策过程理论模型汇总	106
表4-1	不同学者对质性研究的概念界定	111
表4-2	质性研究和量化研究的优劣对比	115
表4-3	探索性研究的样本描述	119

表4-4	开放式编码分析过程节选	124
表4-5	开放式编码分析结果	125
表4-6	主轴编码形成的主范畴	126
表5-1	对照组和实验组的文字材料	139
表5-2	本书研究测量量表汇总	141
表5-3	各测量量表的信度	142
表5-4	KMO检验和Bartlett's球形检验	143
表5-5	样本的描述性统计	143
表5-6	不同变量之间的相关性检验	144
表5-7	正式试验各变量均值和标准差	145
表5-8	反馈组与对照组间差异的显著性检验	145
表5-9	获得组与对照组间差异的显著性检验	146
表5-10	损失组与对照组间差异的显著性检验	147
表5-11	贴士组与对照组间差异的显著性检验	148
表5-12	不同定制化绿色信息组之间的差异	150
表5-13	理论模型路径系数（定制化绿色信息组VS.对照组）	151
表5-14	中介效应结果（定制化绿色信息组VS.对照组）	152
表5-15	绿色涉入度的调节效应检验	153
表5-16	本章研究结果汇总	154
表6-1	定制化绿色信息的内容设计	166
表6-2	实验二被试基本情况的描述性统计分析表	169
表6-3	量表及其Cronbach's α系数	170
表6-4	KMO检验和Bartlett's球形检验	171
表6-5	个体感知价值与购买决策的描述性分析	172
表6-6	不同特征个体的感知价值和行为差异	173
表6-7	不同定制化绿色信息策略对感知价值与购买决策的主效应检验	174
表6-8	不同定制化绿色信息策略对购买决策的主效应检验	177
表6-9	目标框架、尺度框架对感知价值与绿色购买决策的影响	178
表6-10	定制化绿色信息对购买决策影响的回归分析	179
表6-11	消费者涉入度的调节效应检验结果（Ⅰ）	180

表 目 录

表6-12	消费者涉入度的调节效应检验结果（Ⅱ）	181
表6-13	解释水平的调节效应检验结果（Ⅰ）	182
表6-14	解释水平的调节效应检验结果（Ⅱ）	183
表6-15	本章研究结果汇总	184
表7-1	家庭每月人均用电情况调查表	193
表7-2	实验三被试基本情况的描述性统计分析表	194
表7-3	量表及其Cronbach's α系数	195
表7-4	KMO检验和Bartlett's球形检验	195
表7-5	个体感知价值与购买决策的描述性分析	196
表7-6	不同类型家庭对感知价值、购买决策的差异分析	197
表7-7	不同特征个体的感知价值和行为差异	198
表7-8	不同定制化绿色信息策略对感知价值与购买决策的主效应检验	199
表7-9	不同类型家庭与定制化绿色信息策略的差异性分析	201
表7-10	目标框架、尺度框架对感知价值与购买决策的影响	202
表7-11	定制化绿色信息策略对购买决策的回归分析	203
表7-12	消费者涉入度的调节效应检验结果（Ⅰ）	204
表7-13	消费者涉入度的调节效应检验结果（Ⅱ）	205
表7-14	解释水平的调节效应检验结果（Ⅰ）	206
表7-15	解释水平的调节效应检验结果（Ⅱ）	207
表7-16	一般情境与定制情境中定制化绿色信息策略总体差异分析	209
表7-17	一般情境与定制情境中定制化绿色信息策略具体差异分析	209
表7-18	本章研究结果汇总	210
表8-1	实验一的内容设计	219
表8-2	实验一被试基本情况的描述性统计分析表	222
表8-3	量表及其Cronbach's α系数	223
表8-4	实验一KMO检验和Bartlett's球形检验	223
表8-5	不同特征推荐信任度和决策满意度差异	224
表8-6	不同特征个体的加入购物车和最终支付购买差异	226
表8-7	推荐信任度与决策满意度的描述性分析	227
表8-8	消费决策过程的主观变量统计数据及分析结果	228

表8-9	不同定制化推荐下消费决策过程客观变量的统计分析结果	229
表8-10	定制化推荐类型与消费者涉入度交叉表	231
表8-11	消费者涉入度的调节效应检验结果	231
表8-12	消费者绿色涉入度的调节效应检验结果汇总	233
表8-13	实验二材料内容设计汇总	235
表8-14	消费者涉入度的调节效应检验结果汇总	237
表8-15	产品属性的调节效应检验结果	239
表8-16	本章研究结果汇总	240
表9-1	使用定制化绿色反馈信息的具体方式	255
表9-2	应用定制化绿色获得信息的具体方式	258
表9-3	应用定制化绿色损失信息的具体方式	261
表9-4	应用定制化绿色贴士信息的具体方式	264
表9-5	定制化绿色信息组合应用的具体方式	266

第一章

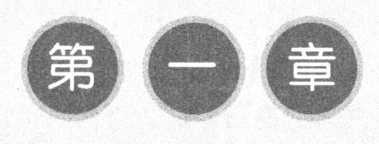

绪 论

全球气候变化、能源耗竭、污染物排放、雾霾污染等环境问题已经给人类的生存和发展带来了严峻挑战，提高绿色消费意识、推进绿色消费行为、实现节能减排成为人类自身生存和发展的客观需要，也是当前国际社会的共识。

第一节　全球气候变化形势严峻

气候变化是人类面对的共同挑战，化石能源消耗导致的温室气体（主要是二氧化碳）排放和气候变化问题已经成为当前不可回避的全球性重大议题（Wang et al., 2017）。工业革命前大气中二氧化碳的存储水平为 0.028%，而目前大气中二氧化碳的存储水平相当于 0.043%。二氧化碳存储水平的升高使全球温度上升了 0.5℃以上。在未来几十年内，由于气候系统的惯性作用，温度很可能至少再上升 0.5℃。即便二氧化碳排放量保持现有水平不变，到 2050 年，二氧化碳存储水平也将达到 0.055%。而且由于经济发展和人口、消费增长，二氧化碳排放量会逐年增加，因此 0.055%的存储水平可能会在 2035 年或更早达到。按照这种水平，有 77%~99%的可能性导致全球平均温度升高超过 2℃（任小波等，2007）。2007 年，联合国政府间气候变化专门委员会（Intergovernmental Panel on Climate Change，IPCC）发布了全面、权威的第四次报告，运用最新的科学证据，从气候变化的科学基础、影响、适应、脆弱性等角度进行分析，得出全球气候变化已是不争的事实（曹荣湘，2010）。2013 年 9 月，联合国政府间气候变化专门委员会发布了第五次评估报告，给出了更多的观测数据和证据证实全球正在变暖：自 1880 年以来，地球平均的表面温度上升 0.85℃；过去三个十年，每一个十年都比自 1850 年以来的任何一个十年更炎热；过去 30 年是公元 600 年以来最热的 30 年；来自化石燃料燃烧的碳排放和土地使用导致的温室气体也已达到前所未有的最高水平，至少是 80 万年来的最高水平；到 2100 年，全球气温会上升 2~4.8℃，海平面会上升 26~81cm；从 1901 年到 2010 年，海平面上涨了 19cm，比过去两千年的任何一个时期都快，21 世纪的海平面上涨速度会更快；预计到 2050 年，北极区将成为几近无冰的区域（沈永平和王国亚，2013）。

二氧化碳大量排放引发的全球气候变化导致生态系统退化、自然灾难频发、海平面上升等诸多全球性问题，对人类的生存和发展产生严重威胁。具体来说，全球气候变化给人类社会经济生活带来的严重影响包括以下几个方面（任小波等，2007）。①引发冰雪融化，导致洪水等自然灾害，随之便是水资源的短缺，这将威胁全球 1/6 的人口。②引起粮食作物产量下降。气温每上升 1℃，粮食产量将减少 10%，温度持续升高 4℃ 或更高，将使全球的粮食产量受到严重的影响。③导致大范围的营养失调和过热造成的死亡，同时可能引发带菌疾病的迅速传播，严重影响人类健康。气候变化最大、最直接的一个影响就是热浪。④致使生态系统脆弱化。二氧化碳的存储水平升高致使海水更酸，会影响海洋生态系统，对鱼类生存产生严重负面影响。气温每提高 2℃，就有 15%~40% 的物种面临灭绝。⑤导致海平面上升、风暴和其他相关灾害风险。根据联合国政府间气候变化专门委员会发布的第五次报告，21 世纪 1/3 的额外二氧化碳被海洋吸收，造成海洋酸化、强热带气旋出现的频率将会更高。

全球气候变化对人类的生存和发展影响巨大，世界各个地区都将受到气候变化的影响，然而受冲击最大的还是发展中国家。以中国为例，近 100 年来，中国平均地表温度明显增加约 0.8℃，超过了全球同期气温增加的平均值 0.74℃。而且，近 50 年来，中国气温上升尤为明显。另据预测，2050 年气温将上升 2.3~3.3℃，同时极端气候事件发生频率也可能增加（邢冀，2009）。此外，全球气候变化对小岛屿发展中国家的影响日益受到人们的广泛关注。小岛屿发展中国家对全球气候变化的"贡献"很小，却极易受到海平面上升、风暴、洪水和其他气候变化相关灾害的影响，小岛屿发展中国家应对所面临的气候变化挑战已成为当务之急（王奎庭，2015）。

第二节　节能减排成为国际关注的焦点

全球气候变化对人类的生存和发展造成严重威胁，这是不争的事实。更重要的是，2007年联合国政府间气候变化专门委员会发布的第四次评估报告指出，全球气候变化90%以上是由人类消费能源过程中所排放的二氧化碳等温室气体导致的。2013年联合国政府间气候变化专门委员会发布的第五次评估报告进一步指出，极有可能（95%的可能性）是人为活动导致全球气候变暖。[①]根据联合国政府间气候变化专门委员会发布的第四次报告，要使人类实现可持续发展，应确保未来全球气温相对于工业革命前上升不超过2℃，大气中二氧化碳浓度需稳定在0.045%的水平。为此，就2020年中期而言，发达国家需要在1990年基数上减排25%~40%，发展中国家的二氧化碳排放应相对于正常的排放轨迹下降15%~30%。就2050年远期而言，全球二氧化碳排放则需要相对当前减排50%（曹荣湘，2010）。如果一切按照原来的能源消费模式，全球将在2015年570亿t温室气体（不仅仅是二氧化碳）排放量基础上，增长至2100年的1390亿t，相比工业化前温度上升2.7~5.9℃，二氧化碳浓度则将达到0.0889%至0.0922%历史极值。如果各国遵循巴黎会议所作承诺，2100年温度上升将控制在2.0~4.6℃，二氧化碳浓度达到0.0661%至0.0684%，若2030年承诺期结束后各国不再进一步采取行动，排放量将重新进入上升轨道。如果做出更加积极的减排努力，2100年温度上升将控制在1.0~2.7℃，二氧化碳浓度达到0.047%至0.0484%（蔡斌，2016）。

推行节能减排（节约资源能源消耗、减少二氧化碳排放）、应对气候变化已经成为国际社会关注的焦点问题。1997年12月，149个国家和地区的代表通过了《京都议定书》，以限制发达国家二氧化碳排放量，减缓全球气候变暖。联合国环境规划署（UNEP）确立2007年世界环境日主题是"冰川消融，后果堪忧"（Melting Ice—A Hot Topic？），2008年世界环境日主题是"转变传统观念，推行低碳经济"（Kick the Habit, Towards a Low Carbon Economy），2009年世界环境日主题是"地球需要你——团结起来应对气候变化"（Your Planet

---

① 全球气候变化的主要驱动因素是自然因素还是人类活动因素，目前学术界还存在不同意见。以联合国政府间气候变化专门委员会为代表的主流认识是：工业化时代以来，全球气候变化主要是人类活动引起全球温室气体排放量快速增加导致。联合国政府间气候变化专门委员会发布的第五次评估报告指出，人类对气候系统的影响是明确的，而且这种影响在不断增强，在世界各个大洲都已观测到各种影响。如果任其发展，气候变化将会增加对人类和生态系统造成严重、普遍和不可逆转影响的可能性。但也有一些学者认为，自然因素是主要驱动因素。无论争议如何，近百年来全球大气中二氧化碳浓度增加这个事实是不可否认的。

Needs You—Unite to Combat Climate Change）。连续三年的世界环境日主题都与气候变化问题密切相关。2009年12月全球气候大会达成《哥本哈根协议》，虽然该协议不具法律约束力，但它至少表明了世界各国降低二氧化碳排放、应对气候变化的决心。2014年世界环境日主题为"提高你的呼声，而不是海平面"（Raise Your Voice, Not the Sea Level），旨在呼吁国际社会采取紧急行动，帮助小岛屿发展中国家应对不断增加的风险，尤其是气候变化。这再次反映了当前削减碳排放、应对气候变化的关键性和紧迫性。2015年世界环境日主题为"可持续消费和生产"（Sustainable Consumption and Production）。旨在鼓励人们重新思考自己的生活方式[①]，以及通过有意识的消费行为，减少人类社会对自然资源的影响。2016年世界环境日主题为"为生命呐喊"（Go Wild for Life），中国环境日主题为"改善环境质量，推动绿色发展"；2017年世界环境日主题为"人与自然，相联相生"（Connecting People to Nature），中国环境日主题为"绿水青山就是金山银山"；2018年世界环境日主题为"塑战速决"（Beat Plastic Pollution），中国环境日主题为"美丽中国，我是行动者"；2019年世界环境日由中国主办，主题为"蓝天保卫战,我是行动者"（Beat Air Pollution）；2020年世界环境日主题为"关爱自然，刻不容缓"（Time for Nature）。从近几年环境日主题看，世界和中国都越来越强调动员社会各界践行绿色发展理念，共同履行节能减排责任。

虽然有部分国家仍未针对气候变化做出改变（Hayat et al., 2019），但是推行节能减排、应对气候变化已提上全球大多数国家的发展议程。例如，2003年，英国政府发布能源白皮书《我们能源的未来：创建一个低碳经济体》，最早提出了低碳经济（low-carbon economy）概念，并承诺2050年在1990年基础上减少60%，建立低碳经济社会。2009年英国公布《英国低碳转型计划》，进一步明确了英国到2020年的低碳行动路线图。欧盟、日本、美国、澳大利亚、韩国、新加坡等也都采取了一系列战略政策和策略措施，以降低碳排放量。表1-1总结了部分主要国家/地区/组织降低碳排放的政策及其目标。

[①] 生活方式即人们生活活动的各种形式和行为模式的总和，它反映的是怎样生活，怎样生活才是好生活的方式、方法（邓翠华和张伟娟，2017）。

表 1-1 主要国家/地区/组织降低碳排放的政策及其目标

国家/地区/组织	政策时间	政策名称	降低碳排放的政策目标
英国	2003 年	《我们能源的未来：创建一个低碳经济体》	2050 年在 1990 年基础上减少 60%，建立低碳经济社会
	2008 年	《气候变化战略》	提出"后碳时代城市"目标：到 2026 年减少二氧化碳排放 60%，人均排放量从 6.6t 下降到 2.8t
	2008 年	《气候变化法》	成为世界上第一个有温室气体减排目标立法的国家；到 2020 年可再生能源供应占 15%，其中 30%电力来自可再生能源，相应的温室气体排放降低 20%，石油需求降低 7%，到 2050 年温室气体排放量比 1990 年削减 80%
	2009 年	《英国低碳转型计划》	提出英国经济发展的核心目标是建设一个更干净、更绿色、更繁荣的国家，并明确了包括电力、重工业和交通在内的社会各部门的减排量。到 2020 年碳排放比 2008 年减少 18%，可再生能源在能源供应中占 15%的份额，其中 40%的电力必须来自低碳能源，30%的电力来源于可再生能源
	2011 年	《2011 年英国能源法》	以根除能效投资障碍、加强能源安全和确保低碳能源供应的投资为目标。对"提高能源安全的措施""扩大煤炭管理局的权限"等做出明确规定
德国	2004 年	《可再生能源法》	新能源占全国能源消耗的比例最终要超过 50%。清洁电能的使用率由 2004 年的 12%提高到 2020 年的 25%～30%，热电供的使用率提高 25%。2020 年，建筑取暖中使用太阳能、生物燃气、地热等清洁能源比例从 2004 年的 6%提高到 14%。2009 年修订时提出，到 2020 年可再生能源在电力供应中所占的份额提高 10 个百分点，即可再生能源电力份额达到 30%
	2007 年	《能源与气候变化综合法案》	以提高能效和优先使用低碳能源为基础，重申"供应安全、经济效率和环境保护"的能源政策，到 2020 年温室气体排放较 1990 年减少 40%
	2008 年	《可再生能量资源法案》	到 2020 年利用可再生能源提供 30%的电力供给，这一目标在福岛核电灾难后将随着核能的逐步停用而提高到 35%，2011 年 1 月，以光伏系统替代 13%发电量的规定开始生效
	2020 年	《有关气候影响与和平的 10 个见解》	综合了现有的科学证据，阐述了当前对气候变化、脆弱性和冲突之间相互联系的认识。报告指出，气候变化本身很少是冲突的直接原因。然而，有充分证据表明，其影响加剧了冲突和脆弱性的重要驱动因素与背景因素，从而对国家和社会的稳定构成挑战
丹麦	2006 年	《2050 年能源战略》	到 2020 年煤、石油等化石能源的消耗量在 2009 年的基础上减少 33%，到 2050 年完全摆脱对化石能源的依赖
瑞典	2007 年	《能源可持续发展战略》	在未来 10 年内新建 2000 座风力发电站，力求实现到 2020 年彻底摆脱对化石燃料的依赖
	2017 年	《快速脱碳路线图》	从创新、制度、基础设施和投资 4 个方面（包括了能源、农业、建筑和运输等行业）提出了每十年碳排放量减半的脱碳路线，以期到 2050 年实现净零碳排放

续表

国家/地区/组织	政策时间	政策名称	降低碳排放的政策目标
澳大利亚	2001年	《强制性可再生能源目标》	修订后的《强制性可再生能源目标》规定，到2020年澳大利亚可再生能源发电量要占全国发电总量的20%
	2008年	《减少碳排放计划》	2050年达到2000年温室气体排放的40%。2020年将可再生能源的比重提高到20%
	2010年	《可再生能源目标》	确定到2020年可再生能源将占电力需求的20%的目标
	2010年	《碳污染减排计划法》	确立国家排放限额，规定澳大利亚排放许可和其他可采用的排放许可与减排量
欧盟	2006年	《欧盟未来三年能源政策行动计划》（2007～2009年）	以到2020年减少能源消耗20%为目标，提出要提高能源效率，要求各成员国明确节约能源的"责任目标"，依照各国的经济与能源政策特点，确定主要的节能领域，以便迅速采取落实措施
	2006年	《能源效率行动计划：实现潜力》	提出到2020年前减少总能源消耗20%的目标。提出覆盖建筑、交通运输和制造等行业的75项措施，特别是明确10项应当优先启动的措施，以提高能源效率，抑制能源消耗
	2008年	《气候行动和可再生能源一揽子计划》	到2020年将可再生能源占能源消耗总量的比例提高到20%，将煤炭、石油、天然气等一次性能源的消耗量减少20%，将生物燃料在交通能耗中所占的比例提高到10%。到2020年温室气体排放量在1990年的基础上减少20%
	2010年	《能源2020：有竞争力、可持续和确保安全的发展战略》	到2020年温室气体排放与1990年相比减少20%，能源效率提高20%，新能源占能源生产总量的20%
	2010年	《欧盟2020战略》	将"20/20/20"气候能源目标作为其发展低碳经济的中期目标，长期目标是到2050年碳排放要比1990年碳排放减少60%~80%
	2011年	《2050年迈向具有竞争力的低碳经济路线图》	提出欧盟温室气体减排的长期目标，即到2050年欧盟温室气体排放量在1990年的基础上减少80%~95%
	2014年	《欧盟秋季峰会决议》	到2030年将温室气体排放量在1990年的基础上减少40%（具有约束力），可再生能源在能源使用总量中的比例提高至27%（具有约束力），能源使用效率至少提高27%
	2018年	《为全欧人民的清洁能源一揽子法律》	确定2021~2030年汽车二氧化碳排放减少37.5%的最终目标，以及至2025年减少15%的中期目标
	2020年	《针对气候中和的欧洲氢能战略》	提出了欧盟至2050年的氢能发展路线图，为未来30年欧盟的氢能发展指明了方向。同时，该战略针对欧盟实现100%可再生氢的路径，在欧盟的投资议程、促进需求和扩大生产、设计支持与辅助框架、促进氢技术的研究及创新、国际合作等5个方面提出了关键行动
日本	2008年	《福田蓝图》	到2050年，温室气体排放量削减至目前的60%~80%

续表

国家/地区/组织	政策时间	政策名称	降低碳排放的政策目标
日本	2009年	《绿色经济与社会变革》	通过实行减少温室气体排放等措施，强化日本的低碳经济。中期目标是到2020年温室气体排放量比2005年降低15%
	2010年	《地球温暖化对策基本法案》	提出全国2020年温室气体排放比1990年下降25%，2050年比1990年下降80%等
	2011年	《再生能源特别措施法》	提出促进新能源技术革新，减少对核电的依赖，减少二氧化碳气体排放等，规定电力公司有义务购买个人和企业利用太阳能等发电产生的电力
	2015年	《日本的承诺（草案）》	提出到2030年温室气体排放比2013年削减26%的新目标
	2020年	《2018财年日本国家温室气体排放》	广泛采用可再生能源和恢复核电生产，促进能源相关的碳排放量减少
韩国	2008年	《应对气候变化国家综合行动计划》（2008—2012）	可再生能源从目前的2.27%提高到2011年的5%。到2030年把能源结构调整到理想水平，新能源和可再生能源由目前的2%增长到11%，核能由目前的15%增长到28%。化石燃料由目前的83%降到61%。能源效率到2030年提高46%
	2009年	《国家绿色增长战略（至2050年）》	计划在2010~2012年减少使用37%的能源（相当于2007~2009年的平均水平）。明确了可再生能源在一次能源供应总量中的占比目标：在2020年达到6%，在2030年达到11%，在2050年达到30%
	2010年	《低碳绿色增长基本法》	在2020年以前，把温室气体排放量减少到"温室气体排放预计量（BAU）"的30%
	2016年	《2030国家温室气体减排基本路线图》	该路线图概述了碳市场在实现韩国国家自主贡献减排目标方面发挥的关键作用
美国	2007年	《低碳经济法案》	到2020年碳排放量减至2006年的水平，到2030年减至1990年的水平
	2009年	《2009年美国复苏与再投资法案》	到2050年使美国所需电力的25%来自可再生能源，温室气体排放比2005年减少83%
	2009年	《美国清洁能源安全法案》	规定自2012年开始，每年的可再生能源发电量要占全年发电总量的6%，且以后每年逐渐递增，到2020年可再生能源发电量在整个发电量中占20%。2020年各州电力供应中15%以上必须来自可再生能源。2020年前将碳排放量在2005年水平上减少17%，在2050年前减少83%。同时，引入总量控制与排放交易制度，并要求在2020年前，电力部门至少有12%的发电量来自风能、太阳能等可再生能源
	2020年	《气候变化影响下降温需求导致了沙漠鸟类群落的崩溃》	指出21世纪气候变化造成高温压力使美国加利福尼亚州莫哈韦沙漠（Mojave desert）鸟类群落数量出现大幅降低
新加坡	2012年	《国家气候变化策略2012》	到2020年把碳排放量降低7%~11%

续表

国家/地区/组织	政策时间	政策名称	降低碳排放的政策目标
法国	2005 年	《确定能源政策定位的能源政策法》	提出到 2010 年实现可再生能源在整个能源消费结构中比重达 10%。建立风能开发利用区,并在这些开发区中实行国家定价机制
法国	2008 年	《发展可再生能源的计划》	规定面积在 30m² 以下的太阳能电板免税
法国	2010 年	《格纳勒格法案（二）》	要求在风能开发利用符合条件的地区推行"大区风能概览（SRE）"特别规划
俄罗斯	2009 年	《节能和提高能效法》	对白炽灯的禁用分步实施：从 2011 年 1 月 1 日起禁止生产和销售 100W 以上的白炽灯；从 2013 年 1 月 1 日起禁止生产和销售 75W 以上的白炽灯；从 2014 年起禁止生产和销售 25W 以上的白炽灯
加拿大	2010 年	《气候变化责任法案》	设定全国 2020 年的减排目标比 1990 年下降 25%，2050 年比 1990 年下降 80%
马尔代夫	2010 年	《碳排放审计报告》	重申到 2020 年实现碳平衡的目标
新西兰	2018 年	《零碳排放法案》	设立 2050 年减排目标，并设定目标实现路径的排放预算，采取一系列应对气候变化挑战的适应措施，设立独立的气候变化委员会以及投资低温室气体排放的绿色投资基金
新西兰	2019 年	《塔拉纳基氢气路线图》	建设一个新的网络，包括在枯竭的气田中储存氢气或合成天然气，以及在塔拉纳基的燃气发电厂调峰时使用绿色氢气发电。通过新建基础设施，使地区天然的海上风能、海浪资源以及陆上风能、地热能、水能和太阳能资源可与综合氢气和电力系统整合。向低碳经济转型，实现零排放目标
新西兰	2020 年	《新西兰国家气候变化风险评估》	介绍了新西兰首次国家气候变化风险评估（national climate change risk assessment, NCCRA）的结果，确定了新西兰面临的最严重的气候风险与相关机遇，强调在管理气候变化风险和机遇所需的知识方面存在的差距
联合国	2016 年	《巴黎协定》	把全球平均气温上升幅度控制在"远低于"2℃的范围内，理想情况是不超出工业化之前水平 1.5℃。并且提出在 21 世纪下半叶实现温室气体人为排放与清除之间的平衡
中国、加拿大	2017 年	《中国-加拿大气候变化和清洁增长联合声明》	中国和加拿大确认气候行动，包括坚定向低碳、气候适应型和可持续发展迈进至关重要。作为全球性挑战，气候变化和向清洁增长经济体转型的需求要求各国政府、企业和其他行为体在可持续发展和消除贫困的背景下，坚决、协力、合作回应，注入动力
中国、欧盟	2018 年	《中欧领导人气候变化和清洁能源联合声明》	双方确认其在 2015 年达成的历史性的《巴黎协定》下所作的承诺，并将进一步合作加强协定的实施。承诺加强双多边合作，共同应对气候变化。 长期温室气体低排放发展战略：中欧双方同意通过定期举行技术性对话，就制定 21 世纪中叶长期温室气体低排放发展战略开展合作，包括开展减缓和适应方案、能力建设和气候立法方面的对话

续表

国家/地区/组织	政策时间	政策名称	降低碳排放的政策目标
全球能源互联网发展合作组织、联合国	2018年	《全球能源互联网促进〈巴黎协定〉实施行动计划》	推动全球碳排放在2025年前后达峰，2050年降至1990年的一半以下，2065年前后实现净零排放，将2011~2100年能源累计碳排放控制在1万亿t左右，从而实现2℃温度上升控制目标，并为最大程度实现1.5℃目标发挥关键作用

总的来说，联合国政府间气候变化专门委员会第四次评估报告发布之后，理论界积极倡导采取大幅度、强有力减排措施的呼声日益高涨，并逐渐成为主流。在实践部门，推行节能减排、应对气候变化已经成为各国政府决策者的共识，是当前国际社会普遍关注和重视的一个焦点课题。

第三节　节能减排成为中国关注的焦点

面对日趋严峻的生态环境形势，中国政府一方面越来越频繁地参与应对气候变化的国际组织和国际会议，发挥积极主动的作用；另一方面积极出台削减碳排放、应对气候变化的相关措施，落实中国在国际协议中的承诺。早在1998年，中国就签署了《京都议定书》。此后，中国也积极参加《联合国气候变化框架公约》缔约方大会，其间还发布了中美气候变化减排计划。2007年国务院颁布《中国应对气候变化国家方案》（国发〔2007〕17号），2011年国务院印发"十二五"控制温室气体排放工作方案》（国发〔2011〕41号），2014年国家发展和改革委员会印发《国家应对气候变化规划（2014—2020年）》，2014年中美发布《中美气候变化联合声明》，达成了削减碳排放协议，宣布了各自2020年后应对气候变化的行动。2015年中国国家主席习近平和美国总统奥巴马共同发表《中美元首气候变化联合声明》，重申坚信气候变化是人类面临的最重大挑战之一，两国在应对这一挑战中具有重要作用。两国元首还重申坚定推进落实国内气候政策、加强双边协调与合作并推动可持续发展和向绿色、低碳、气候适应型经济转型的决心。2016年10月，国务院印发"十三五"控制温室气体排放工作方案》，提出到2020年，单位国内生产总值二氧化碳排放比2015年下降18%，碳排放总量得到有效控制。氢氟碳化物、甲烷、氧化亚氮、全氟化碳、六氟化硫等非二氧化碳温室气体控排力度进一步加大。支持优化开发区域碳排放率先达到峰值,力争部分重化工业 2020 年左右实现率先达峰,能源体系、产业体系和消费领域低碳转型取得积极成效。2017 年 10 月党的十九大报告指出"积极参与全球环境治理,落实减排承诺","要坚持环境友好,合作应对气候变化,保护好人类赖以生存的地球家园"。2018 年 5 月,习近平总书记在全国生态环境保护大会上强调,"要坚持环境友好,引导应对气候变化国际合作","要实施积极应对气候变化国家战略,推动和引导建立公平合理、合作共赢的全球气候治理体系,彰显我国负责任大国形象,推动构建人类命运共同体"(习近平,2019)。2020 年习近平主席参加内蒙古代表团审议时强调,"要保持加强生态文明建设的战略定力,牢固树立生态优先、绿色发展的导向,持续打好蓝天、碧水、净土保卫战,把祖国北疆这道万里绿色长城构筑得更加牢固"(刘新吾等,2020)。2020 年 9 月,国家主席习近平在第七十五届联合国大会一般性辩论上指出:"这场疫情启示我们,人类需要一场自我革命,加快形成绿色发展方式和生活方式,建设生态文明和美丽地球。人类不能再忽视大自然一次又一次的警告,沿着只讲索取不讲投入、只讲发展不讲保护、只讲利用不讲修复的老路走下去。应对气候变化《巴黎协定》代表了全球绿色低碳转型的大方向,是保护地球家园需要采取的最低限度行动,各国必须迈出决定性步伐。中国将提高国家自主贡献力度,采取更加有力的政策和措施,二氧化碳排放力争于 2030 年前达到峰值,努力争取 2060 年前实现碳中和。各国要树立创新、协调、绿色、开放、共享的新发展理念,抓住新一轮科技革命和产业变革的历史性机遇,推动疫情后世界经济'绿色复苏',汇聚起可持续发展的强大合力。"(习近平,2020)近年来中国削减碳排放、应对气候变化的部分政策及主要内容如表 1-2 所示。

表 1-2 近年来中国削减碳排放、应对气候变化的部分政策及主要内容

颁布时间	颁布部门	政策名称	政策主要内容
2007 年 6 月	国务院	《中国应对气候变化国家方案》(国发〔2007〕17 号)	明确了到 2010 年中国应对气候变化的具体目标、基本原则、重点领域
2011 年 3 月	全国人民代表大会	《中华人民共和国国民经济和社会发展第十二个五年规划纲要》	非化石能源占一次能源消费比重达到 11.4%。单位国内生产总值能源消耗降低 16%,单位国内生产总值二氧化碳排放降低 17%
2011 年 12 月	国务院	《"十二五"控制温室气体排放工作方案》(国发〔2011〕41 号)	围绕到 2015 年全国单位国内生产总值二氧化碳排放比 2010 年下降 17% 的目标,大力开展节能降耗,优化能源结构,努力增加碳汇,加快形成以低碳为特征的产业体系和生活方式

续表

颁布时间	颁布部门	政策名称	政策主要内容
2012年8月	国务院	《节能减排"十二五"规划》(国发〔2012〕40号)	到2015年,全国万元国内生产总值能耗下降到0.869t标准煤(按2005年价格计算),比2010年的1.034t标准煤下降16%(比2005年的1.276t标准煤下降32%)。"十二五"期间,实现节约能源6.7亿t标准煤。到2015年,单位工业增加值(规模以上)能耗比2010年下降21%左右,建筑、交通运输、公共机构等重点领域能耗增幅得到有效控制,主要产品(工作量)单位能耗指标达到先进节能标准的比例大幅提高,部分行业和大中型企业节能指标达到世界先进水平。到2015年,非化石能源消费总量占一次能源消费比重达到11.4%
2012年11月	中共十七届中央委员会	《坚定不移沿着中国特色社会主义道路前进 为全面建成小康社会而奋斗》	明确了2020年实现全面建成小康社会宏伟目标,包括资源节约型、环境友好型社会建设取得重大进展。主体功能区布局基本形成,资源循环利用体系初步建立。单位国内生产总值能源消耗和二氧化碳排放大幅下降,主要污染物排放总量显著减少。森林覆盖率提高,生态系统稳定性增强,人居环境明显改善
2012年12月	工业和信息化部、国家发展和改革委员会、科学技术部、财政部	工业领域应对气候变化行动方案(2012—2020年)(工信部联节〔2012〕621号)	到2015年,全面落实国家温室气体排放控制目标,单位工业增加值二氧化碳排放量比2010年下降21%以上,主要工业品单位二氧化碳排放量稳步下降,工业碳生产力大幅提高。工业过程氧化亚氮、氢氟碳化物、全氟化碳、六氟化硫等温室气体排放得到有效控制。建设一批低碳产业示范园区和低碳工业示范企业,推广一批具有重大减排潜力的低碳技术和产品。重点用能企业温室气体排放计量监测体系基本建立,工业应对气候变化的体制机制与政策进一步完善。到2020年,单位工业增加值二氧化碳排放量比2005年下降50%左右,基本形成以低碳排放为特征的工业体系
2013年11月	国家发展和改革委员会、财政部、农业部等九部门	《国家适应气候变化战略》(发改气候〔2013〕2252号)	到2020年,中国适应气候变化的主要目标是:适应能力显著增强,重点任务全面落实,适应区域格局基本形成。将适应气候变化的要求纳入中国经济社会发展的全过程
2014年5月	国务院办公厅	《2014—2015年节能减排低碳发展行动方案》(国办发〔2014〕23号)	2014~2015年,单位国内生产总值能耗、化学需氧量、二氧化硫、氨氮、氮氧化物排放量分别逐年下降3.9%、2%、2%、2%、5%以上,单位国内生产总值二氧化碳排放量两年分别下降4%、3.5%以上
2014年9月	国家发展和改革委员会	《国家应对气候变化规划(2014—2020年)》	到2020年,控制温室气体排放行动目标全面完成,单位国内生产总值二氧化碳排放比2005年下降40%~45%,非化石能源占一次能源消费的比重到15%左右,全国碳排放交易市场逐步形成
2015年10月	中国共产党第十八届中央委员会第五次全体会议决议	《中共中央关于制定国民经济和社会发展第十三个五年规划的建议》	必须牢固树立创新、协调、绿色、开放、共享的发展理念。推动低碳循环发展。推进能源革命,加快能源技术创新,建设清洁低碳、安全高效的现代能源体系。推进交通运输业低碳发展,实行公共交通优先,加强轨道交通建设,鼓励自行车等绿色出行。主动控制碳排放,加强高能耗行业能耗管控,有效控制电力、钢铁、建材、化工等重点行业碳排放,支持优化开发区域率先实现碳排放峰值目标,实施近零碳排放区示范工程

续表

颁布时间	颁布部门	政策名称	政策主要内容
2016年10月	国务院	《"十三五"控制温室气体排放工作方案》(国发〔2016〕61号)	到2020年,单位国内生产总值二氧化碳排放比2015年下降18%,碳排放总量得到有效控制。氢氟碳化物、甲烷、氧化亚氮、全氟化碳、六氟化硫等非二氧化碳温室气体控排力度进一步加大。支持优化开发区域碳排放率先达到峰值,力争部重化工业2020年左右实现率先达峰,能源体系、产业体系和消费领域低碳转型取得积极成效。全国碳排放权交易市场启动运行,应对气候变化法律法规和标准体系初步建立,统计核算、评价考核和责任追究制度得到健全,低碳试点示范不断深化,减污减碳协同作用进一步加强,公众低碳意识明显提升
2016年12月	国家发展和改革委员会、国家能源局	《能源生产和消费革命战略(2016—2030)》(发改基础〔2016〕2795号)	到2020年,全面启动能源革命体系布局,推动化石能源清洁化。2021~2030年,可再生能源、天然气和核能利用持续增长,高碳化石能源利用大幅减少。能源消费总量控制在60亿t标准煤以内,非化石能源占能源消费总量比重达到20%左右,天然气占比达到15%左右,新增能源需求主要依靠清洁能源满足;单位国内生产总值二氧化碳排放比2005年下降60%~65%,二氧化碳排放2030年左右达到峰值并争取尽早达峰
2017年1月	国务院	《"十三五"节能减排综合工作方案》(国发〔2016〕74号)	到2020年,全国万元国内生产总值能耗比2015年下降15%,能源消费总量控制在50亿t标准煤以内。全国化学需氧量、氨氮、二氧化硫、氮氧化物排放总量分别控制在2001万t、207万t、1580万t、1574万t以内,比2015年分别下降10%、10%、15%和15%。全国挥发性有机物排放总量比2015年下降10%以上
2017年10月	中共第十八届中央委员会	党的十九大报告	积极参与全球环境治理,落实减排承诺;要坚持环境友好,合作应对气候变化,保护好人类赖以生存的地球家园
2018年7月	国务院	《打赢蓝天保卫战三年行动计划》	经过3年努力,大幅减少主要大气污染物排放总量,协同减少温室气体排放,进一步明显降低细颗粒物(PM$_{2.5}$)浓度,明显减少重污染天数,明显改善环境空气质量,明显增强人民的蓝天幸福感。到2020年,二氧化硫、氮氧化物排放总量分别比2015年下降15%以上;PM$_{2.5}$未达标地级及以上城市浓度比2015年下降18%以上,地级及以上城市空气质量优良天数比率达到80%,重度及以上污染天数比率比2015年下降25%以上;提前完成"十三五"目标任务的省份,要保持和巩固改善成果;尚未完成的,要确保全面实现"十三五"约束性目标;北京市环境空气质量改善目标应在"十三五"目标基础上进一步提高
2019年11月	国务院	《中国应对气候变化的政策与行动2019年度报告》	内容涵盖减缓气候变化、适应气候变化、规划编制和制度建设、加强基础能力、全社会广泛参与、积极参与全球气候治理、加强国际交流与合作,以及中方参加《联合国气候变化框架公约》第25次缔约方大会(COP25)的基本立场与主张等8个方面,全面反映了2018年以来中国在应对气候变化领域的政策行动和工作情况,展示了中国积极应对气候变化的成效

· 13 ·

第四节 消费领域节能减排成为重要课题

随着中国改革开放和经济高速发展,消费者消费水平有了很大提高。如表 1-3 所示,2019 年城乡居民人均消费支出为 21 559 元,相对于上年增长约 8.6%。其中,农村居民人均消费支出为 13 328 元,相对上年增长约 9.9%;城镇居民人均消费支出为 28 063 元,相对上年增长约 7.5%。

表 1-3 居民人均消费支出情况 （单位：元）

指标	2013 年	2014 年	2015 年	2016 年	2017 年	2018 年	2019 年
居民人均消费支出	13 220	14 491	15 712	17 111	18 322	19 853	21 559
城镇居民人均消费支出	18 488	19 968	21 392	23 079	24 445	26 112	28 063
食品烟酒消费支出	5 571	6 000	6 360	6 762	7 001	7 239	7 733
衣着消费支出	1 554	1 627	1 701	1 739	1 758	1 808	1 832
居住消费支出	4 301	4 490	4 726	5 114	5 564	6 255	6 780
生活用品及服务消费支出	1 129	1 233	1 306	1 427	1 525	1 629	1 689
交通和通信消费支出	2 318	2 637	2 895	3 174	3 322	3 473	3 671
教育、文化和娱乐消费支出	1 988	2 142	2 383	2 638	2 847	2 974	3 328
医疗保健消费支出	1 136	1 306	1 443	1 631	1 777	2 046	2 283
其他用品及服务消费支出	490	533	578	595	652	687	747
农村居民人均消费支出	7 485	8 383	9 223	10 130	10 955	12 124	13 328
食品烟酒消费支出	2 554	2 814	3 048	3 266	3 415	3 646	3 998
衣着消费支出	454	510	550	575	612	648	713
居住消费支出	1 580	1 763	1 926	2 147	2 354	2 661	2 871
生活用品及服务消费支出	455	506	546	596	634	720	764
交通和通信消费支出	875	1 013	1 163	1 360	1 509	1 690	1 837
教育、文化和娱乐消费支出	755	860	969	1 070	1 171	1 302	1 482
医疗保健消费支出	668	754	846	929	1 059	1 240	1 421
其他用品及服务消费支出	144	163	174	186	201	218	241

资料来源：历年《中国统计年鉴》。

随着经济收入和消费水平的提高,越来越多的人追求物质享受和物质刺激的生活习惯和消费方式。表 1-4 列出了城镇和农村居民家庭平均每百户年底耐用消费品的拥有量,可以看出,1995～2017年,城乡居民的大多数耐用品拥有量都有较大幅度的增长,甚至是几十倍的增长。

表 1-4 居民家庭平均每百户年底耐用消费品拥有量

	指标	1995年	2000年	2005年	2010年	2015年	2016年	2017年	2017年相对2010年增长/%	2017年相对2000年增长/%
城镇居民	摩托车/辆	6.29	18.80	25.00	22.51	22.70	20.90	20.80	−7.60	10.64
	洗衣机/台	88.97	90.50	95.51	96.92	92.30	94.20	95.70	−1.26	5.75
	电冰箱/台	66.22	80.10	90.72	96.61	94.00	96.40	98.00	1.44	22.35
	彩色电视机/台	89.79	116.60	134.80	137.43	122.30	122.30	123.80	−9.92	6.17
	组合音响/套	10.52	22.20	28.79	28.08	—	—	—	—	—
	照相机/架	30.56	38.40	46.94	43.70	33.00	28.50	29.10	−33.41	−24.22
	空调器/台	8.09	30.80	80.67	112.07	114.60	123.70	128.60	14.75	317.53
	淋浴热水器/台	30.05	49.10	72.65	84.82	85.60	88.70	90.70	6.93	84.73
	家用电脑/台	—	9.70	41.52	71.16	78.50	80.00	80.80	13.55	732.99
	摄像机/架	—	1.30	4.32	8.20	—	—	—	—	—
	微波炉/台	—	17.60	47.61	59.00	53.80	55.30	56.90	−3.56	223.30
	健身器材/套	—	3.50	4.68	4.24	—	—	—	—	—
	移动电话/部	—	19.50	137.00	188.86	223.80	231.40	235.40	24.64	1107.18
	固定电话/部	—	—	94.40	80.94	—	—	—	—	—
	家用汽车/辆	—	0.50	3.37	13.07	30.00	35.50	37.00	183.09	73.00
农村居民	洗衣机/台	16.90	28.58	40.20	57.32	78.80	84.00	86.30	50.56	201.96
	电冰箱/台	5.15	12.31	20.10	45.19	82.60	89.50	91.70	102.92	644.92
	空调机/台	0.18	1.32	6.40	16.00	38.80	47.60	52.60	228.75	3884.85
	抽油烟机/台	0.61	2.75	5.98	11.11	15.30	18.40	20.40	83.62	641.82
	自行车/辆	147.02	120.48	98.37	95.98	—	—	—	—	—
	摩托车/辆	4.91	21.94	40.70	59.02	67.50	65.10	64.10	8.61	192.16
	电话机/部	—	26.38	58.37	60.76	—	—	—	—	—
	移动电话/部	—	4.32	50.24	136.54	226.10	240.70	246.10	80.24	5596.76
	黑白电视机/台	63.81	52.97	21.77	6.38	—	—	—	—	—
	彩色电视机/台	16.92	48.74	84.08	111.79	116.90	118.80	120.00	7.34	146.20
	照相机/台	1.42	3.12	4.05	5.17	4.10	3.40	3.90	−24.56	25.00
	家用计算机/台	—	0.47	2.10	10.37	25.70	27.90	29.20	181.58	6112.77

资料来源:历年《中国统计年鉴》,引用时进行了计算整理。

近年来公众生活能源消费情况如表 1-5 所示。2000 年前公众生活能源消费量一直在 15 700 万 t 标准煤左右徘徊，2000 年以后公众生活能源消费量开始加速上升，2016 年达到 54 209 万 t 标准煤。从能源消费构成看，根据《中华人民共和国 2019 年国民经济和社会发展统计公报》，2019 年我国能源消费总量为 48.6 亿 t 标准煤，比上年增长 3.3%。煤炭消费量增长 1.0%，原油消费量增长 6.8%，天然气消费量增长 8.6%，电力消费量增长 4.5%。煤炭消费量占能源消费总量的 57.7%，比上年下降 1.5 个百分点；天然气、水电、核电、风电等清洁能源消费量占能源消费总量的 23.4%，上升 1.3 个百分点。每千瓦时火力发电标准煤耗下降 0.3%。全国万元国内生产总值二氧化碳排放下降 4.1%。液化石油气、电力、热力的增长幅度较快，煤炭、煤油的增长幅度有限（甚至处于下降趋势）。从人均水平看，1983 年中国人均生活能源消费量为 106.6kg 标准煤，2017 年这一数字提高到 414kg 标准煤，34 年间增长了约 2.9 倍。从中国历年人均生活能源消费量可以直观地看出，2001 年以前中国人均生活能源消费量的变化幅度不大，2002 年以后人均生活能源消费量的增长幅度加快。对于电力来说，人均电力消费量从 1983 年的 13.4kW·h 增加到 2017 年的 4676kW·h，增长约 348 倍。且从时间序列趋势看，人均电力消费量也存在加速上升的趋势。

表 1-5 生活能源消费量

能源品种	1990 年	1995 年	2000 年	2005 年	2010 年	2014 年	2015 年	2016 年	2017 年
合计/万 t 标准煤	15 799	15 745	15 614	25 305	36 470	47 212	50 099	54 209	57 620
煤炭/万 t	16 700	13 530	8 457	10 039	9 159	9 253	9 347	9 492	9 283
煤油/万 t	105	64	72	26	21	29	29	26	28
液化石油气/万 t	159	534	858	1 329	1 537	2 173	2 549	2 955	3 225
天然气/亿 m^3	19	19	32	79	227	343	360	380	420
煤气/亿 m^3	29	57	126	145	167	97	80	63	52
热力/10^2 亿 kJ	8 972	12 637	23 234	52 044	67 410	86 482	93 841	98 623	106 330
电力/亿 kW·h	481	1 006	1 452	2 885	5 125	7 176	7 565	8 421	9 072

资料来源：历年《中国统计年鉴》。

消费者消费对全社会资源环境具有非常重要的影响。例如，对电子产品、塑料制品、金属制品、纸制品、玻璃制品、橡胶制品、皮革制品等工业产品和旅游、运输、仓储、住宿、餐饮、通信、文化、体育、娱乐等服务性产品以及农产品的需求增加，必然会或多或少地对自然资源和生态环境基础产生压力。

以消费碳排放为例①，随着经济发展和人民生活水平的提高，消费者已经成为碳排放的一个主要群体。消费者的直接能源消费和间接能源消费产生的碳排放在全社会碳排放总量中已经占据重要地位（Abrahamse et al.，2005）。张咪咪和陈天祥（2010）利用投入产出技术，通过编制不变价能源环境投入产出表测算了消费者生活直接、间接、完全碳排放量。结果表明，1997~2007年消费者完全碳排放量占全国碳排放总量的52%~63%。其中，间接碳排放量占消费者完全碳排放量的80%以上。还有研究结果显示，欧盟居民部门的生活能源需求量早在20世纪90年代就已经超过了产业部门的能源需求量。英美等发达国家的更多研究结果也反映了同样的趋势：居民消费碳排放已经大大超过了产业部门，并逐渐成为碳排放的最重要增长点（Lenzen，1998），且家庭的能源消费碳排放占全社会碳排放的84%（Bin and Dowlatabadi，2005）。更重要的是，从美国和欧洲的现实状况看，消费者消费碳排放的总量和比重均呈现持续增加的趋势（Abrahamse et al.，2005）。在这一现实背景下，欧美等发达国家或地区的能源管理已逐步从传统的供给侧管理转向对需求侧的管理（芈凌云，2012）。总的来说，消费者的能源消费和碳排放问题已经成为影响全球气候变化不可忽视的重要因素，严重影响着社会的可持续发展（并将持续扩大影响）。在这一现实背景和发展趋势下，促进消费者降低直接和间接能源消费、实现节能减排（包括直接和间接的节能减排）成为当前中国和国际社会的重要现实课题。②

---

① 消费碳排放是指由消费行为引发的直接或间接碳排放。消费行为对碳排放的影响一般体现在两个方面：一是因消费者日常生活中直接使用能源（电力、天然气、汽油、煤炭等消费）而产生的碳排放，即"直接消费碳排放"，如住房供暖制冷、家电使用、燃气使用、交通通勤等直接能源消耗而产生的碳排放；二是消费者所消费的产品和服务（如食品、衣服、住房等消费）在其开发、生产、交换、使用和回收的整个生命周期过程中所产生的碳排放，或者说支持消费者产品和服务消费的相应产业由于能源消耗而产生的碳排放，即"间接消费碳排放"。

② 事实上，降低能源消费、削减消费碳排放也已经是每一个公民的义务和责任。2015年1月1日施行的《中华人民共和国环境保护法》（2014年5月修订版）明确规定，"一切单位和个人都有保护环境的义务"；"公民应当增强环境保护意识，采取低碳、节俭的生活方式，自觉履行环境保护义务"；"公民应当遵守环境保护法律法规，配合实施环境保护措施，按照规定对生活废弃物进行分类放置，减少日常生活对环境造成的损害"。2015年11月16日，环境保护部发布了《关于加快推动生活方式绿色化的实施意见》（环发〔2015〕135号），再次强调"绿色生活方式既是个人选择，也是法律义务，使公众严格执行法律规定的保护环境的权利和义务，形成守法光荣、违法可耻、节约光荣、浪费可耻的社会氛围"。

第五节　绿色消费问题与定制化绿色信息

从历史的视角看，20世纪70年代可持续发展问题就开始得到国际社会的重视[1]，但早期的可持续发展主要着眼于生产领域，主要关注生产方式的变革，消费领域和消费者责任并没有得到应有的重视，这导致生产领域的努力成果往往被消费的急剧增长或不可持续的消费所抵消。八九十年代，消费的"下游效应"和"反弹效应"逐渐受到重视，国际社会开始反思"重生产、重技术、轻消费"的局限（李慧明等，2008）。越来越多的国家和国际组织开始关注消费行为的引导和消费模式的变革，作为与可持续发展相适应的可持续消费（sustainable consumption）模式在全球范围内开始被提上日程。1992年，联合国环境与发展会议通过的具有里程碑意义的重要文件《21世纪议程》，明确指出全球环境持续恶化的主要成因是不可持续的消费和生产形态。为此，需要改变消费形态，制定鼓励改变不可持续消费形态的国家政策和战略。1994年，联合国环境规划署发表《可持续消费的政策因素》报告，首次明确了"可持续消费"概念，即"提供服务以及相关的产品以满足人类的基本需求，提高生活质量，同时使自然资源和有毒材料的使用量最少，使服务或产品在生命周期中所产生的废物和污染物最少，从而不危及后代的需求"。2002年，联合国召开了"可持续发展世界首脑会议"，指出"根本改变社会的生产和消费方式是实现全球可持续发展所必不可少的。所有国家都应努力提倡可持续的消费形态和生产形态"。

从现实的视角看，目前中国的绿色消费还远远没有深入人心[2]，消费者现实生活中的绿色消费意识比较淡薄（韦庆旺和孙健敏，2013），消费者在实际生活中的不可持续消费行为模式仍旧非常普遍。而且，消费者在绿色消费行为上往往显示出言行不一的现象（王财玉等，2017a；Odou et al.，2019）。根据生态环境部环境与经济政策研究中心发布的《公民生态环境行为调查报告（2020年）》，受

---

[1] 可持续发展的概念由世界环境与发展委员会（World Commission on Environment and Development），亦被称作布伦特兰委员会（Brundtland Commission）于1987年提出，它要求当代人应该在不削减后代人生活需求的情况下满足自己当下的需求。

[2] 绿色消费是以节约资源和保护环境为特征的消费行为，主要表现为崇尚勤俭节约，减少损失浪费，选择高效、环保的产品和服务，降低消费过程中的资源消耗和污染排放。

访者普遍认为公民自身的环境行为对保护生态环境重要,但不同领域践行程度呈现明显差异。在呵护自然生态、选择低碳出行和节约能源资源方面践行程度较高,能够做到"知行合一"。但在践行绿色消费、减少污染产生、关注生态环境和分类投放垃圾等行为领域,公众践行程度相对较差,仍然存在"高认知度、低践行度"现象,生态环境行为还有较大提升空间。例如,购物时自带购物袋的比例为48.4%,点餐时不要一次性餐具的比例为44.6%,闲置物品改造利用或交流捐赠的比例为41.3%,购买时选择生产过程污染低的绿色产品比例为38.5%,购买符合使用化肥和农药标准的绿色食品比例为29.3%(与之相对,公众认为这些行为重要的比例均在84.6%~89.8%)。可见,虽然目前中国消费者的绿色消费意识不断增强,但这并不意味着消费者真正去购买绿色产品。

环境方面的技术研发、保护系统和经济政策对可持续发展都有很重要的作用,但如果消费者的消费行为模式没有发生显著的改变,生产端或供给侧的努力必然被消费端或需求侧的急剧增长或不可持续消费所抵消(Peattie and Belz,2010)。谢颖和刘穷志(2018)指出,可持续性消费政策如果仅仅强调资源利用的效率提高和技术创新,通过技术方案和市场途径实现,那么它无法保证生态、环境、资源、社会和经济的可持续消费发展。相反,强硬的可持续消费政策要求进行社会变革,强调生产和消费环保产品,寻求消费的公平公正,实行能源消费的总量限制,只有这样才能避免可持续消费的反弹效应。

2015年环境保护部发布《关于加快推动生活方式绿色化的实施意见》(环发〔2015〕135号)。该意见指出,力争实现到2020年,生态文明价值理念在全社会得到推行,全民生活方式绿色化的理念明显加强,生活方式绿色化的政策法规体系初步建立,公众践行绿色生活的内在动力不断增强,社会绿色产品服务快捷便利,公众绿色生活方式的习惯基本养成,最终全社会实现生活方式和消费模式向勤俭节约、绿色低碳、文明健康的方向转变,形成人人、事事、时时崇尚生态文明的社会新风尚。2016年国家发展改革委员会、中宣部、环境保护部、商务部等十部门联合发布《关于促进绿色消费的指导意见》(发改环资〔2016〕353号)。该意见提出加快推动消费向绿色转型。到2020年,绿色消费理念成为社会共识,长效机制基本建立,奢侈浪费行为得到有效遏制,绿色产品市场占有率大幅提高,勤俭节约、绿色低碳、文明健康的生活方式和消费模式基本形成。综上,加强对消费者消费模式的引导和干预,改变不可持续消费模式,推进绿色消费行为模式,已经成为可持续发展和绿色消费领域的一个重要课题,对推进中国生态文明建设迈上新台阶、实现经济社会的可持续发展至关重要。

一般来说，推进绿色消费的干预策略分为两大类（Steg，2008）：一是信息策略（心理战略），包括提供信息、教育和榜样等，旨在改变个人的知识、认知、动机和规范，其假设是这些变革会带来行为的相应变化，从而促进绿色消费行为；二是结构策略，包括提供节能产品或服务、改变基础设施、改变产品定价、制定法规措施等，旨在改变决策制定的情境，从而使绿色消费行为更有吸引力。[①] 每一类策略下面又存在若干的具体干预措施，表1-6列出了推进绿色消费的26种干预策略及其相应解释。

表1-6　推进绿色消费的干预策略总结

序号	干预策略（理论框架）	详细解释
1	提供与绿色消费行为相关的信息（IMB）	绿色消费行为的必要性、道德评判和价值等信息
2	提供与绿色消费行为结果相关的信息（TRA，TPB，SCogT，IMB）	实施或不实施绿色消费行为会带来的结果
3	提供他人的意见（TRA，TPB，IMB）	其他人对绿色消费行为的观点以及支持态度
4	促使行为意向的形成（TRA，TPB，SCogT，IMB）	鼓励人们实施绿色消费行为或设置绿色消费目标
5	促使行为障碍的发现（SCogT）	帮助人们找到阻碍绿色消费行为的障碍以及克服这些障碍的方法
6	进行一般的奖励（SCogT）	夸奖或奖励为绿色消费行为做出努力的人们
7	设置阶梯式目标（SCogT）	先设置较为容易的任务，再逐步提高任务的难度
8	进行行为教育（SCogT）	告诉人们如何实施绿色消费行为
9	提供行为演示（SCogT）	专家通过现场教学或视频传授如何实行绿色消费行为
10	设置具体计划（CT）	帮助人们制订具体的绿色消费行为计划，包括时间、地点、方式（频率、强度和时长）等
11	促使行为目标的检查（CT）	对此前的绿色消费行为目标进行检查和再思考

---

① 一般来说，消费者是价值最大化的追求者，其消费决策与动机源于产品或服务满足其价值需求的能力（白凯等，2017），因此消费者消费特定产品或服务时会评估产品或服务给自身带来的利益和成本。绿色消费的受益者往往不仅仅包括消费者自身，还包括社会、其他消费者或者地球，并且消费者在促成社会、他人益处的同时给自己带来了成本（如额外的时间、增加的努力、行为的改变等），所以绿色消费的心理机制与其他消费行为必然会有所差异（吴波等，2016），价格高低的影响作用将大大下降（盛光华等，2019），态度、认知、情感等心理因素的影响作用则大大提高，这也是绿色消费行为区别于其他消费行为的一大特点。由此，就推进绿色消费的干预策略来说，信息策略（心理战略）是非常重要的，当然结构策略也不可或缺。

续表

序号	干预策略（理论框架）	详细解释
12	促使自我监督行为（CT）	督促人们对自己的绿色消费行为进行自我监督
13	提供反馈（CT）	提供与绿色消费行为相关的行为记录和好坏信息
14	提供稳定的奖励（OCT）	当人们达到绿色消费行为预设目标时，进行夸奖、鼓励和物质奖励
15	传授如何使用提示信息（OCT）	教育人们如何利用环境暗示来提醒自己实施绿色消费行为
16	签署行为契约（OCT）	督促人们签署绿色消费行为的契约，从而表征当事人的决心并引入他人的见证
17	促进行为的实施（OCT）	激励人们准备、演练或重复绿色消费行为
18	后续促进措施	在主要的行为干预措施完成之后再联系目标人群
19	提供社会比较的机会（SCompT）	为当事人与其他非专家人群的绿色消费行为进行比较提供便利
20	为个人提供社会支持/社会改变的方案（social support theories）	鼓励人们思考他人如何能够为自身的绿色消费行为提供社会支持
21	树立榜样	提供榜样人物如何实施绿色消费行为的信息
22	促进自我的内心交流	鼓励人们自我教育、自我激励自身的绿色消费行为
23	预防行为倒退（relapse prevention therapy）	发现可能导致原来消费行为模式或放弃绿色消费行为的因素，帮助人们避免这些不利因素
24	压力管理（stress theories）	引入一系列的记录降低当事人改变消费行为习惯时的不适感
25	促使自我反馈	鼓励人们对自身的绿色消费行为进行评估，以削弱消费行为改变所带来的不适
26	时间管理	帮助人们将绿色消费行为嵌入日常生活当中

注：信息-动机-行为技巧模型（information-motivation-behavioral skills model，IMB 模型）；理性行为理论（theory of reasoned action，TRA）；计划行为理论（theory of planned behavior，TPB）；社会认知理论（social cognitive theory，SCogT）；控制理论（control theory，CT）；操作性条件反射理论（operant conditioning theory，OCT）；社会比较理论（theories of social comparison，SCompT）。

资料来源：根据文献整理，引用时根据本书研究目的进行了调整。

就推进绿色消费的信息策略来说（结构策略本书暂不考虑），政府相关部门为了推动绿色消费也出台了诸多信息策略，如宣传教育、公益广告、户外横幅、能效标识等。尽管这些信息策略在一定程度上影响了受众的知识、态度、意识和价值观念，却未能显著、实质性地转变个体的绿色消费行为模式（高然和张真，

2015）。进一步说，传统信息策略的需求侧响应并不完全奏效（戴彦德等，2015；王建明，2016）。这里，一个关键问题在于传统信息策略大多属于一般化或大众化信息（general information），而不是定制化或个性化信息（tailored information，customized information）（Abrahamse et al.，2007；Iwata et al.，2015），或者说，这些信息策略更多属于"宏"视角的政策，而不是"微"视角的政策。在移动互联网和大数据时代，个体绿色消费行为日趋个性化、独特化、差异化（Zhou and Yang，2016），而大众化、公共化、集中化信息策略越来越不能适应时代要求。为了触动互联网时代个体绿色消费行为决策过程的关键痛点和核心节点，更有效的方法是针对个体的独特情境特征"量身定制"个性化、精细化、定制化信息（Delmas et al.，2013；Zhou and Yang，2016）。本书中，我们将定制化绿色信息界定为，基于消费者不同的特征属性（选择偏好、兴趣、价值观、生活方式等），向不同消费者展示最能影响他们消费特定绿色产品或服务的个性化绿色信息。移动互联网的发展和大数据技术的应用（包括手机APP、微信公众号等）也使定制化绿色信息的实施逐渐成为可能（Zhou and Yang，2016）。因此，设计定制化信息策略（tailored information policy）更好地激发个体绿色消费行为的决策端响应，是个体绿色消费行为决策过程的机制和政策领域一个亟须解决的理论和现实课题。

本书专门针对推动绿色消费行为的定制化绿色信息这一核心范畴进行质性研究和量化分析，重点检验定制化绿色信息影响模型在绿色消费领域是否成立，在此基础上探索定制化绿色信息对绿色消费行为的影响效应及其作用机理，以期唤起消费者的绿色消费意识，精准推进绿色消费行为，推动社会绿色发展。具体来说，本书的研究目标如下：①在梳理绿色信息策略的相关文献基础上，探索定制化绿色信息的维度结构黑箱；②验证定制化绿色信息策略对绿色消费行为的影响效应，发现定制化绿色信息对绿色消费行为的影响路径；③解释不同维度定制化绿色信息策略对绿色消费行为的影响机理；④为政府、企业或相关机构制定定制化绿色信息策略、提升绿色传播效果提供科学的决策依据与可行建议。

第二章

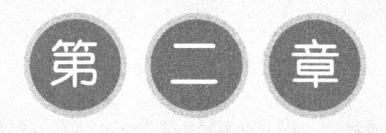

定制化绿色信息及其影响的研究述评

本章对目前国内外学者关于定制化绿色信息及其影响的相关研究进行系统梳理与评述。首先，回顾和综述定制化信息（包括个性化广告、定向广告、个性化网络推荐等）的内涵及其影响；其次，回顾和综述绿色信息的内涵、分类维度以及对绿色消费的影响和作用；再次，回顾和综述信息框架效应的内涵、分类维度及影响因素；接着，对相关中介变量（如绿色感知价值、绿色情感）、调节变量（消费者涉入度、产品属性等）及其作用的相关研究进行回顾和综述；最后，对现有研究的进展和不足进行简要评价。本章的文献回顾为后续的理论假设和模型建立提供坚实的文献基础。

第一节 定制化信息及其影响

一、个性化广告的内涵、原理及适用范围

当前我们已经进入了互联网、大数据时代，中国互联网络信息中心发布的第45次《中国互联网络发展状况统计报告》显示，截至2020年3月，我国网民规模达9.04亿，网络购物用户规模达7.10亿，较2018年底增长16.4%，占网民整体的78.6%。2020年1~2月，全国实物商品网上零售额占社会消费品零售总额的比重为21.5%。在移动互联网和大数据时代，如何采取有效的广告策略就显得尤为必要。相应地，以网络推荐系统为依托，研究定制化（个性化）绿色信息对消费者绿色消费决策的影响具有重要的现实指导意义。

有关学者尝试在市场营销背景下给"个性化"下定义，然而在每个学者或营销人心里，"个性化"蕴含的内容和意义都不尽相同，所以给"个性化"下定义好像存在一定的难度（Vesanen，2007）。阿多马维修斯和杜智霖（Adomavicius and Tuzhilin，2005）提出个性化的产品或服务是带有明显私人化特征的。同时社交网络作为营销领域的重要组成部分，为新兴的个性化广告模式提供了良好的实践发展环境（张晴柔，2017）。在我们看来，个性化广告（personalized advertisement）是一种基于消费者偏好（内隐偏好或外显偏好）并通过网络平台向目标消费者投

递个性化产品的广告。

消费者行为理论（又称为效用理论）认为，人们的交易其实是为了满足其自身的欲望和需求，满足程度越高效用越好，这就是经济学里对个性化广告原理的解释（辛振国，2007）。那么企业通过何种途径获悉消费者的偏好呢？这就需要企业（网络平台、在线商家等）重视、利用个性化技术挖掘用户数据或者云计算，预测消费者偏好以对消费者投递个性化广告。其中，消费者的消费行为特征是网站根据用户注册的个人资料信息（包括名字、年龄等人口统计资料）和过去的购物历史、浏览、收藏记录等进行云计算和大数据分析而得，然后及时追踪用户的所有信息资源并在时空上共享给利益平台，以上就是个性化广告的信息投递反馈系统的运转过程。另外，互联网时代的个性化广告可以获取用户使用移动设备的习惯、用户自身的行为特征、用户使用移动设备的场景等，可以根据挖掘出的用户行为信息和使用场景，分析用户的需求特征和喜好特征，进而匹配出用户的个人特征，也可以提高个性化广告的营销效果（韩洪勇等，2020）。

一般来说，人们的精力以及注意力倾向于投入到跟自己相关的信息（Pavlou and Stewart，2000）。当社交媒体平台用户更加积极主动地回应个性化广告，广告点击率增长了一倍。如果社交媒体平台用户能判断自己被收集的信息、接收广告的类型、频率和内容等，将会有更高的个性化广告点击率，因为消费者登录网络平台一般也不是随意浏览的，而是有一定的目的（郝淑芬，2008）。若通过人工智能以及大数据分析等方法结合用户行为习惯对用户行为预测，悉知用户的行为轨迹，结合用户所在地理位置及相关状况信息，选择合适时间投放个性化广告则会产生更好的传播效果。由此可见，针对不同用户的消费行为特征，结合其各类信息，借助多样化的推送路径，通过合适的时间及方式将广告信息精准投放至目标消费者，这个时候消费者会低概率去关注其目的之外的信息和广告，这将大大提高个性化广告的营销效率（Baek and Morimoto，2012）。但是在消费者的搜索结果里可能也会出现大量的相似信息或质量低的信息，如何在海量的信息中别具一格，这就需要企业（网络平台、在线商家等）及时追踪会员的所有信息资源，准确预测消费者的偏好以及消费特征。泉恩等（Tran et al.，2020）研究提出并测试了一个概念模型，以解释在社交软件上看到的品牌广告个性化感知如何增强消费者对品牌的感知以及随后的良好行为。研究结果表明，个性化广告是品牌资产增强的先决因素。具体而言，个性化广告对消费者品牌识别和自我品牌关联有积极影响，进而可以提高品牌资产和品牌使用意图。

二、定向广告的含义、分类及使用

定向广告（targeted advertising）即将特定的广告投放给特定的人群，根据用户偏好进行精准化投放（高兰兰，2012），包括时间定向、地域定向、场景定向、创意定向、频次定向和复位定向（二次定向）等。随着互联网的普及、应用和发展，网络定向广告（online targeted advertising）迅猛发展。定向也被业界和学界视为网络广告与传统广告形式的本质区别（Goldfarb，2014）。定向广告研究开始于2000年前后，早期研究主要讨论定向广告的效益问题（张建强等，2018）。这类研究基于经济学的垄断市场模型，讨论定向广告在节约广告成本、提高广告针对性和准确性等方面的优势（Esteban et al., 2001）。而网络定向广告就是为了锁定目标市场而利用网络定向技术去实现广告信息传递的一种广告运作方式（郭心语等，2013）。作为一种新兴的方式，互联网时代的定向广告信息只投放给有需要的消费者，这种广告形式不仅减少了资源的浪费，也降低了消费者对广告的厌恶和反感（蒋玉石和王烨娣，2020）。定性广告技术的使用在美国较为普遍。但是，也有研究发现随着定向广告精准度的提高，用户对隐私的关注程度越来越高，广告精准度与用户广告响应之间呈倒U形关系，即当定向广告为低精准度或高精准度时，用户的广告响应数值均较低；而当定向广告为中精准度时，用户的广告响应数值最高（张建强等，2019）。还有研究发现，消费者在接触到网络行为定向广告时，会产生两种路径，理性程度高的消费者会考虑到更全面的得与失，理性程度低的消费者会受到损失厌恶、参考依赖、拥有效应的影响，从而正向或负向地影响网络行为定向广告的效果（王贝贝，2019）。

从技术角度，网络定向广告可分为基于规则的定向广告（人口统计定向广告、地域定向广告）和基于模型的定向广告（行为定向广告、复位定向广告和上下文定向广告）（郭心语等，2013；骆婕茹，2016）。关于定向广告分类的研究详见表2-1。

表2-1 定向广告分类的研究回顾

作者	分类方式	具体分类
朱延平和文科（2008）	投放方式	内文匹配广告、人口数据匹配广告、行为定向广告
高兰兰（2012）	用户偏好	时间定向广告、地域定向广告、场景定向广告、创意定向广告、频次定向广告、复位定向（二次定向）广告

续表

作者	分类方式	具体分类
高兰兰（2012）	用户类别	内容定向广告、行为定向广告
司向辉（2013）	投放方式	人口统计信息定向广告、地理位置信息定向广告、行为定向广告、社会定向广告
骆婕茹（2016）	技术	行为定向广告、复位定向广告和上下文定向广告

随着竞争模型的引入，定向广告发挥着不可忽视的作用。假设市场上存在几种偏好类型的消费者，企业可以将广告只投给那些最喜爱其产品的顾客，研究发现这样不仅节省了广告费用，还避免了企业之间在市场上的正面碰撞，因此企业利用定向广告可提高市场竞争能力（Iyer et al.，2005）。但是也有学者在研究定向广告的竞争效应时，假设企业能完美识别任意消费者的偏好，每个消费者都构成一类细分市场，这种情况下企业之间的竞争类似于伯川德竞争（Bertrand competition），由此可见定向广告也有可能加剧市场竞争（Brahim et al.，2011）。另外，企业（网络平台、在线商家等）依靠海量的消费行为以及习惯数据，利用信息技术分析出消费者的个性化需求偏好，根据用户的偏好进行精准化投放，从而实现广告传播的精准化和一对一的广告定向服务，在实现产品与用户之间的精准匹配过程中起重要作用，并且定向广告的目标群体范围决定了广告投放的精准性并直接影响产品价格和企业利润（赵江等，2019）。

三、个性化网络推荐的内涵和维度

网络推荐系统通过获取用户的历史行为数据，如网页的浏览数据、购买记录、社交网络信息、用户地理位置等来推断用户偏好。随着科技的进步，个性化网络推荐过程也从静态预测发展到实时推荐，通过与用户实时交互来使推荐结果更加丰富（刘君良和李晓光，2020）。随着亚马逊、谷歌、淘宝、天猫等网站的成功，个性化推荐系统被证实为一种效果显著的营销手段之一，并逐渐得到消费者和企业（网络平台、在线商家等）的追捧（叶群来，2007）。内格罗蓬特（Negroponte，1970）和凯（Kay，1984）先后出版了《机器制造》《电脑软件》，并对这种推荐系统做出了详细介绍。随后不少学者在各自的研究中对网络推荐系统的含义进行界定，如推荐系统由推荐代理、购（买）方代理到口碑再到推荐软件等组成（Maes et al.，1994；Keaveney，1995），这些都推动了人们对网络推荐系统的深入认识。

国内外部分学者关于网络推荐系统的概念回顾具体如表 2-2 所示。

表 2-2 部分网络推荐系统概念回顾

作者	变量名	概念界定	关键词
Maes 等（1994）	推荐代理	利用互联网技术推销产品	经纪人、个性化
Keaveney（1995）	推荐代理	消费者认识新产品的工具	口碑、新产品
Ansari 等（2000）	代理软件	代理软件，基于用户偏好信息提供建议	代理软件、偏好信息、过滤、建议
Häubl 和 Trifts（2000）	工具软件	利用产品的偏好信息获悉使用者的决策偏向性的工具软件	偏好信息、决策偏向性、工具软件
Murthi 和 Sarkar（2003）	推荐代理	改善决策的个性化推荐技术	推荐代理、个性化技术、改善信息过载、改善决策
East 等（2005）	推荐服务	推荐主要看用户的评价即口碑的好坏	口碑、推荐
Wang 和 Benbasat（2004）	网络软件	做出相应的推荐网络软件（基于用户偏好）	软件、兴趣、偏好、以往购物行为记录、推荐
Liang 等（2007）	信息系统	辨识和评估适合推荐内容重要性的信息系统	信息系统、偏好、消费者喜好、辨识和评估
蔡日梅（2008）	推荐代理	推荐服务的软件	推荐代理、个性化信息、推荐服务软件
张红（2013）	推荐软件	产品推荐的软件	产品推荐软件、虚拟顾问、推荐产品、提供信息
王艳等（2020）	推荐系统	产品推荐的软件	推荐算法、缓解数据稀疏

可以看出，虽然不同学者对于网络推荐系统的概念界定不完全一致（这主要是由于不同学者的界定角度不一致，或者概括精炼程度不一），但总体上以下关键词被学者们反复提及：代理、软件、基于偏好、个性化服务、信息建议、推荐服务等。综合国内外学者的研究，本书认为，网络推荐系统是企业根据用户数据进行云计算，预测客户偏好模型，向消费者进行个性化的网络推荐。

关于个性化网络推荐的分类，主要有基于内容和基于推荐系统的性能两种分类方式。阿多马维修斯和杜智霖（Adomavicius and Tuzhilin，2005）认为网络推荐可以根据内容分类，这种分类方法已被应用于提供各种形式新闻文章的个性化选择网络推荐。在基于内容的新闻推荐系统中，当出现一组新发布的新闻文章和具有他的阅读历史的用户，个性化网络系统会按照顺序找到匹配用户的阅读历史并制定出推荐信息（Adomavicius and Tuzhilin，2005）。若基于推荐系统的性能，个性化网络推荐系统可以划分为产品属性推荐（提供某种属性的推荐列表，如性价比榜单、排行榜等)、协同过滤推荐、相关产品推荐（这是根据网站用户的收藏、浏览、购买等记录对消费者的偏好做出预测，然后为用户做出个性化的推荐）和普通推荐（除了其他三种以外的推荐方式）这四种（Schafer et al.，1999）。综上，网络推荐系统可划分为一般化网络推荐系统（畅销榜、各种排行榜等）和个性化网络推荐系统（基于自身偏好推荐、基于他人推荐等）。表 2-3 对个性化网络推荐系统分类的相关研究进行了回顾。

表 2-3 个性化网络推荐系统分类的相关研究回顾

作者	具体分类
Schafer 等（1999）	基于产品属性的推荐系统、协同过滤推荐、相关产品推荐、普通推荐系统
Aggarwal 和 Vaidyanathan（2005）	基于内容的系统、协同过滤系统、推荐支持系统、社会数据挖掘系统
蔡宏志（2006）	协同过滤系统对推荐体验类的产品推荐效果很有效，基于规则的过滤系统相对于前者推荐效果较弱
Linden 等（2007）	分为无差异模式和差异模式。无差异模式又分为无触发模式和触发模式两种。差异模式可分为个性化模式、共性模式和整合模式三种
蔡日梅（2008）	基于规则的推荐（技术层面）、协同过滤推荐（其他用户）、基于流行程度的推荐（如各大网站的各种排行榜、畅销榜等）
Burke（2007）	有补偿推荐和无补偿推荐，提出了混合个性化推荐系统
张雪琳（2010）	基于个人偏好的推荐系统、基于关联消费者的推荐系统、非个性化推荐系统
许应楠等（2012）	内容的推荐、协同过滤推荐，以及混合推荐服务等
张红（2013）	基于内容的推荐、协同过滤推荐、混合推荐服务、通用推荐（如销量排行榜）
戴和忠（2014）	网站人工推荐服务、数字排行榜推荐、智能推荐
刘君良和李晓光（2020）	静态预测发展到实时推荐，通过与用户实时交互推荐使结果更加丰富

四、定制化信息的提出、内涵和分类

定制化（customization）是相对标准化（standardization）来说的。在信息传播、广告宣传和市场营销领域，定制化是指按照消费者的自身要求，为其提供适合其需求的，同时也使消费者满意的产品或服务，主要包括产品定制化和服务定制化两方面。与之相对，标准化指提供同一种产品、服务或流程，不同个体之间是没有差异的。根据标准化的对象，可以分为产品标准化、服务标准化、流程标准化、管理标准化等方面。与标准化产品相比，消费者对定制化产品的感知价值和满意度更高（金立印和邹德强，2009）。

定制的思想最早由托夫勒（Toffler，1970）提出，皮尼等（Pine et al.，1993）首次对大规模定制进行了系统论述。20世纪90年代，理论界开始重点围绕大规模定制的概念、分类和影响因素等问题展开研究。就人性而言，人总是有一种自我肯定的内在要求，每个人都希望把自己从人群中区别出来，成为与他人不同的、独立的特殊存在，这就是人们的求异心理。此种心理促成了个体行为的差异化存在，这正是定制化信息传播的开展前提（程瑶和杨思杰，2017）。近年来，随着互联网技术的发展，定制化开始在电信、软件、电商、旅游等领域迅速普及，定制化的研究也日益受到学界的关注（Simonson，2005）。例如，"今日头条"凭借个性化推荐算法从众多新闻阅读产品中脱颖而出，通过算法监测用户阅读行为，预测用户阅读喜好，提升内容的分发效率和用户体验的同时，在消费模式、用户需求和技术融合等方面促进了信息的传播（王千卜贝，2020）。

关于定制化推荐的相关研究主要发源于计算机和信息科学领域，定制化推荐是指电子商务网站根据消费者之前的评分、浏览、购买或搜索历史等行为数据以及相似消费者的历史行为数据推测目标消费者的需求和偏好，为目标消费者推荐或展示一组他们可能感兴趣的商品（朱泽民等，2019）。通过发掘和辨识消费者个体特质，建立消费者偏好模型，再根据模型向消费者展示不同商品，为其提供针对性更强的服务推荐。定制化推荐技术可以提高推荐的针对性和准确性，从而提高定制化信息推荐的质量。

梳理基于用户行为的定制化信息推荐，发现主要包括基于内容的推送、基于关联规则的推送和基于协同过滤的推送三种类型（丁筱，2020）。第一，基于内容的推送是以对目标内容进行分析为核心进行的，一般通过数据算法从产品内容的描述特征中推出消费者的偏好特征。第二，可以发现不同产品在销售过程中或者被用户喜好程度上的相关性。第三，基于协同过滤的推送是指通过计算用户偏好，在用户群中针对特定用户以及相似兴趣用户，系统梳理相似用户对某一信息的反馈信息，形成系统对指定用户群对此产品的喜好程度的预测（孙光福等，2013）。

关于消费者接受定制化信息的影响因素，很多学者做了研究。西蒙森（Simonson，2005）指出，消费者是否购买定制化产品或服务的决定因素包括性价比、风险回报比、产品或服务类型（必需品或奢侈品）、求变需求、感知匹配性以及吸引力，并且消费者对营销人员的信任、偏好构建和决策背景等变量也在一定程度上起调节作用。克莱默等（Kramer et al.，2007）把文化因素也引入消费者定制化购买影响因素的研究，指出集体主义导向的消费者更乐意接受定制化推荐。勒瓦夫等（Levav et al.，2010）认为消费者对各属性水平的相对偏好受到产品属性信息呈现顺序的影响。比斯瓦斯和格拉乌（Biswas and Grau，2008）发现，当消费者在定制过程中受到认知资源的约束时，选项框架效应会表现得更为显著。汉密尔顿和库科娃（Hamilton and Koukova，2008）指出，将产品属性以捆绑方式呈现给参与定制的消费者，会导致他们更多地选择被捆绑的选项。

五、定制化信息的影响作用

定制化信息是通过对用户行为的分析，挖掘用户的偏好和潜在需求，基于消费者的个人信息特征（态度、价值观、行为方式等）向消费者推荐个性化的信息内容，进而影响特定的人或者人群，对消费者的消费决策具有十分重要的影响。很多学者对此进行了研究验证，吉尔摩和帕因（Gilmor and Pine，1997）认为定制化能够针对客户个体特有的属性或行为创造特有的价值与功能。加明和杜赫姆（Jaemin and Dooheum，2001）认为定制化意味着通过一种提供物或交易方式来满足消费者个体的需求和体验，以提高消费者价值。对消费者而言，有说服力的定制化信息可以适应消费者的价值观、生活方式和行为习惯，促进其转变消费行为；对企业而言，定制化信息可以减少企业无效广告成本，降低营销费用，实现精准营销。

塞内卡尔和南特尔（Senecal and Nantel，2004）研究指出，相对于来自"专家"和"其他消费者"的推荐，来自"推荐系统"或"虚拟导购"的推荐对消费者选择决策的影响更大，主要影响体现在消费者对商品或服务信息的搜寻过程、消费者偏好、价格敏感度、决策满意度方面。根据西蒙的有限理性决策理论，决策者的时间、知识、精力、认知水平是有限的，决策者的价值取向也不是固定的，任何情况都可能导致目的的调整。在这种有限理性限制下的决策者不能做出完全理性的决策，只能在决策者的能力范围内选择出一套最"满意"的方案。在消费者行为领域，广告信息铺天盖地，使消费者陷入了信息超载的困境，消费者无法对所有的广告信息都进行精细加工，并且对于大众化的、一般化的信息，消费者都不太愿意花费时间和精力去深层加工和处理，消费者只会关注与自身相关的信息，而定制化信息的推送，恰恰可以有效地减少消费者过滤无关信息的时间和成本，节约消费者的时间、精力，让消费者有更多的时间和精力做决策，大大提高决策的质量和满意度。还有研究显示，广告内容中包含与个人相关的定制化信息可能会给消费者造成这样的印象：个性化广告中的信息与他是相关的。每个消费者都具有自我性，当接收者发现接收到的广告信息内容是基于他们的个人信息量身定制的，他们更容易认为这则广告信息是与自己相关的（Kalyanaraman and Sundar, 2006）。当接收者认为广告传递的信息与个人相关并且很有吸引力时愿意更多地参与（Park and Young, 1986）。因此，定制化的广告被认为更有用且更有价值（Baek and Morimoto, 2012）。加里亚纳拉曼和桑达（Kalyanaraman and Sundar, 2006）以及李和加里亚纳拉曼（Li and Kalyanaraman, 2009）也发现，定制化广告信息将引起消费者更多的关注，从而对广告及广告产品产生更积极的态度。黄燕（2017）研究探讨了广告定制化与内容传输对网络视频广告效果的影响，发现广告定制对广告和品牌态度的影响受视频内容引发的交通影响。即在低交通水平下，广告选择会提高广告和品牌态度；而在高交通水平下，广告选择会降低广告和品牌态度。定制化信息根据用户数据对消费者的偏好进行预测，可以帮助消费者更加了解自己的喜好，推荐出消费者可能从未见到过的小众产品。由此，定制化降低了感知广告的干扰性，也在一定程度上降低了品牌召回率。

第二节 绿色信息及其影响

一、绿色信息的内涵界定、作用与分类维度

绿色信息是以生态环境或可持续发展理念为主题的广告或信息，它以绿色产品、绿色服务或者绿色消费观念为对象，旨在宣传绿色消费的生活理念，引导消费者追求绿色的生活方式。它通过向消费者宣传绿色消费给个人或者社会带来的价值或好处，进而影响人们的绿色消费意向和行为。基尔伯恩（Kilbourne, 1995）认为，绿色广告信息通过展示绿色产品的属性信息（节能、低耗）或者展示绿色消费的观念（环保、可持续发展）来促进消费者的绿色消费。芈凌云等（2016）指出，绿色信息策略就是通过宣传教育、绿色消费信息提示与反馈等方式来帮助居民获取绿色知识，激发绿色消费信念，形成绿色消费行为的策略。它包括提供

信息、教育和榜样等，旨在改变个人的知识和认知，其假设是这些变革会带来行为的相应变化，从而促进绿色行为决策（王建明和贺爱忠，2011）。

作为一种信息策略，绿色信息在提高消费者绿色消费意识中有着重要的作用。众多学者研究表明绿色信息是促进绿色购买决策或绿色行为决策的一个常用工具，也是一个较有效的工具（Abrahamse et al.，2005；王建明，2012；曹文等，2015）。①大量专家学者也支持采用提供绿色技术指导、绿色宣传、反馈信息等信息策略干预消费者购买决策行为。大部分研究肯定了信息策略的积极干预作用。甘斯等（Gans et al.，2013）、汉姆和马登（Ham and Midden，2013）研究发现信息策略的干预能明显减少耗电量。芈凌云等（2016）采用荟萃分析（meta-analysis）方法对1977~2014年发表的42篇实验类信息策略文献进行研究，证实绿色信息策略对居民绿色行为具有积极的促进作用，且发现事后信息策略要比事前信息策略更有效。许萍（2020）研究发现绿色信息对绿色消费行为的影响中，其影响机制往往通过绿色消费态度、主观规范和知觉控制等中介变量进行。这一机制中，消费者绿色消费态度对于绿色消费行为的影响并不突出，但是对绿色消费主观规范有明显的影响，可以通过对绿色消费主观规范的影响，进而影响到绿色消费意愿。但也有研究对信息策略的效果提出异议，认为单独使用信息干预的节能效果很微弱，甚至无效。例如怀特和凌（Wilhite and Ling，1995）指出受到外部信息干预的节能行为是暂时的。或者需要和其他干预措施相结合才可行（Abrahamse et al.，2005；Bekker et al.，2010；Schleich et al.，2013）。

随着绿色信息研究的深入，学者们对绿色信息策略进行了不同的分类。一种普遍分类为前置策略（antecedent strategies）和后继策略（consequent strategies）。其中，前置策略包括宣传教育、目标设定等，主要采用教育、宣传等方式；后继策略包括信息反馈、个性化审计等，主要采用反馈等方式。麦卡利和米登（McCalley and Midden，2002）研究发现，目标设定等事前策略和信息反馈等事后策略结合起来效果更明显。亚伯拉罕等（Abrahamse et al.，2005）、富吉美等（Fujimi et al.，2016）也得出了相似的结论。亚伯拉罕等（Abrahamse et al.，2005）还从信息干预时点角度将绿色信息策略分为事前干预信息策略和事后干预信息

---

① 与信息策略相对的是结构策略。关于结构策略和信息策略，Asensio和Delmas（2016）研究指出，信息策略比结构策略对绿色消费行为的影响更显著，经济激励等结构策略在短期内可能会对绿色消费有一定的作用，信息策略对绿色消费的影响效果更持久。限于篇幅，本书未专门就信息策略与其他策略（结构策略）之间的差异进行综述。

策略。另一种分类为依据信息反馈内容将消费者的反馈信息分为四类：标准信息反馈（告知居民在一定时期内用能的信息和费用信息）、评估信息反馈（在标准信息的基础上，对居民的家庭用能和绿色消费进行分析说明）、对比信息反馈（通过自身对比反馈和社会对比反馈，让居民了解自家能源消费的历史变化和所处社会或社区的相对水平）、环境信息反馈（告知居民当期能耗水平对环境造成的具体影响），并且证明了对比信息反馈相较于其他的信息反馈有更好的绿色消费响应（芈凌云，2012）。

绿色信息策略还可以分为大众化信息策略和小众化信息策略两类。其中，大众化信息策略通过电视、报纸、横幅等大众化、一般化信息传播。赵万里和朱婷钰（2017）研究证实了大众化传媒信息与消费者绿色消费呈现正相关。小众化信息策略通过小规模专题研讨会、个性宣传手册、个性化反馈等小众化、定制化信息传播。刘宇伟（2011）、德尔马斯等（Delmas et al.，2013）、芈凌云等（2016）研究指出，基于消费者自身消费特征的小众化信息策略较大众化信息策略更能增强消费者的信任，有助于绿色消费行为。

二、前置信息策略对绿色消费行为的影响

1. 目标设置策略对绿色消费行为的影响

根据洛克（E. Locke）的"目标设置理论"，目标本身具有激励作用，它能把个体需要转变为动机，使个体行为朝一定的方向努力，并将自身行为结果和既定目标相对比，及时进行调整和修正，从而实现目标（Locke et al.，1990）。贝克（Becker，1978）研究发现，接受高难度目标和反馈组的家庭削减量最大（削减了13.0%~25.1%），并且是唯一和控制组存在显著差异的组。另外，鉴于激励效应一定程度上是源于高难度目标和与之相关的行为绩效反馈，由此必须提供关于为达到目标其表现如何的反馈。麦卡利和米登（McCalley and Midden，2002）研究了目标设置、反馈对能源节约的作用，指出指定目标和反馈的参与者比仅仅给予反馈（没有目标）的参与者在每次洗衣实验中节约了更多的能源。麦卡利和米登（McCalley and Midden，2002）还对自我设定目标、指定目标分别与能源反馈联合使用对节约行为的影响进行了比较。结果显示，两者产生了类似的能源节约（自我设定目标的参与者和指定目标的参与者之间没有显著差异），其中自我设定目标组比控制组少用了21%的能源。研究还测定了社会取向（social orientation，即

对自身或他人行为结果的评价程度)这一因素,发现社会取向和目标设置模式存在显著的交互作用。对倾向于自我(pro-self)的个体,自我设定目标比指定目标会导致更多的能源节约;对倾向于社会(pro-social)的个体,指定目标则比自我设定目标导致更多的能源节约。亚伯拉罕斯等(Abrahamse et al.,2007)组合使用了定制化信息(tailored information)、目标设置(5%的削减目标)、定制化的反馈组合三个信息策略工具,测度其对能源使用的影响。结果显示,干预措施组合组的家庭相对控制组家庭显著节约了更多的直接能源消费,间接能源消费节约上则没有显著差异;干预措施组合组的家庭采用了很多节能行为,而对照组家庭采用节能行为的范围和程度要小得多;相对控制组家庭,干预措施组合组家庭的能源节约知识水平有显著提高。沃林克等(Völlink et al.,2010)研究了电视反馈信息和目标设置对家庭能源消费和水消费的影响。他们联合使用每周反馈、目标设置(家庭可以选择5%、10%或15%的能源削减目标)和通过图文电视提供信息(能源节约小窍门)进行研究。结果显示,联合干预组的家庭比控制组节约了更多的能源。徐嘉祺等(2019)研究发现在目标设置视角下,绿色消费行为对亲社会行为具有正向溢出效应;在目标进展视角下,绿色消费行为对亲社会行为具有负向溢出效应,并指出政策设计者应该追求整体的行为助推效果。

2. 诱导承诺策略对绿色消费行为的影响

在前置信息策略中,诱导承诺是促进绿色消费行为的策略之一。承诺是一份口头或书面的行为改变(如节约能源)的誓言或保证。大多情况下,这种誓言和一个具体目标相关,如减少5%的能源消耗。诱导承诺普遍地被认为是促进亲环境行为的一种有效途径。通常认为,当人们承诺做出特定行为时,他们遵循其承诺,且这会导致长期的行为变革。虽然从理论上说这似乎会自然发生,但实证结果却显示其效应是复杂的。帕尔莱克等(Pallak et al.,1980)改变了对能源保护的承诺程度,并测量随后的能源消耗。研究结果显示,高承诺组个体使用的能源确实比低承诺组和控制组要少,而且效果在实验结束后持续了半年之久。帕蒂妮和凯泽维(Pardini and Katzev,1983)比较了废旧报纸回收中做出强(书面)承诺、做出轻微口头承诺和只收到了废品回收宣传册这三组人的报纸回收量,前两组的回收量都高于第三组。承诺可以是对自身的一个誓言,此时承诺可以激活个人规范(即道德责任)。承诺也可以面向社会公开(如在社区公告栏上公示)。在公开承诺的情况下，社会规范（即他人期望）就成为节约行为的一个决定因素（Abrahamse et al.，2005）。承诺的有效性基于这样的假设，即一个人在能源保护上做出的承诺越强，其未来的行为就越有可能与态度保持一致，从而参与到能源节约行为中来（保罗·贝尔等，2009）。还有研究发现公开承诺比私下承诺更适合中国文化背景下的亲环境行为激励（张浩和朱佩枫，2019）。

总的来说，前置信息策略研究的大致结论是，使用目标设置、诱导承诺和提供信息等前置信息策略对促进绿色消费行为往往是有效的。具体来说：①对目标设置策略的研究显示，适度的高难度目标比低难度目标更有效，且联合使用目标设置和反馈比单独使用目标设置更为有效；②诱导承诺策略是削减家庭能源消耗的一个成功策略，特别是从长期效应看。但对不同的个体来说，有时是公共承诺比较有效，有时是私人承诺比较有效。当然，对于不同信息策略的实际效应，学者们还存在很大的争议。另外，一些研究的实验组家庭数量较小（有的实验组甚至只有12个样本，远未达到大样本的条件），这可能导致其研究结果的可信度较低。

三、后继信息策略对绿色消费行为的影响

在后继信息策略中，结果反馈策略常常被应用于促进家庭削减能源消费和碳排放。反馈是向家庭提供其能源消费或能源节约的评价信息，它可以影响行为，因为家庭能将一定的结果（如能源节约）和其行为联系在一起。

塞利格曼和达利（Seligman and Darley，1976）研究发现，反馈对电力节约有着正效应，即反馈组的家庭比控制组少用了10.5%的电力。但是，该研究没有做后继的测定来判定是否有持续性效果（Abrahamse et al.，2005）。比特尔等（Bittle et al.，1979）研究了每日费用反馈对家庭电力消费的影响，研究结果表明反馈是减少电力消耗的一种有效方式，且在能源需求小的时候会更有效地促进能源节约。温内特等（Winett et al.，1979）研究了自我监控和反馈对居民电力消费的影响，研究结果表明，反馈和自我监控都有利于降低能源消费，且自我监控组的参与者高度可信。赫顿等（Hutton et al.，1986）通过实地实验研究了相关成本反馈对消费者知识和行为的影响。结果发现，仅收到信息组或同时收到信息组和反馈组的家庭比控制组减少了4%~5%的能源消耗。尽管加拿大样本和美国样本有些差异，但总体上研究结果至少部分支持如下观点：反馈对于消费者学习和激励是

个有用的信息工具。然而，没有发现消费者知识发生变化，赫顿等认为这可能是由于加拿大家庭比美国家庭有更高的能源事务相关知识（即天花板效应）。赛克斯顿等（Sexton et al.，1987）研究了分时电价实验中峰电和谷电使用的持续反馈和监控对家庭的作用，结果表明反馈确实导致了家庭转向谷电消费，且设定价格差越大的家庭，这种转变越显著。然而实验也表明，总的电力消耗并没有减少。刘满芝等（2017）基于参照依赖理论，证实了他人参照依赖的反馈信息相较于自我参照依赖的反馈信息更有效。但是许多学者认为单独的信息反馈对消费行为产生的影响有限，信息反馈与其他策略组合的效果更明显。盛光华等（2019）研究发现，与无价值反馈相比，购后后继价值反馈能显著提升消费者的绿色重购意向，且社会性价值反馈比功能性价值反馈更能增强消费者的绿色重购意向。在购后价值反馈与消费者绿色重购意向的关系中温情感起中介作用，且社会性价值反馈比功能性价值反馈更能增强消费者的温情感，温情感在购后价值反馈与绿色重购意向间的中介效应受到反馈时机的调节，最终对消费者绿色重购意向形成有调节的中介作用。

总的来说，后继信息策略研究的大致结论是，结果反馈这一后继信息策略在短期内（实验期间）是促进绿色消费行为的有效方式。一些研究发现向受众提供反馈（特别是频繁的反馈）是减少能源消费的一个成功干预措施。且反馈的频率越高，其效果就越有效。有研究显示，高频率的反馈并非一定是成功的关键。另外一些研究发现，反馈对高能源消耗者和低能源消耗者有不同的效应，即前者减少了能源消耗而后者增加了能源消耗。这从政策的角度看是一个重大的发现，这意味着以减少能源消耗为目标的反馈策略可以特别针对高能源消耗者，因为他们有更大的能源节约潜力。当然，对于不同后继信息策略的实际效应，学者们也同样存在很大的争议。最后，对具体信息策略进行现场实验的设计形式多种多样，且多种信息策略联合使用的实验设计一定程度上得到了研究者的重视，这值得未来研究关注。

四、定制化信息策略对绿色消费行为的影响

小众化信息传播是向公众提供定制化、高度个性化的具体信息，这种措施的一个优势是使参与者仅收到相关的信息，而不是过量的不适用于家庭情况的一般信息，不少学者对此进行了研究。威奈特等（Winett et al.，1985）研究了大众化

信息（电视榜样塑造）发现，实验组的知识有显著提高，能源消费亦有一定的下降（10%）。但一年后的跟踪研究却显示节能行为没有得到保持。威奈特等（Winett et al.，1985）对小众化信息（能源专家和推广员家庭访问）进行的研究表明，小众化信息产生了显著的能源消费削减效果（21%），且能源专家组的小众信息干预产生的节能效果更一致、更持久。盖勒（Geller，1981）发现，专题讨论会能有效改变个体对能源利用的态度和意向。赫斯特和格雷迪（Hirst and Grady，1982）对小众化信息（能源审计）的实验研究显示，实验组在中期（1年）和长期（2年）都产生了显著的能源削减，且长期的削减量更多（4%），此外实验组使用的能源节约措施也比控制组更多。斯塔兹等（Staats et al.，2004）对生态小组项目这一小众化信息措施进行的追踪研究（longitudinal study）揭示，小众化信息增加了能源节约行为的频率，且这些行为得到了长期保持。费希尔和欧文（Fisher and Irvine，2010）的研究表明，团体干预措施这一小众化信息对减少能源使用和碳排放具有显著成效（20%），且这些缩减是持久的。

总的来说，大众化信息策略对促进家庭节约能源消费是有效的，但往往仅仅提高知识和改变心理，并不必然带来行为变革或能源节约（Steg，2008；王建明，2016）。与之相对，多数研究证实小众化信息策略相对大众化信息策略更有效（Abrahamse et al.，2007；芈凌云，2012；Delmas et al.，2013）。孙岩和江凌（2013）指出，相对于传统的大众化媒体宣传和说教，具体针对性的信息反馈和指导可让受众更清楚地掌握其能源消费状况，了解行为改善的可行方法，激发节能意识，进而改变行为。此外，特定信息策略的短期效应和长期效应可能不一致，这也值得未来研究者关注。

移动互联网的发展和大数据技术的应用使定制化信息推动消费者节能行为决策具备了现实可行性，很多学者都对此进行了研究与调查。以消费者节能行为决策为例，一方面，大数据技术提供了洞察消费者能源消费行为细节的全新方式，这有助于改善能源效率、促进能源节约（Zhou and Yang，2016）；另一方面，移动互联网和大数据技术也使定制化信息的设计和实施具备了技术和成本可行性。现在问题是，定制化信息策略对绿色消费行为是否能产生实质性影响作用？亚伯拉罕等（Abrahamse et al.，2007）把定制化信息与信息反馈、目标设定等措施组合在一起，证实了信息反馈组合对绿色消费的干预要比单独的措施更有效。奥尔科特和罗杰斯（Allcott and Rogers，2012）的长期追踪研究表明，定制化反馈信息（包括社会比较反馈）的效果是持久的，四年后这些定制化反馈信息依然起作用，且频繁持续的定制化信息对于消费者形成行为习惯的"资本存量"至关重要。与之相对，哈格里夫斯等（Hargreaves et al.，2010）的研究表明，定制化信息导致了短期的行为变革，但却没有产生长期的能源节约，在没有更有效支持的情况下，定制化信息监控"固化"了能源使用模式。德尔马斯等（Delmas et al.，2013）的荟萃分析发现，定制化信息（个性化的审计和反馈）是促进消费者节能行为的最有效政策。岩田等（Iwata et al.，2015）研究指出，高度个性化、具体化的定制化信息对消费者节能行为决策来说是一个有效信息策略，阿森西奥和德尔马斯（Asensio and Delmas，2016）、萨洛等（Salo et al.，2016）的研究也有类似的发现。阿森西奥和德尔马斯（Asensio and Delmas，2016）对定制化信息的大样本现场实验发现，相对于结构性政策（如成本节约）来说，定制化信息对消费者节能行为决策的影响更显著、更持久。波德戈尼克等（Podgornik et al.，2016）研究发现，定制化信息导致了22%~27%的家庭电力消费节约，且定制化信息针对现有行为习惯和相应的节能行为具有增加知识和发展意识的潜力。富吉美等（Fujimi et al.，2016）进一步发现，定制化信息和公共承诺（public commitment）配套使用时对自然保护行为的效果最好。王建明和孙彦（2018）指出，相对于传统的媒体一般化宣传和说教，具体针对性的信息反馈和指导可让消费者更清楚地了解绿色消费行为给自身或者社会带来的价值，了解可行的绿色消费办法，进而实行绿色消费。

五、相关文献评述

众多学者在消费者绿色消费与能源节约政策领域进行了大量创新性研究，特别是在计量经济分析和政策模拟分析方面（查冬兰和周德群，2012；凤振华等，2010；吴玉鸣，2012；张竞博等，2012），取得了丰富的成果。从研究数据看，大部分研究的基础数据来自宏观统计资料或在线数据库，进行实地调研或政策实验的研究相对偏少（廖华和魏一鸣，2011）。从研究对象看，企业节能或绿色生产领域的研究相对丰富，消费者节能或绿色消费领域的研究相对薄弱（廖华和魏一鸣，2011）。通过对消费者节能和绿色消费领域的现有文献进一步回顾，我们可以总结出如下几点：第一，对于消费者绿色消费或节能行为决策过程的黑箱，目前的探索还不够深入。很多文献对消费者绿色消费或节能行为决策（包括效率行为和削减行为）的影响因素进行了实证分析，但这些影响因素对绿色消费或节能行为决策过程作用的路径和机理我们的理解还不够深入。对消费者绿色消费或节能行为决策过程的深入洞察和深刻理解是增强政策有效性的基础（Karlin et al.，2015；Kastner and Stern，2015；Zhou and Yang，2016）。第二，信息策略对绿色消费或节能行为决策长期效应的追踪研究相对薄弱。多数研究往往通过实验研究信息策略的即期效果和直接效果，对信息策略的远期效果和间接效果的长期追踪研究相对缺乏，仅有的少数研究结论也令人困惑（Kastner and Stern，2015）。第三，对于信息策略影响绿色消费或节能行为决策过程的作用机理，目前还缺乏足够的研究验证。大部分现有研究主要检验了信息策略成功的程度（通过实验前测后测比较），对信息策略发生作用的深层成因和内在机理缺乏深入分析，对特定变量（如节能态度、感知价值等）的中介作用分析也略有欠缺。第四，也是非常重要的一点，相关研究领域对定制化绿色信息的研究尚未得到足够的重视。定制化绿色信息对消费者绿色消费或节能行为决策的长期效应、作用机理探索目前刚刚受到关注，当前对定制化绿色信息的探索总体上仍是初步的，特别是对于定制化绿色信息的框架设计、配套组合、长期效应和心理过程机理等，还缺乏深入的研究。在移动互联网和大数据时代，研究定制化绿色信息对消费者绿色消费行为决策过程的作用理应得到高度重视。

第三节　信息框架效应

一、信息框架效应的含义

框架效应（framing effect）是信息影响的一个主要心理学理论现象。特韦尔斯基和卡尼曼（Tversky and Kahneman，1981）最早通过"亚洲疾病问题"首次证实了决策框架效应的存在。框架效应在消费者决策领域被认为是非常重要的发现，是指相同信息的不同描述方式会影响决策者的偏好选择。温和艾伦（Wen and Alan，2004）认为不同的信息表达方式会影响消费者的选项认知，进而引起态度、偏好、判断、决策行为等变化，此种现象称为框架效应。在信息加工过程中，人们并不遵从完全理性人的模型假设，更多地表现为有限理性（Kahneman and Tversky，1979），比如受到人自身的认知资源、信息本身的特点及呈现方式等多种因素影响，相同的信息呈现给不同的人或者在不同的时间地点呈现给同一个人，都可能得到不同的响应。这种对同一问题的等价描述却导致不同的响应偏好的心理现象被称为框架效应（Kahneman and Tversky，1979；孙彦等，2012）。

框架效应提出后，很多研究者都对其理论机制展开了探讨，目前最具代表性的包括：前景理论（prospect theory）、齐当别模型（equate-to-differentiate model）、模糊痕迹理论（fuzzy trace theory）、动机理论（motivation theory）、认知-情感权衡模型（cognitive-affective tradeoffs model）、认知负荷理论（cognitive load theory）及脑机制（brain mechanism）等。

二、信息框架效应的分类

随着研究的不断深入，以及实验环境、对象、范围的不断变化，框架效应的形式也产生了微妙的变化，很多学者根据不同的依据对框架效应进行了分类。

1. 双向框架效应和单向框架效应

这是依据风险偏好逆转来分类的。根据风险偏好逆转方向不同，将框架效应分为双向框架效应和单向框架效应。其中，双向框架效应（bidirectional framing effect）是指由于选项结果框架的不同而从风险规避转为风险寻求，即传统意义上的框架效应，涉及偏好反转；单向框架效应（unidirectional framing effect）是指一种负性框架下偏好于风险规避，正性框架下依然偏好风险规避的极端风险偏好，不涉及偏好反转。

2. 风险选择框架效应、属性框架效应和目标框架效应

这是依据框架的对象和测量方式的分类。列文等（Levin et al.，1998）依据框架的对象和测量方式将框架效应分为三类：风险选择框架效应（risky choice framing effects）是指在面对两种期望价值相等的风险偏好选择时，从不同的角度描述可分为正向选择框架和负向选择框架；属性框架效应（attribute framing effects）是根据对象的关键信息描述来判断对象属性或特征，可分为正向信息和负向信息；目标框架效应（goal framing effects）是指信息的不同表述会影响其说服力，强调采取行动的积极结果和不采取行动的消极结果。表2-4是三类框架效应的比较分析。

表 2-4　三类框架效应的比较分析

框架类型	适用对象	框架影响	测量方式	代表学者
风险选择框架效应	不同风险水平	正向规避风险 负向追求风险	对某种风险选项的选择比较	Tversky 和 Kahneman（1981）
属性框架效应	特征或特性	项目评估	对单一/特定选项的评估比较	Levin 等（1998）
目标框架效应	行为的目标	说服力	行为的采纳率	Levin 等（1998）

在目标框架中，莱文（Levin，1998）根据其表达方式的不同进一步将框架类型分为获得框架与损失框架。奥基夫和詹森（O'Keefe and Jensen，2009）指出获得框架与损失框架具体包含四种形式。其中，获得框架包括以下两种：正向获得，如果消费者采用某种产品或行动会获得某些好处和利益；正向避免，如果消费者采用某种产品或行动会避免某些坏处和损失。损失框架包括以下两种：负向损失，如果消费者不采用某种产品或行动会得不到某些好处和利益；负向获得，如果消费者不采用某种产品或行动会得到某些坏处和损失。

3. 图形框架效应和言语框架效应

这一分类是依据展现形式的分类。王（Wang，2004）证实了图形框架效应存在于传统框架效应中。孙等（Sun et al.，2010）首次发现并采用无言语表述的图形形式代替言语形式来描述决策信息，并将其称为图形框架效应（graph framing effect），而将通过文字形式呈现的框架效应称为言语框架效应（verbal framing effect）。孙彦等（2012）通过六个实验研究证实了图形框架效应存在于多选项框架、各种图形等不同情境中，即不同的图形表征存在不同的属性，从而会影响人们的判断和决策。刘扬和孙彦（2014）研究发现图形框架比言语框架更为纯净。

4. 外部框架效应和自我框架效应

这一分类是依据框架效应发生来源的分类。外部框架效应（external framing effect）是指由别人提供和包装的信息所形成的框架，其大部分是言语组织材料。在现实生活中，消费者面临的选择大多表述模糊，很少会有清晰的框架。还有学者也认为在做出决策前，消费者会对相关信息进行主动编码和加工（Levin，1998；Wang，2004），通过内部表征形成的框架称为自我框架效应（self-framing effect）。

5. 大尺度框架效应（large scale framing effect）和小尺度框架效应（small scale framing effect）

这是依据框架尺度大小的分类。尺度框架是一种以诉求强度的认知后果效价为基础的框架形式，指的是在不同诉求强度下，个体会形成不同的心理感知和决策判断。萨缪尔森（Samuelson，1937）曾用折扣效用模型（discounting utility model）解释选项在用不同时间表述时其决策的差异，如当天获得 50 美元的礼券或一年后获得 100 美元的礼券，表示大尺度框架下获得的金额较大，而小尺度框架下获得的金额较小。

除上述的五种常见分类方法外，还有其他分类标准，详见表 2-5。

表 2-5　框架效应的分类汇总

分类标准	分类维度	代表学者	研究对象
对象和测量方式	风险选择框架效应	Tversky 和 Kahneman（1981）	亚洲疾病问题
	属性框架效应	Levin 等（1998）	汉堡牛肉肥瘦含量问题
	目标框架效应	Meyerowitz 和 Chaiken（1987）	乳房自我检查实验
展现形式	图形框架效应	Sun 等（2010）	亚洲疾病问题、多选项框架
	言语框架效应	刘扬和孙彦（2014）	
发生来源	外部框架效应	Levin 等（1998）	汉堡牛肉肥瘦含量问题
	自我框架效应	Wang（2004）	生命问题
尺度大小	大尺度框架效应	Samuelson（1937）	礼券
	小尺度框架效应		
信息陈述方式（第一种）	正面框架效应	Schneider 等（2001）	医疗健康领域
	负面框架效应	Tamera 等（2001）	广告效果
信息陈述方式（第二种）	促进型框架效应	Aaker 和 Lee（2001）	消费者支付领域
	预防型框架效应		
数值表述方式	金额框架效应	Hoek 等（2006）	产品降价
	比率型框架效应	白琳（2010）	洗发产品
描述角度	理性框架效应	田婷婷（2012）	微博广告
	感性框架效应	崔雯（2011）	手机社交网络

三、信息框架效应的影响因素

信息框架效应的影响因素有很多，但主要包括决策者个体差异、决策情境、社会因素、情绪这四个方面,具体见图2-1。

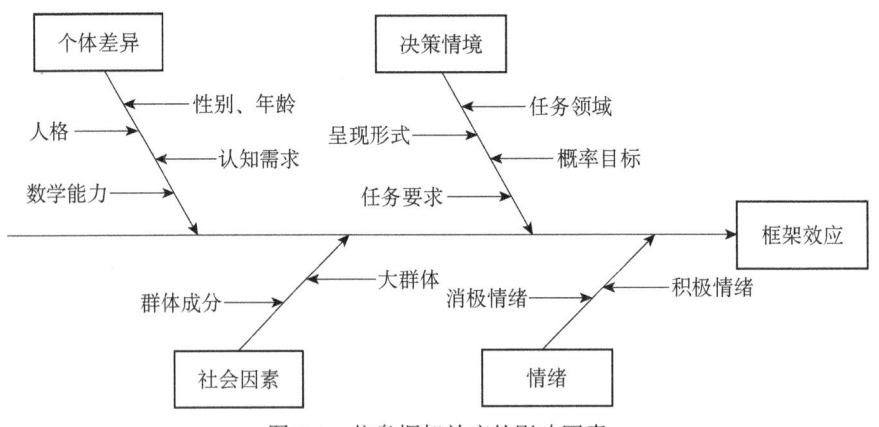

图 2-1 信息框架效应的影响因素

1. 个体差异

个体差异的研究主要体现在性别、年龄、人格、认知需求及数学能力等方面。第一,性别方面。有很多学者认为性别不会影响框架效应(Levin,1998),但也有些学者认为不同性别会对框架效应产生差异性影响。罗斯曼等(Rothman et al.,1993)研究发现女性在负面框架下容易接受皮肤癌检测,而男性则在正面框架下更愿意接受。张凤华等(2007)研究发现在生命问题上女性更愿意选择冒险,而在财产问题上男性更愿意选择保守。第二,年龄方面。金等(Kim et al.,2005)认为消极框架下,相比于年轻人,老年人更愿意选择风险寻求;而在积极框架下,老年人更愿意选择风险规避,这是因为老年人更容易受到语言框架的影响。第三,人格方面。目前关于人格对框架效应的影响主要体现在自尊、场独立性、大五人格、风险偏好水平等方面。麦克尔罗伊等(McElroy et al.,2007)研究发现低自尊者对负面框架更加敏感。还有研究发现可以通过责任心、人性等水平来判定属于哪种框架效应(Levin et al.,2002)。第四,认知需求方面。勒博夫和沙菲尔(LeBoeuf and Shafir,2003)研究发现低认知需求者会出现框架效应,高认知需求者没出现;而希罗等(Shiloh et al.,2002)认为高认知需求者更易出现框架效应,因为高认知需求者容易做出规范性、启发性判断。除此之外,孙彦等(2009)发现受众群体不同对框架效应的影响也不同,大学生在不同类型的封面故事下呈现出不同的风险偏好,而股民呈现出比较稳定的风险回避倾向。另外,数学能力也与框架效应存在关系,数学能力越强,受到框架效应的影响越小(Simon et al.,

2004）。

2. 决策情境

施耐德等（Schneider et al., 2001）认为决策情境的不同，个体受到的激活水平不同，引起的框架效应也会产生差异。决策情境主要集中在任务领域、概率目标、呈现形式等方面。第一，在任务领域方面，费格利和米勒（Fagley and Miller, 1997）研究发现在生命领域与金钱领域中，被试表现出的框架效应不同。第二，在概率目标方面，库伯格等（Kühberger et al., 1999）研究发现概率的变化会影响人们对损失或者获益的预期。高概率获益时更愿意选择风险规避，高概率损失时更愿意选择风险寻求。王等（Wang et al., 2001）认为在面对生命救助问题的时候，被试的冒险偏好越明显。第三，任务要求和问题呈现形式的不同也会影响框架效应的产生。勒博夫和沙菲尔（LeBoeuf and Shafir, 2003）研究发现当任务要求为高水平时不会产生框架效应。王晓明等（2014）研究发现对于低年级来说，在获得框架下，概率越高，越倾向于冒险。

3. 社会因素

在相关的研究中发现，决策者会搜集、选择和使用社会线索和语言线索来决定自己的风险偏好，而他们更在乎的是社会线索（如亲戚关系、群体大小、群体构成等），较少关注语言线索。王等（Wang et al., 2001）做过一系列的研究，发现社会因素主要包含两类：群体成分效应和大群体效应。首先是群体成分效应。研究发现如果面对的群体较小或者有亲属关系，会表现出更强烈的风险偏好，而面对的群体规模较大时，框架效应就会消失。其次是大群体效应。在做社会决策时，由于被试对大群体环境并不熟悉，所以需要求助框架线索做出逻辑判断，所以会产生框架效应。

4. 情绪

有许多研究发现情绪会影响信息加工过程，从而影响框架效应的产生。米塔尔（Mittal, 1989）认为消极情绪相比积极情绪更易出现框架效应，这是因为积极情绪下信息加工过程更加有效和精确。劳里奥拉和莱文（Lauriola and Levin, 2001）认为情绪稳定性会影响框架效应，在面对损失框架时容易产生消极情绪，在面对获得框架时会产生积极情绪，从而更愿意选择风险规避。凯乐等（Keller et al., 2003）发现积极情绪更易受到损失框架的影响，而消极情绪更易受到获得框架的影响，这是因为积极情绪下被试偏向于选择风险偏好，对损失框架下的估计成本会更低。

四、信息框架效应的作用

近些年，信息框架效应的作用机理逐渐受到了学者的关注。研究证实，基于框架效应规律改进的信息传递模式可以使人们的能源使用量节省10%~20%（Winett et al.，1985）。皮农和甘巴拉（Pinon and Gambara，2005）采用荟萃分析法分析1997~2003年的有关框架效应的51篇文献，认为框架效应是指不同表述形式下决策者所表现的差异化反应。戴建华等（2020）通过决策模型的构建，在微观层面分析了不同价格信息呈现框架下，消费者购买选择大相径庭的原因：在风险信息框架下，相对于用不确定的语言来描述商品价格信息，确定性语言描述会使消费者的心理价格参考点和购买意愿更高；在属性信息框架下，相对于用负面的语言来描述商品信息，正面的语言描述更能提高消费者的心理价格参考点和购买意愿；在目标信息框架下，相对于强调购买行为可能给消费者带来的收益，强调不购买该商品可能给消费者带来的损失更有助于消费者的心理价格参考点和购买意愿的提高。李宝库和姚曾君（2020）研究发现受众在情感卷入和认知卷入下均产生信息框架效应，情感卷入下的被试对广告信息框架的眼动指标差异更大，框架效应更为显著，而卷入程度对信息框架效应和被试的眼动指标具有调节作用。

在绿色消费行为领域，学者们研究最多的是绿色信息的获得框架和损失框架。威利等（Wyllie et al.，2015）认为获得框架是指个体或者群体实施某种行为而得到的好处，产生的结果是积极的；张银玲等（2006）认为损失框架是指个体或者群体不实施某种行为而遭受的损失，产生的结果是消极的。在绿色信息框架效应的研究中，西蒙森（Simonson，2005）、瓦伦苏埃拉等（Valenzuela et al.，2009）、金立印和邹德强（2009）、芈凌云（2012）等学者从绿色信息获得框架中购买绿色产品给社会/个人带来的好处出发，证实了信息框架效应对消费者绿色消费决策的影响。关于两种信息框架对促进绿色消费行为影响的程度，李和古多（Lee and Goudeau，2014）、怀特等（White et al.，2011）等学者们梳理了绿色信息框架相关研究成果，得出了相互矛盾的结论。维尔德等（Velde et al.，2010）、马赫斯瓦兰和梅耶斯-利维（Maheswaran and Meyers-Levy，1990）发现，相比信息损失框架，信息获得框架对推动绿色消费行为更有效。

为了解释信息框架对购买行为影响的不一致性，许多学者梳理了绿色信息框架的相关文献后，发现信息框架对购买行为的影响受到产品属性、个体认知水平、购买情境等方面的影响（王丹萍等，2014；盛光华等，2019）。盛光华等（2019）研究发现绿色广告诉求与信息框架存在显著的匹配效应，利他诉求与得益框架、利己诉求与损失框架相匹配时效果更佳，且广告态度在绿色广告诉求与信息框架影响绿色产品购买意愿的过程中起中介作用。刘子双等（2020）研究发现获得目标框架能促进绿色消费意向，个体对产品价值的感知（感知价值）在其中起中介作用，且上述关系受到消费者感知效力的调节。具体而言，对感知效力水平较高者，阅读获得框架信息会提高对产品价值的感知，从而促进绿色消费意向；对感知效力水平较低者，感知价值的中介作用不显著。邵继红和王霞（2020）研究发现信息框架在绿色广告诉求和产品态度之间起调节作用。在得益框架下，利他广告诉求对消费者产品态度影响更为积极；在亏损框架下则相反。综上，本书假设相信自身绿色消费作用的个体，会从获得框架的信息传播中感知到更高的产品价值，进而倾向于购买获得框架表述的产品。

第四节 相关中介变量及其作用

一、感知价值的内涵、维度和作用

信息对行为产生影响的一个重要中介变量是消费者感知价值（customer perceived value，CPV）。近年来，越来越多的国内外学者关注消费者感知价值。泽瑟姆（Zeithaml，1988）认为消费者感知价值是消费者在购买产品时，对感知的所得（benefits）与所失（sacrifices）之间的权衡，他同时还指出消费者感知价值也是倾听消费者呼声的最有效工具，对消费者感知价值的研究中有三种视角：理性视角、经验视角、综合视角。其中，理性视角认为感知价值是消费者基于感知利得与感知利失而形成的对产品效用的总体评价，感知利得是消费者感知到的产品所包含的内部和外部属性以及感知质量和其他相关的因素，感知利失包括货币、付出的时间、精力等。经验视角认为消费者感知价值应该注重产品产生价值的消费体验，强调通过产品的选择和使用来满足自我情感上的需求和欲望。综合视角认为，消费者感知价值包含两层含义，一是消费者的利润价值贡献，二是消费者消费或使用产品后所得到的效用。白长虹（2001）从感知利得与感知利失角度研究不同产品类别与服务的消费者感知价值。

伍德拉夫（Woodruff，1997）认为感知价值在提高消费者购买行为中应用广泛，对实现目标产品的属性及其效用的偏好与评价有促进或阻碍作用，并认为感知价值具有产品差异性、情境差异性和动态性。塞德什摩克等（Sirdeshmukh et al.，2002）认为在消费者感知价值和他们的信任之间存在积极关系。韩震等（2020）研究发现，感知价值与广告态度之间呈显著的倒U形关系，社交关系强度和广告内容社交程度都能够调节感知价值与广告态度之间的曲线关系。李英和陈毅文（2020）研究发现感知价值与消费者购买意向存在正面关联性，并且感知价值起到中介作用。表2-6为消费者感知价值的分类维度。

表2-6 消费者感知价值的分类维度

属性	文献								
	A	B	C	D	E	F	G	H	I
功能性价值	●	●	●	●	●	●	●		●
社会性价值	●	●	●		●				
情感性价值	●	●	●		●				
认知价值	●		●						
条件价值	●								
感知成本			●	●	●		●		●
服务质量							●	●	
品牌价值						●			
个人价值								●	

资料来源：A：Sheth等（1991）；B：Sweeney等（1999）；C：Wang等（2004）；D：郑文清和李玮玮（2012）；E：郑文清等（2014）；F：王宗水等（2016）；G：Parasuraman等（1985）；H：李艺等（2011）；I：苏淞等（2013）。

杨晓燕和周懿瑾（2006）认为消费者在进行购买决策时会考虑产品或服务的功能价值及其所附带的绿色价值或生态价值。为此杨晓燕和周懿瑾（2006）提出了绿色感知价值，即消费者在购买绿色产品时，不仅会考虑产品的功能价值，也会考虑产品能否给生态带来环境益处，即产品的绿色价值，并且基于社会价值的双重维度指出，消费者在进行绿色消费购买决策时，会表现出对生态环境的关注，这不仅是为了赢得其他人的赞许或认同，也是出于个人主动对生态环境公益价值的追求。绿色消费者在进行绿色产品购买时，对环境生态价值的追求，就是消费者感知"绿色价值"。杨晓燕在对绿色产品消费者感知价值因子假设中提出将绿色价值作为感知价值的一个维度，并且验证发现绿色价值对消费者感知价值的贡献最大；阿里芬等（Ariffin et al.，2016）从权衡视角出发，认为绿色感知价值指的是消费者权衡绿色产品购买过程中所感知到的环保等利得与付出成本后，对绿色产品效用的总体评价。本书认为绿色感知价值是指消费者对绿色产品、服务广告信息的感知获得与感知损失的权衡。

绿色感知价值不同于产品使用功能所带来的具体价值，是消费者与自然、环境互动所产生的生态价值，暗含着其对环境的关心程度与改善期望，绿色感知价值越高，绿色产品的购买意愿越强烈。许多学者都证实了绿色感知价值对消费者的绿色购买决策起着非常关键的作用（杨晓燕和周懿瑾，2006；孙瑾和张红霞，2015；郭萍，2016；王建明等，2017；盛光华等，2018；高键，2018；王大海等，2018）。对于绿色感知价值和绿色产品购买意愿间的关系，不少研究证实了绿色感知价值与绿色消费意向成正相关关系（Chen and Chang，2012），认为绿色感知价值显著影响消费者的消费意向（Li et al.，2013）。岚姆等（Lam et al.，2010）以环保轻质瓶为绿色产品研究对象，同样验证了消费者的绿色感知价值对购买意愿有显著的正向影响，并且当消费者的绿色感知价值处于较高水平时，会对绿色产品有积极的情感反应与综合评价。陈和常（Chen and Chang，2012）通过消费者调查，实证得出消费者的绿色感知价值对绿色信任有正向影响。艾哈迈德和张（Ahmed and Zhang，2020）研究发现消费者社会责任感、绿色信任、绿色感知价值对绿色购买意愿有显著的正向影响，此外，消费者社会责任感、绿色口碑、绿色信任、绿色感知价值对电子服务质量与绿色购买意愿之间的关系有正向调节作用。绿色感知价值所包含的情感、功能和社会维度等对消费者绿色购买的满意度具有积极影响。阿里芬等（Ariffin et al.，2016）研究发现，绿色感知价值在消费者绿色购买中起着不可或缺的作用，更有助于消费者在未来有意购买绿色产品。李满（2020）研究发现绿色产品的引入可以激发消费者对自有品牌全方位的价值感知和信任。此外，消费者不仅会衡量自己会获得的利益，也会考虑自己可能面临的风险和消极后果，高程度的感知价值、信任与低程度的感知风险会促进购买意愿。

综上可见，绿色感知价值作为消费者与自然、环境互动所产生的生态价值，对消费者绿色消费行为的重要性已经成为共识。

二、绿色情感的内涵、分类和作用

1. 情感和绿色情感的内涵

信息对行为影响的另一个重要中介变量是情感（affection）。本书中，绿色情感是消费者对自己或他人的绿色消费或非绿色消费是否符合个人规范而产生的积极或消极态度体验（如赞赏、愉快、讨厌、羞耻等）。这里的绿色情感既不同于一般的生态情感或环境情感，也不同于一般的购买情感或消费情感，它是消费者在评价产品购买或消费行为时纳入生态环境考量所产生的情感（当然，绿色情感既有生态或环境情感的一般特征，也有购买或消费情感的一般特征）。

在绿色消费行为研究中，从相关学者的研究目的、文献回顾、问卷设计和分析过程及结论来看，绝大多数文献的研究对象是人们较为稳定、持久的态度体验——情感对绿色消费行为的解释/预测能力，而非瞬时情绪（mood）对绿色消费行为的解释/预测能力。且国内外学者大都使用绿色情感或环境情感来进行概念的界定，而较少使用情绪、感觉这些词语。例如，柯尼格-刘易斯等（Koenig-Lewis et al.，2014）在其文献回顾部分同时使用了感情（affect）和情感（emotion），并认为，绿色消费中的情感研究几乎都是围绕三个领域——道德情感（moral emotion）、对自然的亲近感（emotional affinity toward nature）、生态恐惧感（ecological fear）。随后，他还根据前人的研究对前两种情感进行了明确的解释，即道德情感是人们基于生态规范（ecological norms）或生态责任（ecological responsibility）所产生的情感，对自然的亲近感是人们对于人与自然关系稳定、持久的情感状态。至于生态恐惧感，根据作者后续的文献回顾与分析，它是一种人们对于环境恶化和环境问题稳定、持久的情感状态。最后，作者对情感的测量题项为"当你知道自己用于饮水的塑料瓶包含部分植物性材料时，你会感到……"，从该题项也可看出该研究所分析的是基于自我规范所产生的较为稳定的情感而非瞬时的情绪。下面本书对绿色情感中的积极情感和消极情感，以及自豪、愧疚、厌恶和赞赏等具体情感分别进行综述。

2. 情感的分类及其影响作用

学术界常用的情感二分法根据人们情感的体验结构把情感划分为积极情感（positive emotion）和消极情感（negative emotion）两个维度（Watson and Tellegen, 1985; Watson et al., 1999）。简单地说，积极情感反映了一个人热情（enthusiastic）、活跃（active）、机灵（alert）的程度。处于强积极情感（high positive emotion）状态下的人充满能量（a state of high energy）、注意力高度集中（full concentration）、心情愉悦；处于弱积极情感（low positive emotion）状态下的人悲哀而无生气（lethargy）（Watson et al., 1988）。积极情感一般包括自豪、兴奋、欣喜、感激、快乐、兴高采烈、热情等（邱林等，2008）。消极情感是人们主观上感到悲伤、不愉快或反感（aversive）等一系列感觉。消极情感一般包括羞愧、难过、害怕、紧张、恐惧、内疚、恼怒、战战兢兢等（邱林等，2008）。当人们处于弱消极情感的状态时，会比较冷静（calmness）和平静（serenity）（Watson et al., 1988）。这样的划分方法给情感的归类提供了更为细致的标准。

在实证分析中，积极情感受到的关注较少。其原因在于积极情感相较于消极情感的数目更少且较易混淆（Ellsworth and Smith, 1988）。例如，埃尔斯沃思和史密斯（Ellsworth and Smith, 1988）基于离散（discrete）或基本（basic）情感进行科学分类后发现，每种积极情感有3～4种消极情感与之相对（Izard, 1977; Ekman, 1992）。尼西（Nesse, 1990）认为这是由于情感在经过长久的自然进化选择后，仅保留下基于威胁（threats）和机会（opportunity）这两种情境下的部分，而现实环境中威胁多于机会这一现象造就了消极情感多于积极情感。从面部表情来看，大部分积极情感都没有唯一显著的信号（unique significant signal），且均是基于杜乡微笑（Duchenne smile）演化而来，具体的消极情感却有唯一且普遍为人所察觉的信号；在人们回忆过去愉快的经历时，他们自我报告的主观经历所涉及的积极情感之间有相当高的相关性，相互之间容易混淆。相反，当人们在回忆过去不愉快的经历时，他们自我报告的主观经历所涉及的消极情感之间有较高的辨识度。对于这一情况，学者们认为是由于失败（即被威胁影响）的成本远远高于失去机会的成本，因此恰当地对前者做出反应更为重要（Pratto and John, 1991; Rozin and Fallon, 1987）。更有趣的是，学者们近年发现，人们对消极情感的区分而非积极情感的区分与心理幸福感（psychological well-being）有关（Demiralp et al., 2012; Pond Jr et al., 2012; Kashdan et al., 2010），并且消极情感有助于提高回忆内容的准确性。在绿色消费中，人们为了追求积极情感或避免消极情感而做出努力，由此这两种情感对绿色消费产生了显著影响。在该研究领域，消极情感相对于积极情感而言，仍旧更受研究者的青睐。此外，还有学者基于情绪唤醒程度视角在绿色消费框架下进行研究，发现高度情绪（包括积极情绪和消极情绪）向下调节环境参与度与绿色产品购买意图路径之间的正向关系；中度消极情绪向上调节环境参与度与绿色产品购买意图路径之间的正向关系（庞英等，2017）。

在积极情感中，自豪是一种包含了成就感和自我满足感的积极情感，并且它还是一种自我意识情感（self-conscious emotion）。这里，自我意识情感是一种高级情感，它产生于人们自我表征（self-presentation）、自我觉察（self-awareness）和自我评价（self-evaluation）这一系列过程之后，包括自豪（pride）、愧疚（guilt）、羞耻（shame）、崇敬（respect）、妒忌（jealousy）等（Tracy and Robins, 2004; Tracy and Robins, 2007）。在学术界，自豪往往被划分为两个维度，第一个维度是真正的自豪（authentic pride），第二个维度是傲慢式自豪（hubristic pride）（Tracy and Robins, 2007; McFerran et al., 2014）。前者是人们努力工作和获得成功后的副产品，它能够帮助人们在困难中坚持前行、关心他人、构建自己的自尊心；后者是人们对自己的能力、成就或身份的一种过高评价，它使当事人有一种凌驾于他人之上的感觉或态度并由此蔑视他人，这种情感包含了自我陶醉的成分，会带来敌意、人际关系问题、对他人的偏见等一系列问题（Tracy and Robins, 2007; Ashton-James and Tracy, 2012）。在实践中，真正的自豪往往与"成就感"和"自信"等词汇挂钩，它反映了情感亲社会（pro-social）和成就导向的一面；傲慢往往与"自我放大"和"自负"等词汇挂钩，反映的是情感反社会（anti-social）和侵略性的一面。因此，在绿色消费研究当中，真正的自豪是学者们所关注的研究对象，它能够依托于当事人的行为标准或其所追求的目标对相应行为产生强而有效的促进作用。

赞赏是指人们高兴地肯定和赞同他人的行为、成就或某种特质的一种感觉，并且这种感觉对自己产生了激励作用（Algoe and Haidt, 2009）。它是一种积极情感，并且有时与"非凡"（marvelousness）联系在一起，但其程度比"敬畏"更浅。根据社会认知理论（social cognitive theory）的观点，人们往往更愿意学习他们所赞赏的人或行为（Akers et al., 1998; Bandura, 2009; Wareham et al., 2009）。所以，赞赏往往都是因为它能够刺激和帮助人们学习恰当的能力而被研究者们所关注。例如，阿尔戈和海德特（Algoe and Haidt, 2009）发现，对他人的赞赏能够促使人们在相关方面做得更好。依默迪诺-杨和西文（Immordino-Yang and Sylvan，2010）则通过对赞赏的研究认为，它作为与低水平生理过程（low-level physiological processes）相关的情感，能够通过无意识过程（nonconscious processes）提升人们的学习效果。在绿色消费研究领域，暂时还没有学者注意到赞赏这一情感对人们行为塑造的重要作用。

在消极情感中，愧疚是人们感到自己需要为某种不好的后果承担责任时所产生的一种消极情感，它也是一种自我意识情感。在学术界，研究者常常把愧疚和羞耻放在一起比较研究，因为它们都是消极情感并且当事人认为自己应该受到责备。但它们之间也有较明显的区别。愧疚产生于人们意识到过去的行为违反了道德标准并且自己应当为此负责的时候，当事人有维护这种道德标准的欲望并希望为这种不良行为做出弥补，例如他们会道歉、取消损害行为或修复被损害的部分等。简而言之，愧疚一般在当事人的不良行为只被自己知道的时候产生，羞耻一般在当事人的不良行为被他人发觉或公之于世的时候产生（Wolf et al.，2010；Cohen et al.，2011；Smith et al.，2002）。愧疚是一种聚焦问题（problem-focused）的情感，人们倾向于通过解决目标问题来削弱自身的愧疚感。相反，羞耻是一种对当事人自尊有强大负面影响的消极情感，处于这种情感状态下的人们往往会有低人一等、没有存在感和无力的感觉。由此，羞耻之人处事非常消极，例如他们会认为自己没有能力或不配去弥补曾经的过失。为了削弱自身的羞耻感，当事人一般采取聚焦情感（emotion-focused）的策略（譬如无视或歪曲事实）而不是去设法解决问题。综上，相对羞耻来说，愧疚更有利于促进涉及道德标准的绿色消费行为，会促使人们尽力避免违背个人规范，实现购买绿色产品或抵制非绿色产品。值得一提的是，研究表明"纯粹的"羞耻也具有促进亲社会行为的作用，基于学者们对愧疚和羞耻更为细致的定义（Gausel and Brown，2012；Rees et al.，2013）研究发现，它们均能显著正向地推动绿色消费行为。

厌恶是人的一种基本情感，这种情感由人们最初对入口食物的心理和生理排斥反应逐步地延伸、泛化到其对接近人体的其他事物以及人际、道德等层面事物的排斥。厌恶具有特定的面部表情、生理体验和行为倾向，是人类社会化的重要途径。罗津等（Rozin et al.，2000）基于厌恶的刺激类别将其划分为五个维度：①味觉引起的厌恶（distaste）；②死亡、不当性行为等行为引起的动物本性厌恶（animal-nature disgust）；③背德之事引起的道德厌恶（moral disgust）；④由腐败物、动物、排泄物等引起的核心厌恶（core disgust）；⑤不想与某些人接触的人际厌恶（interpersonal disgust）。马齐利尔和戴维（Marzillier and Davey，2004）则将厌恶分为初级厌恶（primitive disgust）和复杂厌恶（complex disgust）两类。初级厌恶包括前一分类标准中的①、②和④，该类情感体验单一，不包含其他的消极情感；复杂厌恶包括前一分类标准中的③和⑤，该类情感较为复杂，常常蕴含了愤怒、悲伤、蔑视、恐惧等其他消极情感。泰伯等（Tybur et al.，2009）认为人们厌恶不道德行为的主要原因在于，这样可以躲避自己在社会交往中可能给自己或所属群体带来伤害的个体。哈奇森和格罗斯（Hutcherson and Gross，2011）亦认为人们厌恶不遵守社会规范的主体，其深层次原因即他们有能力或意图伤害当事者。然而，厌恶作为一种重要的基本防御性情感，却往往被大多数的研究者所忽略。同样地，在绿色消费研究领域，几乎所有学者都忽视了厌恶对行为的驱动作用。

3. 绿色情感的影响作用

早期的文献极少专门研究绿色情感对绿色消费行为的影响，而是一般性地讨论环境态度或生态态度对绿色消费行为的影响（Hines et al.，1987）。大多数研究文献中，人们对绿色或环境的态度经常被视作绿色消费行为的一个关键影响变量，它可以揭示实施绿色消费行为的复杂的内在过程与心理机制。也有甚多学者的研究认为绿色产品消费行为与消费者对绿色产品的态度有紧密的关联（Lee and Goudeau，2014）。虽然多数文献没有将绿色情感视为一个独立变量展开专门研究，但很多学者在态度变量里其实也或多或少、或明或暗地涉及了情感因素（Kinnear et al.，1974；Hines et al.，1987）。可见，早期的研究文献虽然没有意识到情感因素的重要性，但实际上无法回避情感因素。

赵等（Zhao et al.，2014）对消费者群体的实证研究表明，态度因素对绿色消费行为存在显著影响作用。但是普罗泰罗等（Prothero et al.，2011）的研究则表明消费者对可持续消费的态度和行为之间存在不一致，二者之间的关联强度比较微弱。劳可夫和吴佳（2013）的研究显示，绿色消费态度对绿色消费行为的影响并不显著。可以看出，不同学者的研究结论似乎存在矛盾。这些研究结论存在矛盾的一个重要原因在于不同学者对态度范畴的理解不尽一致，使得其测量方式也不一样，导致最终获得的"态度"也不一样。因此，十分有必要对态度进一步地剖析，分离出其最核心的成分，摒除其他干扰成分的影响，从而挖掘出影响绿色消费行为的关键成分。弗里德曼（Freedman，1996）定义态度为个体对某一特定事物、观念或他人稳固的心理状态，它由认知、情感和行为倾向三部分构成。其中，情感成分是态度的核心和关键成分，既影响认知成分，也影响行为倾向成分。从 20 世纪 70 年代以来，一些学者就开始将情感从态度中独立出来，研究情感对行为的影响。创迪斯（Triandis，1977）提出了人际行为理论（theory of interpersonal behavior，TIB），较早地将情感与态度明确区分开来。根据人际行为理论模型，行为意向的形成有三个显著性条件：态度或对期望结果的感知价值、社会因素、情感因素或情绪反应。其中，对决策或决策形势的情感反应被认为不同于对结果的理性-工具评价，且可能包括不同强度的积极和消极的情绪反应。根据心理学中有广泛影响的知情意行理论，决定个体行为的三个基本要素是"知""情""意"。其中，"知"是认知、观念；"情"是情感、情绪；"意"是意志（王建明，2015）。陶行知提出"知情意合一"的美育观，强调必须把情感与理性结合起来，做到情感与理性合力。事实上，在现有研究文献里，将情感因素作为一个主要变量整合入行为理论模型已经得到了越来越多的支持（Jackson，2005）。然而，多数行为理论，如理性行为理论、计划行为理论、规范激活理论、动机-能力-机会模型、价值观-信念-规范理论等，仍旧将情感因素的作用抽象掉了。

从经验研究看，学者们对于环境情感和环境行为之间关系的研究结论高度一致，即绿色情感和绿色消费行为之间存在正相关关系（Chan and Lau，2000）。迪斯波托（Dispoto，1977）的相关分析表明，生态情感和生态行为之间的相关系数为 0.15，而且许多只有很少环境知识的人仍旧对环境展现出强烈的情感忠诚。这显示环境知识和环境情感对相应的行为来说是两个彼此独立的影响变量（Martin and Simintiras，1995）。还有部分学者探索了情感成分与感知成分在预测人们行为时的能力差异，结果证实情感成分比感知成分能够更好地预测目标行为。消费情感是消费者在受到外界环境刺激下，所产生的一系列情感反应，它对顾客的购买行为有着重要的影响效应。进一步地，学者们普遍认为消费情感与个体的消费行为有很强的关联度。例如，巴戈齐等（Bagozzi et al.，1999）在界定情绪、情感和态度的基础上，通过运用情绪评估理论（appraisal theory of emotions）说明了消费情感对消费者反应行为的重要性。奈尔（Nyer，1997）的实证研究结果发现，顾客在消费过程中对目标产品的正面消费情感能够提升他们的再购买意向以及口头宣传意向。坎查纳皮布尔等（Kanchanapibul et al.，2014）在对绿色消费行为的研究中，将影响因素限定为情感与知识两个独立的变量，结果发现情感对绿色购买意向的标准化路径系数高达 0.489，而知识对绿色购买意向的标准化路径系数只有0.061。陈和刘（Chan and Lau，2000）的结构方程模型分析表明，生态情感对绿色消费意向存在显著的正向影响，对绿色消费行为也存在显著的间接影响。班贝格和莫瑟（Bamberg and Möser，2007）的荟萃分析发现，内疚感（这是环境情感的一种形式）对个体态度、道德规范和个体感知效力三变量存在显著的直接影响效应，对行为意向和行为则存在显著的间接影响效应。莫斯勒等（Mosler et al.，2008）对家庭垃圾回收、堆肥和再利用行为的结构方程模型分析也表明，家庭垃圾回收和堆肥受态度中情感成分的影响最强烈。柯尼格-刘易斯等（Koenig-Lewis et al.，2014）还发现情感是环境关心和认知利益（cognitive benefits）对消费者购买环保包装产品行为意向影响的有效中介，从而推动消费者的低碳消费行为。叶楠（2019）研究发现绿色认知与绿色情感正向影响绿色消费行为，且绿色情感的影响远高于绿色认知；绿色情感在绿色认知对绿色消费的影响中起部分中介作用，使得认知对行为的间接效应大于直接效应。

在一般环保行为方面，卡尔斯等（Kals et al.，1999）发现如果仅研究人们的理性认知无法很好地解释他们的环保行为，积极情感和消极情感也应纳入环保行为的预测要素。费内曼（Fineman，1996）发现不论是积极情感还是消极情感都对组织成员的一般环保行为具有战略性的作用或地位。在绿色消费行为领域，埃尔盖德（Elgaaied，2012）的研究证实了消费情感是驱动绿色消费行为的非常重要的因素。梅内塞斯（Meneses，2010）对情感进行了专门研究。其研究中涉及的解释变量包括情感变量（悲伤、同情、羞耻或内疚、自信、厌恶、无聊、愤怒、自豪、自尊和羡慕）和认知变量（生态良知、回收知识、生态参与、生态不忧虑）。结果表明，相对于认知因素来说，消费者回收行为更多地与情感因素相关；相对于负面情感来说，消费者回收行为更多地与正面情感相关。可见，消费者回收行为以其情感反应（特别是正面情感）为基础，而认知因素则是次要因素。汪兴东和景奉杰（2012）的研究发现，消费者个人因素（低碳认知和情感）对低碳购买态度的影响要大于文化因素（集体主义和天人合一）。且在个人因素中，低碳情感的影响要大于低碳认知。这表明，为了影响消费者对低碳环保的态度，激发情感比提高认知更有效。在普及低碳环保知识的同时，更应重视激发消费者对环境问题的情感（恐惧、愤怒、苦恼、欣慰等）。王丹丹（2013）的实证研究证明生态情感对绿色消费行为的促进作用不是生态知识所能比拟的。贺爱忠等（2013）研究发现，绿色认知和绿色情感显著正向影响绿色行为，且绿色情感在绿色认知对绿色行为的正向影响中起部分中介作用。王等（Wang et al.，2013）的研究再次证实，在心理意识因素中，生态情感对生态意识购买行为的总体影响效应最大。王建明（2013）对资源节约行为的实证研究进一步表明，相对问题感知、资源知识、责任意识、物质主义、社会风气等变量来说，环境情感对行为的总体影响效应最大，且很少受到情境变量和文化背景的干扰。同时，王建明等（2020）通过实验法来深入探究积极情感诉求对绿色购买行为的影响作用，以绿色电力证书这一无形的绿色产品购买为例，探索四种积极情感（珍惜、向往、自豪、赞赏）诉求下绿色购买行为的差异。结果表明四种积极情感诉求与感知绿色价值、感知绿色责任、绿色购买行为呈正相关，积极情感诉求类型对消费者感知绿色责任和绿色购买行为有显著的影响作用，对感知绿色价值的影响作用没有显著差异，感知绿色责任在积极情感诉求与绿色购买行为间起中介作用。

综上，绿色情感对于消费者绿色消费的影响是存在的，且其影响作用和效果相对认知来说更显著、更持久。

第五节　相关调节变量及其作用

一、消费者涉入度的内涵、分类和作用

消费者涉入度最早是谢里夫等在研究社会判断理论（social judgment theory）时提出的（Sherif and Cantril，1947）。不同学者对于消费者涉入度有不同的解释。克鲁格曼（Krugman，1966）认为涉入度是个体将接收到的信息与个人生活经验相连接产生的作用，指产品与个体的相关程度。沃恩（Vaughn，1980）从产品角度定义消费者涉入度，也将其称为产品涉入。米塔尔（Mittal，1989）认为消费者涉入度是一种动机状态，其涉入程度会影响个体的信息加工动机。蔡奇科夫斯基（Zaichkowsky，1994）认为消费者涉入度是指某项产品或事件与自身需求、价值观、兴趣的相关程度。营销学者逐渐将谢里夫和坎特里尔（Sherif and Cantril，1947）在社会判断理论研究中提出的涉入度应用到营销学科研究中来，为进一步研究涉入度开拓了新视角。本书整理的消费者涉入度定义如表2-7所示。

表 2-7　部分学者对消费者涉入度的定义汇总

学者	研究角度	定义
Sherif 和 Cantril（1947）	社会权利	表示个人对某一事物产生兴趣的程度
Sherif 等（1961）	消费者心理	一种心理状态，这种心理状态由所感知的重要性和感知相关程度触发
Krugman（1966）	产品角度	个体将接收到的信息与个人生活经验相连接产生的作用，指产品与个体的相关程度
Vaughn（1980）	产品角度	高涉入度产品是指价格较昂贵、社会价值高的产品，低涉入度产品是指价格低廉、购买风险较小的产品
Petty 和 Cacioppo（1986）	产品购买影响因素	选购产品时所考虑决策的重要性与个人相关性程度
Mittal（1989）	广告信息	一种动机状态，影响个体的信息加工动机
Barki 和 Hartwick（1989）	消费者心理	能够反映事件的重要性及相关性的心理状态
Engel（1993）	消费者决策	特定情境下，由一刺激诱发并知觉到的个人重要性与兴趣水平
Zaichkowsky（1994）	产品购买影响因素	指某项产品或事件与自身需求、价值观、兴趣的相关程度
Zaichkowsky（1985）	购买决策	个人对购买决策关心及注意的程度与选择产品时可以反映个人价值及利益的程度
Mittal（1995）	消费者心理	消费者感受到外界刺激的重要性
Schiffman 和 Kanuk（2004）	消费者购买决策	高涉入度消费者会进行积极的处理、对比、评估、选择信息，而低涉入度消费者则不会付诸这类活动
林振旭和苏勇（2007）	产品购买影响因素	对特定产品和服务所认知的重要性及相关性

不少学者对涉入度进行了分类，如从涉入对象、涉入来源和涉入本质等角度进行分类，研究成果也都非常具有价值。蔡奇科夫斯基（Zaichkowsky，1985）根据涉入对象将消费者涉入度分为广告涉入、产品涉入和购买决策涉入。广告涉入是消费者对广告信息的处理速度或认知反应程度；产品涉入是消费者基于个人的认知对产品的重视程度，分为完全投入和漠不关心；购买决策涉入是指消费者对购买决策的关心程度和选择产品时的相关程度。消费者涉入度分类的相关研究汇总如表 2-8 所示。

表 2-8　部分学者对消费者涉入度分类的汇总

学者	分类标准	具体内容
Zaichkowsky（1985）	对象	分为广告涉入、产品涉入和购买决策涉入
Zaichkowsky（1986）	维度	分为产品、价值观、兴趣等不同维度

续表

学者	分类标准	具体内容
Petty 等（1993）	本质	分为高涉入和低涉入
Lockshin 等（1997）	维度	包括产品涉入、品牌决策涉入和购买涉入
邱睿（2005）	对象	涉入度是由个人特征、目标主体与情境三因素交互作用形成的
周象贤和金志成（2009）	量表	认知涉入和情感涉入的广告应用
Ishaswini 和 Datta（2011）	对象	绿色涉入度分为高和低
Royne 等（2011）	对象	分为高绿色涉入和低绿色涉入
Grimmer 和 Woolley（2014）	对象	消费者分为高环保涉入和低环保涉入
Grimmer 和 Bingham（2013）	对象	分为高绿色涉入和低绿色涉入
朱翊敏（2014）	对象	在慈善营销领域研究中引入事业涉入度

大量的研究都已证实涉入度对消费者购买行为有影响。例如，佩蒂等（Petty et al.，1993）认为消费者对高涉入产品的信息处理动机比较积极，他们关注的也是与自身需求相关的信息。对于低涉入度产品，消费者的信息处理动机则比较消极，消费者会直接使用具有外围暗示效果的信号进行判断。希夫曼和卡努克（Schiffman and Kanuk，2004）指出消费者涉入度对不同产品有高低分别，其高低水平对购买决策行为产生直接影响，高涉入度消费者会积极地处理、对比、评估、选择信息，而低涉入度消费者则不会付诸这类活动。这可以用精细加工可能性模型解释涉入度对消费决策过程的影响，当产品涉入度（高或低）不同时，涉入度水平会影响消费者对广告信息处理路径（中枢路径 VS. 边缘路径）的选择，当涉入度高时，消费者对产品信息的加工和处理的动机也会很高，会对信息进行精细加工，而当涉入度低时，消费者则不会花费精力去搜集信息，仅仅会对边缘信息进行加工处理，即主要体现在其对消费者信息搜集行为和处理过程的影响。萨克基维尔（Sakkthivel，2010）的研究证实涉入度会影响消费者对产品、服务的选择偏好。格里默和宾厄姆（Grimmer and Bingham，2013）发现环境声明对高涉入消费者产生积极的效果。

在绿色营销领域，很多研究将消费者涉入度分为高绿色涉入度和低绿色涉入度（Royne et al.，2011；Grimmer and Bingham，2013）。格里默和伍利（Grimmer and Woolley，2014）研究发现对于高环保涉入度消费者，绿色功能型广告影响效果最佳；伊沙斯韦尼和达塔（Ishaswini and Datta，2011）、罗伊内等（Royne et al.，2011）都认为高绿色涉入度消费者更倾向于购买亲环境的产品。本书对涉入度的分类与罗伊内等（Royne et al.，2011）、格里默和宾厄姆（Grimmer and Bingham，

2013）等学者的研究一致。本书进一步认为涉入度会对定制化广告信息与情感价值、认知价值、绿色购买之间的关系产生调节作用。当消费者的涉入度较高时，消费者会选用中枢路径进行信息处理，对信息处理的动机非常强烈，会广泛地搜集信息并进行价值判断，由此详细介绍与自身相关的属性信息能够满足消费者的需求，对其影响也会更加强烈。反之，当涉入度较低时，消费者信息处理的动机和能力较弱，此时信息处理的边缘路径会起到主要作用。

马赫斯瓦兰和梅耶斯-利维（Maheswaran and Meyers-Levy，1990）最早提到框架效应与消费者涉入度的交互效应，后续罗斯曼等（Rothman et al.，1993）、多诺万和贾勒赫（Donovan and Jalleh，2000）、蔡和麦吉尔（Tsai and Mcgill，2011）、程和吴（Cheng and Wu，2010）等学者也继续关注和研究。多诺万和贾勒赫（Donovan and Jalleh，2000）研究特征框架时发现低涉入度消费者更喜欢正面框架，高涉入度消费者不产生框架效应，这与程和吴（Cheng and Wu，2010）的研究结论相似，产生此种现象的原因是高涉入度消费者对信息加工更加详细，低涉入度消费者对信息加工比较浅显，从而导致低涉入度消费者更易受到框架效应的影响。但也有学者持有不同的观点。罗斯曼等（Rothman et al.，1993）认为低涉入时不产生框架效应，高涉入时负面框架更为有效。罗伯特和贾勒赫（Robert and Jalleh，1999）认为在正面描述时没有框架效应，在负面描述时高低涉入呈现不同的框架效应。总之，消费者涉入度与框架效应的关系比较复杂，并无定论，表2-9是部分框架效应与消费者涉入度的研究汇总。

表2-9 涉入度与框架效应的研究

作者	研究对象	框架类型	测量方法	研究结论
Fiske（1980）	广告	风险选择框架	涉入量表	负面框架比正面框架更引人注意
Rothman等（1993）	皮肤检测	风险选择框架	皮肤问题的关注程度	正面框架下低涉入度消费者更易接受检验；负面框架下高涉入度消费者更易接受检验
Robert和Jalleh（1999）	汉堡肉	风险选择框架	关心程度	高涉入度消费者不易产生框架效应；低涉入度消费者容易产生框架效应
Wang和Simons（2001）	生死问题	风险选择框架	涉入量表（亲属和陌生人分别属于不同的情感涉入）	在亲属和陌生人组都没有发现框架效应，只在亲属和陌生人混合组发现框架效应
Kiene等（2005）	避孕套	目标选择框架	涉入量表	涉入是框架效应产生的中介变量

续表

作者	研究对象	框架类型	测量方法	研究结论
张蕾和高登第（2007）	银行广告	风险选择框架	涉入量表	低涉入客户不存在框架效应；高涉入客户负面框架比正面框架有说服力
代祺等（2010）	广告信息	单双面信息	信息反应涉入（MRI）量表	双面信息对高涉入度消费者更有说服力，对低涉入度消费者无差异
朱翊敏（2014）	慈善营销	正反面信息	涉入量表	低涉入度与获得框架结合或高涉入度与损失框架结合产生积极的效果

本书旨在探讨定制化绿色信息对绿色购买决策的影响机制，因此绿色涉入度必然也是本书研究的重点，我们专注于绿色信息涉入度，并把它作为定制化绿色信息影响效果研究中的一个重要调节变量。

二、解释水平的内涵、应用和作用

解释水平（construal level）是指人们用不同的抽象程度去表征认知客体的心理，从而影响其认知、评价和决策（Liberman and Trope，1998）。解释水平有不同的操作化定义。特罗普和利伯曼（Trope and Liberman，2010）率先用事物的价值或属性与个体目标的相关程度来定义。利伯曼等（Liberman et al.，2002）认为解释水平具有层次性，在理论上可以分为高解释水平与低解释水平。还有研究用事物的渴望性（desirability）代表高水平解释，用可行性（feasibility）代表低解释水平（Fujita et al.，2008；Liberman and Trope，1998）。渴望性表示某行为的结果状态效价，反映"为什么"的内容；而可行性表示达到结果状态的难易程度，反映"怎么做"的内容。努斯鲍姆等（Nussbaum et al.，2003）从归因视角用特质归因表示高解释水平，用情境归因表示低解释水平。基维茨和泰勒（Kivetz and Tyler，2007）从自我视角进行操作，用渴望自我表示高解释水平，用欲望自我表示低解释水平。

近十年来，解释水平的研究在深度与广度上不断拓展：在深度上，聚焦于研究底层心理机制和心理距离影响消费者决策和判断的过程；在广度上，解释水平已运用到众多领域，涉及谈判、消费者选择、感知风险、实用自我与理想自我、自我控制以及自我调节等方面。博特里等（Bortree et al.，2012）认为在很长一段时间内解释水平会影响信息框架；藤田等（Fujita et al.，2008）研究发现较高水平个体的目标比较长远,强调客体的渴望性及一般性,而较低水平个体的控制力强;努斯鲍姆等(Nussbaum et al.,2003)研究发现被试搜寻信息发生在预测前,倾向于选择更为抽象的解释水平;特罗普和利伯曼(Trope and Liberman,2003)研究证实对事件心理距离越远,被试越倾向于使用总体的特征对事件进行表征;对事件心理距离越近,被试将以局部的特征对事件进行表征;亨德森等(Henderson et al.,2006)在谈判领域研究发现,时间距离较近时,谈判成功可能性为50%,而时间距离较远时,谈判成功的可能性为91%;钱德兰和梅农(Chandran and Menon,2004)对消费者感知风险的研究发现,近时间距离的风险表述更容易诱发人们对风险和威胁的感知,例如对癌症病人病情的表述;达尔和金(Dhar and Kim,2007)、林奇和扎本南(Lynch and Zauberman,2007)对品牌选择领域的研究发现,由于准备购买与实际购买之间存在时间距离,所以在购买决策行为前最好建立备选品牌的备选集。

在解释水平的应用中,关于心理距离(psychological distance)的四个维度都有大量的实证研究。心理距离即以自我为中心,沿着不同维度向外围扩展,主要包括时间距离(temporal distance)、空间距离(spatial distance)、社会距离(social distance)和假设性(hypotheticality)(Trope and Liberman,2003)。空间距离是指目标在空间维度上与个体的距离,藤田等(Fujita et al.,2008)、利伯曼等(Liberman et al.,2002)研究发现用抽象的语言描述较远的空间距离,用具体的语言描述较近的空间距离。还有研究认为个体倾向于使用更抽象的、核心的特征来描述远期事件,而使用更具体的、表面的特征来解释近期事件(Liberman et al.,2004)。社会距离是指社会客体与个体之间关系的亲疏程度,在实证研究中较少。普罗宁等(Pronin et al.,2008)发现,被试为他人和为未来的自我所做的决策是相似的,但为他人和为现在的自我所做的决策则不同。假设性即指该事件发生或者存在的可能性。瓦克斯拉克等(Wakslak et al.,2006)研究发现,在较低概率时,被试偏好于用抽象的特征来表征事件,而在较高概率时,被试偏向于具体的特征来表征事件。表2-10是解释水平的相关研究汇总。

表2-10 解释水平的具体应用汇总

作者	研究对象	研究结论
Trope 和 Liberman(2003)	说服效果	对事件心理距离越远,越倾向于使用总体的特征;心理距离越近,越倾向于使用局部的特征
Henderson 等(2006)	谈判问题	时间距离越近,谈判成功可能性越低;而时间距离越远,谈判成功的可能性越高

续表

作者	研究对象	研究结论
Waksla 等（2006）	事件发生可能性	在较低概率时偏好于抽象的特征；而在较高概率时，偏向于具体的特征
Fujita 等（2008）	说服效果	高解释水平个体强调客体的渴望性及一般性；低解释水平个体强调客体的可行性及特例性
Tsai 和 Mcgill（2011）	消费者自信	低解释水平者注重决策行为的可行性；高解释水平者注重结果的渴望性
Hong 和 Lee（2010）	消费者反应	低解释水平者在复杂情绪中会表现出不适应；而高解释水平者不会出现不适应
Duhachek 等（2012）	健康信息	内疚感与获得框架匹配，羞愧感与损失框架匹配
Septianto 和 Pratiwi（2016）	广告效果	对于低解释水平者来说，采用情感型广告效果更好；对于高解释水平者来说，不存在差异

解释水平理论（construal level theory，CLT）立足于对事件的认知过程，起源于时间解释理论，最后发展成为集时间距离、空间距离、社会距离和假设性于一体的统一理论（a unified theory of psychological distance）。具体来说，时间解释理论是解释水平理论在时间距离上的阐述，表现为高解释水平的个体倾向于选择远期未来发生的事件，而低解释水平的个体倾向于选择近期或现在发生的事件。该理论根据事件的首要或次要特征可分为高解释水平（high-construal level）和低解释水平（low-construal level）。其中，高解释水平是去背景化的，更多关注事件的性质和意义；低解释水平则是背景化的（Trope and Liberman，2003），更多关注事件的细节和具体层面。高解释水平与低解释水平的具体特征见表 2-11。

表 2-11 高解释水平与低解释水平的具体特征

高解释水平	低解释水平
去背景化	背景化
简单、连贯	复杂、不连贯
抽象	具体
与目标高相关	与目标低相关
图示化	非图示化
结构性	非结构性
决定性	从属性
首要的、核心的	次要的、表面的
上位的	下位的

资料来源：孙晓玲等（2007）。

除了解释水平理论，心理学家曾提出另外两种理论来解释时间折扣这一现象：认知-情感理论（cognitive-affective theory）和冲突理论（conflict theory）。在我们看来，解释水平理论主要是从动态的角度，探讨个体对于事件的认知方式，具有操作性强、可验证性大等特点，能清晰地诠释不同定制化绿色信息产生的框架效应。另外，解释水平理论是从心理学引入营销学，近几年在消费者决策领域得到大量研究和应用。解释水平理论无疑为解释消费者决策的偏好选择提供了一个崭新的视角，但解释水平在绿色消费领域的研究并不多，其对消费者感知认识及行为决策的影响需进一步探索。因此，进一步研究消费者涉入度与解释水平对绿色信息的框架效应有重要作用。

三、产品属性的内涵、分类和作用

产品属性最早是心理学领域的概念，现在慢慢在消费者行为与心理领域得到重视。从物理角度来看，消费者在购买产品时不只关注产品的外在品相，还会考虑一些内在特性，如产品形象、知名度、美誉度等，这些是消费者为满足特定需求和欲望而在购买过程中加以考虑的，这些内在特性统称为产品属性。随着产品属性在心理学和消费者行为领域的深入研究，学者们已经开始探讨产品属性的分类，并且从不同角度进行探索研究。恩格尔（Engel，1993）从消费者需求层次和外显、内隐程度进行分类，华莱士和雪利特（Wallace and Sherret，1973）从产品属性的衡量方式展开研究。部分学者对产品属性分类的汇总如表2-12所示。可以看出，不同学者主要从消费者和产品两个角度进行产品属性的分类研究。

表2-12 部分学者对产品属性分类的汇总

学者	分类标准	具体内容
Wallace 和 Sherret（1973）	衡量方式	量化属性；质化属性
Zeithaml（1988）	物理角度	人们外加于产品的，不影响产品实体的表现
Engel（1993）	需求层次	基本功能属性；便利功能属性；心理满足属性（也称软属性）；额外价值属性；社会经济地位属性
Engel（1993）	外显和内隐程度	外显属性；内隐属性

关于产品属性的影响作用，赵宋薇（2015）从消费行为的视角出发，探讨不同属性的产品使用对印象管理推断产生的影响作用。研究发现标识明显的产品更容易引起人们的印象管理推断。对于奢侈品，消费者倾向于选择标识明显的款式，

对于普通产品，消费者倾向于选择标识不明显的款式。赵纹硕等（2019）通过模拟服装店铺购物实验，探讨服装产品属性、消费者情绪对品牌态度的影响，他们基于文献梳理确定研究模型，选取近百名被试浏览实验店铺并对产品属性（价格和质量、享乐属性、店员服务及商店环境）、购物情绪（愉悦度、唤醒度）及品牌态度进行评价。实验发现享乐属性能够正向影响愉悦度，店员服务及商店环境能够正向影响唤醒度，产品属性及情绪均能正向影响品牌态度。霍夫曼等（Hoffmann et al., 2020）通过对过去 30 年 233 个实证研究样本的网络分析，利用已有的方法对网络结构和密度进行了分析，结果发现市场营销相关的外在产品属性（如价格、品牌、标签、原产国）与食品内在属性、政策相关因素以及近端和远端环境方面之间的相互作用尚缺乏研究。基于上述研究，本书主要基于产品品质分类的外加属性和恩格尔（Engel, 1993）的产品外显属性，将绿色产品分为高经济价值和低经济价值两种属性，主要探索不同产品属性（高经济价值和低经济价值）对绿色购买决策过程（前期考虑阶段和后继选择阶段）的影响作用。

第六节　本　章　小　结

本章主要对定制化绿色信息及其影响作用的相关文献进行了简要回顾。主要对定制化信息及其影响、绿色信息及其影响、信息框架效应、相关中介变量及其作用，以及相关调节变量及其作用的相关研究文献进行回顾，现进行如下简要评述。

（1）绿色信息策略对消费者绿色消费决策框架效应的研究相对较少。虽然很多文献从绿色广告诉求、概念等角度出发探讨消费者绿色消费决策，但从信息策略对绿色消费决策产生的框架效应视角出发的研究并不多。少数研究提到了不同信息策略对消费者绿色消费决策产生的影响，但对于如何引导消费者行为习惯的改变未曾深入研究，并且目前大部分研究都基于大众视角，未依据不同消费者类型之间的差异进一步开展深入研究。

（2）目标框架效应的作用特点及影响路径还缺乏相应的研究。大部分框架效应的研究主要集中在风险选择与属性决策框架中，对目标框架效应的研究总体相对较少。并且在已有关于目标框架的研究中，大部分还聚焦于获得框架与损失框架，对于尺度框架在绿色消费或可持续消费领域的研究更为匮乏。特别是对于在何种情境下，尺度框架与目标框架共同作用对消费者行为决策的影响还鲜有研究。消费者涉入度与框架效应的相关研究不在少数，但是具体的涉入程度与目标框架、尺度框架的关系并无统一定论，因此有必要进一步深入探索。

（3）相关调节变量对定制化绿色信息—绿色消费行为路径的影响作用研究相对不够。例如，消费者涉入度在市场营销领域的研究已有很多，包括消费者涉入的定义、分类、适用范围等，但缺乏从主观和客观两个层面研究消费者绿色涉入度对"定制化绿色信息推荐类型—绿色购买决策路径"的影响。又如，以往对产品属性的研究多从产品的分类或类别着手，一般将产品分为搜寻品与体验品，或快消品与耐用品，探究产品类别对消费者购买决策或行为的影响效应（蔡日梅，2008；张雪琳，2010），缺乏从产品属性角度出发研究产品经济价值属性对绿色购买决策过程（前期考虑阶段和后继选择阶段）的影响。

（4）互联网时代背景下的绿色信息研究还相对欠缺。目前国内外学者对绿色广告信息的研究，大都是从概念和诉求方式等角度展开研究。比如，胡维平和曾晓洋（2008）和戴鑫等（2009）对绿色广告概念、分类的综述，熊小平（2013）对利他、利己广告诉求的实验研究，王建明（2016）关于理性、感性广告诉求的实证研究，其他学者对环保、经济广告诉求等不同视角的研究。但仍有许多研究属于大众研究、被动的研究，并没有考虑互联网电子商务迅速发展的时代背景和电子计算机快速迭代更新的技术背景，更未深入研究不同特征消费者之间的差异对绿色广告信息设计制作的影响。

（5）推进绿色消费的一般化绿色信息（或绿色宣传、绿色传播）研究较多，但定制化绿色信息的研究还相对缺乏。一般化、大众化的保护环境和绿色消费的绿色信息（诸如宣传、说教、广告标语、户外横幅、公益广告等）能在一定程度上提高消费者的绿色消费认知，却不一定能够触动消费者绿色消费行为的转变。与之相对，定制化信息是基于消费者不同的特征属性（选择偏好、兴趣、价值观、生活方式等），向不同消费者展示最能影响他们购买绿色产品或服务的信息，更能够增强绿色信息的说服力，进而促进绿色消费。在绿色消费领域，定制化绿色信息是否影响以及如何影响消费者绿色消费行为，这是绿色消费和可持续发展领域亟待解决的基础理论课题。

（6）定制化绿色信息策略对绿色消费决策过程的影响值得关注和重视。从现有研究来看，国内外关于定制化信息的现有研究大多集中在企业生产领域，探讨企业产品符合客户个性化需求的程度,对消费领域定制化绿色信息的探索相对不够,较少从消费视角探讨定制化绿色信息策略对消费者决策行为的影响等问题,尤其是对于推进绿色消费行为的定制化绿色信息维度结构,目前还缺乏足够的研究。在当前移动互联网和大数据时代,研究定制化绿色信息策略对绿色消费决策过程的影响更应得到关注和重视。

(7)从研究方法来看,目前的量化研究较丰富,质性研究较缺乏。通过对绿色消费行为、定制化信息相关文献的梳理,我们发现大部分文献都是关于认知、态度等自变量对绿色购买意愿、绿色购买行为、绿色购买响应、绿色购买决策等影响的研究,且大都是采用量化研究方法,质性研究方法相对较少。在量化研究中,多数以问卷调查方法为主,以实验为主的量化研究略显不足,特别是整合使用探索性研究、验证性研究和解释性研究的文献非常少。

第三章

定制化绿色信息及其影响的相关理论

本章主要回顾定制化绿色信息及其影响的相关理论。我们结合信息影响作用的相关理论（包括精细加工可能性模型、说服理论、规范焦点理论、规范激活理论、自我肯定理论、目标设置理论、前置-进行理论、议程设置理论、信息传播影响理论等）、个体行为机理的相关理论（包括态度-情境-行为理论、理性行为理论、计划行为理论、人际行为理论、知信行理论、动机-能力-机会模型、价值观-态度-行为系统模型等）和消费决策过程的相关理论（如效用和偏好不一致理论、刺激-机体-反应理论、消费决策过程理论、在线消费决策过程理论等）分别进行分析。本章的理论回顾为后续的理论假设和模型建立提供坚实的理论基础。

第一节 信息影响作用

一、精细加工可能性模型

精细加工可能性模型（elaboration likelihood model，ELM）是佩蒂和卡乔波（Petty and Cacioppo，1986）提出的反映信息影响作用的一个经典理论模型。精细加工可能性模型认为，任何一个既定变量能够在不同的精细可能性水平下（高—低）通过不同的心理加工过程影响态度改变（Pierro et al.，2004）。不同类型的信息处理在精细加工可能性模型中被表示为中央路径（中枢路径）和边缘路径（周边路径）（Cacioppo et al.，1986）。根据精细加工可能性模型，在中央路径下，接受方被视为传播过程的一个非常积极的参与者，其注意、理解、评价信息的能力与动机都很强，信息的说服力主要取决于接受方对所提观点的正确性评价。支持性的观点和有说服力的信息源会使目标受众的认知结构向有利的方向改变，从而导致态度的改变，甚至说服，反之亦然。在周边路径下，接收方被视为缺乏信息加工的动机和能力，进行详细、认真的认知过程的可能性很小。接收方并不对信息所提供的内容加以评价，而是基于一些与主要观点没有多大关系的周边线索，在对这些周边线索进行评价的基础上做出对信息的反应。精细加工可能性模型提供了一个全面的消费者态度变化过程与信息处理过程，通过对外部信息处理来解释态度形成和行为变化。精细加工可能性模型如图3-1所示。

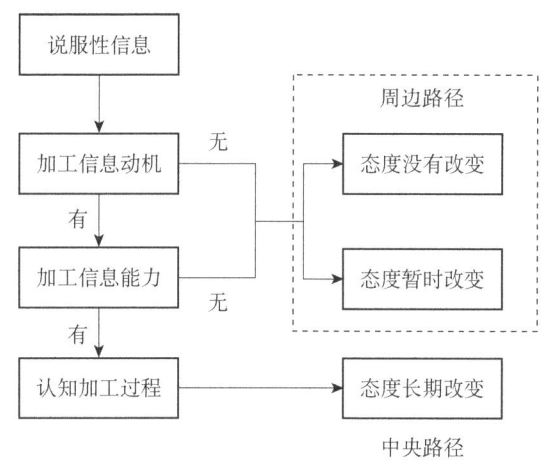

图 3-1 精细加工可能性模型
资料来源：Pierro 等（2004）。

与精细加工可能性模型相似的还有启发-系统式模型（heuristic-systematic model，HSM），它将个体的认知加工分为启发式和系统式，加工的努力程度由动机与认知能力决定（Chaiken et al.，1989）。系统式加工类似于精细加工可能性模型的中央路径，要求个体对所有潜在相关的信息都进行审慎的加工，从而形成态度判断，而启发式加工则比精细加工可能性模型的边缘路径更为具体，并受"最小认知努力原则"（principle of least cognitive effort）的指导。

二、说服理论

说服是一个相当重要的概念，许多学科都使用它或使用过与它相似的概念，如劝说、劝导和劝服等（Hovland，1959；Burgoon et al.，2010）。在大众传播学领域，日本学者竹内郁郎认为，当传言者为实现一定意图时进行的传播即为劝服传播（Cheung and Thadani，2012）。霍夫兰（Hovland，1959）提出的说服理论（persuasion theory）认为，在信息传递过程中，影响态度变化的因素非常多，但主要因素是信息来源（source）、说服信息（message）、说服情境（context）、说服对象（receiver）。根据霍夫兰的说服模型，研究提出了一个包含四因素的说服模型，这四个因素分别是：外部刺激、说服对象、说服过程和说服结果（马向阳等，2012）。在此模型中，外部刺激由信息来源、说服信息和说服情境组成。其中信息来源的影响力取决于其专业程度、可靠性和受欢迎程度，说服信息的影响力取决于可信度、喜爱度和参照群体，说服情境的影响力取决于预先警告和分心程度，说服对象的特点包括其卷入程度、是否对劝导有免疫力及其人格特征。在态度改变的过程中，说服对象首先要学习信息的内容。在学习的基础上发生情感转移，把对一个事物的情感转移到与该事物有关的其他事物之上。当接收到的信息与原有的态度不一致时，便会产生心理上的紧张，一致性机制便开始起作用，而有许多种方式可以用来减轻这种紧张。有时候人们还采用反驳的方式对待负面说服信息。按照认知反应理论（cognitive response theory）的观点，人们在接收到来自他人的信息后，会产生一系列的主动思考，这些思考将决定个体对信息的整体反应。态度的改变主要取决于这些信息所引发反驳的数量和性质。如果这种反驳过程受到干扰，则产生了说服作用。因此说服结果有两个，一是态度转变，二是对抗说服，包括贬低信息、歪曲信息和无视信息，如图3-2所示。

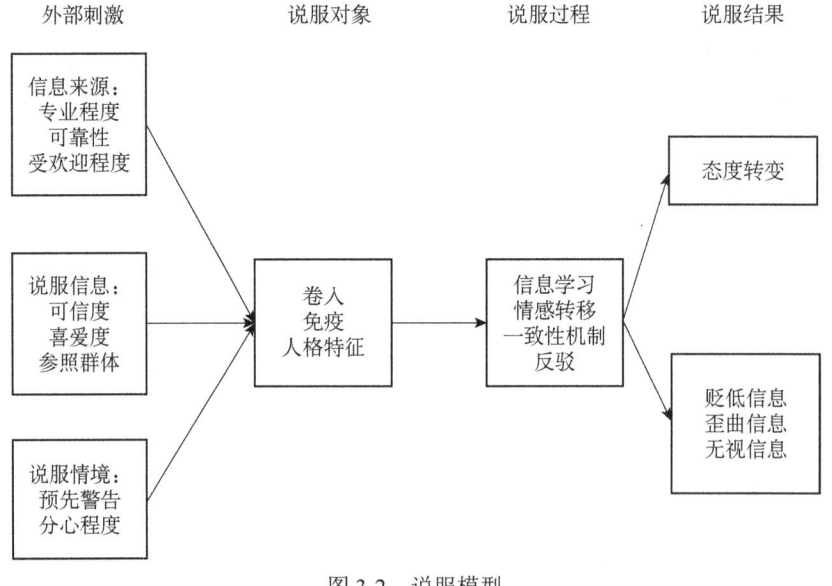

图 3-2 说服模型

也有学者从信息加工学的视角对说服理论加以解读，认为信源、信息、信道和信宿都是对受众产生影响的构成元素，并指出信源应该是可信赖并且专业的；信息则是指实质内容的某种具体呈现形式；信道则是指便捷快速传播介质；信宿是相对于信源而言的，是信息动态运行一个周期的最终环节（黄静等，2016）。

李治和孙锐（2019）基于传播说服理论，分别以亚马逊和京东的推荐解释为考察对象，通过两个实验研究了电商平台中推荐解释对用户行为意向的影响机制。研究发现，当消费者对产品信任度高时，推荐解释的有无对消费者采纳和购买意向的影响无显著差异；而当消费者对产品信任度低时，推荐解释能显著提高消费者的采纳和购买意向；动态推荐解释比静态推荐解释更能提高消费者的采纳和购买意向；同时动/静态推荐解释对消费者采纳和购买意向的影响均受到产品涉入度的调节作用。

三、规范焦点理论

社会心理学家西奥迪尼等（Cialdini et al.，1990）提出的规范焦点理论是信息影响作用的另一个心理学理论。它是一个反常识的理论，指出人们做出很多好行为（包括环保行为）的原因并不是像他们所说的那样，是因为有一个好的意识、态度或目的，而是主要受到社会规范（尤其是描述性规范，即大多数人的实际行为和典型做法）的强大影响（Nolan et al.，2008）。例如，当问及一个人为什么会节约用电时，获得的答案可能是节约资源、保护环境，也可能是有利于社会发展，还可能是节省开支。然而，规范焦点理论研究发现，人们的节能行为更多受到其他人节能行为的影响，而诸如环保、有益社会和省钱这样冠冕堂皇的理由对实际节能行为的影响并不大（韦庆旺和孙健敏，2013）。规范焦点理论将社会规范信息区分为"描述性规范信息"和"指令性规范信息"。其中，描述性规范信息是指人们在特定情境下应该做的，它简单地告诉人们，哪些行为是有效的和适合的；指令性规范信息详细说明在特定情境下，什么是人们必须做的，以及什么是被人们赞同或者是反对的行为。

规范焦点理论指出，行为成为注意焦点是社会规范发生作用的前提条件（Cialdini et al.，1990）。尽管规范焦点理论早期侧重于通过现场实验证明使用规范信息对个体行为进行干预的应用价值，但最新的研究揭示了不同类型社会规范信息的作用机制，为规范焦点理论提供了更加坚实的理论支撑。规范信息的应用体现在社会对人的行为有强烈的塑造性，当个体意识到自己的行为与内群体规范明显偏离时，会产生强烈的动机修正自己的行为（Madden et al.，1986）。基于规范焦点理论的一系列实证研究指出，要想影响和改变人的行为，仅仅通过向其宣传或反馈一些有关该行为的规范信息就能奏效。例如，将一个社区的家庭平均用电量告诉那些用电量超出平均水平的用户，他们在接下来的时间里会减少用电量（Schultz et al.，2007）。奥尔科特（Allcott，2011）给居民同时推广了自己家和邻居家的能源消费信息，结果发现这些信息使居民的能源消耗量减少 1.9%~2%。相对经济、技术等费时费力的措施，使用规范信息干预环保行为是一种非常节约成本的环保措施，而这种方法却在环保实践中被低估，甚至误用。究其原因，主要是决策者和管理者习惯性相信自己的常识和简单的民意调查，而少有科学的研究论证。虽然规范焦点理论产生于二十多年前，但它的重要性，尤其是在促进环保行为方面的应用，直到最近几年才受到广泛关注。综合国外的研究结果可以发现，根据规范焦点理论，基于心理学理论设计的信息呈现方式对促进居民节能是大有作为的，其研究思路值得我们借鉴。

四、规范激活理论

与规范焦点理论相接近的一个理论是施瓦茨（Schwartz，1977）提出的规范激活理论（norm activation model，NAM）。规范激活理论明确考虑了行为是他人期望的结果，是一个普遍使用的模型。亲社会行为常常和道德规范联系在一起。个体可能会出于利他动机实行亲社会行为。规范激活理论假设亲社会行为源自个人规范（personal norms，PN）的激活。规范激活理论认为，当个体承认没有执行亲社会行为将给他人造成不良后果（awareness of consequence，AC），且个体感到对这些不良后果负有责任（ascription of responsibility，AR）时，个人规范将被激活。如果个人规范没被激活，亲社会行为将被认为是不恰当的并且不会被执行。

虽然在社会和环境领域对规范激活理论有大量的支持性研究，但是规范激活理论中的几个关键变量之间的直接关系并不是非常清晰（De Groot and Steg，2009）。从根本上说，对于规范激活理论有两种解释，如图 3-3 所示。模型 A 调节变量模型认为个人规范对亲社会行为的影响受到不良后果认识和责任归属的调节，模型 B 中介变量模型认为不良后果认识首先影响责任归属，然后责任归属影响个人规范，最后个人规范影响亲社会行为（De Groot and Steg，2009）。理解不良后果认识、责任归属和个人规范如何与亲社会行为意向相关是一个重要的理论课题。从实践角度看，这也有助于提高亲社会行为鼓励政策的效果。例如，如果中介变量模型更普遍，那么在关注个体的责任和规范前重点关注意识问题的管制政策相对来说会更有效。如果调节变量模型更有效，那么对于促进亲社会行为来说，着重增加个体的责任也许就足够了。然而，对这两种模型解释，不同学者的观点并不一致。

```
        不良后果认识    责任归属
              ↓            ↓
    个人规范 ────────────────→ 亲社会行为
              A 调节变量模型

  不良后果认识 → 责任归属 → 个人规范 → 亲社会行为
              B 中介变量模型
```

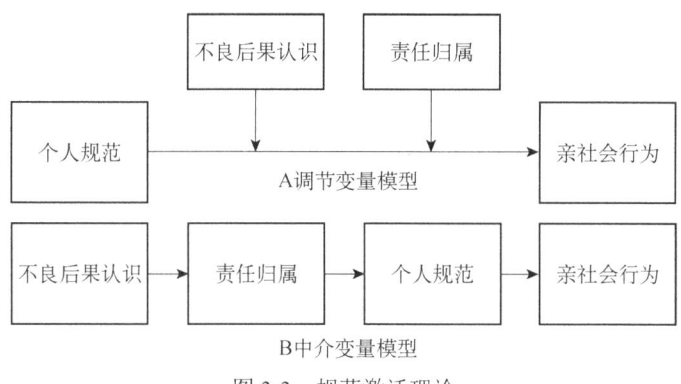

图 3-3　规范激活理论

资料来源：De Groot 和 Steg（2009）。

根据规范激活理论，通过对道德义务感的激活以及对利他行为需付出的代价和可能后果的评估等心理活动的分析，可以预测人们会在什么情况下做出利他行为。实施亲社会行为与否可用四阶段模式来描述，其模式如表 3-1 所示。

表 3-1　施瓦茨的亲社会行为模式

序号	阶段	步骤
1	激活阶段：对他人需要和自己责任的知觉	（1）意识到处于需要帮助状态中的他人 （2）对存在着某种行为可以接济对方需要的知觉 （3）对自己提供援助的能力的认识 （4）对某些更复杂的责任感的领悟
2	义务阶段：规范的构建和道德义务感的生成	（5）先存的或情境性构成的个人规范的激活
3	防御阶段：对潜在的反应的估计、评价和再评价	（6）对代价的估计和对可能结果的评价 　　如果在第（6）步中一种特定的反应和所付代价的评估得到最佳的平衡，则后两步也可以跳跃；不然就要通过（7）和（8）两步进行一次或更多次反复 （7）由于否定以下方面对情境进行再估计和再解释 　　A. 需要状态（其现实性和严重性） 　　B. 做出反应的责任感 　　C. 迄今被激活的规范的适宜性等 （8）根据再估计重复前面的步骤
4	反应阶段	（9）行动或不行动的反应

资料来源：章志光和金盛华（2008）。

在激活阶段，个人意识到他人的需要，并觉察到自己所采取的接济这种需要的行动。在义务阶段，个人已有的义务感被唤起，或应承了新的义务。第三阶段在某种意义上是后退的阶段，打算帮助的人开始评估付出的代价，并可能试图在情境中否认责任，这一阶段被施瓦茨称为"防御阶段"。最后是反应阶段，人们做出或不做出反应。

施瓦茨认为，人们在是否做出助人反应时并不会自觉地意识到经历的各个阶段。实际上，所有这些阶段都是在瞬间完成的认知过程，人们很可能在没有意识到为什么之前就发生助人行为。在这一模式中，第一阶段和第三阶段包含着决定人们是否助人的两个极其重要的因素：对他人的需要及自己能提供帮助的意识，在特定情境下不否认个人责任的倾向。在施瓦茨看来，只有当认识到结果并承认帮助的责任时，个人道德规范和行为才联结起来。施瓦茨通过一系列实验证实了对助人结果的意识的作用，结果发现，相对那些对行为结果只有低度意识的被试，对行动结果具有高度意识的被试更可能按照个人规范的行动来助人。对责任的否认倾向也是与助人行动相关的有效指标。对责任感的否定水平低（即更可能接受助人的责任感）的被试，比这方面水平高的被试，按照社会规范做出助人的行为的可能性大得多。

规范激活理论已成功地应用于预测不同种类的亲社会意图和行为，如骨髓捐赠、献血、志愿服务，以及紧急情况下的救助。另外在过去几十年来，已有越来越多的经验支持环境保护情境下的规范激活理论，如能源节约、为环保支付的意愿、循环行为和一般亲环境行为（De Groot and Steg, 2009）。还有研究发现个人规范、后果意识以及媒介使用可以直接正向影响企业员工的生态环境行为，且其影响作用依次减弱（杨红娟和屈彤彤，2020）。郭清卉等（2019）的研究也发现，个人规范、环境污染感知以及环境关心等三个因素都可以促进农户的亲环境行为，其中个人规范的作用效果最大，他们的结果意识与责任归属能够正向作用于其践行亲环境行为的个人规范。王宇露等（2019）基于规范激活理论分析影响高校节能行为的因素并构建理论模型，发现个人规范在自我效能与用能主体的节能行为之间存在部分中介作用，行为约束在用能主体的个人规范与节能行为之间存在显著的调节作用，社会约束在用能主体的个人规范与节能行为之间存在显著的调节作用。笔者认为，绿色环保行为也是一种特定情境下的亲社会行为，因为绿色环保行为也附带着使他人受益，而其自身践行这些行为却未必有确定直接的个人收益。由此，规范激活理论对绿色信息如何产生影响作用并最终引致绿色环保行为也有一定的借鉴意义。

五、自我肯定理论

自我肯定理论（selfaffirmation theory）由斯蒂尔（Steele，1988）提出，也是信息影响作用的另一个心理学理论。该理论认为面对威胁自我的信息，人们可能会有三种反应：一是虚心接受，改变自己的态度或行为。但接受威胁到核心自我概念的信息就意味着承认自己的错误，可能造成自我同一性混乱。另外，威胁自我的信息常常会启动个体的心理防御系统，换言之，"有则改之，无则加勉"事实上很难做到（石伟和刘杰，2009）。二是在心理防御系统的作用下，个体采取扭曲事实、忽视信息等方式来降低对自我的威胁。这些防御反应的确可以在一定程度上保护自我，维护身心健康。但同时也使个体失去了从中获得重要知识的可能性，失去了提升自我的机会，甚至于破坏人际关系。三是通过自我肯定，即思考与威胁领域无关的其他重要的自我价值，或从事与这些重要的自我价值有关的活动来维持自己总体上是好的，是适应社会的感觉，即所谓的自我整体性（self-integrity）（Steele，1988）。由于是对与威胁无关领域的自我价值的肯定，人们就能够以更宽广的视野来看待自己。或者由于重要的自我价值被锚定，威胁自我的信息就失去了威胁的能力，因为人们关注的不再是信息的威胁性，而是信息本身的价值。因而能够以更加开放、公正、客观的方式来处理和接受威胁信息，这样既保护了自我，又不会失去从中学习知识、改正错误态度或行为的机会。

通过自我肯定，操控方可以使个体在认知、情绪及行为倾向上发生许多重要的变化，激发人们客观、公正、冷静地处理威胁自我认同的信息，促进个体以进取的方式成长发展。具体而言，自我肯定可促使人们更客观地评价威胁自己已有观念的信息，减轻偏性同化（biased assimilation）偏差。所谓偏性同化是指个体具有将不符合自己观念的信息看得比符合的信息更不可靠或不可信的倾向性，该偏差主要源于人们维护重要的自我认同的动机（Munroand Ditto，1997）。因为固守的信念与重要的自我认同有紧密的联系，放弃自己的信念就意味着否定自我认同。因此，即使自己的信念与事实、逻辑、自身利益相冲突，人们仍然会坚守自己的信念。然而，当遇到威胁其信念的信息时，如果人们能够提取出其他重要的自我价值，就能够以更少防御、更加开放、更客观的方式来评价威胁信息。譬如，人们的健康认同常常受到要求其改变不健康行为习惯的信息的威胁,尽管接受这样的信息有利于自己的健康,但人们往往会拒绝接受这样的信息,继续其不健康的行为习惯。因为接受这样的信息,改变自己不健康的行为,在某种意义上就意味着否认"我是健康的"自我认同,意味着否认自我的完整性。但是,如果能够肯定自我的其他方面,维护自我整体性的安全,人们也许就会以更加开放的态度来看待这些具有潜在威胁性的信息。这对改变人们固有的绿色消费习惯,培养绿色消费行为有一定的启示价值。例如,崔宏静和王天新(2017)发现自我认同威胁会导致消费者产生自我补偿型的消费选择或自我防御型的消费选择,不同的消费行为对应着不同的策略动机,在行为表现上,具有不同人格特征的个体会在消费选择上反映出规避策略和联合策略间的区别;在行为成因上,自我认同不同方面的威胁则会使消费者基于趋近动机选择问题聚焦策略,或者基于规避动机选择情感聚焦策略。

六、目标设置理论

洛克(Locke)1990年提出的目标设置理论(goal setting theory)也可以用来解释信息的影响作用。目标设置理论认为,目标通过四种机制影响行为绩效。第一,目标具有指引功能。它引导个体注意并努力趋近与目标有关的行动,远离与目标无关的行动。第二,目标具有动力功能。较高的目标相对较低的目标能导致更大的努力。第三,目标影响坚持功能。当允许参与者控制他们用于任务上的时间时,困难的目标使参与者延长了努力的时间(Laport and Nath,1976)。第四,目标通过唤起、发现或使用与任务相关的知识或策略从而间接影响行动(杨世木,2012)。

当人们承诺要达到某目标时,目标和绩效的关系最为密切(目标设置理论的一个简明框架如图3-4所示)。赛吉斯和莱瑟姆(Seijts and Latham,2000)研究发现,当实现目标很困难时,承诺显得最为重要。这是因为对个体来说难实现的目标比容易实现的目标要求更多的努力,而且困难的目标与较低的成功机会相联系。使个体更容易承诺要达到某目标的因素有两个:一是目标达成对个体的重要性,包括结果的重要性;二是自我效能感,自我效能感可以增进目标承诺,领导者可以通过对下属进行充分的训练、角色模仿和劝导性的交流等方式来提高下属的自我效能感。为了使目标有效,人们还需要简明地反馈以了解自己的进步状况。

如果不知道自己做得怎么样,则很难(甚至不可能)调整努力的水平和方向,或难以调整策略以应对目标的要求。由此目标结合反馈比单独的目标更为有效(程天,2008)。任务复杂性也会影响目标与绩效之间的关系。随着任务的复杂性增加,目标的作用依赖于任务完成者发现恰当任务策略的能力。由于人们发现恰当任务策略的能力差异很大,所以目标设置的作用在复杂任务上比在简单任务上小。由于人们在复杂任务上比在简单任务上使用的策略种类更多,所以任务策略与绩效的相关通常比目标困难程度与绩效的相关更高。

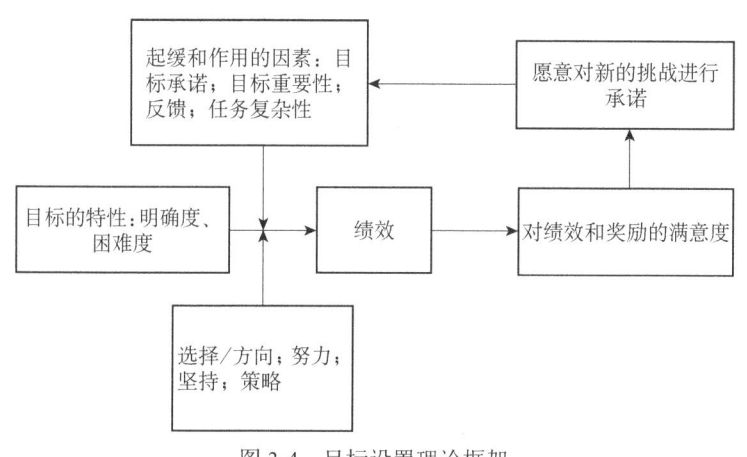

图 3-4 目标设置理论框架

资料来源:Seijts 和 Latham(2000)。

七、前置-进行理论

信息影响作用的另一个相关理论是格林和克罗伊特尔(Green and Kreuter, 1999)提出的前置-进行(precede-proceed)理论。前置-进行理论最初主要用于健康教育与健康促进计划,但后来也扩展到更多的行为领域。在前置-进行理论中,前置变量是指在教育或环境的识别、评价中应用前倾、促成及强化因素(precede, predisposing, reinforcing and enabling constructs in educational/environmental diagnosis and evaluation)(郭琪,2008)。具体来说:①前倾要素(predisposing factor)是生成特定行为的动机或愿望的要素,包括个体或群体的态度、知识、信念、理解力、价值观等,它通过影响个体对行为的偏好从而促使行为发生,是个体行为的内在前提和动机所在;②促成要素(enabling factor)是个体的行为动机和愿望得以实现的要素,包括技能和各种资源(财政、经济、技术等)的可获得性、可利用性等，是个体行为的外在前提和实施基础；③强化要素（reinforcing factor）是行为的后继决定要素，属于增强或减弱个体特定行为的要素，它通过行为结果对行为决定起作用，包括其他个体或群体的态度、行为以及各种反馈信息等。进行变量是指在执行教育或环境干预中应用政策、管制和组织的手段（proceed, policy, regulatory and organizational constructs in educational and environmental development）。

在前置-进行理论中，"前置变量"考虑了影响消费者行为的多种因素（前倾要素、促成要素和强化要素），并提示政策制定者把这些因素作为重点干预的目标，同时也明确了特定的计划目标和评价标准。"进行变量"则提供了政策制定、实施及评价的工作程序，如图3-5所示。前置-进行理论为政策制定、实施和评价提供了一个连续的步骤，为更好地理解绿色消费行为并实施信息、经济、法律等手段干预提供了一定的借鉴。

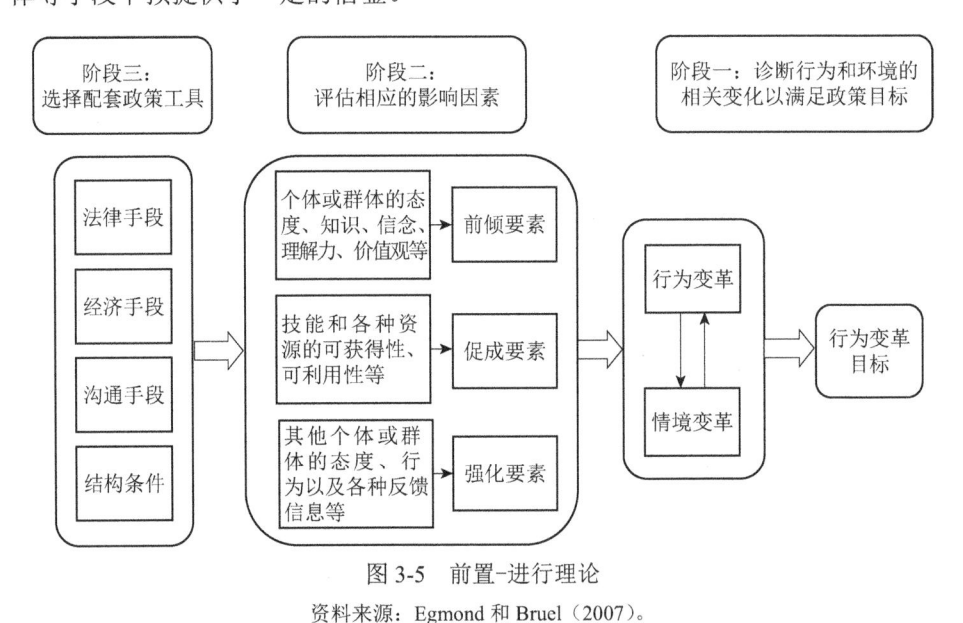

图3-5 前置-进行理论

资料来源：Egmond 和 Bruel（2007）。

八、议程设置理论

"议程设置功能"就是媒介常把我们的注意力导向某些特定的问题或争端（郭庆光，1999），议程设置理论由美国传播学家麦库姆斯和肖于1972年正式提出。议程设置对受众产生影响的机制实际上就是通过强化信息可获得性的方式来加以实现的（蒋忠波，2012），其理论内容核心部分是指受众对当前社会的认知或对社会问题的重要判别与大众传媒反复报道和强调的社会问题之间存在着较强的相关关系，即大众传媒对某新闻事件的宣传报道次数越多，受众对此新闻事件的认知程度就越深刻，判别越明晰，反之则亦然。与此同时，在大众传播效果理论中担任重要角色的"议程设置功能"，与其他效果理论有着明显的差异。首先，与传播效果研究三个层面（认知、态度、行动）不同的是，"议程设置功能"更侧重于认知层面上的效果，该功能直接对"思考对象"产生一定的影响，通过这种影响方式，直接把受众的关注点引导到一些特定的社会问题上，并且引导受众到"想什么"的问题上来。其次，"议程设置功能"并非着眼于个别媒介个别报道的短期效果，而是侧重于一个具有长期时间跨度且综合宏观的社会效果以及传播媒介的日常新闻报道和信息传播活动所产生的影响。最后，"议程设置功能"是传播媒介为了向公众提示社会生活中的重要议事日程而对现实社会的一种"环境再构成作业"。进一步来讲，传播媒介会根据自己的方针政策以及措施有计划地取舍新闻，并对其进行一定程度加工处理之后发布，以影响到受众对社会及环境的认知和判断，而不是将社会所有信息直接呈现于受众面前。关于议程设置理论在未来的发展，何志荣等（2020）从网络议程设置到行动者网络视角，指出议程设置除了不仅仅要考虑信息内容，并且还应该考虑非人因素作为行动者的力量作用。议程设置理论指出，尽管大众传播也许无法影响受众怎么想，却可以影响受众去想什么，所以大众传播媒介是影响社会的重要内容，这对定制化绿色信息策略的设计具有重要参考意义。

九、信息传播影响理论

信息传播影响理论是研究人类传播行为和传播过程发生、发展的规律以及传播与人和社会的关系的科学。本书将对以下信息传播影响理论进行阐述。

哈罗德·拉斯韦尔（Harold Lasswell）于1948年在《传播在社会中的结构与功能》一文中，第一次指出传播过程的五种基本要素结构，并按照一定逻辑顺序将它们排列，形成了后来经典的"5W理论"或"拉斯韦尔程式"的过程模式。这5个W依次是英语中五个疑问代词的首个字母，即who（谁）、says what（说了什么）、in which channel（通过什么渠道）、to whom（向谁说）、with what effect（有什么效果）。5W理论帮助人们快速了解信息传播的基本过程，为研究各种传播现象的结构奠定基础，很多学者利用 5W 理论对信息传播进行了研究。丁梦琪（2015）在 5W 理论视角下研究新媒体的特征时提出，媒介工作者应当加深对新媒体传播过程及特性的认识以更好地利用新媒体进行信息传播，帮助媒介和受众双方更好地、更系统地理解传播现象，在新媒体时代利用好媒介，最大限度地发挥其传递信息的作用，实现现代社会的信息化与高效化。韩锦洲（2020）利用 5W 理论简要分析数据新闻的特征，提出有些数据新闻过分追求可视化，加大了受众的理解难度，只有充分结合现实状况，才能使新闻发挥作用。

魔弹理论由西多尼·罗杰森于 20 世纪 20 年代提出。他将弗洛伊德学说和行为主义结合起来，形成一种新的宣传理论即魔弹理论。这种理论把媒介对人的刺激看作是魔弹打入大脑，能迅速地被受众所接受并且直接作用于受众。也有媒介理论家将媒介内容比作针筒，也将这种理论称为皮下注射理论。由于魔弹理论对大众传播的力量和影响过分夸大，也否定了受众在大众传媒传播过程中的自主选择力和能动力，因此在后续的传播效果研究过程中受到学者们的批判。但由于受到传播业界的影响，在传播学的起步阶段魔弹理论的部分思想作为未经证实的常识，天经地义地成为传播研究默认的前提（胡翼青，2006），尽管如今魔弹理论中的受众被过分扭曲为被动的、机械的个体，但是在现代社会娱乐至上与消费主义的包围下，大众的盲目追随消极现象依然存在。因此，教育人们如何摆脱传播的控制以及如何正确使用媒体为自身服务的问题也成为重要研究课题。李艳中（2010）在研究魔弹理论与当代读者需求关系时提出，在实际的出版界依然可察觉到魔弹理论的影子，读者需求理念与魔弹理论是相对的，只有把握理念的要旨，跟上时代的步伐，才能更好地为读者受众服务。马子涵（2019）提出在对负面消极信息的传播效果做出判断之前，个人与群体都需认识到"第三人效果"的存在，从而多加实证调查与思考，避免轻易对某种信息传播的效果做出魔弹理论的解释与判断，尊重受众个体的主观能动性。

库尔特·劳因在研究家庭主妇对于家庭食品的把关作用时提出"把关人"理论，后来又在其《群体生活的渠道》一书中再次论述了"把关人"理论。库尔特·劳因指出"把关人"存在于群体传播过程中，但同时"把关人"想进入传播的渠道必须符合群体规范或"把关人"价值标准，他的理论主要侧重于个人的心理动因在把关中的作用（郭庆光，2011）。20 世纪 60 年代初，传播学者怀特将这一理论运用到新闻研究领域并提出新闻筛选中的"把关"（gate-keeping）模式。到了 20 世纪 90 年代，美国的传播学家舒梅克（Shoemaker，1991）又提出包括个人

（individual）、传播工作的日常事务（routines of communication work）、内部组织化层面（internal organizational level）、媒介外部社会组织（media external social organization）、社会系统（societal system）在内的把关五层次。到了近代，对于"把关人"的理解进一步发展到了将传播活动视为社会子系统而不是最初的新闻个案研究，进而从更广阔的视域研究制约传播活动的各种因素。到了互联网时代的今天，以往的"把关人"理论已经不能适应新媒体的传播现实状况，所以需要对互联网背景下"把关人"理论的发展历程进行研究。当今新媒体时代，移动互联网已经成为人们日常生活中不可或缺的组成部分，是最为重要的信息传播载体之一，但其本身特殊的信息传播方式所带来的信息污染以及传播过程中的问题十分显著，所以专业新闻机构应当在新媒体背景下做到以下两点：首先，充分利用新媒介工具快速搜集和梳理社交媒体上的可靠信息源和信息素材；其次，核验信息的准确性并及时清理、辟谣虚假信息，让媒体工作者超越原先的"把关人"角色（黄雅兰和陈昌凤，2016）。

信息茧房（information cocoon）理论由桑斯坦在2002年提出，他在《信息乌托邦》一书中指出，在信息传播中公众只看自己选择的或能愉悦自己的东西，而不是全面的信息需求。随着时间的推移，信息就会像蚕丝一样将受众与社会脱节，形成一个封闭的茧房（王诗雯，2020）。桑斯坦还认为信息茧房可能会使受众的信息来源逐渐变小，阻断不同群体间的交流，多元的民主社会可能遭到一定程度的破坏。在国外，有关学者用"过滤气泡"（filter bubble）或"回音壁"（echo chamber）来代替"信息茧房"这一学术概念，并且这三种学术概念在学术界经常交叉使用。美国Upworthy网站首席执行官伊莱·帕里瑟于2011年首次提出"过滤气泡"概念，他指出人们在互联网中所处的信息环境就如经过一系列个性化过滤后产生的一个个气泡，这种过滤器遍布互联网，并对人们接触新观点产生一定的副作用（伊莱·帕里瑟，2020）。"回音壁"也叫"同温层效应"，指在一个相对封闭的环境中意见相近的声音被不断重复，并以夸张或其他扭曲形式重复，令处于该环境中的大多数人相信这些一定程度上脱离实际的故事就是事实的真相。近几年，随着今日头条、腾讯新闻等一系列算法推荐资讯平台的兴起，我国学者对信息茧房的研究也越来越多（王诗雯，2020）。

目前，大部分学者对信息茧房持警惕态度，他们的忧虑大致分为三类：第一，信息茧房可能会影响受众的价值取向，导致群体极化，形成新的"沉默的螺旋"，破坏公共领域（喻国明等，2017）；第二，信息茧房是受众牺牲隐私的产物，为了维持茧房的影响力，算法会持续监视受众（郝雨和李林霞，2017）；第三，信息茧房可能会被议程设置所利用，成为操纵意识形态的工具（范红霞和孙金波，2019）。国内学者对信息茧房的警惕，本质是对个性化算法技术的不信任。还有学者将视线转向受众，认为信息茧房的影响主要与受众自身有关。彭兰（2017）发表了类似观点，她认为完全消除信息茧房不现实，由于受众的选择性心理，信息茧房会一直存在。一些学者也得出了类似的结论，他们通过对1000名丹麦社交媒体用户新闻源的调查发现，受到信息茧房影响的用户只占一两成。用户的"社会性"，即喜欢的页面数量、团队成员和朋友，是个性化推送中最重要的预测因素（Bechmann and Nielbo，2018）。总的来说，信息茧房一直存在于传播过程之中，在定制化推送背景下，信息茧房有不良影响，但也可能被削弱或克服。

第二节　个体行为机理

一、态度-情境-行为理论

社会心理学家勒温（Lewin）在大量实验基础上提出了勒温行为模型（即内在因素-外部环境模型）。勒温通过区分内在因素和外部环境以表示诸多因素对个体行为的方式、强度、趋势等的影响（郭琪，2008）。勒温行为模型如下：

$$B=f（P：P_1，P_2，\cdots，P_n；E：E_1，E_2，\cdots，E_n）$$

式中，B表示个体行为，P表示个体的内在条件和特征，P_n表示各种具体的内在条件和特征，如感觉与知觉、学习与记忆、动机、态度与情感以及个体性别、年龄、个性等；E表示个体所处的外部环境，E_n表示构成外部环境的各种因素，如经济水平、科技状况、文化背景、制度结构等。勒温行为模型表明，个体行为是个体与环境相互作用的产物。

在勒温的内在因素-外部环境模型基础上，瓜涅诺等（Guagnano et al.，1995）进一步提出了预测环境行为的态度-情境-行为（attitude-context-behavior，ABC）理论，如图3-6所示。当个体有积极的环境态度，同时外部环境有利时，会产生积极的环境行为；反之，当个体有消极的环境态度，同时外部环境不利时，会产生消极的环境行为。当环境态度与外部条件的方向不一致时，环境行为则取决于两者的影响效应比较。图 3-6 中虚线右上侧产生积极的环境行为，虚线左下侧则产生消极的环境行为。

态度-情境-行为理论认为，环境行为（environmental behavior，简写为 B）是个体的环境态度变量（attitudinal variables，简写为 A）和情境因素（contextual factors，简写为 C）相互作用的结果。当情境因素的影响为中性时，环境态度和环境行为的关系最强；当情境因素极为有利或不利的时候，可能会大大促进或阻碍环境行为的发生，此时环境态度对环境行为的影响会接近于零（即环境态度与环境行为之间呈倒 U 形函数曲线）。这意味着，如果情境因素不利于环境行为（如要支付更高成本、花费更多时间或付出更困难代价的时候），环境行为对环境态度的依赖性就会显著变弱（对情境的依赖性则会显著增强）。

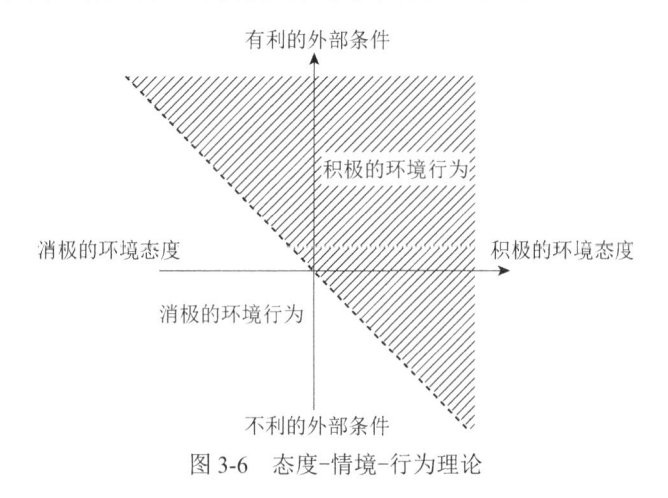

图 3-6 态度-情境-行为理论

瓜涅诺等对路边回收（curbside recycling）的实证研究发现了支持这一函数理论关系的证据。于悦（2017）的研究也表明公众内部情境因素（低碳旅游认知态度和低碳感知利益等）及环境外部情境因素（旅游目的地低碳情境和社会参照规范等）对公众低碳消费行为均产生重要影响，但影响程度有所差异。但态度-情境-行为理论对态度的形成过程以及态度对行为的影响机制没有进行更深入的分析。态度-情境-行为理论的贡献在于，发现了两类因素（内在态度因素和外部情境因素）对公众行为的影响，并检验了情境因素对环境态度和环境行为之间关系的调节作用。

二、理性行为理论

理性行为理论（theory of reasoned action，TRA）是菲什拜（Fishbein）和阿耶兹（Ajzen）于1975年提出的，主要关注基于认知信息的态度形成过程，以及态度如何有意识地影响个体行为（Ajzen and Fishbein，1980；Ajzen，1985）。理性行为理论模型如图3-7所示。

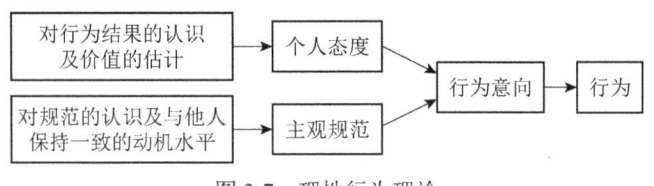

图3-7 理性行为理论

理性行为理论的基本假设是：人是理性的，在做出某一行为前会综合各种信息来考虑自身行为的意义和后果。在这一假设前提下，个体执行特定行为的行为意向（behavior intention）引起行为的产生。行为意向是个体想要采取某一特定行为的倾向，它反映个体愿意付出多大努力、花费多少代价去执行特定行为。行为意向是任何行为表现的必需过程，所有可能影响行为的因素都通过行为意向来间接影响行为。阿耶兹证明了个体行为意向和实际行为之间存在高度的相关性。个体的行为意向越强，采取行为的可能性就越大；反之采取行为的可能性就越小。

行为意向是个人态度、主观规范两大因素共同作用的结果。行为意向的第一个决定因素是个体对行为的态度（attitude towards the behavior）。态度是个体对特定对象反映出来的持续的喜欢或不喜欢的心理体验，是个体对实行特定行为的正向或负向的评价。态度的形成可从个体对实行特定行为结果的显著信念（salient beliefs）和对结果的评价（outcome evaluations）两个层面解释。行为意向的第二个决定因素是主观规范（subjective norm）或社会态度。它是个体对身边重要的人或组织（salient individuals or groups）对其执行或不执行特定行为所产生压力的感知，主要指影响个体行为意向的社会因素，如法律法规、市场制度、组织制度等。主观规范的形成取决于规范信念（normative beliefs）和依从普遍性社会压力的依从动机（motivation to comply）。规范信念是个体感知到的重要的人对个体执行特定行为的期望程度或特定制度对个体特定行为的约束程度；依从动机是个体对这些观点或制度的遵从程度。主观规范是规范信念和依从动机的积和。

理性行为理论是一个通用模型，是影响范围最广的理论之一。它认为任何因素只能通过态度和主观规范来间接地影响行为，这使得人们对理性行为产生了清晰的认识。一些研究也证实理性行为理论可以有效地预测很多领域的行为意向与实际行为（于丹等，2008）。理性行为理论不但可以有效预测一般的社会活动（如参与体育活动），还可以有效预测消费活动（如使用优惠券、产品购买等）。

值得注意的是，现实中行为的发生机制和态度在行为过程中的作用比理性行为理论复杂得多。伊格利和蔡肯（Eagly and Chaiken，1998）总结出了一个基于理性行为理论的整合性理性行为模型，该模型系统列出了理性行为理论没有涉及但可能对行为发生作用的外部因素。图3-8演绎了理性行为理论的扩展和行为影响的多元框架。

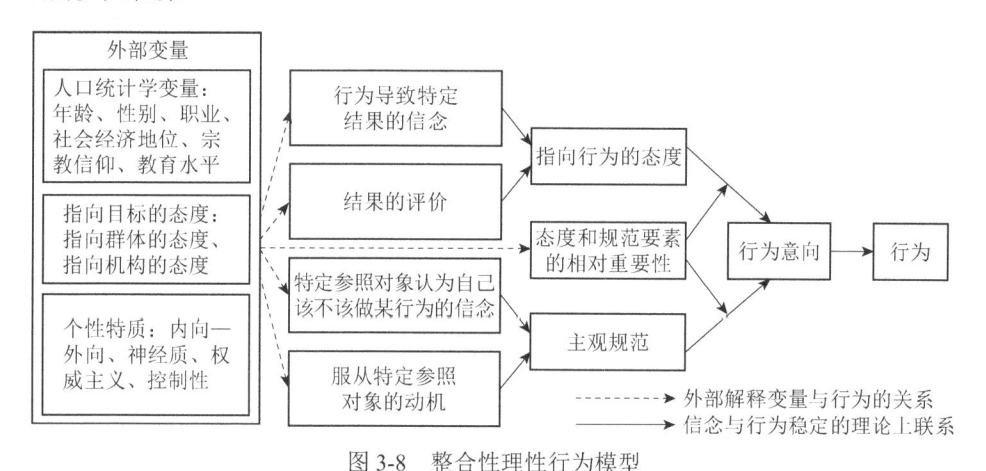

图3-8 整合性理性行为模型

资料来源：Eagly和Chaiken（1998），转引自金盛华（2010）。

理性行为理论也存在一些缺陷：一是理性行为理论对行为态度没有深入的研究。一些学者指出，行为态度可以进一步细分为认知和情感两个维度，但理性行为理论中所包含的变量、关系及其度量并未充分考虑对行为决策中的认知和情感维度进行区分（于丹等，2008）。有的研究对行为态度的测量仅仅考虑认知成分，有的研究虽然在测量时考虑了情感成分，但不区分态度的认知与情感成分。一些学者意识到这一点，弗伦奇等（French et al.，2010）在研究个体参加体育活动时，区分了态度的情感和认知成分，发现考虑态度包含不同维度的模型比没有考虑态度维度的模型的预测能力更强。二是理性行为理论有一个重要的隐含假设：人有完全控制自己行为的能力。换句话说，行为的发生都能由个体意志所控制。但在现实情况下，个体对行为意志的控制往往受到时间、资源和外部环境等诸多非意志力因素的约束，而理性行为理论无法对不完全由个体意志所控制的行为给予合理的解释。这大大降低了理性行为理论对个体行为的解释力。

三、计划行为理论

理性行为理论主要适用于预测完全受意志控制的行为，对于不完全受意志控制的行为，其预测作用就会降低。对此，阿耶兹（Ajzen，1985，1991）引入了感知行为控制（perceived behavioral control，PBC）变量，将理性行为理论延伸发展为计划行为理论（theory of planned behavior，TPB），以期更合理地对个体行为进行解释和预测。计划行为理论如图3-9所示。

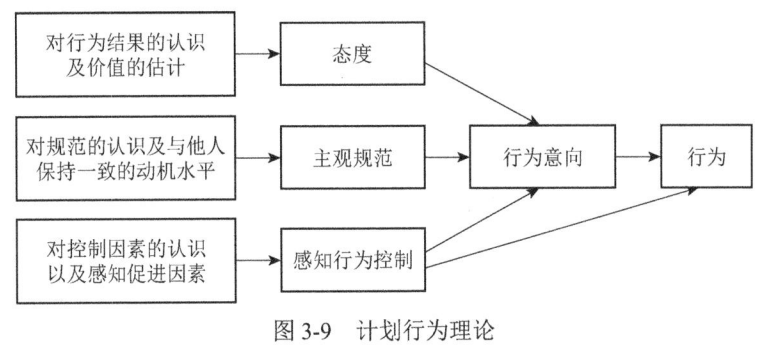

图 3-9 计划行为理论

资料来源：Ajzen（1985，1991）。

计划行为理论认为，行为的直接决定因素仍然是行为意向。行为意向有三个决定因素：一是个人态度，二是主观规范，三是感知行为控制。前两个决定因素与理性行为理论一致。感知行为控制是个体预期在采取特定行为时自己所感受到可以控制（或掌握）的程度。它与自我效能或促成条件（facilitating conditions）概念有些类似。感知行为控制受控制信念（control beliefs）和感知促成条件（perceived facilitation）的影响。控制信念是指促进或阻碍执行特定行为的因素。感知促成条件也称感知强度（perceived power），它是指个体感知到这些因素对行为的影响程度（段文婷和江光荣，2008）。感知行为控制是控制信念和感知促成条件的积和。

计划行为理论在预测行为意向和行为方面取得了一定成功，但也并非完美无缺，也存在一定的局限性：①理论中的信念因素是一个笼统、一般化的概念，应用到具体的行为研究中需要进一步明确界定，这使得理论的实际应用受到一定的限制。②与态度、感知行为控制相比，主观规范对行为意向的影响还没有得到实证研究的充分证实。进一步说，主观规范与行为意向的关系可能较弱。其主要原因在于，主观规范反映的是社会压力，而社会压力很难直接通过是否顺从他人意愿获得，因此主观规范的概念不能很好地反映社会对个体的影响，有必要重新定义主观规范。③与理性行为理论类似，计划行为理论只强调态度的工具性成分（有用—有害、有价值—无价值等），忽视了态度的情感性成分（喜欢—厌恶、愉快—痛苦等）。④计划行为理论忽视了对过去行为、习惯性行为等行为的研究（于丹等，2008；段文婷和江光荣，2008）。另外，还有研究发现一些变量并不必然要通过态度或规范的中介而是直接对行为意向或行为产生影响。个体的过去行为、习惯性反应行为就是很好的例子。事实上，很多研究者在研究个体行为理论时，都把过去行为加入模型中。不仅过去行为对现在行为意向的作用是直接的，而且过去行为对现在实际行为的作用也是直接的（段文婷和江光荣，2008）。此外，除了过去行为外，个体的其他相关行为也可能影响个体的某个特定行为，如购买行为也许会直接影响其购买后行为，而计划行为理论也没有对此展开研究。

针对计划行为理论的缺陷，一些学者在计划行为理论的基础上加入习惯行为（habitual behavior），形成了习惯行为理论（Egmond and Bruel，2007），如图3-10所示。习惯行为是一种形式的自动化和惯常化的行为。它是经过反复练习形成，并发展成为个体需要的自动化的行为方式。行为科学研究表明，一个人一天的行为中大约只有5%是属于非习惯性的，而剩下95%的行为都是习惯性的。即便是创新，最终也可以演变为习惯性的创新，由此足见习惯的力量。对于资源节约行为来说，它往往会频繁地发生，因此成为习惯。习惯代表了对情境的自动反应，因而是难以控制的。德·弗里斯等（De Vries et al.，2011）的研究检验了是否一个行为习惯（离开房间时关灯）促进了行动（关灯）意图的执行，而非阻碍避免行动（不关灯）意图的执行。相反，不关灯的习惯（不行动的习惯）被认为阻碍关灯意图的执行，却促进不关灯的意图。得到的结果支持了这些观点，德·弗里斯、阿尔茨和米登强调了区别频繁行动与频繁不行动导致的习惯的重要性。

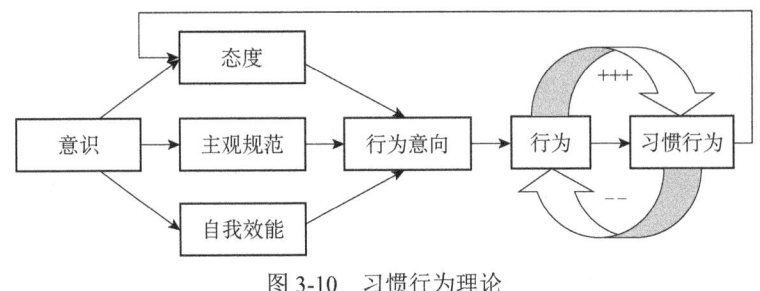

图 3-10　习惯行为理论

资料来源：Egmond 和 Bruel（2007）。

四、人际行为理论

态度-情境-行为理论、理性行为理论等多数行为理论都忽视了行为的两个关键性社会心理因素，即习惯和情感因素的作用。特里安迪斯（Triandis，1977）认识到社会因素和情感因素在意向形成中的关键作用，强调了先前行为或习惯对调节当前行为的重要性。基于这些观察，特里安迪斯提出了人际行为理论，如图 3-11 所示。

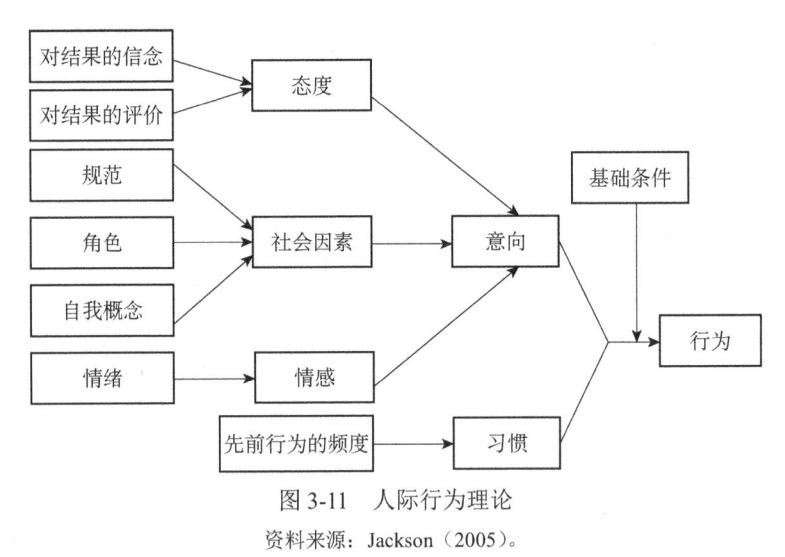

图 3-11　人际行为理论

资料来源：Jackson（2005）。

和理性行为理论一致，在人际行为理论中，意向也是行为的直接前提条件。不同的是，人际行为理论吸收了学者们对理性行为理论的一些评论，并在此基础上进行了一些发展。人际行为理论中意向形成具有三个显著性条件，其中，社会因素包括规范、角色和自我概念：规范是关于什么该做、什么不该做的社会规则；角色是特定个体在特定情境里采取的被认为是适宜的一系列行为；自我概念是对自我应追求和参与什么活动的自我评估（Jackson，2005）。人际行为理论还考虑了更复杂的习惯（先前行为的频度）对调节当前行为的重要性。根据人际行为理论，习惯越强，人们对这种特定行为的思考就越少。当然，无论是意向还是习惯因素，都受到基础条件或外部因素的调节（这里的基础条件类似于瓜涅诺等的外部情境因素）。

人际行为理论是一个从多维角度联合使用内外部因素预测行为的整合理论。根据人际行为理论，个体行为既不是完全经慎重考虑的，也不是完全自动生成的；既不是独立的也不是社会性的。行为受到普遍信仰的影响，但这种影响又受到情绪内因和认知约束的调节，既考虑了影响行为改变的内外部因素，也注意到习惯与规律在行为形成中的重要作用，因而相对来说更适宜于解释习惯化、日常化的亲环境行为（如资源节约行为）。

五、知信行理论

知信行是知识、态度、信念和行为（knowledge-attitude-belief-practice，KABP 或 KAP）的简称。知信行理论最初用于解释和干预个体的健康管理行为，后来也引申于解释和干预个体的一般行为（Cleland，1973；Ratcliffe，1976）。在知信行理论中，教育（健康教育或环境教育等）的目的是使人们发生行为改变。但行为改变是一个过程，存在着知识、信念和行为改变三个过程，如图 3-12 所示。

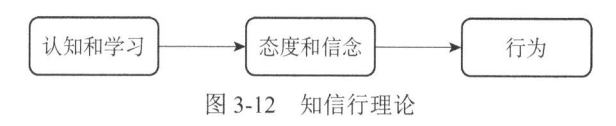

认知和学习 → 态度和信念 → 行为

图 3-12　知信行理论

在知信行理论中，"知"是"认知和学习"，它是个体行为的基础；"信"是"态度和信念"，它是个体行为的动力；"行"是"行为"（如产生促进好的行为、消除坏的行为等行为改变的过程），它是最终目标。个体具备了知识，同时对知识进行积极的思考，上升为信念，才可能采取积极的态度去改变行为。

知信行理论认为个体行为与其知识有关，也与其信念有关。知识转变成行为需要外界条件，而教育（如环境教育、健康教育等）就是这种把知识转变成行为的重要的外界促成条件。例如，持有正确的健康信念（如"我确信吸烟是有害的""只要下决心戒烟肯定是可以实现的"）会影响他们采纳戒烟的行为，而持有错误的健康信念就不会改变其错误的行为。要使人们从接受转化到改变行为是一个复杂过程，其中最关键的是信念的确立和态度的改变。根据知信行理论，通常有下列方法可以有效促进信念确立和态度改变：增加信息的权威性，增强传播效能，利用恐惧因素，提高行为效果和效益，等等（张清等，2007）。

知信行理论被很多国家的政府和非营利组织广泛应用于公众健康管理、水供应和公共卫生、教育、心理和行为科学等领域。一些学者也将知信行理论应用于研究公众的资源保护或绿色消费行为（Stanton et al., 1987; Laroche et al., 2002; Ehrampoush and Moghadam, 2005; Tatlonghari and Jamias, 2010）。在环境管制或干预项目里，知信行理论指出了一个人对环境污染问题有何认知、对环境保护问题有何想法，以及他如何做出行动。一些学者还提出了知行信（knowledge-attitude-practice and beliefs, KAPB）模型，这实际上是知信行理论的一个变种。知行信模型认为，知识和态度是行为的先决条件，这一点与知信行理论一致。不同的是，知行信模型认为，行为变革并不是终点，信念和价值观变革才是最终目标。知行信模型在社会营销和行为变革领域非常普遍，尤其是在卫生健康领域（菲利普·科特勒等，2006）。

总的来说，知信行理论将行为改变分为获取知识、产生信念及形成行为三个连续过程，是得到普遍认同的一个通用行为理论模型，在教育学、心理学等领域中得到普遍推崇和应用。但是，知信行理论将情感因素的作用抽象掉了，这使其现实性、应用性受到一定程度的质疑。对此，一些学者对知信行理论进行了改进，提出了知情意行理论。卢献和郑岩滨（2004）指出，人是生物有机体，具有自然性。作为自然性的人，其行为趋向生物性，即呈现刺激-反应的行为模式特征。同时人又是社会的一员，具有社会性。作为社会性的人，其行为趋向精神性。按照精神含量高低，可以把个体行为分为低级行为、中级行为与高级行为。生物性行为是个体的低级、中级行为，精神性行为是个体的高级行为。个体高级行为是由复杂的心理活动所支配的。个体行为的精神含量越高，内部心理过程越丰富，行为受各种心理因素的支配就越明显。一般来说，个体行为大多属于高级行为，如工作（即事业性行为）等。传统的刺激-反应理论把人置于"自然人"的角度来研究，没有考虑行为环境与行为的复杂程度对行为的重要直接影响。也就是说，未重视从社会人的角度对个体高级行为的行为模式开展研究。对于个体高级行为来说，"知""情""意"构成三个基本要素（知+情+意→行）。其中，"知"是认知，是对行为目的和结果的认识，即知道怎么做以及做的目的；"情"是情感，是对行为及行为环境、行为条件的态度体验，即行为的心理环境；"意"是意志，是对行为的意图（决定）与对行为遇到困难时的态度（决心），即决定做与决心做。知道怎么做与做的目的，具备做的心理环境，同时又愿意做，且能克服做的各种困难，个体高级行为就能开始并持续进行（卢献和郑岩滨，2004）。由此，知情意行理论形成了个体行为机理的一般模型，如图 3-13 所示。

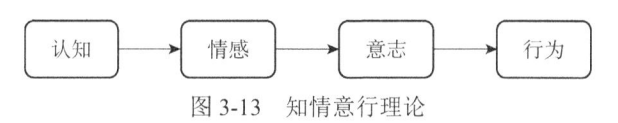

认知 → 情感 → 意志 → 行为

图 3-13 知情意行理论

根据知情意行理论，行为要求越高，越复杂，越艰巨，行为对"知""情""意"的要求就越高，且"知""情""意"三者存在着一定的相互促进关系。例如，"情"能促进"意"，积极的情感能激发个体行为动机，使个体表现出巨大的意志力量，从而以极大的热情去完成任务；"情"也可以促进"知"，认识只有与情感结合，才会产生动机，进而推动行为。在三者结构基本平衡的前提下，提高其中某一项或两项的水平，对行为就会产生一定的促进作用。知情意行理论在心理辅导、行为科学等领域有广泛的影响和应用。特别是，知情意行理论揭示了情感和意志因素对行为的中介作用，这对公众资源节约行为内在机理模型的建构具有一定的启示意义。

王建明（2010）在传统的知信行理论基础上进行了拓展，建立了扩展的知信行理论，如图 3-14 所示，并通过消费者资源节约与环境保护行为的结构方程模型分析验证了这一模型。

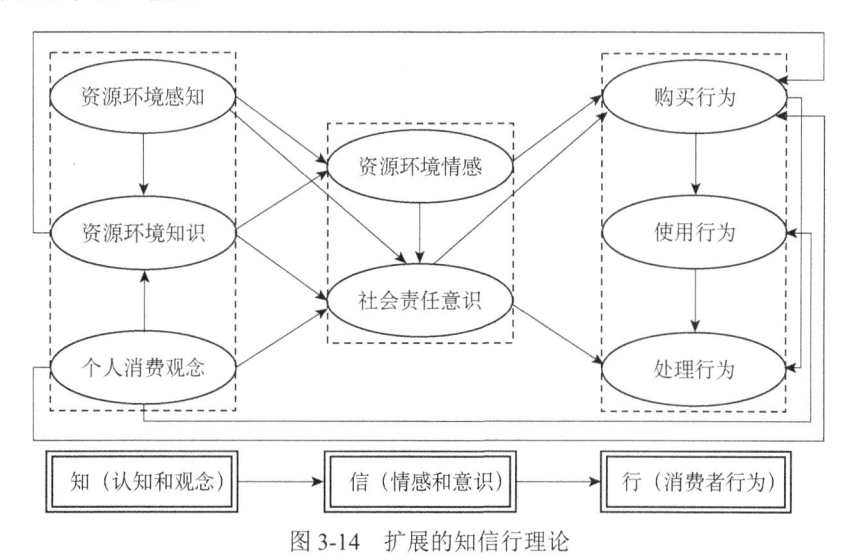

图 3-14 扩展的知信行理论

资料来源：王建明（2010）。

扩展的知信行理论在以下几个方面对传统的知信行理论进行了拓展：①扩展的知信行理论对"知""信""行"三者的内涵和外延进行了拓展。在传统的知信行理论中，"知"为单一维度的"认知"，"信"为单一维度的"态度或信念"，"行"为单一维度的"行为"。在扩展的知信行理论中，"知"拓展为"认知和观念"，包括资源环境感知、资源环境知识和个人消费观念三个维度。"信"拓展为"情感和意识"，包括资源环境情感和社会责任意识两个维度。"行"拓展为"消费者行为"，包括消费者的购买行为和使用行为、处理行为三个维度。②消费者行为机理并非单纯沿着"知→信→行"的单一路径按部就班地进行。在传统的知信行理论中，消费者行为仅仅体现为单一、线性模式，即环保认知→环保信念→环保行为。事实上，"知"和"行"之间也存在显著的直接影响，不一定完全依赖"信"的中介。例如，资源环境知识和个人消费观念直接影响购买行为，个人消费观念直接影响使用行为等。这也是扩展的知信行理论与传统知信行理论的一个主要差异。③尽管"知"和"行"之间存在显著的直接影响，但是"知"对"行"的间接影响效应更为显著。这进一步表明，通过直接影响消费者的认知和观念以引导消费者转变消费行为并非最有效的路径。只有在影响消费者认知和观念基础上进一步提高消费者对资源环境问题的情感和社会责任意识，才能更有效地转变消费者行为模式。

六、动机-能力-机会模型

个体行为机理的另一个整合模型是奥兰德和索格森（Ölander and Thøgersen，1995）提出的动机-能力-机会模型（motivation-ability-opportunity model），如图3-15所示。奥兰德和索格森认为态度和行为间的一致性只能在意志控制的条件下实现。他们指出，在行为模型中纳入"能力"概念和便利条件或者"机会"概念能有效提高模型的解释能力。

布隆伯格和普林格尔（Blumberg and Pringle，1982）首次提出动机（willingness）-机会（opportunity）-能力（capacity）行为框架，他们认为直接影响行为的因素都是动机、能力和机会三个维度的子集，个体在满足动机、能力和机会三个维度条件时，会最大可能引发行为，如信息分享行为，动机-能力-机会

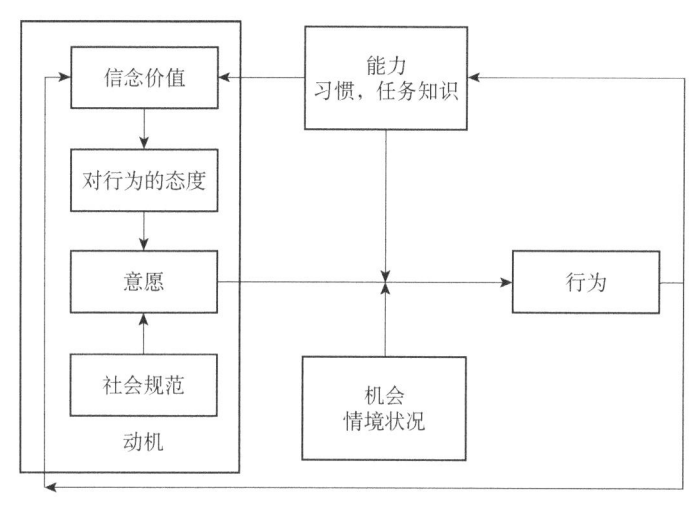

图 3-15　动机-能力-机会模型

模型中的动机因子是理性行为理论的简化版。然而，奥兰德和索格森也提出其他几个可能性，包括使用特里安迪斯的人际行为理论模型中的动机部分或者加入施瓦茨的规范激活理论。"能力"概念被认为是整合了习惯和任务知识两类元素。模型中的这一结论在很多地方得到了支持，包括关于垃圾源头分类和循环行为（Ölander and Thøgersen，1995）。动机-能力-机会模型还强调了习惯的重要性，无论它是作为影响行为的独立变量，还是作为意愿的调节变量。任务知识显然也是一个重要的考虑因素，特别是与亲环境行为相关的行为，如废旧产品的源头削减和分类回收行为。

动机-能力-机会模型中的机会因子与特里安迪斯的便利条件概念以及斯特恩的外部概念明显相关。尽管奥兰德和索格森倾向于把机会视为"行为的客观的先决条件"，但实际上动机-能力-机会模型中的机会因子与阿耶兹的感知行为控制概念有一些相似之处。因为从目前看，阿耶兹的感知行为控制概念被认为是实际行为控制的代理。有大量的证据支持情境因素作为亲环境行为的先决条件的重要性。奥兰德和索格森指出，奥胡斯商学院（Aarhus Business School）关于源头削减的一项研究显示，改善循环回收的机会对实际的循环行为有显著影响，而这些实际的循环行为与对循环的态度或者感知的循环困难都不相关。瓜涅诺等（Guagnano et al.，1995）的研究也引用了类似的证据。

动机-能力-机会模型的重要结构特点是其试图将动机、习惯变量和情境变量整合为一个亲环境行为的简单模型。动机-能力-机会模型已经成功应用于描述家庭削减能源消费的意图（Ölander and Thøgersen，1995），对我们解释绿色消费行为的机理也具有相当的启示意义。

七、价值观-态度-行为系统模型

文森等（Vinson et al.，1977）从心理学和消费者行为学的角度提出了价值观-态度系统模型（value-attitude-system model），认为消费者的购买或消费行为取决于对产品的态度（产品属性评观）。在价值观-态度系统模型基础上，德姆奥斯基和汉默-劳埃德（Dembkowski and Hanmer-Lioyd，1994）提出了环境价值观-态度系统模型（environmental value-attitude-system model），如图3-16所示。

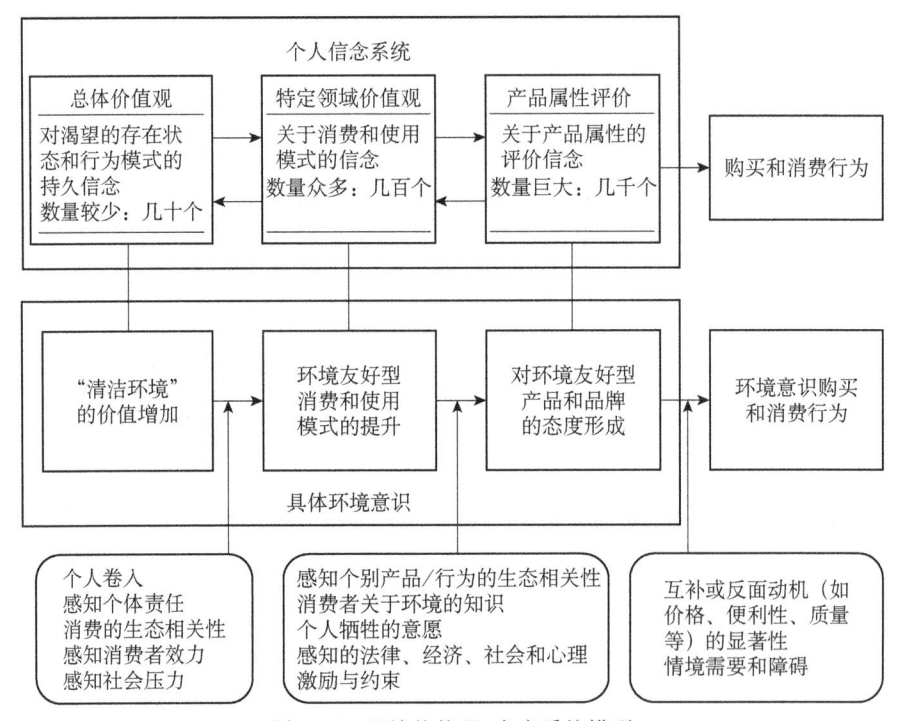

图3-16 环境价值观-态度系统模型

资料来源：Dembkowski和Hanmer-Lioyd（1994）。

环境价值观-态度系统模型是价值观-态度系统模型在环境行为领域的具体应用。根据环境价值观-态度系统模型，环境意识购买和消费行为的最终（直接）决定因素是对环境友好型产品和品牌的态度，更间接但也更深层次的决定因素则是对环境友好型消费和使用模式的具体价值观和对生态环境的总体价值观。

与德姆奥斯基和汉默-劳埃德的观点类似，福尔顿等（Fulton et al.，1996）也提出了一个倒三角的人类行为认知层次模型，后来被称为价值观-态度-行为系统模型（value-attitude-behavior-system model），如图3-17所示。

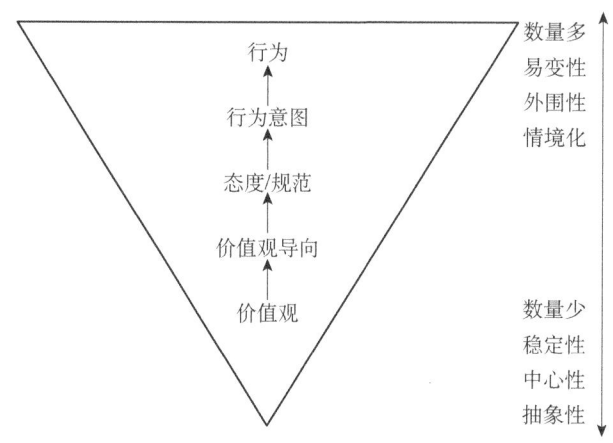

```
          行为              数量多
                           易变性
        行为意图            外围性
                           情境化
        态度/规范

        价值观导向

         价值观             数量少
                           稳定性
                           中心性
                           抽象性
```

图3-17 价值观-态度-行为系统模型
资料来源：Fulton等（1996）。

根据福尔顿等的价值观-态度-行为系统模型，从倒三角的底部到顶端依次形成价值观、价值观导向、态度/规范、行为意图和行为的认知层次结构。底部的价值观与价值观导向数量少、相对稳定，超越具体情境，而顶端的行为意图和行为数量多、变化大且都是针对具体情境。从变量之间的关系看，底层变量对上层变量发挥着基础性的决定作用，且变量之间的距离越近，相互之间的关系越强；变量之间的距离越远，相互之间的关系则越弱（黎建新，2007）。

与价值观-态度-行为系统模型类似，斯特恩等（Stern et al.，1999）提出了价值观-信念-规范（value-belief-norm，VBN）理论。价值观-信念-规范理论融合价值观理论、规范-行为理论和新环境范式（new environmental paradigm，NEP）视角，通过五变量之间的因果关系作用来解释环境行为的形成。这五个变量依次为：个人价值观（特别是利他价值观）、新环境范式、负面后果认识、个人能力感知信念和环保行为个人规范，如图3-18所示。

```
价值观              信念                  环保行为个人规范      环保行为

生态价值观                                                    激进主义行为
利他价值观  →  新环境范式 → 负面后果认识 → 个人能力感知信念 → 个体责任认识  →  非激进公共行为
利己价值观                                                    私人领域行为
                                                              组织内环境行为
```

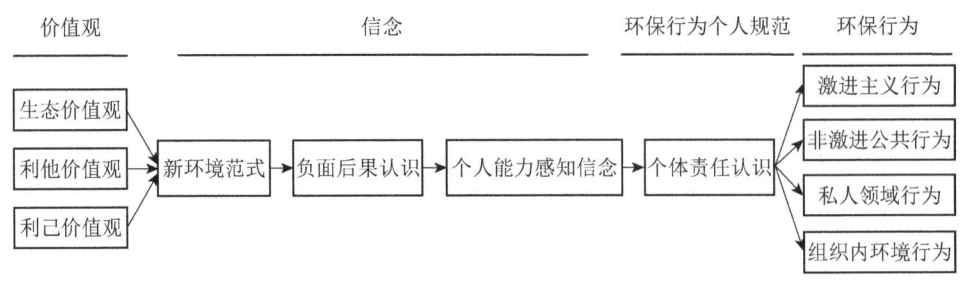

图 3-18 价值观-信念-规范理论

资料来源：Stern（2000）。

价值观-信念-规范理论指出，环境态度变量受到个体的价值观体系影响，并通过实证验证提炼出个体价值观体系中与环境行为最相关的三种价值观：生态、利他和利己价值观。价值观-信念-规范理论首次明确了环境价值观的类型和作用，为环境行为的研究开辟了新的视野。而且，一些实证研究也证实了理论中因果次序关系的有效性（Stern et al.，1999）。

关于个体行为机理和行为变革的相关基础理论还有很多，本书不一一回顾。表 3-2 总结了个体行为机理和行为变革的一些社会心理学理论。

表 3-2 行为机理和行为变革的社会心理学理论

社会心理学理论	主要出处	理论说明
态度-情境-行为理论（attitude-behavior-context theory, ABC theory）	斯特恩（Stern, 2000）	关于环境意义行为的一种场域理论。行为是内部态度变量和外界情境因素交互作用的一个产物
认知失调理论（cognitive dissonance theory）	费斯汀格（Festinger, 1957）	认为人们有动机去避免内心信念、态度和价值的不一致（失调）
文化理论（cultural theory）	汤普森等（Thompson et al., 1990）	假设对管制和美好生活的不同观念而存在文化类型的四个维度：等级主义者、平等主义者、个人主义者和宿命主义者
精细加工可能性模型（elaboration likelihood model）	佩蒂和卡乔波（Petty and Cacioppo, 1977）；佩蒂和卡乔波（Petty and Cacioppo, 1986）	一个说服模型。它预测一则说服性信息的长期成功决于主体（目标者）心理加工或者这个信息被推敲的程度
期望价值理论（expectancy-value theory）	菲什拜（Fishbein, 1973）；阿耶兹和菲什拜（Ajzen and Fishbein, 1980）	一个广泛的理论分类（理性选择理论就是其中之一），它是基于这样一种思想：行为受到我们对自身行为结果的期望值和这些结果的价值的激励
场域理论（field theory）	勒温（Lewin, 1951）	有影响力的早期社会心理学理论，该理论假设行为是一个受内部和外部影响的动态"场域"的作用。行为变化是基于解冻（现有的行为），转变到一个新的水平，然后冻结

续表

社会心理学理论	主要出处	理论说明
人际行为理论（theory of interpersonal behavior）	特莱安第斯（Triandis, 1977）	正如理性行为理论，人际行为理论包括期望价值和规范信念维度。然而，人际行为理论还包括习惯、社会和情感因素对行为的影响
动机-能力-机会模型（motivation-ability-opportunity model）	奥兰德和索格森（Ölander and Thøgersen, 1995）	一个包括内部动机变量（通常基于理性行为理论）、能力（包括习惯和任务知识）和机会的外部情境变量的整合行为模型
手段-目的链理论（means end chain theory）	加特曼（Gutman, 1982）	期望价值理论的一种定性形式，该理论假设偏好是基于属性、结果和价值之间的层级关系
规范激活理论（norm activation theory）	施瓦茨（Schwartz, 1977, 1992）	更为知名的塑造亲社会或利他行为的尝试之一。对行为结果和个体责任归属的认识激活亲社会行为的个体规范
规范行为（normative conduct）	塞得尼等（Cialdini et al., 1991）	塞得尼等的规范行为焦点理论提出，行为受社会规范的指导。社会规范本质上要么是描述性规范（做了什么），要么是指令性规范（应该做什么）。特定情境中这些不同种类规范的强度或者显著性取决于各种个性因素和情境因素
说服理论（persuasion theory）	霍夫兰等（Hovland et al., 1953）；佩蒂等（Petty et al., 2002）	一套"说服艺术"的理论方法，该方法认为：①信息源的可信度；②信息；③接受者的想法和感觉是说服策略能够成功的三个关键性结构要素
理性选择理论（rational choice theory）	埃尔斯特（Elster, 1986）；霍曼斯（Homans, 1961）等	大部分消费者偏好的经济理论和其他一些行为社会心理理论的根本基础。该理论认为行为个体理性考虑的结果，是为了追求自身期望"效用"最大化
自我差异理论（self-discrepancy theory）	希金斯和托里（Higgins and Tory, 1987）	该理论认为，人们由真实自我和理想自我之间存在的感知差距所唤起的感受激励着他们的实施行为
自我知觉理论（self-perception theory）	比姆（Bem, 1972）	该理论指出人们通过观察自身的行为来推断他们的态度
主观期望效用（subjective expected utility, SEU）	阿耶兹和菲什拜（Ajzen and Fishbein, 1980）；伊格利等（Eagly et al., 1993）	和理性选择模型密切相关的期望价值理论的一种形式。该理论认为，行为是对行为结果的期望和这些结果的价值的函数
结构化理论（structuration theory）	吉登斯（Giddens, 1984）	试图提供一个行动（人们如何行动）和结构（社会和制度环境）间的关系模型。吉登斯的理论是基于实际意识和推论意识之间的不同特性
符号互动论（symbolic interactionism）	米德（Mead, 1934）	认为人们和事物（加工品、制度和其他）之间的互动是基于那些事物对他们的符号意义

续表

社会心理学理论	主要出处	理论说明
自我完成的符号理论（symbolic self-completion theory）	威克伦德和戈尔维策（Wicklund and Gollwitzer, 1982）	一种认为人们通过使用符号资源完成自我形象从而创造自我认同感的符号互动论
计划行为理论（theory of planned behavior, TPA）	阿耶兹（Ajzen, 1991）	对理性行为理论进行调整，增加行为主体对其行为结果的感知控制
理性行为理论（theory of reasoned action, TRA）	阿耶兹和菲什拜（Ajzen and Fishbein, 1980）	或许是社会心理学中最著名的态度-行为模型，理性行为理论对期望价值理论进行调整，加入了规范化社会影响对行为意向的作用
价值观-信念-规范理论（value-belief-norm theory）	斯特恩等（Stern et al., 1999）；斯特恩（Stern, 2000）	试图调整施瓦茨的规范行为理论，加入价值观、信念、态度和规范之间的复杂关系

资料来源：Jackson（2005）。

根据本节对个体行为的内在机理（决策机制）理论的回顾，我们至少可以得到以下两点结论和启示。

（1）不同行为理论对于影响个体行为的因素并没有形成一致意见。行为主义者认为，个体的所有行为都是对外部环境刺激的条件反射，换言之，外部环境完全决定了个体行为，而伍德沃思（Woodworth）则指出，在刺激和反应之间应增加有机体的作用，作为结果而产生的反应既取决于有机体，也取决于刺激。理性行为理论认为，行为的产生直接取决于个体执行特定行为的行为意向，而行为意向又是个人态度、主观规范共同作用的结果；计划行为理论则在理性行为理论的基础上增加了感知行为控制变量，以解释不完全在个体意志控制下的行为。人际行为理论考虑了更复杂的习惯（先前行为的频度）对调节当前行为的重要性，且认为行为受到基础条件或外部因素的调节。前置-进行理论将影响个体行为的因素分为前倾要素、促成要素和强化要素三大类。知信行理论进一步认为，个体行为与其知识有关，也与其价值观和信念有关，其中，知识和学习是基础，信念是动力，行为改变是目标。知情意行理论则在知信行理论基础上增加了情感的中介作用。价值观-态度-行为系统模型则首次引入了起基础性作用的一般价值观与特定价值观。总体上看，多数理论都认同影响公众行为的因素有内部因素和外部因素，但理论界对内部因素和外部因素的具体范畴尚存在较大的争议。

（2）现有的行为理论未能有效揭示各因素对个体行为的作用机制。一方面，多数行为理论有关研究往往假设影响个体行为的各因素是独立、平行的变量，相互之间不存在交互作用，如果先验地假设各影响因素独立、平行，相互之间不存在交互作用，那么这一假设无疑是不现实的，至少需要进一步进行验证。例如，在勒温行为模型中，个体的内在因素和外部环境因素是平行的，相互之间没有交互作用。对于理性行为理论和计划行为理论，影响行为意向的几个决定因素（如行为态度、行为规范、行为控制）之间也没有交互作用。前置-进行理论中影响个体行为的三类因素之间亦是互不交叉的。本书认为，感情、认知、行为及情境因素等影响个体行为的关键因素之间可能存在一种交互作用关系而不一定是独立发挥作用，任何一个因素变化都可能引起其他因素变化，一个因素也可能同时被其他因素影响或决定，个体行为就是这些因素交互作用的结果。另一方面，一些行为理论假设各影响因素间为单一线性的递进关系，而没有考虑因素之间的交互关系，如果先验地假设各影响因素之间呈单方向的线性关系，这无疑也是不现实的。例如，知信行理论提出了认知→信念→行为的路径关系，知情意行理论进一步提出了认知→情感→意志→行为的路径关系，价值观-态度-行为系统模型认为存在价值观→价值观导向→态度/规范→行为意图→行为的路径关系，价值观-信念-规范理论认为存在价值观→信念→规范→行为的路径关系等。这些理论大都假设了各影响变量之间呈逐层递进关系，而没有考虑变量之间的回馈和交互效应。显然，各影响因素之间还可能存在复杂的层次关系和交互作用。

第三节 消费决策过程

一、效用和偏好不一致理论

效用理论最早出现在西方经济学界。作为消费者行为理论的核心（Kahneman and Tversky，1979），效用理论用于研究工人如何在各种商品和劳务之间分配他们的收入，以达到自身满足程度的最大化（Houthakker，1950），其中最经典的研究方法就是无差异曲线。之所以效用理论逐渐扩展到了消费者行为领域，是因为最初效用理论主要应用于研究工人在商品和劳务之间的收入分配决策，并且和"理性的经济人"假设一起得到广泛应用。根据消费者行为理论，效用是消费者主观偏好选择的一种心理映射，是因为消费者在做消费决策时，总是倾向于理性地考虑各种因素（约束条件）以实现自身效用最大化的目的，而企业的生产决策需以市场经济下消费者的效用高低为基础，所以企业若想保证产品的销售量和销售价格必须运用统计数据预测消费者的偏好。与此同时，在以基数效用论为基础的边际效用分析，或以序数效用论为基础的无差异曲线分析中，效用理论也是研究消费者行为的核心理论工具或分析方法。

与消费者偏好有关的研究一直是消费者行为理论的重要组成部分，传统经济学认为无论消费者做何种决策都是先从自身偏好进行考虑的，而消费者决策的结果或终点是实施和采取行动，所以最大限度地满足自身的偏好是消费者实施和采取行动的目的。根据偏好不一致理论，各种影响因素及其重要性在消费决策过程中随时发生变化，这些影响因素就是"约束条件"，组成了决策的效用函数，而正是偏好引起约束区域变化，这是经济学偏好理论的内核，也就是说消费者个体在自身偏好的驱动下，在约束条件范围内使自身利益实现最大化。例如，何大安（2014）在经济行为选择过程理论中指出，消费决策过程的影响因素主要有效用期望、偏好、动机以及认知等因素，它们之间也存在着交错的互动关系，即选择动机—选择偏好—认知过程—效用是一整个过程；查克拉瓦蒂和贾思金斯基（Chakravarti and JaniszEwski，2003）提出人们总会在自己前一阶段的选择中做出一个最佳选择，即消费者的购买决策来源于考虑集合的选项。孙鲁平和苏萌（2015）提出自述偏好和实际偏好的不一致主要是由消费者低估目标产品造成的。本书将部分学者关于消费者偏好不一致的研究汇总如表3-3所示。

表3-3 部分学者对消费者偏好不一致的研究汇总

学者	研究问题	具体内容
Hilgard（1962）	自我控制	自我控制所面对的偏好不一致矛盾是由思维的转变、振荡造成的
黄明（1990）	集体决策	社会各项决策能否反映并满足个人偏好
Trope 等（2006）	认知	在不同时间点上的偏好差异是由心理距离所导致的
Laran 和 Janiszewski（2009）	目标执行	目标的变化使得个体前后行为表现出不一致性
邹艳（2010）	集体决策	投票规则不同，投票人个体偏好也会有不同的表现形式
孙鲁平和苏萌（2015）	购买汽车	消费者在很多情况下并不会真正购买他们打算购买的汽车——产生自述偏好和实际偏好之间的不一致，这在中国这样的新兴发展市场中尤为明显

二、刺激-机体-反应理论

刺激-反应（stimulus-response，SR）理论是行为主义的主要理论，它从个体与刺激物的关系来研究个体行为，认为行为是个体对刺激的反应。行为主义者的代表性人物沃森等（Watson et al., 1988）认为，心理学不应研究意识，只应研究行为。但是与强调个体内在冲动不同的是，行为主义者重视外在因素或环境的影响。行为主义者把"诸如感觉、认识、意向、欲望、目的甚至思想与感情等一切主观定义的词汇都从其科学词典中剔除了出去"（弗兰克·G.戈布尔，2001）。在行为主义者看来，行为就是有机体用以适应环境变化的各种身体反应的组合。简单的反应有肌肉收缩和腺体分泌，复杂的反应有吃饭、游泳、谈话、学习等，且复杂的反应是由肌肉收缩和腺体分泌等元素构成的（叶浩生，2004）。总之，行为主义者特别强调个体刺激-反应的学习过程，并将其视为对人类行为的主要解释。刺激-反应理论的实践含义是，环境完全决定了个体行为，人是灵活、完全可塑的。只要给定一个培养成长的环境，那么向任一方向塑造个体行为的可能性是无穷无尽的。

对行为主义者的刺激-反应理论，理论界也存在一些质疑。新行为主义的代表人物之一、心理学家托尔曼（Tolman，1959）认为，行为的最初原因主要有物理的和生理的两类，分别称为环境变量和个体差异变量，其中环境变量包括刺激物特点（是否显著、生动）、所要求的运动反应类型、目标对象的适当性等，而个体差异变量包括遗传特征、年龄、以往接受的训练、生理状态等（叶浩生，2004）。托尔曼认为自变量（亦称实验变量）与行为变量（亦称因变量）之间的关系绝不像行为主义者所说的刺激-反应那么简单，二者之间还存在着一系列中介因素（即中介变量）。这些因素虽然不能被直接观察到，但可以根据引起行为的先行条件及行为的最终结果推断出来。在托尔曼看来，每种特定环境变量都同特定个体差异变量相结合，从而产生不同的中介变量。例如，认知、需求、欲望等都是特定环境变量同特定个体差异变量结合产生的中介变量。这些中介变量对行为产生直接影响，它们是行为的实际决定因子。

心理学家伍德沃思对行为主义者的刺激-反应理论进行了修正，提出了刺激-机体-反应（stimulus-organism-response，SOR）理论。伍德沃思主张应该研究个体的全部活动，包括意识和行为两个方面。在具体研究中，必须从研究刺激与反应的性质开始，也就是必须从客观的外界事物开始。但仅对此进行研究还不够，在刺激和反应之间还存在有机体的作用，机体（organism）代表有机体本身及其能量和经验等（章志光和金盛华，2008）。根据伍德沃思的行为模型，刺激作用于有机体产生相应的反应。相应地，作为结果而产生的反应既取决于刺激，又取决于有机体。他认为，人的活动包括驱力和机制两个方面。驱力发动机制，机制可以转换为驱力。两者相结合才能完整地说明有机体的行为。伍德沃思的行为模型引起了人们对个体黑箱过程（行为内部原因）的关注和重视，这为理解公众行为提供了新的启示。

在刺激-机体-反应理论基础上，科特勒（Kotler）进一步发展了消费者购买行为理论，揭示消费者购买行为也是一个刺激-机体-反应的过程（科特勒，1997）。李靖宇（2018）从消费者角度出发，创新刺激-机体-反应理论，研究其重复参与网络购物节意愿的影响因素。邓卫华和易明（2018）运用刺激-机体-反应理论构建用户对追加评论的采纳行为分析框架，进而探讨信息认知、信息使用等的关系。

在购买过程中，消费者受到来自企业营销因素和外部环境因素的刺激。面对刺激，消费者会因为个体特性的不同而出现黑箱效应。这种黑箱效应往往与两大因素相关：购买者特征和决策过程。这两类因素的作用机理无从知晓（故称为黑箱），但最终结果（消费者反应）是可以了解的，即消费者对这些信息做出个性化的处理，最后产生有关的抉择反应（认知、情感和行为反应），做出具体的购买决策。

三、消费决策过程理论

消费决策过程涉及一系列理论，如刺激-反应理论、减少风险理论、习惯养成理论、认知理论等。有学者指出消费者购买决策过程中，消费者购买行为并非间断性过程而是连续性的活动。关于消费决策过程涉及的研究模型，现有的很多文献大都采用以下模型进行研究：恩格尔-科拉特-布莱克威尔模型即 EBK 模型（有信息输入阶段、信息处理阶段、决策处理阶段、决策实施阶段和决策影响阶段五个阶段）、尼科西亚模型（Nicosia 模型）、霍华德-谢思模型（Howard-Sheth 模型）、消费体验过程模型等。戈尔维策和拜耳（Gollwitzer and Bayer，1999）认为，消费者的购买决策经历前期准备和具体实施两个阶段，即在前期准备阶段消费者决定做什么（根据自己的经济实力、偏好、实际需求对产品进行评估、对比，最终做出一个或几个最满意、最有意向的产品购买决策）以及在具体实施阶段执行决定（也就是具体落实协商阶段的评估结果和选择）。

现实中，消费者往往受限于认知水平而需要进行分阶段决策，并付出较高的心智成本。戈尔维策和拜耳（Gollwitzer and Bayer，1999）提出无论是在前期准备阶段还是在具体实施阶段消费者会倾向于根据自己的经济实力、偏好、实际需求对产品进行评估、对比，最终做出一个或几个最满意、最有意向的产品选择决策。

四、在线消费决策过程理论

当前我们已经进入了移动互联网和大数据时代，移动互联网的发展以及大数据时代的到来极大地颠覆了消费者的购买和消费行为模式，与传统的线下购物最大的不同之处在于在线消费以及购买的过程中消费者无法真实地感受到产品的真实属性（质量、功能等），所以消费者会更加关注除了产品基本参数（规格、颜色）以外的其他信息，如其他消费者对产品的评价信息、产品的销售量以及在线网站上提供的社会学习信息等是辅助在线消费者做出消费决策的重要参考依据（陈雨凡，2019；彭志翔，2020）。所以消费者在线购物决策过程的特征以及模式也获得了不少学者的关注，很多学者曾对消费者线上购物的决策过程展开研究。例如，肖克尔等（Shocker et al.，1991）曾经提出决策过程的五阶段：全体集—意识集—考虑集—选择集—最终选择。在肖克尔等的在线购买决策五阶段模型的基础上，许多学者对在线购买决策过程进行了阶段划分，其中有代表性的有两阶段理论（Häubl and Trifts，2000）、三阶段理论（Lee，2002）等。豪布尔和特里夫茨（Häubl and Trifts，2000）对消费者在线购买行为的研究进行了简化，提出了在线购买决策两个阶段：首先，消费者浏览大量有效的商品信息并确定自己偏好的备选商品；其次，对备选商品进行评估以及对比，以做出最后的购买消费决策。李（Lee，2002）把在线购买决策过程分为购前信任、购买体验、购后要求三个阶段。综上所述，两阶段理论的主要结论是：第一阶段，从浏览的所有产品集中确定一些备选产品；第二阶段，判断这些产品的某些属性，然后进行评价并做出购买决策。三阶段理论的主要结论是：第一步，查找所需求的产品或服务；第二步，对比产品信息进行评估并做出最优选择；第三步，最优消费支付阶段。

在线消费购买决策过程中比较符合当前在线购物的是豪布尔和特里夫茨（Häubl and Trifts, 2000）的两阶段理论。当然一些学者认为在线购买决策过程中应当加入购后评价这一环节。就绿色消费决策来说，梅尼埃里等（Mainieri et al., 1997）将绿色消费行为视作一种购买和消费对环境有利产品的行为，认为消费者绿色消费行为也是一个连续性的过程，绿色消费决策也相应地分阶段进行。表3-4将传统（线下）和网络（线上）的一些消费决策过程理论模型代表性的研究进行了汇总。

表3-4 消费决策过程理论模型汇总

类别	作者	理论（模型）	说明
传统购买决策过程理论	Engel 等（1968）	EBK 模型	本模型包括五个主要部分，分别为信息输入阶段、信息处理阶段、决策处理阶段、决策实施阶段和决策影响阶段五个阶段
	Howard 和 Sheth（1969）	Howard-Sheth 模型	一是刺激因素；二是外在因素；三是内在因素；四是反应或产生结果
	Petty 和 Cacioppo（1986）	精细加工可能性模型	中枢路径和边缘路径
	Gollwitzer 和 Bayer（1999）	两阶段理论	消费者的购买决策经历协商阶段和实施阶段
网络购买决策过程理论	Häubl 和 Trifts（2000）	两阶段理论	第一步，从浏览的所有商品中选出一些自己最可能最终选择的商品；第二步，在某些属性上不断衡量这些商品，然后对上一阶段的每个选择做出评价，并做出购买决策
	Lee（2002）	三个阶段	把网络购买过程细分为购前信任、购买体验、购后要求等三个阶段
	苗玲玲（2008）	七个阶段	列出所有商家、选择信用度较高的、初步确定选择范围、查看评价内容、咨询第三方已有买家、与商家沟通交流、决定是否购买
	吕雪晴（2016）	三个阶段	消费者订货、支付和物流环节
	李莎（2017）	两个阶段	在丹尼尔·卡尼曼提出的"有限理性人"决策过程两阶段理论的基础上，结合在线购买的特点，将在线消费者购买决策过程分为编辑阶段（购买信息搜集、购买信息贮存）与评价阶段

本书第八章也在借鉴豪布和特里夫茨（Häubl and Trifts, 2000）的两阶段理论基础上，提出消费者绿色购买决策的两个过程：前期考虑阶段和后继选择阶段。为了方便研究，本书第八章将在线购买决策阶段分为两步：第一步，加入购物车；第二步，支付购买。

第四节 本章小结

本章对信息影响作用的相关理论进行了回顾性分析。对现有理论我们做如下几点评价。

（1）信息影响作用的理论中，目前学者们普遍认同的是精细加工可能性模型。精细加工可能性模型提供了一个全面的消费者态度变化过程与信息处理过程。与精细加工可能性模型相似的还有启发-系统式模型，这两个模型的共同之处在于两者都将对信息的加工看作是一个续谱，加工的深入程度由个体的动机和认知能力所决定。当人们进行信息加工的动机和能力水平较低时，往往是边缘路线或启发式加工起作用；当人们进行信息加工的动机和能力水平较高时，往往是核心路线或系统式加工起作用。此外，两种模型都强调不同的信息加工方式以互动的方式影响个体态度的改变。

（2）现有的个体行为机理理论对于个体行为的影响因素并没有形成一致意见。多数理论都认同影响个体行为的因素有内部因素和外部因素，但对其具体范畴尚存在较大的争议。另外，现有的个体行为机理理论未能有效揭示各因素对个体行为的作用机制。一方面，一些行为理论往往假设影响个体行为的各因素是独立、平行的变量，相互之间不存在交互作用。另一方面，一些行为理论假设各影响因素间为单一线性的递进关系，而没有考虑因素之间的层次关系。显然，各影响因素之间还可能存在复杂的层次关系和交互作用，如果先验地假设各影响因素之间呈单方向的线性关系，这无疑也是不现实的。

（3）现有行为理论缺乏对绿色消费行为这一特定行为的专门研究。刺激-机体-反应理论、理性行为理论、计划行为理论、人际行为理论、前置-进行理论等行为理论实际上属于个体的一般行为理论。这些一般行为理论未必能有效解释或预测公众特定的具体行为（如绿色消费行为）。笔者认为，绿色消费行为并不等同一般意义的消费者行为，也不同于其他特定的消费者行为（如购买行为、健康管理行为等）。对于公众绿色消费或资源节约行为的相关决策机制，即便发达国家也存在一些研究盲点，中国更是缺乏这方面的系统深入研究。因此，我们必须在一般行为理论基础上建构特定的绿色消费行为理论模型，以更好地推进定制化绿色信息及其影响的研究。

（4）关于消费决策过程理论，目前学者们尚未取得一致意见。一些研究在探索消费者购买决策过程中发现，消费者的购买行为并非间断性过程而是连续性的活动。现有研究大都采用以下模型进行研究：EBK 模型、Nicosia 模型、Howard-Sheth 模型、消费体验过程模型等。后来，尼科西亚和弗朗西斯科在 EBK 模型的基础上，把消费者的购买决策看成是一个四阶段的决策过程。总体上说，传统线下情境下的消费决策过程理论模型尽管已经相对成熟，但对于消费者决策行为和决策过程的研究仍需要进一步发展、统一。

（5）消费者在线消费决策过程理论模型尚待进一步探究。如今互联网极大地改变了消费者的购买形式和消费模式，消费者在线消费决策过程理论模型仍然需要进一步完善。在信息超载的网购环境下，面对海量的产品信息，消费者只关注那些与自己相关的广告信息，再加上网络购物的复杂性、虚拟性，消费者在网上选购商品时双方无法面对面交流，无法及时体验产品，消费者很难去深入评估所有可能的选择，这导致消费者的消费行为具有未知性、不确定性、延后性。因此消费者在线消费决策过程的新特点、新特征还需要我们更多地关注和探究。

第四章

定制化绿色信息的维度结构探索

本章为本书的探索性研究部分,主要通过质性研究方法和扎根理论(grounded theory)技术对定制化绿色信息的维度结构进行探索性分析。通过对典型消费者深度访谈获得第一手资料,基于对访谈资料的扎根分析,挖掘定制化绿色信息可能的内部结构,以及它们之间可能存在的影响关系。本章依次介绍了质性研究设计、资料收集方法、扎根理论和访谈资料分析的三级编码过程(开放式编码、主轴编码和选择性编码),在此基础上构建定制化绿色信息的维度结构模型(探索性模型),具体包括定制化反馈维度、定制化获得维度、定制化损失维度、定制化贴士维度这四个主要维度。

第一节 质性研究设计

一、质性研究的概念界定

质性研究(qualitative research)的其他名称也可以是"质的研究"、"质化研究"或"定质研究",在中国,被人类学界的学者称为"文化人类学",社会学界的学者通常称其为"定性研究"(陈向明,2008)。[①]另外还有一些术语在质性研究中经常交替使用:自然研究、诠释研究、田野研究、参与观察、归纳研究、个案研究、民族志等(莎兰·B.麦瑞尔姆,2008)。与传统上仅仅通过思辨来进行的"定性研究"不同,质性研究是研究者通过资料收集对目标现象与问题实行整体性的梳理以及探索,在一定情境下把自身作为研究的主要工具,以原始资料为基础形成研究结论甚至构建理论的一种活动(陈向明,2010)。

质性研究的起源可以追溯到人类学的民族志研究(田海龙,2013),即对特定文化下的人群进行详细、生动、情境化的描述,以探究特定文化中人们的生

---

① 目前,社会科学研究中的研究范式较为庞杂,它们所蕴含的方法论、本体论和认识论有所差异,但可以大致从四个方面来梳理这些研究范式:从价值取向来看,可分为实证研究(empirical research)和规范研究(normative research);从研究方法来看,可分为量化研究(quantitative research)和质性研究(qualitative research);从主导理论来看,可分为实证主义(positivism)、解释主义(interpretivism)和批判理论(critical theory);从研究形态来看,可分为实证类研究和思辨类研究(speculative research)(陈向明,2008)。

活方式、行为模式、价值观念等的一种研究活动（秦金亮，2002）。到了20世纪70年代，学术界开始认识到量化研究的局限与不足，以及质性研究的重要性，学者们对质性研究在概念、术语、理论和方法论上都有了新的认识（周宪和胡中锋，2015）。关于质性研究的内涵，目前学术界对质性研究的定义为，"在自然环境下，使用实地体验、开放型访谈、参与型与非参与型观察、文献分析、个案调查等方法对社会现象进行深入细致和长期的研究"；"分析方式以归纳法为主，在当时当地收集第一手资料，从当事人的视角理解他们行为的意义和他们对事物的看法，然后在这一基础上建立假设和理论，通过证伪法和相关检验等方法对研究结果进行检验"；"研究者本人是主要的研究工具，其个人背景以及和被研究者之间的关系对研究过程和结果的影响必须加以考虑"；"研究过程是研究结果中一个不可或缺的部分，必须详细加以记载和报道"（陈向明，1996，2000，2008；刘立园和武立栋，2015）。当然，不同学者对于质性研究的内涵和操作方法仍然保持着不同的理解。不同学者对质性研究的概念界定如表4-1所示。

表4-1 不同学者对质性研究的概念界定

研究者	概念界定	关键词
邓津和林肯（Denzin and Lincoln, 2000）	质性研究是一种在自然情境下，对个人的生活世界以及社会组织的日常运作进行观察、交流、体验与解释的过程	自然情境、观察、交流、体验、解释
麦克斯威尔（Maxwell, 1996）	质性研究为一个对多重现实的探究和建构的过程，研究者在此过程中将自己投身到实际发生的事件中来探究局内人的生活经历和意义	现实探究、建构、经历、意义
施特劳斯和科宾（Strauss and Corbin, 1997）	质性研究的目的不在于验证或推论，而是在于探索深奥、抽象的经验世界的意义，所以研究过程非常重视被研究者的参与及观点的融入；同时，质性研究对研究结果不重视数学与统计的分析程序，而是强调借由各种资料收集方式，完整且全面地收集相关资料，并对研究结果做深入的诠释。质性研究可能是任何关于人的生活、人们的故事和行为，以及组织运作、社会运动或人际关系的研究	探索、意义、融入、诠释、生活、故事、行为
邓津和林肯（Denzin and Lincoln, 2000）、洛克（Locke, 2001）	质性研究是一种一致的质的范式设计，是在自然情景中以复杂的、独特的、细致的叙述来理解社会和人的过程	自然情境、细致、叙述、理解
莎兰·B. 麦瑞尔姆（2008）	质性研究是一个大的概念，它包括多种研究形式，这些具体研究形式能够帮助我们在尽可能少地对自然场景干扰的情况下理解和解释各种社会现象的意义	理解、解释、社会现象、意义

续表

研究者	概念界定	关键词
陈向明（2000，2008）	质性研究是以研究者本人作为研究工具，在自然情境下采用多种资料收集方法，对社会现象进行整体性探究，主要使用归纳法分析资料和形成理论，通过与研究对象互动对其行为和意义建构获得解释性理解的一种活动。它具有探索社会现象、阐释意义、发掘整体和深层社会文化结构的作用	自然情境、社会现象、整体性探究、归纳、互动、解释性理解、阐释意义、发掘

资料来源：根据陈向明（2000，2008）、莎兰·B.麦瑞尔姆（2008）、文军和蒋逸民（2010）、曾伏娥（2010）等资料汇总整理。

综上可以看出，尽管不同学者对质性研究的概念界定不尽相同，但其实并没有根本性差别，不同的只是界定角度以及凝练程度有所差异。总而言之，整理文献得出，在概念界定时主要包括以下几个重要词汇，即自然情境、探究、解释、诠释、行为、意义、性质、特征、描述、互动等，这些关键词也体现了质性研究的主要内容。在笔者看来，质性研究是以了解自然情境下对社会现象或行为的丰富内涵、获得解释性理解为目的的深度探索和诠释研究过程。一般来说，质性研究主要有以下五个特征（贺革，2000；陈向明，2000，2008；王建明，2012）。

（1）质性研究强调在一般情境中做自然式探究。质性研究对研究的情境既不进行干预也不进行操控，它着重于运用各种方法（观察、访谈等）去收集与研究对象（即现场自然发生的事件）相关联的一切信息，然后从其中的关系结构去挖掘事件发生的内在原因和外在意义。对研究者来说，现场发生的每一个事件情节、事件细节都是重要的，都可能是一条有价值的线索，都对更深入地认知了解所研究的对象有帮助。也由于现代技术（录音、摄像、摄影等）的发展，质性研究相较传统的定性研究更为客观精确。

（2）质性研究是以充裕的资料来阐述心理现象和过程。质性研究侧重于事情发生的过程而非结果，但在一定程度上也对结果进行探究和讨论，只是质性研究更加侧重于研究导致结果发生的过程（麦克斯威尔，2008），而这种注重于对过程探究的特性正是量化研究方法所缺少的。基于此，质性研究并不是像量化研究那样用直白的数据资料来展现研究问题的表面现象，而是过程所收集的资料，例如软性的文字资料（现场记录、访谈记录、正式文件、私人文件、照片、录音、录像等），而不是那些可以量化的资料。这些软性资料丰富具体，有利于进行深入分析并逐渐形成概念架构，结果也是以文字或图片甚至声音等形式来表述或呈现。

（3）质性研究以了解所研究对象的看法、态度为目标。质性研究并不是以寻找到普遍规律为目的，而是侧重于尽可能准确地再现所研究对象的深度心理特点，以当事人作为第一视角理解其行为的意义以及他们对事物的认知，而不做任何价值上的判定。整个研究核心一般是在资料收集梳理的过程中逐渐显现，而不是在研究开始时就设定好假设来进行反向验证，这一点是质性研究区别于量化研究的重要特点，量化研究一般是通过对事实的测量来验证研究者先前的假设。

（4）质性研究将研究者本人作为一个重要的研究工具。质性研究不回避研究者与被研究者之间心理上的互动（在深度访谈过程中，这是不可避免的）。在质性研究过程中，研究者在资料收集过程中一般采用以下几个方式：在被研究者的日常生活情境中，与被研究者做长期的接触与互动，收集全面系统的信息与资料，在此过程中研究者的研究动机、角色意识、个人经历、研究视角等也会在一定程度上对研究产生一定的影响，而且能为其他研究者提供丰富多彩的信息，也为读者对该研究的可靠性做出判断提供参考。另外，质性研究还注重强调研究者要对此类研究背景材料进行清醒的反思，并将其写入研究报告中。

（5）质性研究过程是开放、变化的。通常质性研究有一套操作流程和检验方法，例如确定研究现象、提出研究目的、分析研究背景、建构概念框架、进行样本抽样、收集分析材料、建立相关理论、检验理论饱和度、撰写研究报告等。这一系列操作程序虽然在形式上与定量研究相似，但其运行顺序、包含内容、操作方法却各有不同。特别是在质性研究中，上述这些研究程序是相互重叠、彼此渗透、循环往复的，这就要求研究者具备弹性、开放性、易适应的品质，并且能根据现场的实际具体状况积极快捷地调整研究方式及程序，包括研究方向和关注焦点。由此，质性研究过程是不完全规则的，是不可标准化的。

具体而言，研究者在质性研究过程中通过和目标研究对象的交流、互动以及沟通，对他的行为模式及其意义进行解释和阐述，探究"什么"与"如何"这两个重要类别的问题。在进行质性研究过程中，研究者所收集到的资料信息一般是情境性相对较强的故事，在一定程度上比量化研究的数据更加丰富（甚至庞杂）和生动，有助于研究者对感兴趣的事件过程进行细节或背景的描绘。此外，质性研究的数据更具有连续性，更利于研究者恰当地对目标实施全过程进行动态监控与分析（陈向明，1996），具有探索社会现象、对意义进行阐释，以及发掘整体和深层社会文化结构的作用。同时可以看出，质性研究也区别于一般意义上的定性研究。它们一致的地方是"解释世界"，即都是对研究的社会现象进行意义解释，但区别在于质性研究还是基于实证以及经验的研究，而并不完全是思辨性研究。换言之，质性研究不仅需要思考、思辨，还需要有实地调查和第一手资料的支撑。

二、质性研究的主要局限

任何研究方法都有其适用范围，也会存在不足（龙海霞，2006）。质性研究亦是如此，周宪和胡中锋（2015）认为质性研究的主要缺点包括：①研究取证的不确定性，质性研究在开放的条件下取样，增加了取证的不确定性与对人的依赖性；②研究过程控制难，质性研究过程会受到多种因素影响，缺乏对自然情境复杂因素的有效控制；③研究者身份定位难，研究者在进入研究范围时，需要对自己的身份（如"局内人"与"局外人"还是"双重人"）进行定位，这对结果的客观性与对研究对象的态度会产生不同的影响；④研究结果的迁移性小，质性研究结果往往因为缺少"代表性"，不能重复推广而受到质疑；⑤研究质量缺少相应的衡量标准，研究结果的信效度不确定性大。质性研究过程相对复杂，研究者很难再重返当时的研究情境。这种研究过程的不确定性、研究资料的不可逆性、研究过程的难以重复测量性，是质性研究缺少质量衡量标准的重要原因。

质性研究和量化研究可以看成是研究者在不同层面、不同角度、不同方法上对事物（事物是质和量的统一体）的"质"进行研究。而且质性研究认为社会现象是主体涉入的生活世界，与客观的物理主义世界大不相同，研究者与被研究者是双主体的互动过程，涉及人的双主体研究保持价值中立是不可能的（王枬和葛孝亿，2010），因此质性研究的特点具有长期性和实地观察性，以有利于近距离研究与描述社会及文化层面的现象（胡幼慧，2005）。量化研究往往先假定社会现象是独立于研究者之外的客观存在，研究者在量化研究过程中持有价值中立的态度，无论是研究设计、选择被试、研究控制、操作化过程还是结果形式化表达等方面都倾向于以局外人的方式保持价值中立（秦金亮，2002），所以量化研究会强调在先验经验的观察与实验的基础上进行，这会受限于已有的经验及理论模式，研究范围会大受影响。秦金亮（2002）从质性研究和量化研究对比的角度分析了质性研究的优点和缺点，具体如表4-2所示。

表 4-2　质性研究和量化研究的优劣对比

项目	优点	缺点
质性研究	（1）能对微观的、深层的、特殊的社会现象进行深入细致的描述与分析，能了解被试复杂的、深层的心理生活经验 （2）适合对陌生的、异文化的、不熟悉的社会现象进行探索性研究，为以后建立明确的理论假设奠定基础 （3）适合于动态性研究，对社会现象的整个脉络进行详细的动态描述 （4）采取自然主义的研究范式，重视在自然情境下研究人的经验世界，因而研究的结果更切合人们的生活实际，研究结果的运用更具有针对性 （5）采用归纳的方式建立自下而上的理论，适合于扎根理论或小型理论的建立 （6）重视研究者与被研究者之间的互动过程，重视在互动中建构理论和知识体系，可避免教条主义和机械主义	（1）不适合于宏观研究 （2）不适合对社会现象进行数量的因果分析和相关分析，不利于发现社会现象间的因果规律 （3）研究结果不能做概率上的推断演绎，研究结果不具有普遍代表性和可推广性 （4）具有一定的主观性、人为性、经验性、情境性 （5）研究过程缺乏具体的操作化程序和技巧，在实施过程中更多地是靠研究者的知识经验、文化背景、个人悟性等主观因素，同量化研究相比其知识体系不利于学习、传播和推广，对于初学者和天赋不高者难以在短时间内掌握 （6）结果和评估标准具有一定的模糊性，一般没有明确的结论，更不能盖棺定论，同时质性研究的评估标准不像量化研究有客观、明确的标准，研究质量主要通过"读者"的主观认可
量化研究	（1）适合于宏观研究，发现趋势性特征，如一般人群的智力呈正态分布，反应时间呈正偏态分布等 （2）适合于对社会现象进行数量化的因果分析和相关分析，发现趋势性的因果规律与相关规律 （3）研究结果可做概念上的推断演绎，只要测量尺度、数据类型符合数学模型的要求，推断就是正确的、有代表性的、可推广的 （4）可证实或证伪已形成的理论假设，并不断地修改和完善已有的理论假设 （5）具有一定的客观性，量化研究方法有具体、明确的操作程序，结果的检验有具体的检测手段和系统的评估标准，上述特点基本能保证研究操作和结果的可重复性	（1）主要是对社会现象的表层进行量化测量，然后以"黑箱"的方式推知其内在过程，不能揭示深层、内在的结构 （2）测量的是行为事实，不能测得行为的意义，行为的意义需要质性研究的体验与理解 （3）重视对社会现象进行静态的横向研究，虽然也有纵向的时间序列设计，但依然难以描述社会现象的动态过程及其作用机制 （4）习惯以资料趋中的平均水平，反映某一行为事实，因而它代表的是总体的平均状况，而对总体的特殊个体的不仅不具有代表意义，而且会扭曲特殊个体的实际状况 （5）有相当多的量化研究很难达到理想数学模型的约束条件，但仍用该数学模型，导致不真实或错误的结论

资料来源：秦金亮（2002）。

综上，从质性研究的概念界定、理论基础及其和量化研究的优劣对比可以看出，质性研究对于探索式的、不完全清晰以及低度发展的理论议题更合适；与之相对，量化研究对于强调控制与预测功能的理论议题则更合适。目前专门针对定制化绿色信息特征、规律及其影响的研究较少且深度不足，由此定制化绿色信息特征、规律及其影响研究属于探索式的、低度发展的、不完全清晰的领域。这就有必要通过探索性的质性研究方法提炼出这一研究领域的重要概念与核心范畴，构建起理论雏形。由此，本章通过探索性的质性研究方法挖掘定制化绿色信息的内部结构以及彼此之间可能具有的影响作用，从而初步构建起理论框架，为后续用量化方法分析定制化绿色信息的影响奠定基础。

第二节 资料收集方法

一、访谈对象选取

质性研究的资料收集方法多种多样，包括事件描述、个人事迹、笔记、备忘录、报纸、书刊、学术论文、深度访谈、座谈会等。陈向明（1996）认为质性研究资料收集的方法基本可以归纳为三种，即实物分析、访谈和观察。其中，深度访谈（in-depth interview）是质性研究中一种非常重要的、使用频率非常高的研究方法，研究者在访谈过程中通过与受访者的深入交谈，从而了解目标群体的行为模式、生活方式和人生经历，并据此分析目标社会现象的形成过程及机理，从而提出解决这一社会问题的策略和方法。本书研究在利用深度访谈这种方式来获取第一手研究资料的过程中，更看重访谈的质量而不是访谈的数量，由此本书研究在深度访谈对象的选择过程中并不使用随机抽样法，而是根据资料分析的结果、理论构建的角度来选取合适的抽样方法（范明林和吴军，2009）。换言之，本书研究的深度访谈采用理论抽样（theoretical sampling）方法来替代传统深度访谈的抽样方法。

理论抽样是扎根理论的核心程序之一。20世纪70年代，格拉泽和施特劳斯（Glaser and Strauss，1967）借用了量化分析方法中的"抽样"这一词语来使扎根理论可以在量化分析方法占主宰地位时被学者们所接受。事实上，由于扎根理论中的理论抽样是把搜集材料、编码和理论建构这三项工作融合成一个持续往复的过程，所以其含义与量化分析方法中的"抽样"完全不同。这种借用的词语虽然给扎根理论披上了科学的外衣，但也使理论抽样的意义变得较为含糊、易被人误解（Coyne，1997）。譬如贝克尔（Becker，1993）发现，有许多宣称其遵循了扎根理论的研究并未真正采取正确的理论抽样程序。夏尔玛兹（Charmaz，2006）则发现一些学者经常将理论抽样错误地理解为：①代表人口特征分布的抽样；②处理初始研究问题的抽样；③直到某种模式一再出现的抽样；④寻找相反案例的抽样。实际上，理论抽样不是要追求抽样样本在人口统计上的代表性，而是要使被选中的样本能够发展概念和理论；理论抽样是学者研究将要到达的地方，"初始抽样"才是学者研究开始的地方；理论抽样并非结束于某种模式一再出现，而是在新的材料不能再产生新的理论见解时结束，即达到"理论饱和"状态；最后，寻找相反案例的抽样也不一定就是理论抽样，即理论抽样并不是单纯为了找反例，而是寻找那些能够被用来充实概念及理论的反例（Charmaz，2006）。

为了使理论抽样程序的意义更加清晰并帮助使用扎根理论的研究者掌握理论抽样程序，施特劳斯和科尔宾（Strauss and Corbin，1990）把它划分为三个阶段：开放性抽样（open sampling）、关系性和变异性抽样（relational and variational sampling）以及区别性抽样（discriminating sampling）（卢威诩，2015）。在开放性抽样阶段，研究者选择能够提供最丰富信息的人物、地点和情境；在关系性和变异性抽样阶段，研究者在多个情境间搜集最有可能引出变异的次级类属的人物、情境和文献；在区别性抽样阶段，研究者选择特定的人物、情境和文献以确认不同类属之间的关联并继续发展尚未成熟的类属（Strauss and Corbin，1990）。但格拉泽（Glaser，1992）却对这一划分方法并不认同，他认为这会导致理论抽样的原有含义被扭曲。夏尔玛兹（Charmaz，2006）基于自己的实践经验来向研究者们介绍理论抽样程序：由材料出发形成初步想法并通过进一步的经验研究来检验这些想法。这是一种整合了归纳与演绎的诱导式推论方法，研究者在基于初步搜集的案例材料进行分析之后，归纳出一个推论，该推论为这些案例材料提供了可能的理论解释。随后，研究者根据这个理论解释演绎出后续的理论假设，再回到经验世界去搜集更多的案例资料来检验这一假设并发展出更细致的理论。在这个过程中，具体的理论抽样程序不能被事先设定，它必须生成于经验研究的过程当中，即研究者进行理论抽样的具体原因取决于其所察觉到的分析性问题，包括初步的想法、随后发现的理论模糊性与漏洞（Charmaz，2006）。同时，夏尔玛兹（Charmaz，2006）认为困惑、不确定和模棱两可是研究者在进行理论抽样程序时必须经历的感受，它们是研究者创造力的源泉。

本书研究遵循理论饱和（theoretical saturation）原则来确定深度访谈样本量。本书研究依循上述原则，采用半结构化访谈的模式与受访者进行交流，整个访谈提纲围绕消费者关于定制化绿色信息的特征、规律和影响而构建。在访谈过程中，首先，我们用较为通俗的语言对定制化绿色信息的概念进行明确界定——定制化绿色信息是基于消费者不同的特征属性（选择偏好、兴趣、价值观、生活方式等），向不同消费者展示最能影响他们消费特定绿色产品或服务的个性化绿色信息——以确保受访者不会对讨论的核心对象产生误解；其次，深入了解受访者对定制化绿色信息的心理、意识、态度、行为以及影响作用的看法；最后，与受访者探讨定制化绿色信息应用实施的有效途径。

二、资料收集整理

本书研究选取的受访者多数是本科或以上学历，年龄以24~40周岁为主的中青年消费者群体。这部分人对电子商务、网络购物、移动互联媒体发展比较熟悉，易于接受新生事物，个性化需求比较多，重视消费体验，是未来绿色消费的主体力量，也是定制化绿色信息很好的接受对象。访谈前一两天我们先预约受访对象，告知访谈主题，以便其稍作准备。正式访谈时，我们先就影响绿色消费行为的定制化绿色信息向受访者进行解释说明，围绕"最能影响你绿色消费的定制化信息及其特征"进入主题，进行半结构化访谈，主要了解对受访者绿色消费影响最大的定制化绿色信息特征。为了确保消费者对产品有更具体的了解，我们以消费者常见的绿色产品（新能源汽车、节能家电等）为对象。每次访谈时间均在30分钟及以上，访谈采取线上（QQ、微信、电话等访谈）和线下（面对面访谈）等形式进行。征得受访者同意后，我们对面对面访谈或电话语音访谈进行了录音，并将录音材料进行了整理。

样本数的确定按照理论饱和的原则，即抽取样本直至新抽取的样本不再发展出新的概念和范畴为止。本书研究共选取了32名受访者，访谈样本的基本情况如表4-3所示。其中，男性19人（占比59.4%），女性13人（占比40.6%）；年龄24周岁或以下4人（占比12.5%），25~34周岁12人（占比37.5%），35~44周岁14人（占比43.8%），45周岁或以上2人（占比6.3%）；学历为大专或以下4人（占比12.5%），本科22人（占比68.8%），硕士或以上6人（占比18.8%）；个人月收入4800元或以下6人（占比18.8%），4801~6400元12人（占比37.5%），6401~8000元10人（占比31.3%），8001元或以上4人（占比12.5%）。受访者的性别比例合理，年龄、学历、收入均呈正态分布趋势，可以认为样本合理，具有一定的代表性。

表 4-3 探索性研究的样本描述

类别	选项	人数/人	占比/%
性别	男	19	59.4
	女	13	40.6
年龄	24 周岁或以下	4	12.5
	25~34 周岁	12	37.5
	35~44 周岁	14	43.8
	45 周岁或以上	2	6.3
学历	大专或以下	4	12.5
	本科	22	68.8
	硕士或以上	6	18.8
个人月收入	4800 元或以下	6	18.8
	4801~6400 元	12	37.5
	6401~8000 元	10	31.3
	8001 元或以上	4	12.5

通过访谈资料整理共获得 42 300 余字的文本资料。我们选取 3/4 的访谈资料（24 位受访者）进行开放式编码、范畴提炼，余下 1/4 的访谈资料（8 位受访者）用以饱和度检验。对于上述访谈所获得的文本资料，我们通过软件 Nvivo 来协助管理。

第三节 扎根理论

一、扎根理论的内涵特征

扎根理论是质性研究中的重要方法之一，在 20 世纪 70 年代由社会学家格拉泽和施特劳斯（Glaser and Strauss，1967）提出，虽然被称为"理论"，但其实是一种研究技术或研究策略或方法（徐淑英和刘忠明，2004），也被认为是"今日社会科学中最有影响的研究范式，走在质性研究革命的最前沿"（陈向明，2000）。20 世纪 80 年代以后，扎根理论在教育学研究领域得到承认和应用，并成为发达国家具有一定影响力的研究范式，目前扎根理论的价值也逐步得到心理学、教育学主流研究人员的认可。在中国，20 世纪 90 年代中期以后扎根理论方法开始在教育学研究领域得到应用，并逐渐扩展到社会学、心理学、管理学等研究领域。

在扎根理论这种研究方法形成以前，社会学研究普遍存在着理论研究与经验研究严重脱节的现象。而正因为扎根理论非常强调"社会学需要建构理论"这一目标，所以它在理论研究和经验研究之间搭建了一座桥梁，打破了质性研究过于重视经验传授与技巧训练的格局，提供了一套系统而清晰的策略，即开放性访谈、文献分析、参与式观察和三层次编码（韩正彪和周鹏，2011）。还有很多学者对扎根理论进行了研究及应用，汪涛等（2012）认为扎根理论是基于有效的并且定性的材料进行研究的一种方法，它通过系统化的材料搜集、分析和归纳等途径来建立与发展研究者所观察到的、表层现象背后的规律，并暂时性地对这一理论进行验证，这个过程不但涵盖了理论演绎这一分析过程，还吸纳了理论归纳这种分析方法（王锡苓，2004）。这些策略能够帮助研究者思考、分析和整理各类材料，从而最终实现研究者挖掘并建立理论的目标。从实用的角度来看，扎根理论特别适用于以行动为导向的、较为微观的社会互动过程研究（Strauss and Corbin，1990）。在绿色消费行为研究领域，国内也存在一些基于扎根理论的研究成果（王建明和王俊豪，2011）。

扎根理论不侧重对先验的理论假设进行验证，而是强调以经验资料为依据进行归纳分析。它是自下而上建构理论的一种实证研究技术（而不是理论研究方法）。其核心是资料收集和分析过程，即在收集分析经验资料（一般以文字资料而不是数据资料为主）的基础上挖掘概念，通过发现这些概念之间的关联建构扎根于社会事实和情境脉络的相关理论。这一过程既包含理论演绎又包含理论归纳，其重点是通过对研究对象的"意义"及其概念关系的整理和概括，形成研究结论。扎根理论和其他分析技术的不同之处在于目的的差异。扎根理论的主要目的概括起来有三个方面：第一，扎根理论侧重在资料中发掘"主题"或者从分散的概念中发展出一个理论性架构；第二，扎根理论侧重于建立理论而不仅仅是验证理论；第三，扎根理论协助研究者不断突破自己以前的偏见和假设，使研究者最终可以发展建立起联结现实世界、内容丰富、系统完整、具有解释力的理论（范明林和吴军，2009）。

扎根理论不像量化研究那样将数据切换为预设的标准化数字代码（如利克特量表），而是在对数据资料的诠释过程中形成编码。编码又称译码或登录，是形成理论的开始环节（范明林和吴军，2009）。它将观察笔记、访问稿、备忘录等文字资料逐字、逐句、逐段进行分解并加以标签，即将个别的事件或现象赋予一个概念性的范畴。编码便于研究者对资料进行有效的定义和分类，使研究者对资料获得新的理解，有助于研究者明确下一步资料收集的重点，而且可以引导研究者进一步明确研究方法。扎根理论采用持续比较分析思路。通过在理论和理论之间、资料和资料之间持续不断地进行比较、分析、归纳、概括，然后根据资料与理论之间的关联提炼出有关的概念范畴及其属性，直至发展出相应理论。持续比较分析思路贯穿于研究的全过程（包括研究的所有阶段、层面和部分）。扎根理论的基本思想是持续比较和理论取样（王璐和高鹏，2010）。因此，它的研究过程与量化研究有明显的区别，二者的研究逻辑比较如图4-1所示。

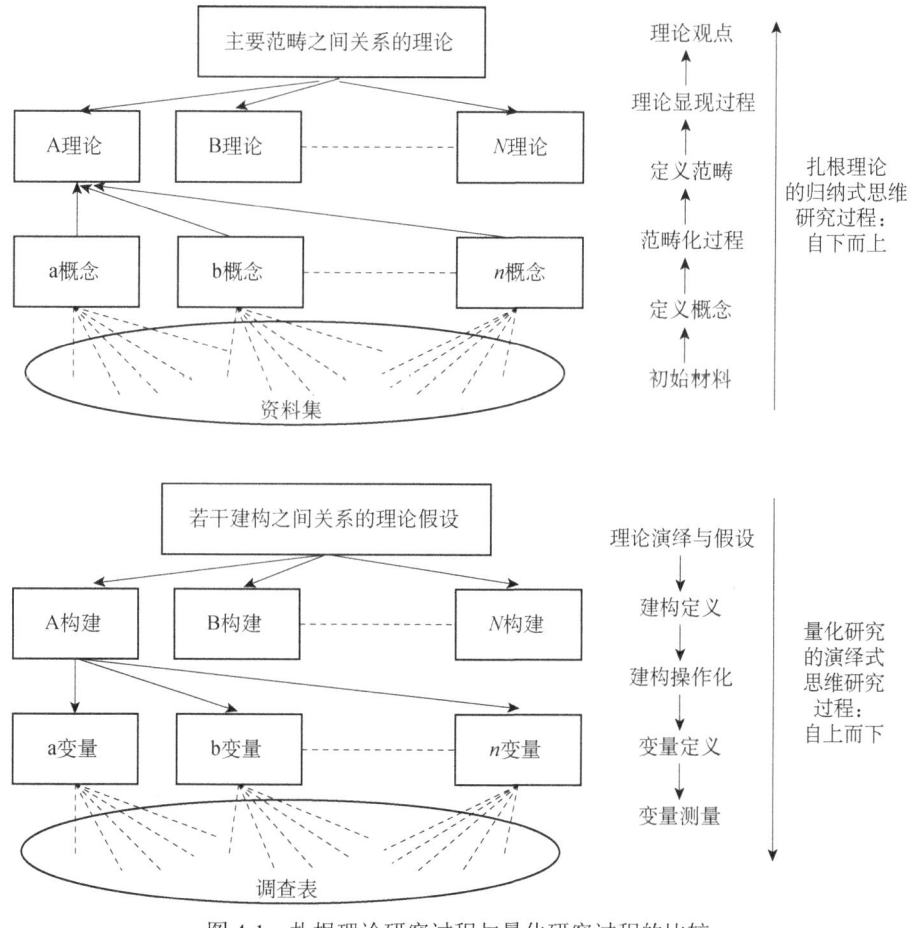

图 4-1 扎根理论研究过程与量化研究过程的比较

资料来源：张敬伟和马东俊（2009）。

二、扎根理论的操作流程

扎根理论是将理论建构、文本分析和抽样访谈看作一个彼此之间不断互动并互相促进的过程。具体而言,抽样访谈为文本分析和理论建构提供了所需的信息,而后面两个过程又能不断地指导抽样访谈的样本选择和内容方向(孙晓娥,2011)。研究者首先需要对与研究兴趣相关的文献进行阅读,再综合考量各类因素以确定初始取样的范围并实施取样。通过初始样本的分析确定后续取样的范围与对象(即理论抽样)。基于理论抽样所获得的第一手资料进行纵向理论构建,采用三阶段编码对资料进行整理,并对提取出的概念加以分析、讨论,最终发展原始理论,如果还能够从后续样本中获取新的重要信息,则不断重复抽样→纵向理论构建→数据处理→数据分析→数据发展这一过程,即研究者需要采用持续比较(constant comparison)的分析思路,不断地根据新的资料提炼和修正理论,直至达到理论饱和(王建明和王俊豪,2011)。

在扎根理论当中,资料分析的第一步是编码(coding),它是研究者基于多种不同划分标准对访谈资料进行总结归纳、提炼概念的一个过程。具体而言,研究者在这个过程中需要使用简洁、概括性的词汇来描述访谈资料中的人、事、物。因此,它有助于研究者从新的视角来理解现有资料,有助于其进一步开展资料的收集,即引导研究者向着未知的、有益于理论构建的方向前进(孙晓娥,2011)。本书研究的资料分析流程选择施特劳斯和科尔宾的扎根理论编码程序,这一编码程序依次囊括了开放式编码(open coding)、主轴编码(axial coding)和选择性编码(selective coding)这三个过程(图4-2)。在研究之前,通过反思和自我分析来帮助减少研究过程中的主观和潜在偏见(Whetten,2009),并且在整个扎根理论研究过程中,资料的收集和分析是同时发生的,本书研究一直采用备忘录来记录研究目标。下文从开放式编码、主轴编码和选择性编码三个方面依次阐述本书研究的探索性分析过程。

开放式编码	主轴编码	选择性编码
通过概念和范畴来精练地反映目标资料的内容,并将上述资料和抽象出来的概念进行打破、揉碎以及重新组合	把开放编码阶段所提取出来的原始代码通过聚类分析关联起来	选择核心范畴,把它系统地和其他范畴予以比较,验证其间的关系,形成理论雏形,并把概念化尚未发展完备的范畴补充整齐

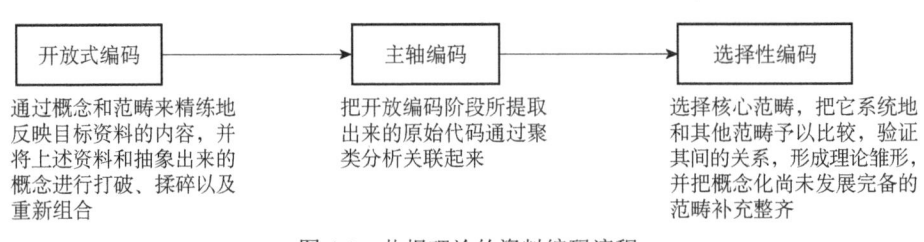

图4-2 扎根理论的资料编码流程

资料来源:Pandit(1996)。

第四节　开放式编码

开放式编码亦被称作一级编码，是指研究者将其获得的资料一步一步地进行概念化与范畴化，通过概念和范畴来精练地反映这些资料的内容，并将上述资料和抽象出来的概念进行打破、揉碎以及重新组合的过程（陈向明，2000）。简而言之，它是一个将资料进行解剖、审查、比较、概念化和范畴化的过程（斯特劳斯和科尔宾，1997）。

在初始编码阶段，格拉泽和斯特劳斯（Glaser and Strauss，1967）在扎根理论发展的早期曾主张过严格的、没有任何理论预想的初始编码。然而这并不是一种客观的、直面研究者既存思维方式的要求。夏尔玛兹（Charmaz，2006）提出，为了保证初始编码的独立性，除了要确保编码的开放性和可修正性之外，还要保证：①研究者在初始编码的时候，尽可能地采用动词或者动名词的代码特征，这样就可以直接贴近经验材料的鲜活性，而避免被静态的预设理论所俘获；②要允许研究团队中不同研究者对数据进行编码，然后对编码结果进行比较、整合，即进行多元印证；③初始编码所产生的代码应尽可能使用原生代码，其中原生代码是指研究对象在访谈中直接使用的关键性话语和焦点性词语，这些语句应当是研究对象认为现实生活中人人共享使用的。

根据施特劳斯和科尔宾（Strauss and Corbin，1990）的建议，开放式编码一般遵循如下程序（斯特劳斯和科尔宾，1997）：①定义现象，把原始资料分解为一件件独立的故事、想法或事件，再赋予它们一个名字，这个名字能够概括其指代内容的精髓，并且它又可以被细分为"贴标签"和"概念化"两步；②发掘范畴，范畴是一组概念，把看似与同一现象有关的概念聚拢成一类的过程称为"范畴化"，同时还需要为范畴取名字以及发展范畴的性质和面向，其中面向代表范畴在一个连续系统上所有不同的位置。由于开放式编码的目标在于帮助研究者锚定现象、界定概念、挖掘范畴（即对概念进行聚类）（汪涛等，2012），因此研究者在这个阶段需要不断向自己提出以下问题（Glaser，1978）：①此次获取到的数据和什么样的研究有关？②某个特定事件所关联到的是哪一个范畴？它反映了萌芽理论中什么部分的特定范畴的特点？③此次获取到的数据中真正发生了什么？④哪些基本社会心理过程或社会结构过程可以用于分析这一问题？⑤此次研究中的基本问题和过程可以从哪里挖掘？

本书研究采取开放的研究视角（Glaser，1978），依据理论性取样原则，在通过深度访谈收集数据的同时进行开放式编码。在开放式编码中，我们尽可能使用原生代码，即受访对象表达自己的观点时所使用的原始用语，这有利于真实反映受访者的观点，同时也能呈现他对所处特定情境的感知与真实反应。此外，本书研究在开放式编码的过程中，依次运用"逐行编码""逐句编码""逐段编码"对文本进行处理，使文本中所蕴含的初始概念自然涌现。一共获得了400余条与初始概念相关的原始语句。由于初始概念数量多且存在一定程度的重合，我们对相关初始概念进行进一步提纯，以发现高层次的概念范畴。在提纯初始概念时，为了使范畴更具说服力，我们采取双盲方式对原始资料进行提炼，同时把前后矛盾和出现频率两次或以下的初始概念进行剔除。由于篇幅限制，这里仅列举部分开放式编码过程（表4-4）。

表4-4 开放式编码分析过程节选

原始资料摘录	开放式编码		
	逐句编码	初步概念化	范畴化
就我个人而言，在绿色消费的过程中，资源是我要考虑的一个很重要的因素，有句话说得特别好，钱是你自己的，但资源是社会的，我们的资源是有限的，不能只顾自己的感受，不考虑社会的资源。因此，在消费的时候应当关注绿色产品是否节约资源，就像新能源汽车，比燃油的更节约资源；节能空调、节能冰箱都节约资源	资源是消费者在购买绿色产品中会考虑的一个重要因素	资源节约	社会获得
在杭州，像购买新能源汽车这种绿色消费是被政府鼓励、支持的，你买了新能源汽车，可以享受不用摇号的政策，还可以享受不限号行驶；除此之外，购买新能源汽车政府还给予一定的补贴	新能源汽车政策福利对购买新能源汽车有促进作用	政策福利	个体获得
现如今，绿色消费口号提得正响，大家都在践行绿色消费，如果不跟着进行绿色消费的话，别人可能会在背地里议论我，说我没有环境责任感，或者说我没有公德心，我可能会受到同事或者领导的鄙视，有可能会受到其他绿色消费者的嘲笑	害怕别人的背地议论和评价会影响绿色消费	他人负面评价	个体损失
绿色消费作为一种偏公益的行为，需要大家的自觉参与，我感觉要想使大家都践行绿色消费，需要政府等相关部门来带头做榜样，比如政府绿色采购、政府人员带头绿色消费，如购买新能源汽车，政府发挥绿色消费的带头作用，号召大家进行绿色消费	政府在绿色消费中发挥着重要的带头示范作用	政府绿色消费的榜样作用	榜样效应

通过对24份受访者访谈资料的开放式编码，我们共得到29个初始概念，并进一步将这些初始概念归纳为8个范畴化概念（表4-5）。其中括号内为范畴出现

的频次。例如,"政策福利(16)"代表在开放式编码过程中,政策福利的初始概念出现 16 次。

表 4-5　开放式编码分析结果

编号	范畴(次数)	初始概念(频次)
1	自身反馈(34)	反馈自身当前绿色消费情况(19) 反馈自身绿色消费占总消费比例(9)、反馈自身当期与前期绿色消费的比较(6)
2	相关反馈(21)	反馈当前绿色消费的平均水平(6) 反馈他人绿色消费占总消费的比例(4)、反馈自己与他人绿色消费的比较(11)
3	社会获得(55)	资源节约(20)、环境质量改善(17) 环境灾害降低(12)、人与自然和谐相处(6)
4	个体获得(63)	他人的赞赏(9)、自豪感(13)、面子(9) 个体得到的政策福利(19)、个体经济的激励(13)
5	社会损失(54)	能源枯竭(16)、空气质量(14) 公众健康威胁(15)、生态恶化(9)
6	个体损失(42)	他人负面评价(5)、个人经济的损失(12) 无法享受政策优惠(16)、个体忧虑感、愧疚感等(9)
7	建议贴士(32)	可行的绿色消费建议(9) 适当的绿色消费提示(10)、合理的绿色消费做法(13)
8	榜样贴士(25)	政府绿色消费的榜样带头作用(5) 相关参照群体绿色消费示范作用(7)、典型的绿色消费榜样(13)

注:在实际的新能源汽车、绿色家电等绿色购买中,多数是以家庭消费为主,本次访谈所使用的绿色产品(新能源汽车、节能空调、节能冰箱等)基本都是家庭购买为主。因此,本书研究开放式编码得到的范畴中的"自身反馈"和"他人反馈",其实也即自己家庭和参照群体相关家庭绿色购买的反馈比较,因此,与以上两个范畴相对应的初始概念(反馈自身当前绿色消费情况、反馈自身绿色消费占总消费比例、反馈自身当期与前期绿色消费的比较)也指的是以家庭为单位。

第五节　主轴编码

　　主轴编码亦被称作二级编码,它可以凭借"条件-行动/互动策略-结果"的范式模型(paradigm model)将高阶范畴与低阶范畴连接在一起(Corbin and Strauss,1990;周江华等,2012)。具体而言,主轴编码是把研究者在前一编码阶段所提取出来的原始代码通过聚类分析关联起来。因此,有学者将主轴编码的任务归纳为发现概念、类属之间的联系,展现资料中各个部分之间的有机关联（郑庆杰，2015）。其中，上述关联可以是因果关系、时间先后关系、语义关系、情境关系、相似关系、差异关系、对等关系、类型关系、结构关系、功能关系、过程关系、策略关系等（陈向明，2000）。研究者在主轴编码完成之后，要回答哪里、为什么、谁、怎么样、结果如何的问题，这就要提出一套科学化的策略术语，形成一个结构性分析框架，包括一个现象的原因条件与后果、情景和影响条件以及行动策略（伍威·弗里克，2011）。但这样的要求在一定程度上用一种理论预设束缚了原始材料和数据的多元化分析路径，因此郑庆杰（2015）认为此分析框架可能会窒息编码过程中具有活力的原创性思想观点，建议研究者应当对其提出的结构性分析框架保持谨慎的态度，以避免分析思维的僵化。

在这个过程中，研究者需要不断分析每个范畴在概念层次上有没有存在潜在的关联，始终遵循"将编码分类到某些变量上，并使得这些变量能够按照某一理论和核心变量足够显著相关"的原则（Glaser，1978），从中找出理论构建的线索（陶厚永等，2010）。为此，本书研究把开放式编码中所获得的不同范畴之间联系的资料一一进行分析，以分析出潜在的脉络或者因果关系。

通过上述过程，为了探索最能有效推进绿色消费行为的定制化绿色信息维度结构，我们根据不同范畴之间的逻辑关系，对范畴化概念进行了重新归纳，将8个范畴化概念归纳为四个主范畴，即定制化反馈维度、定制化获得维度、定制化损失维度、定制化贴士维度（表4-6）。

表4-6 主轴编码形成的主范畴

序号	主范畴	对应范畴	范畴的内涵
1	定制化反馈维度	自身反馈	反馈个体当期（本周/月）与前期（上周/月）绿色消费差异的信息
		相关反馈	反馈个体当期（每周/月）与他人当期（每周/月）绿色消费差异的信息
2	定制化获得维度	个体获得	展示绿色消费（购买）给个体带来价值（自豪、赞赏、面子）的信息
		社会获得	展示绿色消费（购买）给社会带来价值（节能、减排、低耗）的信息
3	定制化损失维度	个体损失	展示非绿色消费（购买）给个体带来损失（担忧、嘲笑、鄙视）的信息
		社会损失	展示非绿色消费（购买）给社会带来损失（耗能、浪费、污染）的信息
4	定制化贴士维度	建议贴士	展示绿色消费中个体具体可行的、实际可操作的做法等建议贴士信息
		榜样贴士	展示绿色消费中他人可供参考的、实践可效仿的行为等榜样贴士信息

第六节　选择性编码

选择性编码亦被称作三级编码，它是指研究者在编码过程中选择核心范畴，把它系统地和其他范畴予以比较，验证其间的关系，形成理论雏形，并把概念化尚未发展完备的范畴补充整齐的过程，它比逐行、逐句、逐段编码会更具有选择性、指向性以及概念性（Glaser，1978）。这个编码过程的主要任务是找出能够涵盖其他范畴的主范畴，用所有资料及由此开发出来的范畴、关系等简明扼要地说明全部现象，即开发故事线；继续开发范畴使其具有更细微、更完备的特征（李志刚和李国柱，2008）。选择性编码基于大量的数据来实现筛选目的，提取核心范畴（即自然涌现），其主要有两个特征：①关联的重要性；②频繁重现性（汪涛等，2012）。这一阶段的编码工作直接指向理论构建层面，不再停留在描述性阶段，从而形成分析性与解释性路径，每项研究的分析框架和理论化取向都应该基于初始田野数据和材料的自我涌现（郑庆杰，2015）。

本书研究对访谈资料进行开放编码、主轴编码后，再从研究目的对访谈资料、概念和范畴，尤其是范畴关系实施不断的比较，最终把本书研究的核心问题范畴化为"定制化绿色信息的维度结构"这一核心主题。根据前面的开放式编码、主轴编码及其相关性归纳、分析，定制化绿色信息的维度结构核心范畴可以概括为：定制化反馈维度（基于自己的自身反馈以及参照群体的相关反馈）、定制化获得维度（绿色消费给个人和社会带来的价值）、定制化损失维度（非绿色消费给个人和社会带来的损失）、定制化贴士维度（绿色消费的建议贴士和榜样贴士）。

最后，本书研究用另外 1/4 的访谈资料（8 位受访者）进行饱和度检验。除了定制化绿色信息的四个主范畴（定制化反馈维度、定制化获得维度、定制化损失维度、定制化贴士维度）外，并没有发现形成新的重要范畴和关系，4 个主范畴内部也没有发现新的构成因子。由此可以认为，上述定制化绿色信息的维度结构框架是理论上饱和的。

第七节 本章小结

目前在绿色消费行为领域，定制化绿色信息的研究和应用还相对较少，本章研究基于扎根理论，探索出了推进绿色消费的定制化绿色信息结构维度，具体包括：定制化反馈维度、定制化获得维度、定制化损失维度、定制化贴士维度。由这四个维度及其内在关联构成的定制化绿色信息维度结构模型如图 4-3 所示。

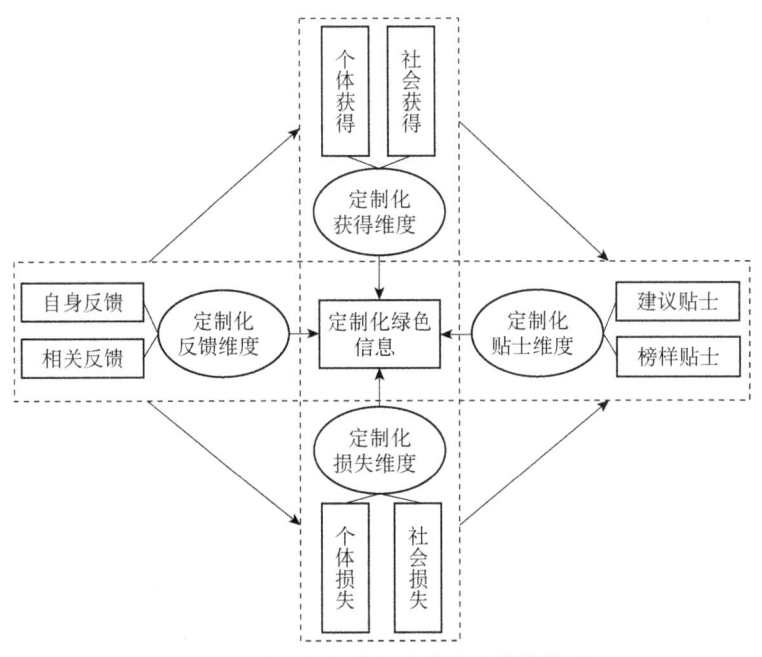

图 4-3 定制化绿色信息的维度结构模型

具体来说：①定制化反馈维度包括自身反馈和相关反馈两个方面，它在向消费者展示自己或者参照群体绿色消费行为的反馈过程中，提供横向（他人反馈）和纵向（自身反馈）的参照，以引起消费者的绿色感知和对自己绿色消费行为的认知。②定制化获得维度包括社会获得和个体获得两个方面，它在向消费者展示绿色消费给社会/个人带来的价值、好处的过程中，对消费者的绿色消费行为起到正向激励作用，从而激发消费者对绿色共赢理念的认同和消费者的绿色购买意愿及其行为。③定制化损失维度包括社会损失和个体损失两个方面，它通过展示非绿色消费给社会/个体带来损失、危害的信息说服消费者实施绿色消费行为。在学术研究普遍认为获得框架比损失框架对消费行为有更加积极影响的情况下，可通过定制化绿色信息维度结构的信息组合更好地促进消费者绿色购买决策。④定制化贴士维度包括建议贴士和榜样贴士两个方面，它给消费者提供具体可行的绿色消费做法或建议，发挥指导作用和榜样效应，直接引导消费者进行绿色消费。

基于上述四个维度形成了定制化绿色信息的维度结构框架。在定制化绿色信息四维度中，向消费者进行定制化绿色信息反馈（即反馈维度）是有效推进绿色消费行为的前提和基础；向消费者宣传绿色消费给社会/个体带来的利弊（即获得维度和损失维度），引导消费者权衡绿色消费行为的有益影响，这是有效推进绿色消费行为的重点和关键；给消费者提供一些定制化的绿色消费的可行性做法、建议（即贴士维度），这是有效推进绿色消费行为的支撑和保障。可见，定制化绿色信息四个核心范畴之间并不是互相独立的，而是紧密联系的。

第五章

定制化绿色信息的影响验证：
四维度间的差异比较

本章在第四章探索性研究基础上进一步验证定制化绿色信息的影响效应，重点分析定制化绿色信息四维度（定制化反馈信息、定制化获得信息、定制化损失信息、定制化贴士信息）的主效应，态度变量（绿色感知价值和绿色情感）的中介效应和情境特征变量（绿色涉入度）的调节效应，以期为相关定制化绿色信息的制定和实施提供借鉴。本章为本书的实验一，主要分为六部分。

第一节 研究假设和概念模型

一、定制化绿色信息对绿色购买决策的影响

定制化信息可能给消费者造成这样的印象：定制化信息对目标受众相对更重要（每个消费者都具有自我性），当目标受众发现接收到的广告信息内容是基于他们的个人特质量身定制的，他们更容易认为这则广告信息是与自己相关的（Kalyanaraman and Sundar，2006）。因此，定制化的广告信息被认为更有用且更有价值，对促进消费者购买有更强的作用（Baek and Morimoto，2012）。张艳（2010）、刘宇伟（2011）在定制化的基础上，提出了定制化的动态游客信息，指出个性化、定制化的广告信息会增加游客的选择概率，相关机构可以采取相应的信息策略来引导游客的购买决策。由于根据用户的偏好和兴趣而建立，定制化广告信息比大众化广告信息更能引起消费者的购买意愿，根据偏好不一致理论，消费者会尽可能地增加备选集，因此，会考虑把定制化绿色信息推荐的绿色产品作为备选集加入购物车。

在网络经济下，绿色供给和绿色购买存在着明显的信息不对称，消费者处于信息劣势（孙剑等，2010）。消费者在购买决策中是基于有限理性和适度理性的，因此消费者不会去关注所有的信息。换句话说，消费者在决策中只关心那些自己感兴趣的、跟自己爱好需求相匹配的信息。基于用户个性化需求、兴趣、偏好等制定定制化的广告信息，可以减少消费者筛选信息、过滤信息的时间，将更多的

时间用来做决策。许勤华（2014）等也证实了个性化、定制化的信息策略较一般化、大众化信息策略更能匹配消费者的需求，提高消费者的购买意愿。芈凌云等（2016）通过对绿色信息策略的研究文献进行荟萃分析，证明了定制化情境下的信息策略可以促进消费者绿色消费行为，姚建平（2009）也得出了相似的结论。基于此，本书研究提出如下假设：

H1：定制化绿色信息对绿色购买决策有显著影响。

H1a：定制化绿色反馈信息对绿色购买决策有显著影响。

H1b：定制化绿色获得信息对绿色购买决策有显著影响。

H1c：定制化绿色损失信息对绿色购买决策有显著影响。

H1d：定制化绿色贴士信息对绿色购买决策有显著影响。

二、定制化绿色信息对感知价值的影响

前文所述，感知价值是消费者基于感知利得与感知利失而形成的对产品效用的总体评价。根据有限理性理论，消费者只会对自己关注的、与自身相关的信息感兴趣，定制化绿色信息中包含与自身兴趣、爱好、偏好相匹配的信息，会引起消费者的积极关注，当消费者采取积极的思维对信息进行加工时，就有可能对推荐的产品产生积极的评价，进而产生较高的感知价值；相反，消费者对一般化的、大众化的信息会采取视而不见的态度，会采用消极的态度对产品信息进行加工，他们会认为广告商是在劝服他们进行产品的购买，就会采取抵御的心态，进而会对产品产生较低的感知价值。另外，本书研究中的定制化绿色信息既包含购买绿色产品对社会和个体的利得，也包含不购买绿色产品对社会和个体的损失，因此，定制化绿色信息可以让消费者对感知利得和感知利失进行权衡，故提出如下假设：

H2：定制化绿色信息对感知价值有显著影响。

H2a：定制化绿色反馈信息对感知价值有显著影响。

H2b：定制化绿色获得信息对感知价值有显著影响。

H2c：定制化绿色损失信息对感知价值有显著影响。

H2d：定制化绿色贴士信息对感知价值有显著影响。

三、定制化绿色信息对绿色情感的影响

精细加工可能性模型认为消费者可以通过两条不同路径对信息进行加工，即中央路径和边缘路径。当消费者对广告本身的信息关注度较高时，会采用中央路径对信息进行加工，此时消费者关注的是产品本身的信息；当消费者对广告本身的信息关注度较低时，会采用边缘路径对信息进行加工，此时消费者关注的是非产品的信息。许多情感诉求的广告就是通过激发消费者内心情感来促进其行为转变，例如恐怖诉求。绿色信息的恐怖诉求也是通过展示非绿色消费行为给社会/个人带来负面的效应与结果，最终促进消费行为的改变。贺建平（2004）、甘斯和格罗夫斯（Gans and Groves，2012）、孙仁喆（2015）、刘聪等（2017）许多学者证实了绿色信息中的恐怖诉求、内疚诉求对促进绿色消费行为的积极作用。除了恐怖诉求、内疚诉求等消极情感诉求信息之外，大多数情感诉求信息还是采用积极的情感诉求，如通过向消费者展示绿色购买给社会带来的利益和好处，可以有效激发消费者对环境的热爱感，以及激发消费者对他人绿色购买的赞赏感；通过向消费者展示绿色购买给个人带来的利益和好处，可以有效激发消费者对环境的热爱感，以及激发消费者对自己绿色购买的自豪感，等等。由此，我们提出如下假设：

H3：定制化绿色信息对绿色情感有显著影响。

H3a：定制化绿色反馈信息对绿色情感有显著影响。

H3b：定制化绿色获得信息对绿色情感有显著影响。

H3c：定制化绿色损失信息对绿色情感有显著影响。

H3d：定制化绿色贴士信息对绿色情感有显著影响。

四、感知价值对绿色购买决策的影响

现有文献分析结果表明，感知价值不仅对消费者购买意愿产生直接正向影响，还通过满意度等变量对消费者购买意愿产生间接影响，从而进一步推进购买行为。多德（Dodds，1991）等探讨了价格因素和品牌价值对消费者的影响，发现价格因素和品牌价值正向影响消费者的感知价值，并且感知价值对消费者的购买意愿起决定性的作用。白琳（2010）运用感知价值理论探讨了服务环境下的感

知价值对消费者行为意向的影响，研究表明服务质量、感知价值与满意对消费者行为意向有显著的正向作用。陈海波（2010）运用感知价值理论对旅游者行为意向的影响因素进行了探讨，研究结果显示体验质量对感知价值和满意度具有显著的正向影响，并通过感知价值和满意度对行为意向起间接的影响作用。彭文武和曹巍（2020）通过对相关数据的深入分析发现，进行"农家乐"游客的乡村自然环境、文化环境、旅游商品的感知对购买意愿存在着显著影响。由此，提出如下假设：

H4：感知价值对绿色购买决策有显著影响。

五、绿色情感对绿色购买决策的影响

近些年，随着互联网技术、移动共享、新媒体数字经济技术的发展，消费者的绿色消费需求呈现出了明显的绿色消费娱乐化、情感化、情绪化。许多商家开始关注消费者的情感，越来越多的商家通过调动消费者的情绪和情感的方式或者手段来促进消费者进行绿色消费。

在绿色消费领域，汪兴东和景奉杰（2012）通过对城市居民调研发现，低碳情感显著正向影响低碳消费行为；牛顿和梅耶（Newton and Meyer，2013）研究发现，资源环境情感显著影响消费者绿色产品的购买意愿；王建明（2015）等研究指出，资源环境情感对绿色消费行为有显著正向影响；王建明和吴龙昌（2019）对消费者绿色消费行为进行了实证研究，肯定了情感对绿色消费行为的重要驱动作用，指出绿色消费行为"知易行难"的背后实际上是"知易情弱"。根据学者们的研究结果，不同类型情感对消费者绿色消费行为的驱动有较大的差异。我们知道，消费者的情感也是丰富的，要深刻洞察消费者的情绪、情感，推送能够调动消费者情绪、情感的信息以求达到与消费者情感的共鸣，增加他们对绿色产品的认可和好感，是定制化绿色信息干预绿色购买行为的一个可行思路。封竹和梁建芳（2020）的实证研究结果表明，一致性、独特性和他人导向性面子特征显著影响绿色情感和旧衣再利用行为，绿色情感显著影响旧衣再利用行为，并在面子特征与旧衣再利用行为之间起中介作用。因此，我们提出如下假设：

H5：绿色情感对绿色购买决策有显著影响。

六、绿色涉入度对上述路径的调节效应

涉入度对消费者决策的影响主要体现在其对消费者信息搜集行为和处理过程的影响,可以用精细加工可能性模型解释,即当产品的涉入度(高或低)不同时,涉入度水平会影响消费者对广告信息处理路径(中枢路径 VS.边缘路径)的选择。涉入度高的消费者更倾向于采用中枢路径加工信息,即消费者更加关注绿色消费给自己或者社会带来的利得和损失。消费者面对定制化的信息时,会权衡或比较绿色消费的获得(机会)、损失(成本),进而形成较高的绿色消费感知价值。当消费者绿色涉入度低的时候,消费者更倾向于采用边缘路径来加工信息,即消费者更多关注的是绿色消费带来的体验感、获得感等(消费者面对定制化的信息时,并不关注绿色产品,更多关注的是与绿色消费相关的自豪感、赞赏感、愧疚感、鄙视感等情感)。由此,提出如下假设:

H6:*绿色涉入度对"定制化绿色信息—绿色感知价值"路径存在显著的调节效应。*

H6a:*绿色涉入度对"定制化绿色反馈信息—绿色感知价值"路径存在显著的调节效应。*

H6b:*绿色涉入度对"定制化绿色获得信息—绿色感知价值"路径存在显著的调节效应。*

H6c:*绿色涉入度对"定制化绿色损失信息—绿色感知价值"路径存在显著的调节效应。*

H6d:*绿色涉入度对"定制化绿色贴士信息—绿色感知价值"路径存在显著的调节效应。*

在面对定制化绿色信息时,涉入度低的消费者不会对广告中的信息进行深度加工,甚至是不信任、反感广告所传达的信息(一般指有利性的、正面的产品信息)(Obermiller and Spangenberg, 1998)。涉入度高的消费者会对广告中的信息进行精细加工,提取对自身有用的信息,会采用积极的情感来对待信息,增加他们对绿色产品的认可和好感。这是定制化绿色信息相较于大众化信息的一大优势。由此,提出如下假设:

H7:*绿色涉入度对"定制化绿色信息—绿色情感"路径存在显著的调节*

效应。

H7a：绿色涉入度对"定制化绿色反馈信息—绿色情感"路径存在显著的调节效应。

H7b：绿色涉入度对"定制化绿色获得信息—绿色情感"路径存在显著的调节效应。

H7c：绿色涉入度对"定制化绿色损失信息—绿色情感"路径存在显著的调节效应。

H7d：绿色涉入度对"定制化绿色贴士信息—绿色情感"路径存在显著的调节效应。

朱翊敏（2014）研究发现低涉入度消费者在加工广告信息时更加希望得到正面的、有利的广告信息；而高涉入度消费者在面对广告信息时更加注重产品的负面信息、不利信息。产生此种现象的原因是高涉入度消费者对产品信息比较了解，因此在进行信息加工时更加详细，会关注负面的、不利的信息；而低涉入度消费者对产品信息掌握较少，因此对信息加工比较浅显，从而导致低涉入度消费者更易关注那些有利的、正面的信息。综上，提出假设：

H8：绿色涉入度对"定制化绿色信息—在线绿色购买决策"路径存在显著的调节效应。

H8a：绿色涉入度对"定制化绿色反馈信息—在线绿色购买决策"路径存在显著的调节效应。

H8b：绿色涉入度对"定制化绿色获得信息—在线绿色购买决策"路径存在显著的调节效应。

H8c：绿色涉入度对"定制化绿色损失信息—在线绿色购买决策"路径存在显著的调节效应。

H8d：绿色涉入度对"定制化绿色贴士信息—在线绿色购买决策"路径存在显著的调节效应。

七、本章研究的概念模型构建

本章主要研究定制化绿色信息对消费者在线绿色购买决策的影响，旨在探索定制化绿色信息推进消费者在线绿色购买决策的黑箱。本章假设模型所涉及的自变量和因变量分别为：定制化反馈信息、定制化获得信息、定制化损失信息、定制化贴士信息和在线绿色购买决策（加入购物车）。中介变量为绿色感知价值和绿色情感。此外，本书还考察了绿色涉入度对模型的调节效应。图中实线表示影响作用，虚线表示调节作用。本章研究的概念模型如图 5-1 所示。

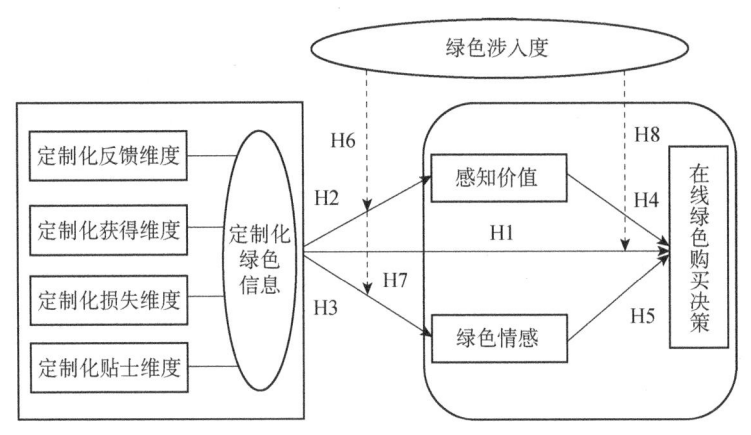

图 5-1　本章研究的概念模型

第二节　实验设计和样本描述

一、实验材料设计

前面质性研究中，为了让被试更深刻地理解定制化绿色信息的内涵，深度访谈时我们将访谈材料设定为新能源汽车和节能家电（节能冰箱、节能空调等）。在本章的量化研究中，为了确保研究的稳健性，我们依旧选用新能源汽车作为刺激材料，以进一步验证定制化绿色信息对绿色购买决策的影响。购买新能源汽车既是保护环境也是节约资源的一种典型绿色消费行为。考虑到实验中出现真实品牌可能会对结果产生干扰从而影响实验效果，本书研究将实验刺激物品牌设定为一个虚拟的新能源汽车品牌——"易行"新能源汽车。

本实验采用"视频+图片"的方式，使被试能够更加深入地了解实验材料，在此基础上完成测试问卷。实验一包含两部分的任务：第一，被试仔细观看"易行"新能源汽车广告；第二，被试回答相应的测试问卷。本书研究一共设计五组实验，分别为：大众化信息组（Ⅰ组）、定制化绿色反馈信息组（Ⅱ组，简称反馈组）、定制化绿色获得信息组（Ⅲ组，简称获得组）、定制化绿色损失信息组（Ⅳ组，简称损失组）、定制化绿色贴士信息组（Ⅴ组，简称贴士组）。具体实验材料如表5-1所示（见附录一）。

表5-1 对照组和实验组的文字材料

定制化绿色信息组	内容
大众化信息组 （实验材料Ⅰ）	"易行"新能源汽车，是一款以电为动力的新能源汽车。噪声小，低速行驶声音低至30dB；耗能低，平均每公里消耗0.5千瓦时电；无污染，采用纯电力动力，无汽车尾气污染；续航能力强，充电5小时，行驶200公里。"易行"新能源汽车，给你最舒适的体验。"易行"，任你行！
定制化绿色反馈信息组 （实验材料Ⅱ）	"易行"新能源汽车，噪声小、耗能低、无污染、续航能力强。"易行"新能源汽车采用新技术、新结构，绿色环保的设计理念，完备的充电设施，完善的售后服务。上班族、白领都在使用"易行"新能源汽车，杭州市超过33%的家庭都在使用"易行"新能源汽车。"易行"，你也行！
定制化绿色获得信息组 （实验材料Ⅲ）	"易行"新能源汽车，性能好（噪声小、耗能低、无污染、续航能力强）。购买"易行"新能源汽车既节约个人资金又节约社会资源，也能为节能减排、保护环境做出贡献，还能享受免摇号、不限行等优惠，更能享受政府补贴。"易行"，真的行！
定制化绿色损失信息组 （实验材料Ⅳ）	"易行"新能源汽车，性能好（噪声小、耗能低、无污染、续航能力强）。购买非新能源汽车既加大个人资金开支又浪费社会资源，也会给节能减排、环境保护带来负担，还不能享受免摇号、不限行等优惠，更不能享受政府补贴。"易行"，我看行！
定制化绿色贴士信息组 （实验材料Ⅴ）	"易行"新能源汽车，性能好（噪声小、耗能低、无污染、续航能力强）。购买"易行"新能源汽车，开车行驶前，记得检查仪表各项内容哟！请选择阴凉通风处充电，避免高温充电！雷暴雨天不要户外充电哟！车辆发生碰撞检修时，记得佩戴绝缘手套哟！"易行"，便你行！

二、变量测量量表

1. 绿色涉入度

在现有研究中，绿色涉入度的测量大多数采用的是成熟测量量表即修正版个人涉入（revised personal involvement inventory，RPII）量表和购买涉入（purchasing involvement，PI）量表（Zaichkowsky，1994）。在本书研究中，绿色涉入度主要是指消费者对环保信息、绿色产品以及环保问题的关注度。基于本章研究内容，结合前人相关量表和相关专家意见，采用以下四个题项来测量绿色涉入度：①在购买绿色产品或服务时，我对绿色信息很关注；②在购买绿色产品时，我对环境问题很关注；③在购买产品时，我对绿色产品很关注；④在购买绿色产品时，我对商家环保倡议活动很关注。

2. 绿色感知价值

许多学者对绿色感知价值量表都进行了开发（Sheth et al., 1991；Soutar, 2001；Wang, 2004；杨晓燕和周懿瑾, 2006）。根据前文对以往文献的回顾与评述，结合前人开发的消费者感知价值量表，本书研究选取了消费者感知价值中的社会价值维度，扣除了消费者感知价值中的功能价值、情境价值、情感价值等维度。在借鉴前人开发的量表的基础上，经过专家小组讨论，得到了本书研究的测量量表：①购买"易行"新能源汽车帮我给别人留下好印象；②购买"易行"新能源汽车使我赢得更多的赞许；③购买"易行"新能源汽车帮我树立积极健康的个人形象；④购买"易行"新能源汽车可以改善别人对我的看法；⑤购买"易行"新能源汽车让别人觉得我非常有社会责任感。

3. 绿色情感

对绿色情感的测量因研究内容和研究领域不同而有所不同，周楠（2019）在研究中对绿色情感的测量分为资源环境情感和绿色责任情感；贺爱忠等（2013）、王建明和吴龙昌（2019）在对绿色情感的测量中既包括对环境的情感测量又关注了对自身情感的测量；叶进杰（2018）在对消费者购买绿色食品过程中绿色情感测量时主要关注消费者在消费绿色食品时获得的情感方面的满足。本书研究中的绿色情感既包括对环境的情感又包括对消费的情感。在贺爱忠等（2013）、王建明和吴龙昌（2019）等研究的基础上，经过专家小组讨论进行修正，本书研究的绿色情感量表如下：①我一直关注日常生活中的资源浪费和环境污染问题；②即使牺牲一些经济利益，我也要节约资源和保护环境；③我每次看到有人浪费资源或污染环境，就感到很气愤；④我每次看到有人节约资源或保护环境，就会欣赏、赞同；⑤如果我浪费了资源或污染了环境，会感到很内疚；⑥如果我做到了节约资源和保护环境，会感到很自豪。

4. 在线绿色购买决策

对于在线绿色购买决策量表，我们借鉴豪布和特里夫茨（Häubl and Trifts, 2000）的测量方法。我们主要测量消费者是否愿意将绿色产品加入购物车，"0"表示不加入购物车，"1"则为加入购物车。

上述绿色涉入度、绿色感知价值、绿色情感变量采用利克特七级量表，在线

第五章　定制化绿色信息的影响验证：四维度间的差异比较

绿色购买决策采用两级量表。各变量的测量量表如表 5-2 所示。

表 5-2　本书研究测量量表汇总

测量变量	变量代码	测量问项	量表来源
绿色涉入度	I	I1 在购买绿色产品或服务时，我对绿色信息很关注 I2 在购买绿色产品时，我对环境问题很关注 I3 在购买产品时，我对绿色产品很关注 I4 在购买绿色产品时，我对商家环保倡议活动很关注	Zaichkowsky（1994）
绿色感知价值	V	V1 购买"易行"新能源汽车帮我给别人留下好印象 V2 购买"易行"新能源汽车使我赢得更多的赞许 V3 购买"易行"新能源汽车帮我树立积极健康的个人形象 V4 购买"易行"新能源汽车可以改善别人对我的看法 V5 购买"易行"新能源汽车让别人觉得我非常有社会责任感	Soutar（2001）
绿色情感	E	E1 我一直关注日常生活中的资源浪费和环境污染问题 E2 即使牺牲一些经济利益，我也要节约资源和保护环境 E3 我每次看到有人浪费资源或污染环境，就感到很气愤 E4 我每次看到有人节约资源或保护环境，就会欣赏、赞同 E5 如果我浪费了资源或污染了环境，会感到很内疚 E6 如果我做到了节约资源和保护环境，会感到很自豪	王建明和吴龙昌（2019）
在线绿色购买决策	B	B1 看完这个推荐，我愿意考虑购买这些产品，并把它们加入购物车	Häubl 和 Trifts（2000）

三、正式实验

在正式实验前，我们招募了 100 个被试进行预实验，主要检验四种定制化绿色信息维度与对照组的操控及问卷的信效度，每个组（大众化信息组、定制化反馈组、定制化获得组、定制化损失组、定制化贴士组）都是 20 个被试。预实验结果表明，对定制化绿色信息的操控是成功的。同时通过因子分析，分别计算感知价值、绿色情感、绿色涉入度的 KMO 值和巴特利特球形检验（Bartlett's 球形检验），三项的 KMO 检验均超过 0.7，且所有题项的 Bartlett's 球形检验显著性水平均为 0.000，我们可以认为本书研究的量表效度良好。另外，根据可靠性分析，计算出感知价值、绿色情感、绿色涉入度三题项的克朗巴哈系数（Cronbach's α）值分别为 0.911、0.828、0.814，均超过 0.8，可以认为高信度。

在预实验的基础上，我们进行适当的修改后，形成正式实验材料及问卷，并进行正式实验。正式实验时采用"视频+问卷"的方式。考虑到学生群体并非新能源汽车的主要购买群体，我们选择杭州市居民区、购物广场等地方现场发放问卷。为了保证被试能够深入地识别并了解、消化视频中的信息，我们采取让被试现场随机扫码观看视频两遍后进行问卷的填写（大众化信息组、定制化反馈组、定制化获得组、定制化损失组、定制化贴士组共 5 个视频），也就是将被试随机分配到五组中，尽可能降低样本带来的误差，然后根据被试情况填写电子问卷或者纸质问卷，每组发放问卷 110 份。实验时间为 2019 年 7~9 月，实验共收集 550 份问卷，删除 14 份无效问卷后，共得到有效问卷 536 份，样本有效率约为 97.5%。其中大众化信息组 105 份，样本有效率为 95.5%；定制化反馈组 108 份，样本有效率为 98.2%；定制化获得组 107 份，样本有效率为 97.3%；定制化损失组 109 份，样本有效率为 99.1%；定制化贴士组 107 份，样本有效率为 97.3%。为了方便统计，每个组我们随机选取 100 个有效样本进行分析。

四、信效度分析

通过测试实验收集的 536 份有效样本，得到实验数据的信度分析如表 5-3 所示。可以看出，绿色感知价值（V1~V5）、绿色情感（E1~E6）、绿色涉入度（I1~I4）这三个变量，Cronbach's α 值都达到 0.8 以上，为高信度，且总体 Cronbach's α 系数在删去任一题项后也无显著提高。可见，此量表的内部一致性、稳定性比较好。

表 5-3　各测量量表的信度

变量	题项	删除该题项的 Cronbach's α 系数	Cronbach's α 系数
绿色感知价值	V1 购买"易行"新能源汽车帮我给别人留下好印象	0.895	0.910
	V2 购买"易行"新能源汽车使我赢得更多的赞许	0.882	
	V3 购买"易行"新能源汽车帮我树立积极健康的个人形象	0.889	
	V4 购买"易行"新能源汽车可以改善别人对我的看法	0.895	
	V5 购买"易行"新能源汽车让别人觉得我非常有社会责任感	0.892	
绿色情感	E1 我一直关注日常生活中的资源浪费和环境污染问题	0.847	0.873
	E2 即使牺牲一些经济利益，我也要节约资源和保护环境	0.842	
	E3 我每次看到有人浪费资源或污染环境，就感到很气愤	0.859	
	E4 我每次看到有人节约资源或保护环境，就会欣赏、赞同	0.849	
	E5 如果我浪费了资源或污染了环境，会感到很内疚	0.857	
	E6 如果我做到了节约资源和保护环境，会感到很自豪	0.850	

续表

变量	题项	删除该题项的 Cronbach's α 系数	Cronbach's α 系数
绿色涉入度	I1 在购买绿色产品或服务时，我对绿色信息很关注	0.802	0.839
	I2 在购买绿色产品时，我对环境问题很关注	0.774	
	I3 在购买产品时，我对绿色产品很关注	0.773	
	I4 在购买绿色产品时，我对商家环保倡议活动很关注	0.837	

从表 5-4 可以看出，绿色感知价值、绿色情感、绿色涉入度这三项的 KMO 检验统计量均超过 0.7。所有题项的 Bartlett's 球形检验显著性水平均为 0.000，可以认为本量表及各组成部分建构效度良好。

表 5-4　KMO 检验和 Bartlett's 球形检验

题项		绿色感知价值	绿色情感	绿色涉入度
题数/个		5	6	4
KMO 检验		0.863	0.839	0.778
Bartlett's 球形检验	卡方统计量	1698.092	1421.523	856.103
	自由度	10	15	6
	显著性水平	0.000	0.000	0.000

五、描述性统计分析

500 份有效被试的描述性分析如表 5-5 所示。可以看出有效被试样本有如下特征：男女比例基本平衡，接近 1∶1；被调查者年龄在 44 周岁以下的有 410 人，占样本总量的 82%，这部分群体是绿色消费的主要群体，也是新能源汽车的主要购买对象；从学历上看，被试群体相对较高，其中本科学历最多，占 48%，其次是高中、大专等学历；对于个人月收入来说，主要集中在个人月收入 4801～6400 元的中等收入水平家庭。综上，本书研究的样本具有一定的代表性。

表 5-5　样本的描述性统计

因素	题项	对照组/人	反馈组/人	获得组/人	损失组/人	贴士组/人	合计	占比/%
性别	男	59	50	53	51	47	260	52
	女	41	50	47	49	53	240	48
年龄	15～24 周岁	8	7	3	10	8	36	7.2
	25～34 周岁	15	10	24	20	20	89	17.8

续表

因素	题项	对照组/人	反馈组/人	获得组/人	损失组/人	贴士组/人	合计	占比/%
	35~44 周岁	59	60	59	49	58	285	57
	45~54 周岁	8	15	10	11	9	53	10.6
	55~69 周岁	10	8	4	10	5	37	7.4
学历	初中或以下	3	0	4	8	6	21	4.2
	高中或中专	26	28	20	25	17	116	23.2
	高职或大专	20	22	14	16	12	84	16.8
	本科	41	46	59	41	53	240	48
	研究生或以上	10	4	3	10	12	39	7.8
个人月收入	3200 元以下	8	0	4	0	8	20	4
	3201~4800 元	26	8	12	18	25	89	17.8
	4801~6400 元	41	68	65	53	42	269	53.8
	6401~8000 元	15	15	10	19	17	76	15.2
	8001 元以上	10	9	7	10	8	44	8.8

注：对于个人月收入题项，学生不用填写，故个人月收入的总频数为 498 位，另外 2 个为学生样本。

第三节 主效应检验

主效应是指在其他研究变量都不变化的情况下，单独考察特定解释变量对结果变量的变化效应。我们先列出绿色感知价值、绿色情感、绿色涉入度、绿色购买决策等变量之间的皮尔逊相关系数。如表 5-6 所示，各变量之间的相关系数在 0.05 的水平下是显著正相关的，且相关系数大多在 0.4 以上（只有绿色涉入度与绿色购买决策的相关系数为 0.386，接近 0.4），可见相关变量之间是中度相关的。

表 5-6 不同变量之间的相关性检验

项目	均值	标准差	绿色感知价值	绿色情感	绿色涉入度	绿色购买决策
绿色感知价值	4.269	0.874	1			
绿色情感	4.003	1.134	0.560**	1		
绿色涉入度	4.188	0.913	0.510**	0.755**	1	
在线绿色购买决策	0.62	0.486	0.612**	0.416**	0.386**	1

注：**代表显著水平在 0.05 以内，全书余同。

我们使用独立样本 T 检验，分别检验不同维度定制化绿色信息与对照组对感知价值、绿色情感、在线绿色购买决策的影响差异。不同实验组下感知价值、绿色情感、绿色购买决策的总体均值和标准差描述如表5-7所示。

表5-7 正式试验各变量均值和标准差

实验分组	均值			标准差		
	感知价值	绿色情感	在线绿色购买决策	感知价值	绿色情感	在线绿色购买决策
对照组	4.000	3.882	0.490	0.728	0.712	0.502
反馈组	4.562	4.253	0.730	0.710	0.431	0.045
获得组	5.048	4.517	0.860	1.051	0.858	0.349
损失组	3.406	3.188	0.330	0.827	0.905	0.047
贴士组	4.330	4.175	0.680	1.459	0.746	0.469

下面我们从四个维度具体分析定制化绿色信息各维度的影响。首先，检验定制化反馈组与对照组对在线绿色购买决策、感知价值、绿色情感的影响差异，检验结果表明（表5-8）：在定制化绿色信息对在线绿色购买决策的影响效应上，$M_{反馈}=0.73 > M_{对照}=0.49$，$T_{加入购物车}=-3.572$，sig=0.000<0.05，因此，相较于对照组，定制化反馈组对在线绿色购买决策有显著影响效应，假设H1a得到验证；在定制化绿色信息对感知价值的影响效应上，$M_{反馈}=4.562 > M_{对照}=4.000$，$T_{感知价值}=-5.522$，sig=0.000<0.05，因此，相较于对照组，定制化反馈组对感知价值有显著影响效应，假设H2a得到验证；在定制化绿色信息对绿色情感的影响效应上，$M_{反馈}=4.253 > M_{对照}=3.882$，$T_{绿色情感}=-4.463$，sig=0.000<0.05，因此，相较于对照组，定制化反馈组对绿色情感有显著影响效应，假设H3a得到验证。

表5-8 反馈组与对照组间差异的显著性检验

项目		F值	显著性水平	T值	自由度	显著性（双尾）	平均差	标准误差差值	差值的95%置信区间	
									下限	上限
加入购物车	已假设方差齐性	26.407	0.000	−3.572	198.000	0.000	−0.24	0.067	−0.373	−0.107
	未假设方差齐性			−3.572	195.275	0.000	−0.24	0.067	−0.373	−0.107
支付购买	已假设方差齐性	12.801	0.000	−2.610	198.000	0.010	−0.180	0.069	−0.316	−0.044
	未假设方差齐性			−2.610	197.262	0.010	−0.180	0.069	−0.316	−0.044

续表

项目		F 值	显著性水平	T 值	自由度	显著性（双尾）	平均差	标准误差差值	差值的 95% 置信区间	
									下限	上限
绿色情感	已假设方差齐性	25.270	0.000	−4.463	198.000	0.000	−0.372	0.083	−0.536	−0.207
	未假设方差齐性			−4.463	162.982	0.000	−0.372	0.083	−0.536	−0.207
感知价值	已假设方差齐性	0.111	0.739	−5.522	198.000	0.000	−0.562	0.102	−0.763	−0.361
	未假设方差齐性			−5.522	197.874	0.000	−0.562	0.102	−0.763	−0.361

其次，检验定制化获得组与对照组对在线绿色购买决策、感知价值、绿色情感的影响差异，检验结果表明（表 5-9）：在定制化绿色信息对在线绿色购买决策的影响效应上，$M_{获得}$=0.86>$M_{对照}$=0.49，$T_{加入购物车}$=−6.05，sig=0.000<0.05，因此，相较于对照组，定制化获得组对在线绿色购买决策有显著影响效应，假设 H1b 得到验证；在定制化绿色信息对感知价值的影响效应上，$M_{获得}$=5.048>$M_{对照}$=4，$T_{感知价值}$=−8.190，sig=0.000<0.05，因此，相较于对照组，定制化获得组对感知价值有显著影响效应，假设 H2b 得到验证；在定制化绿色信息对绿色情感的影响效应上，$M_{获得}$=4.517>$M_{对照}$=3.882，$T_{绿色情感}$=−5.695，sig=0.000<0.05，因此，相较于对照组，定制化获得组对绿色情感有显著影响效应，假设 H3b 得到验证。

表 5-9 获得组与对照组间差异的显著性检验

项目		F 值	显著性水平	T 值	自由度	显著性（双尾）	平均差	标准误差差值	差值的 95% 置信区间	
									下限	上限
加入购物车	已假设方差齐性	106.230	0.000	−6.05	198.000	0.000	−0.37	0.061	−0.491	−0.249
	未假设方差齐性			−6.05	176.423	0.000	−0.37	0.061	−0.491	−0.249
支付购买	已假设方差齐性	1.479	0.225	−5.786	198.000	0.000	−0.38	0.066	−0.510	−0.250
	未假设方差齐性			−5.786	197.749	0.000	−0.38	0.066	−0.510	−0.250
绿色情感	已假设方差齐性	1.152	0.285	−5.695	198.000	0.000	−0.635	0.116	−0.85	−0.415
	未假设方差齐性			−5.695	191.531	0.000	−0.635	0.116	−0.855	−0.415

续表

项目		F值	显著性水平	T值	自由度	显著性（双尾）	平均差	标准误差差值	差值的95%置信区间 下限	差值的95%置信区间 上限
感知价值	已假设方差齐性	1.615	0.205	−8.190	198.000	0.000	−1.048	0.128	−1.300	−0.796
	未假设方差齐性			−8.190	176.230	0.000	−1.048	0.128	−1.301	−0.796

接着，检验定制化损失组与对照组对在线绿色购买决策、感知价值、绿色情感的影响差异，检验结果表明（表5-10）：在定制化绿色信息对在线绿色购买决策的影响效应上，$M_{损失}=0.33<M_{对照}=0.49$①，$T_{加入购物车}=2.320$，sig=0.021<0.05，因此，相较于对照组，定制化损失组对在线绿色购买决策有显著影响效应，假设H1c得到验证；在定制化绿色信息对感知价值的影响效应上，$M_{损失}=3.406<M_{对照}=4$，$T_{感知价值}=5.387$，sig=0.000<0.05，因此，相较于对照组，定制化损失组对感知价值有显著影响效应，假设H2c得到验证；在定制化绿色信息对绿色情感的影响效应上，$M_{损失}=3.188<M_{对照}=3.882$，$T_{绿色情感}=6.018$，sig=0.000<0.05，因此，相较于对照组，定制化损失组对绿色情感有显著影响效应，假设H3c得到验证。

表5-10　损失组与对照组间差异的显著性检验

项目		F值	显著性水平	T值	自由度	显著性（双尾）	平均差	标准误差差值	差值的95%置信区间 下限	差值的95%置信区间 上限
加入购物车	已假设方差齐性	12.801	0.000	2.320	198.000	0.021	0.160	0.069	0.024	0.296
	未假设方差齐性			2.320	197.262	0.021	0.160	0.069	0.024	0.296
支付购买	已假设方差齐性	17.777	0.000	2.095	198.000	0.037	0.130	0.062	0.008	0.252
	未假设方差齐性			2.095	193.038	0.037	0.130	0.062	0.008	0.252

---

① 本书研究中的定制化绿色损失信息是非绿色消费给社会或者个人带来的损失。在本书研究中，定制化损失维度信息的均值、绿色购买（加入购物车）均低于对照组，一个可行的解释是：当消费者面对损失信息，消费者感知到定制化损失信息企图说服、劝说他们进行绿色购买时，会引发他们的认知防御。认知防御理论认为：消费者一旦触发认知防御，他们更有可能消极对待广告，甚至是不信任、反感广告所传达的信息（一般指有利性的、正面的产品信息）。以往的研究表明，认知的防御性（如怀疑）可能会削弱广告的说服效果。因此，本书研究尊重实验结果，认为基于损失维度的定制化绿色信息触发了消费者的防御机制，因此，损失组的均值均低于对照组。

续表

项目		F值	显著性水平	T值	自由度	显著性（双尾）	平均差	标准误差差值	差值的95%置信区间 下限	差值的95%置信区间 上限
绿色情感	已假设方差齐性	2.692	0.102	6.018	198.000	0.000	0.69 333	0.115	0.466	0.921
	未假设方差齐性			6.018	187.617	0.000	0.69 333	0.115	0.466	0.921
感知价值	已假设方差齐性	1.108	0.294	5.387	198.000	0.000	0.594	0.110	0.377	0.811
	未假设方差齐性			5.387	194.877	0.000	0.594	0.110	0.377	0.811

再次，检验定制化贴士组与对照组对在线绿色购买决策、感知价值、绿色情感的影响差异，检验结果表明（表5-11）：在定制化绿色信息对在线绿色购买决策的影响效应上，$M_{贴士}=0.68>M_{对照}=0.49$，$T_{加入购物车}=-2.765$，sig=0.006<0.05，因此，相较于对照组，定制化贴士组对在线绿色购买决策有显著影响效应，假设H1d得到验证；在定制化绿色信息对感知价值的影响效应上，$M_{贴士}=4.330>M_{对照}=4$，$T_{感知价值}=-2.023$，sig=0.045<0.05，因此，相较于对照组，定制化贴士组对感知价值有显著影响效应，假设H2d得到验证；在定制化绿色信息对绿色情感的影响效应上，$M_{贴士}=4.175>M_{对照}=3.882$，$T_{绿色情感}=-2.844$，sig=0.005<0.05，因此，相较于对照组，定制化贴士信息组对绿色情感有显著影响效应，假设H3d得到验证。

表5-11 贴士组与对照组间差异的显著性检验

项目		F值	显著性水平	T值	自由度	显著性（双尾）	平均差	标准误差差值	差值的95%置信区间 下限	差值的95%置信区间 上限
加入购物车	已假设方差齐性	14.598	0.000	−2.765	198.000	0.006	−0.19	0.069	−0.326	−0.054
	未假设方差齐性			−2.765	197.059	0.006	−0.19	0.069	−0.326	−0.054
支付购买	已假设方差齐性	0.000	1.000	0.000	198.000	1.000	0.000	0.067	−0.132	0.132
	未假设方差齐性			0.000	198.000	1.000	0.000	0.067	−0.132	0.132
绿色情感	已假设方差齐性	0.116	0.734	−2.844	198.000	0.005	−0.293	0.103	−0.497	−0.899
	未假设方差齐性			−2.844	197.583	0.005	−0.293	0.103	−0.497	−0.899

第五章 定制化绿色信息的影响验证：四维度间的差异比较

续表

项目		F值	显著性水平	T值	自由度	显著性（双尾）	平均差	标准误差差值	差值的95%置信区间	
									下限	上限
感知价值	已假设方差齐性	81.113	0.000	−2.023	198.000	0.045	−0.33	0.163	−0.652	−0.008
	未假设方差齐性			−2.023	145.458	0.045	−0.33	0.163	−0.652	−0.008

由图 5-2 可知，在 0.05 的显著性水平下，定制化反馈组、定制化获得组、定制化贴士组在感知价值、绿色情感、在线绿色购买决策上的均值均高于对照组，假设 H1a、H1b、H1d 得到验证；而定制化损失组在感知价值、绿色情感、在线绿色购买决策上的均值低于对照组，假设 H1c 也得到验证（但方向为负）。

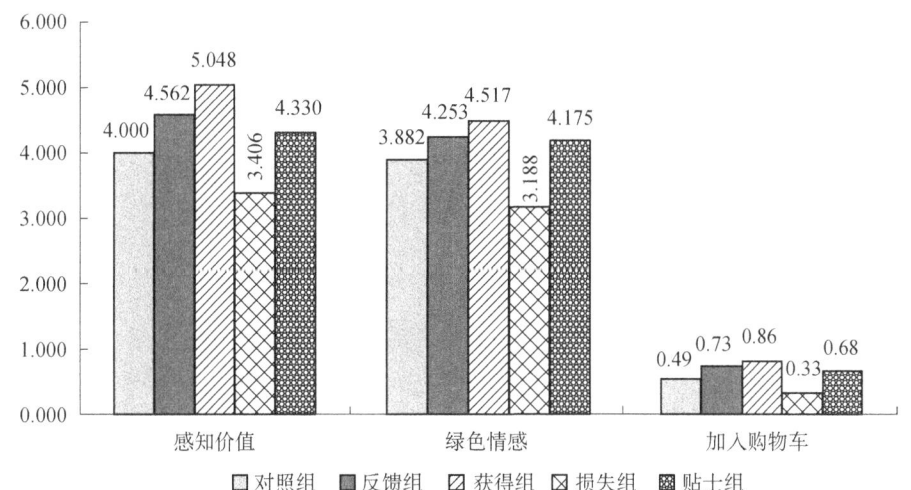

图 5-2 对照组和定制化信息组之间的均值比较

最后，通过 S-N-K 方法分析不同定制化绿色信息组对感知价值、绿色情感和在线绿色购买决策（加入购物车）的影响效应差异。如表 5-12 和图 5-2 所示，在对感知价值的影响上，在第三均衡子集包括反馈组和贴士组，它们的均值分别为 4.56 和 4.33，两组均值比较的相伴概率 $P(sig)$ 为 0.1，大于 0.05，接受零假设，即认为反馈组和贴士组对绿色感知价值无显著性差异；在对绿色情感的影响上，在第三均衡子集包括反馈组和贴士组，它们的均值分别为 4.25 和 4.17，两组均值比较的相伴概率 $P(sig)$ 为 0.46，大于 0.05，接受零假设，即认为反馈组和贴士组对绿色情感无显著性差异；在对在线绿色购买决策（加入购物车）的影响上，在第三均衡子集包括反馈组和贴士组，它们的均值分别为 0.73 和 0.68，两组均值比较的相伴概率 $P(\text{sig})$ 为 0.43，大于 0.05，接受零假设，即认为反馈组和贴士组对在线绿色购买决策（加入购物车）无显著性差异。

表 5-12 不同定制化绿色信息组之间的差异

定制化绿色信息分组	样本量	感知价值（α=0.05 的子集）				绿色情感（α=0.05 的子集）				在线绿色购买决策（α=0.05 的子集）			
		I	II	III	IV	I	II	III	IV	I	II	III	IV
对照组	100		4.00				3.88				0.49		
反馈组	100			4.56				4.25				0.73	
获得组	100				5.04				4.52				0.86
损失组	100	3.40				3.19				0.33			
贴士组	100			4.33				4.17				0.68	
显著性水平		1.00	1.00	0.10	1.00	1.00	1.00	0.46	1.00	1.00	1.00	0.43	1.00

综上，定制化反馈组和定制化贴士组对感知价值、绿色情感、在线绿色购买决策的影响不存在显著的差异；而定制化获得组和定制化损失组对感知价值、绿色情感、在线绿色购买决策的影响存在显著的差异。

第四节 中介效应检验

本节进一步验证定制化绿色信息和绿色感知价值、绿色情感、在线绿色购买决策（加入购物车）之间的影响路径，探究中介变量（绿色感知价值、绿色情感）对"定制化绿色信息—在线绿色购买决策"路径所起的作用。

首先，检验感知价值、绿色情感对"定制化绿色信息—在线绿色购买决策"路径的作用机理。将对照组（大众化信息组）设置为哑变量，对照组=0，共设置 4 个哑变量，X1 代表定制化损失组、X2 代表定制化反馈组、X3 代表定制化获得组、X4 代表定制化贴士组。本书研究使用 SPSS22.0 中的 Process3.3 插件对中介变量进行检验，采用 Bootstrap 方法分别对定制化信息组与大众化信息组进行 5000 次重复，置信区间为 95%，选择 model 4，将定制化绿色信息组选入自变量，在线绿色购买决策（加入购物车）选入因变量，感知价值、绿色情感选入中介变量，结果如表 5-13 所示。

第五章 定制化绿色信息的影响验证：四维度间的差异比较

表 5-13 理论模型路径系数（定制化绿色信息组 VS.对照组）

路径			系数	标准误	T值	显著性水平	LLCI	ULCI
定制化绿色信息 [损失组（X1）、反馈组（X2）、获得组（X3）、贴士组（X4）]	X1→	绿色情感	-0.6933	0.1059	-6.5450	0.0000	-0.9015	-0.4852
	X2→	绿色情感	0.3717	0.1059	3.5085	0.0005	0.1635	0.5798
	X3→	绿色情感	0.6350	0.1059	5.9944	0.0000	0.4269	0.8431
	X4→	绿色情感	0.2933	0.1059	2.7690	0.0058	0.0852	0.5015
	X1→	感知价值	-0.5940	0.1408	-4.2183	0.0000	-0.8707	-0.3173
	X2→	感知价值	0.5620	0.1408	3.9910	0.0001	0.2853	0.8387
	X3→	感知价值	1.0480	0.1408	7.4423	0.0000	0.7713	1.3247
	X4→	感知价值	0.3300	0.1408	2.3435	0.0195	0.0533	0.6067
	X1→	加入购物车	0.0502	0.3364	0.1493	0.8813	-0.6092	0.7097
	X2→	加入购物车	0.3397	0.3402	0.9983	0.3181	-0.3272	1.0065
	X3→	加入购物车	0.8847	0.4511	1.9613	0.0498	0.0006	1.7687
	X4→	加入购物车	0.6862	0.4017	1.7082	0.0876	-0.1012	1.4736
感知价值	→	加入购物车	1.3688	0.1545	8.8620	0.0000	1.0661	1.6716
绿色情感	→	加入购物车	0.2606	0.1765	1.4764	0.1398	-0.0854	0.6066

如表 5-13 所示，在理论模型路径系数中，定制化绿色信息对在线购买决策（X1、X2、X4——加入购物车）的检验区间均包含 0，sig>0.05，只有获得组 X3 的检验区间不包括 0，sig 值<0.05；定制化绿色信息对感知价值（X1、X2、X3、X4——绿色感知价值）的检验区间均不包含 0，且 sig<0.05；定制化绿色信息对绿色情感（X1、X2、X3、X4——绿色情感）的检验区间均不包含 0，且 sig<0.05，在 0.05 的显著性水平下，相较于对照组，定制化绿色信息组（反馈组、获得组、损失组、贴士组）对感知价值、绿色情感的影响存在显著性差异，即 H2、H3 得到验证。感知价值对在线绿色购买决策（加入购物车）的路径系数检验区间不包括 0（LLCI=1.0661，ULCI=1.6716），sig<0.05，H4 得到证实。绿色情感对在线绿色购买决策（加入购物车）的路径系数检验区间包括 0（LLCI=-0.0854，ULCI=0.6066），sig>0.05，拒绝 H5。

如表 5-14 所示，在两个中介路径中，感知价值的中介检验结果均不包含 0[损失组（X1）：LLCI=-1.1693，ULCI=-0.5212；反馈组（X2）：LLCI=0.4819，ULCI=1.1292；获得组（X3）：LLCI=1.0640，ULCI=1.8732；贴士组（X4）：LLCI=0.0067，ULCI=0.9091]，表明感知价值的中介效应显著；绿色情感的中介

检验的结果均包含0[损失组（X1）：LLCI=-0.4400，ULCI=0.0667；反馈组（X2）：LLCI=-0.0365，ULCI=0.2493；获得组（X3）：LLCI=-0.0604，ULCI=0.4013；贴士组（X4）：LLCI=-0.0280，ULCI=0.2114]，表明绿色情感的中介效应不显著。控制两个中介之后，定制化绿色信息[损失组（X1）、反馈组（X2）、贴士组（X4）]对绿色购买行为的直接作用不显著，中介检验结果均包括0[损失组（X1）：LLCI=-0.6092，ULCI=0.7097；反馈组（X2）：LLCI=-0.3272，ULCI=1.0065；贴士组（X4）：LLCI=-0.1012，ULCI=1.4736]。只有获得组（X3）对在线绿色购买决策有显著的作用（LLCI=0.0006，ULCI=1.7687）。因此可以认为，在定制化绿色信息—在线绿色购买决策路径中，感知价值起到完全中介作用，而绿色情感的中介作用不显著。

表5-14 中介效应结果（定制化绿色信息组 VS.对照组）

项目	变量	系数	标准误	T值	显著性水平	LLCI	ULCI
控制中介后，自变量对因变量的直接影响	X1	0.0502	0.3364	0.1493	0.8813	-0.6092	0.7097
	X2	0.3397	0.3402	0.9983	0.3181	-0.3272	1.0065
	X3	0.8847	0.4511	1.9613	0.0498	0.0006	1.7687
	X4	0.6862	0.4017	1.7082	0.0876	-0.1012	1.4736
感知价值中介路径的作用	X1	-0.8131	0.1684	—	—	-1.1693	-0.5212
	X2	0.7693	0.1663	—	—	0.4819	1.1292
	X3	1.4345	0.2055	—	—	1.0640	1.8732
	X4	0.4517	0.2301	—	—	0.0067	0.9091
绿色情感中介路径的作用	X1	-0.1807	0.1283	—	—	-0.4400	0.0667
	X2	0.0969	0.0715	—	—	-0.0365	0.2493
	X3	0.1655	0.1167	—	—	-0.0604	0.4013
	X4	0.0764	0.0609	—	—	-0.0280	0.2114

第五节 调节效应检验

首先，分析绿色涉入度对"定制化绿色信息—绿色感知价值"路径的调节效应。由表5-15可知，绿色涉入度与损失组（X1）的交互项系数a_{61}的P=0.099>0.05，说明对"定制化损失信息—感知价值"路径，绿色涉入度不存在显著的调节效应；绿色涉入度与反馈组（X2）的交互项系数 a_{71} 的 $P=0.3907>0.05$，说明对"定制化反馈信息—感知价值"路径，绿色涉入度不存在显著的调节效应；绿色涉入度与获得组（X3）的交互项系数 a_{81} 的 $P=0.0657>0.05$，说明对"定制化获得信息—感知价值"路径，绿色涉入度不存在显著的调节效应；绿色涉入度与贴士组（X4）的交互项系数 a_{91} 的 $P=0.0085<0.05$，说明对"定制化贴士信息—感知价值"路径，绿色涉入度存在显著的调节效应。由此，假设 H6 得到部分验证。

其次，分析绿色涉入度对"定制化绿色信息—绿色情感"路径的调节效应。绿色涉入度与损失组（X1）的交互项系数 a_{62} 的 $P=0.000<0.05$，说明对"定制化损失信息—绿色情感"路径，绿色涉入度存在显著的调节效应；绿色涉入度与反馈组（X2）的交互项系数 a_{72} 的 $P=0.0088<0.05$，说明对"定制化反馈信息—绿色情感"路径，绿色涉入度存在显著的调节效应；绿色涉入度与获得组（X3）的交互项系数 a_{82} 的 $P=0.0187<0.05$，说明对"定制化获得信息—绿色情感"路径，绿色涉入度存在显著的调节效应；绿色涉入度与贴士组（X4）的交互项系数 a_{92} 的 $P=0.1724>0.05$，说明对"定制化贴士信息—绿色情感"路径，绿色涉入度不存在显著的调节效应。由此，假设 H7 得到部分验证。

最后，分析绿色涉入度对"定制化绿色信息—在线绿色购买决策"路径的调节效应。绿色涉入度与损失组（X1）的交互项系数 a_{63} 的 $P=0.5712>0.05$，说明对"定制化损失信息—在线绿色购买决策"路径，绿色涉入度不存在显著的调节效应；绿色涉入度与反馈组（X2）的交互项系数 a_{73} 的 $P=0.7772>0.05$，说明对"定制化反馈信息—在线绿色购买决策"路径，绿色涉入度不存在显著的调节效应；绿色涉入度与获得组（X3）的交互项系数 a_{83} 的 $P=0.1262>0.05$，说明对"定制化获得信息—在线绿色购买决策"路径，绿色涉入度不存在显著的调节效应；绿色涉入度与贴士组（X4）的交互项系数 a_{93} 的 $P=0.0792>0.05$，说明对"定制化贴士信息—在线绿色购买决策"路径，绿色涉入度不存在显著的调节效应。由此，拒绝假设 H8。

表 5-15 绿色涉入度的调节效应检验

项目	感知价值				绿色情感				在线绿色购买决策			
	交互项系数	系数	标准误	P 值	交互项系数	系数	标准误	P 值	交互项系数	系数	标准误	P 值
X1	a_{11}	-1.3539	0.6196	0.0293	a_{12}	-1.6699	0.3495	0.0000	a_{13}	-1.1815	1.4654	0.4201
X2	a_{21}	1.3263	0.9859	0.1792	a_{22}	1.6609	0.5561	0.0030	a_{23}	0.2007	2.3134	0.9309
X3	a_{31}	-0.4589	0.6910	0.5069	a_{32}	-0.6472	0.3898	0.0975	a_{33}	-1.0730	1.7594	0.5419

续表

项目 I	感知价值 交互项系数	系数	标准误	P值	绿色情感 交互项系数	系数	标准误	P值	在线绿色购买决策 交互项系数	系数	标准误	P值
X4	a_{41}	−1.4116	0.6844	0.0397	a_{42}	−0.1855	0.3860	0.6310	a_{43}	−2.1411	1.7563	0.2228
I	a_{51}	0.2398	0.1218	0.0496	a_{52}	0.4882	0.0687	0.0000	a_{53}	0.4424	0.2739	0.1062
X1×I	a_{61}	0.2564	0.1555	0.0999	a_{62}	0.3599	0.0877	0.0000	a_{63}	0.2080	0.3673	0.5712
X2×I	a_{71}	−0.1906	0.2219	0.3907	a_{72}	−0.3291	0.1251	0.0088	a_{73}	0.1484	0.5245	0.7772
X3×I	a_{81}	0.2869	0.1555	0.0657	a_{82}	0.2069	0.0877	0.0187	a_{83}	0.6341	0.4147	0.1262
X4×I	a_{91}	0.4347	0.1646	0.0085	a_{92}	0.1268	0.0928	0.1724	a_{93}	0.7792	0.4439	0.0792

注：V=感知价值，E=绿色情感，Y=在线绿色购买决策（加入购物车），X=定制化绿色信息（X1代表定制化损失组、X2代表定制化反馈组、X3代表定制化获得组、X4代表定制化贴士组），I=绿色涉入度。×代表两个变量之间的相互作用，全书余同。

第六节 本章小结

本章主要验证了定制化绿色信息四维度对在线绿色购买决策的影响效应，并进一步分析了绿色感知价值和绿色情感的中介效应以及绿色涉入度的调节效应。本章的研究结果汇总如表5-16所示。

表5-16 本章研究结果汇总

效应类别	涉及变量	假设	检验结果	具体结论
主效应	在线绿色购买决策	H1	接受	定制化绿色信息对在线绿色购买决策有显著影响
		H1a	接受	定制化绿色信息（反馈组）对在线绿色购买决策有显著影响
		H1b	接受	定制化绿色信息（获得组）对在线绿色购买决策有显著影响
		H1c	接受	定制化绿色信息（损失组）对在线绿色购买决策有显著影响
		H1d	接受	定制化绿色信息（贴士组）对在线绿色购买决策有显著影响
	感知价值	H2	接受	定制化绿色信息对绿色感知价值有显著影响
		H2a	接受	定制化绿色信息（反馈组）对绿色感知价值有显著影响
		H2b	接受	定制化绿色信息（获得组）对绿色感知价值有显著影响
		H2c	接受	定制化绿色信息（损失组）对绿色感知价值有显著影响
		H2d	接受	定制化绿色信息（贴士组）对绿色感知价值有显著影响
	绿色情感	H3	接受	定制化绿色信息对绿色情感有显著影响
		H3a	接受	定制化绿色信息（反馈组）对绿色情感有显著影响
		H3b	接受	定制化绿色信息（获得组）对绿色情感有显著影响

续表

效应类别	涉及变量	假设	检验结果	具体结论
主效应	绿色情感	H3c	接受	定制化绿色信息（损失组）对绿色情感有显著影响
		H3d	接受	定制化绿色信息（贴士组）对绿色情感有显著影响
中介效应	感知价值	H4	接受	在面对定制化绿色信息时，消费者绿色感知价值对在线绿色购买决策有显著的正向影响，且绿色感知价值对"定制化绿色信息—在线绿色购买决策"路径起到完全中介作用
	绿色情感	H5	拒绝	在面对定制化绿色信息时，消费者绿色情感对在线绿色购买决策无显著影响，且绿色情感对"定制化绿色信息—在线绿色购买决策"路径中介效应不显著
调节效应	绿色涉入度	H6	部分接受	绿色涉入度对"定制化绿色信息—绿色感知价值"的部分路径有显著的调节作用
		H7	部分接受	绿色涉入度对"定制化绿色信息—绿色情感"的部分路径有显著的调节作用
		H8	拒绝	绿色涉入度对"定制化绿色信息—在线绿色购买决策"路径无显著的调节作用

第六章

定制化绿色信息的影响解释：
获得和损失的差异比较

本章以节能环保产品购买为例，通过对消费者的网络在线实验，主要分析定制化绿色获得信息和定制化绿色损失信息的主效应，情境特征变量（消费者涉入度、解释水平）的调节效应和态度变量（感知价值）的中介效应。考虑到定制化绿色获得信息和定制化绿色损失信息都会存在框架效应，本章主要解决两个问题：问题一，何种定制化绿色信息框架（包括目标框架和尺度框架及其交互作用）对推进绿色购买决策最有效；问题二，定制化绿色信息框架（包括目标框架和尺度框架及其交互作用）如何影响绿色购买决策。本章为本书的实验二，主要分为六部分。

第一节 研究假设和概念模型

一、定制化目标框架对感知价值与购买决策的影响

众多学者认为消费者在做出购买决策行为时会受到信息框架的影响（Kahneman and Tversky, 1979; Meyerowitz and Chaiken, 1987; Frisch, 1993; Seta et al., 2010）。基尼等（Kiene et al., 2005）在研究安全套作用时发现，当从正面描述安全套作用时，被试的态度更积极。舒克和弗里斯（Schuck and Vreese, 2006）认为在医疗政策制定领域积极信息框架较消极信息框架更有效。金（Kim, 2006）在研究黑豆奶和禁烟广告时发现获得框架比损失框架更能塑造受众积极的态度。张蕾和高登第（2007）研究发现若信用卡申请优惠即将到期，对于高话题卷入者来说，获得框架比损失框架更具说服力。除此之外，劳德（Lord, 1994）、奥贝米尔（Obermiller, 1995）分别在资源回收领域、水资源保护方面也都发现获得框架较损失框架效果更佳。与之相对，列举统计数据时在证据类型和信息框架对广告的影响下，获得框架与损失框架对受众的影响差异并不明显。综上，本书提出如下假设：

H1：不同的定制化目标框架对感知价值与购买决策的影响会有显著差异，即相较于损失框架，获得框架更能正向影响消费者感知价值与购买决策。

二、定制化尺度框架对感知价值与购买决策的影响

尺度框架是表示信息的诉求强度,其呈现方式有许多种类型。阿里(Ariely,2001)从今天或从明天及下一年的角度表述尺度框架。时间距离的不同所表示出来的尺度也有大小之分。在日常生活中我们常常看见许多信息是包含每年、每天、每时的,不同的尺度大小会直接影响到人们对事件的认知与判断。钟毅平等(2009)研究发现相比发生在遥远将来的事件,消费者更关注发生在近期的事件。王鹏和刘永芳(2009)使用 30 天(小尺度)和 210 天(大尺度)两个时间距离研究尺度大小对决策的影响,结果显示其具有差异性。不同的尺度框架(年、天、时)使人们对信息产生不同的认知感受。罗等(Lo et al., 2012)研究发现不同尺度框架会影响消费者的购买决策。钱德兰和梅农(Chandran and Menon, 2004)在研究健康两难问题时,以"天"和"年"分别代表不同尺度的时间距离,发现尺度大小不同,消费者采取预防行为的意向也不一致。由此,本书提出如下假设:

H2:不同的定制化尺度框架对感知价值与购买决策的影响会有显著差异,即相较于小尺度框架,大尺度框架更能正向影响消费者感知价值与购买决策。

三、定制化目标框架和定制化尺度框架对感知价值的交互影响

在现实生活中,消费者会经常受到定制化绿色信息框架的影响。例如,某空调广告"一天只需 1 度电",某智能手机广告"充电 5 分钟,通话 2 小时",某光纤宽带广告"每天仅需 1 元起"或"包年只需 360 元",类似广告还有很多。类似这样的小尺度框架(如"一天只需 1 度电""每天仅需 1 元起"等)让消费者心理上感觉更划算,即给了消费者更高的感知价值。凯勒等(Keller et al., 2003)认为绿色信息策略的内容及其表现形式对广告的说服效果有着十分重要的影响。在将绿色信息传播给消费者的过程中,无论哪种信息框架类型,都需根据目的设计传播程序与方式,尽可能地提高消费者的感知价值。很多学者的研究表明广告中采用不同的绿色信息策略可导致消费者感知价值的差异。怀特等(White et al., 2011)通过实地调研和实验室研究发现获得框架与损失框架在

不同的时间距离下，消费者的回收意识有显著差异。潘莉等（2020）提出当定制化目标框架与品牌知觉达成匹配时，消费者的购买意愿更高。由此，本书提出如下假设：

H3：定制化目标框架与定制化尺度框架对感知价值存在显著的交互作用。

H3-1：对获得框架来说，不同尺度框架的效果差异不大；对损失框架来说，不同尺度框架的效果差异很大，即在损失框架下，大尺度框架较小尺度框架更能正向影响消费者感知价值。

H3-2：对大尺度框架来说，不同目标框架的效果差异不大；对小尺度框架来说，不同目标框架的效果差异很大，即在小尺度框架下，获得框架较损失框架更能正向影响消费者感知价值。

四、定制化绿色信息策略对购买决策的交互影响

信息策略的表现形式会影响消费者对信息的加工方式和感知价值，进而影响消费者的购买意愿（李东进等，2015）。面对定制化目标框架和定制化尺度框架组合产生的交互作用，消费者会产生不同的信息加工方式，从而影响其认知及购买决策。鲍迈斯特等（Baumeister et al.，2001）研究发现当绿色消费的结果发生在近期，与损失框架匹配时，消费者绿色购买意向更强烈，这是因为近时间距离与低解释水平更相符。莫吉纳等（Mogilner et al.，2008）研究也发现近时间距离与防御框架匹配时，购买意向更强。马君和赵红丹（2015）研究发现高损失框架、高程度奖励组合下任务意义对创造力的影响最优。从营销视角看，定制化尺度框架不仅是一种有效的说服技巧，而且与定制化目标框架之间的交互作用能更进一步推进消费者的购买决策。由此，本书提出如下假设：

H4：定制化目标框架与定制化尺度框架对购买决策存在显著的交互作用。

H4-1：对获得框架来说，不同尺度框架的效果差异不大；对损失框架来说，不同尺度框架的效果差异很大，即在损失框架下，大尺度框架较小尺度框架更能正向影响消费者购买决策。

H4-2：对大尺度框架来说，不同目标框架的效果差异不大；对小尺度框

架来说，不同目标框架的效果差异很大，即在小尺度框架下，获得框架较损失框架更能正向影响消费者购买决策。

五、消费者感知价值对购买决策的影响

感知价值是消费者进行购买决策行为时对感知收益和付出成本进行的综合考量（Fernandez and Bonillo，2007）。范秀成和罗海成（2003）认为感知价值是指消费者对于企业提供的产品或服务的一个主观的认识。杨晓燕和周懿瑾（2006）率先考虑产品的功能价值和绿色价值。感知价值被众多学者认为是一种心理机制，使消费者对绿色广告的认知和购买决策产生显著影响。杨宜苗（2010）研究证实，若消费者感知到损失，则抵制或抑制购买的意愿会更强。现阶段，随着人们绿色、环保、节能减排意识的逐渐加强，更多的消费者关注绿色广告，这在一定程度上会直接影响消费者的购买决策行为。由此，本书提出如下假设：

H5-1：在定制化目标框架与购买决策之间，消费者感知价值起到中介作用。

H5-2：在定制化尺度框架与购买决策之间，消费者感知价值起到中介作用。

六、消费者涉入度对上述影响路径的调节效应

一些学者研究发现消费者涉入度会影响最终的购买决策行为（Zaichkowsky，1985）。梅耶斯-利维和马赫斯瓦兰（Meyers-Levy and Maheswaran，2004）认为高涉入度消费者在高时间压力下，获得框架比损失框架更具有说服力。张蕾和高登第（2007）研究发现若广告信息中包含时间性，则对高涉入度消费者来说，获得框架的信息会比损失框架的信息更有说服力；若广告信息中未包含时间性，则对高涉入度消费者来说，损失框架比获得框架更有说服力，而对低涉入度消费者来说，无论哪种情况都不会产生说服力。格里默和宾厄姆（Grimmer and Bingham，2013）研究发现相对于低涉入度消费者，环境声明对高涉入度消费者会产生更强的说服效果。朱翊敏（2014）在慈善营销领域研究发现事业涉入度与信息框架对消费者响应会产生交互效应，表现为低涉入度与获得框架结合或高涉入度与损失框架结合都能够产生积极的感知价值。由此，本书提出以下假设：

H6-1：消费者涉入度对定制化目标框架—感知价值路径存在显著的调节作用。

H6-2：消费者涉入度对定制化目标框架—购买决策路径存在显著的调节作用。

H6-3：消费者涉入度对定制化尺度框架—感知价值路径存在显著的调节作用。

H6-4：消费者涉入度对定制化尺度框架—购买决策路径存在显著的调节作用。

消费者涉入度的高低水平会影响信息加工的处理方式（Cacioppo and Petty，1979；张黎等，2007）。周象贤和金志成（2009）通过眼动技术考察消费者涉入度对广告理性信息加工效果的影响，研究发现个人涉入度越高，商品信息所获得的加工越精细。梅耶斯-利维和马赫斯瓦兰（Meyers-Levy and Maheswaran，2004）也认为高涉入度消费者对信息的处理会更全面、仔细，低涉入度消费者对信息的处理更简单。曾慧和郝辽钢（2015）研究发现促销信息的不同表述方式会使消费者感知价值产生差异，对于高涉入度消费者来说，满减促销比满送促销效果更好；而对于低涉入度消费者无差异。李亮和黄赞（2016）证实消费者涉入度在信息过载到感知价值的路径中起到正向调节作用。与之相对，代祺等（2010）采用精细加工可能性模型分析单、双面广告信息的说服效果，发现对低涉入度消费者来说，两者并无差别。综上，本书提出以下研究假设：

H6-5：消费者涉入度对定制化绿色信息策略—感知价值路径存在显著的调节作用。

H6-6：消费者涉入度对定制化绿色信息策略—购买决策路径存在显著的调节作用。

七、消费者解释水平对上述影响路径的调节效应

解释水平是指消费者认识客观事物的抽象化程度，是影响购买决策的重要变量。很多学者研究表明，解释水平会影响信息策略，它与定制化目标框架、定制化尺度框架匹配时会产生更大的效价感知和说服效果（Liberman and Trope，1998；White et al.，2011）。德里伯里和塔克（Derryberry and Tucker，1994）认为在获得

框架与高解释水平、损失框架与低解释水平结合产生的匹配效应中，感知流畅性（processing fluency）和注意（attention）发挥了很大作用。钱德兰和梅农（Chandran and Menon，2004）研究发现高解释水平会导致人增强自我控制以支持延迟购买，而低解释水平会导致人减弱自我控制以支持立即购买。在消费者支付意愿方面（Aaker and Lee，2001）和循环利用方面（White et al.，2011），研究都证实损失框架与低解释水平更匹配，获得框架与高解释水平更匹配。注意理论指出，当消费者启动高解释水平时会更加关注事物抽象的特征，而启动低解释水平时会更加关注事物具体的特征，其差异导致不同信息框架存在显著不同的说服效果（Fujita et al.，2008）。由此，本书提出如下假设：

H7-1：解释水平对定制化目标框架—感知价值路径存在显著的调节作用。

H7-2：解释水平对定制化目标框架—购买决策路径存在显著的调节作用。

H7-3：解释水平对定制化尺度框架—感知价值路径存在显著的调节作用。

H7-4：解释水平对定制化尺度框架—购买决策路径存在显著的调节作用。

解释水平不仅代表了消费者不同的思维方式和信息加工模式，而且与其信息策略的交互效应也得到了大量实证研究的支持。李东进等（2015）研究发现解释水平与绿色信息策略会产生匹配效应，低解释水平与消极框架匹配时，高解释水平与积极框架匹配时，消费者对虚位产品的购买决策更高。面对不同的信息策略，消费者会启动不同程度的解释水平，当消费者面对获得框架时，会启动更全面、更抽象等特征的高解释水平；当消费者面对损失框架时，会启动反映更局部、更具体等特征的低解释水平（Fujita et al.，2008）。另外，研究发现获得较高收益会使消费者怀疑广告的真实性，从而产生感知欺骗性；而较大的损失框架会提高消费者对广告的敏感度与关注度。由此，本书提出如下假设：

H7-5：解释水平对定制化绿色信息策略—感知价值路径存在显著的调节作用。

H7-6：解释水平对定制化绿色信息策略—购买决策路径存在显著的调节作用。

八、本书研究的概念模型构建

综合以上假设，提出本章的假设模型，如图 6-1 所示。本章假设模型涉及的自变量为定制化绿色信息框架（定制化目标框架和定制化尺度框架），因变量为绿色购买决策。中介变量为感知价值，调节变量为消费者涉入度和消费者解释水平。图 6-1 中实线表示影响作用，虚线表示调节作用。

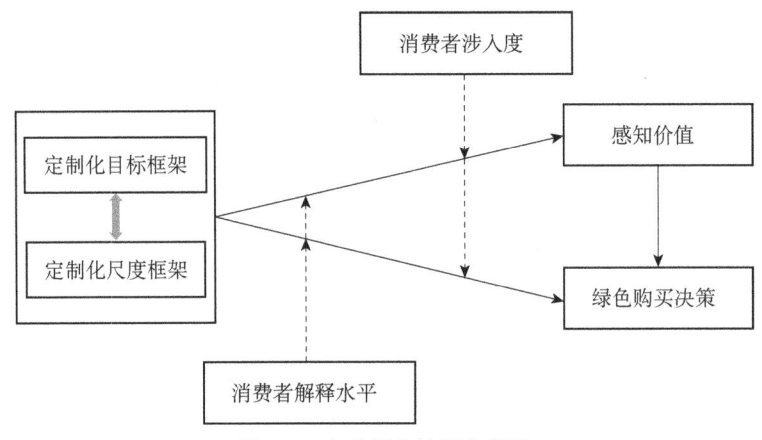

图 6-1　本章研究的概念模型

第二节　实验设计和样本描述

一、研究设计

首先分析定制化目标框架与定制化尺度框架组合的绿色信息策略对购买决策产生的影响，然后探索感知价值的中介作用，以及消费者涉入度、解释水平对此产生的调节作用。实验二采用 2（定制化目标框架：获得 VS.损失）×2（定制化尺度框架：大尺度 VS.小尺度）组间设计实验，将被试随机分配到四组实验组中。

在现有绿色消费相关实验中，大部分实验会选用节能冰箱、节能空调等高经济价值的绿色产品，本书研究将选用一款低经济价值，且大众认识度较高的绿色产品作为实验刺激物。我们采取专家小组讨论的形式确定实验刺激物，其中有三项低经济价值的绿色产品作为备选，分别为节能电池、环保购物袋、节能灯，考虑到消费者对节能灯的认知程度较高，在生活中普遍使用，经过专家小组讨论后决定选择节能灯作为实验刺激物。考虑到实验中出现真实的品牌名称可能会对实验产生干扰从而影响实验效果，本书研究将实验刺激物设定为一个虚拟的品牌名称——"泡泡节能灯"。实验一共包含两部分的任务：第一，被试仔细观看"泡泡节能灯"广告，并回答相应的测试问卷；第二，被试完成解释水平特质量表。

二、变量操控

对定制化绿色信息策略的操控主要是通过定制化目标框架和定制化尺度框架进行。对于定制化目标框架（获得或损失）来说，根据以往学者对获得框架的分类和定义，获得框架在本书研究中体现为"购买这款泡泡节能灯，既能省电省钱，又能为社会节能减排做贡献"；损失框架体现为"不购买这款泡泡节能灯，既耗电费钱，又污染环境，给个人和社会带来损失"。

对于定制化尺度框架来说，以往的研究发现，定制化尺度框架的信息呈现许多种类型，例如从今天的角度，或是从明天及下一年的角度描绘定制化尺度框架。不同时间距离所表达的大小尺度的不同会影响到人们对事件的态度或者决策。在绿色消费行为领域，小尺度框架强调 1 千瓦时电给个人和社会带来的影响，表示一种小的诉求尺度，在本实验中体现为"节约或浪费 4 千瓦时电给个人和社会带来的影响"；大尺度框架强调 100 千瓦时电给个人和社会带来的影响，表示一种大的诉求尺度，在本实验中体现为"节约或浪费 400 千瓦时电给个人和社会带来的影响"。

实验中，我们要求被试回答以下四个问题来检验定制化绿色信息策略的操控：①这则广告强调的是购买这款节能灯所带来的很大的益处/好处；②这则广告强调的是不购买这款节能灯所带来的很大的危害/损失；③这则广告强调的是购买这款节能灯所带来的很小的益处/好处；④这则广告强调的是不购买这款节能灯所带来的很小的危害/损失。操控量表采用七级利克特量表来进行打分。

三、实验材料

实验一共四则实验材料，分别为获得-大尺度信息策略（Ⅰ组）、获得-小尺度信息策略（Ⅱ组）、损失-大尺度信息策略（Ⅲ组）、损失-小尺度信息策略（Ⅳ组）。本实验采用"视频+图片"的方式。本书研究将四组不同的实验材料通过问卷星平台进行编辑、完善、发布及收集数据，如表6-1所示。

表6-1 定制化绿色信息的内容设计

定制化绿色信息	内容
获得-大尺度信息策略（实验材料Ⅰ）	大家好，我是泡泡节能灯！ 我比普通白炽灯节能80%，200昼夜可节约400千瓦时电。 据统计，每节约400千瓦时电相当于节省215元，它可使洗衣机工作1100小时；电冰箱运行400天；电风扇运转8000小时；电脑工作2000小时；电动自行车跑32 000公里。日积月累，既能省电省钱，又能为社会节能减排做贡献，一举两得，何乐而不为呢？
获得-小尺度信息策略（实验材料Ⅱ）	大家好，我是泡泡节能灯！ 我比普通白炽灯节能80%，2昼夜可节约4千瓦时电。 据统计，每节约4千瓦时电相当于节省2.15元，它可使洗衣机工作11小时；电冰箱运行4天；电风扇运转80小时；电脑工作20小时；电动自行车跑320公里。日积月累，既能省电省钱，又能为社会节能减排做贡献，一举两得，何乐而不为呢？
损失-大尺度信息策略（实验材料Ⅲ）	大家好，我是泡泡节能灯！ 普通白炽灯比我多耗电80%，200昼夜可浪费400千瓦时电。 据统计，每浪费400千瓦时电相当于浪费215元，相当于使洗衣机白白工作1100小时；电冰箱白白运行400天；电风扇白白运转8000小时；电脑白白工作2000小时；电动自行车白白多跑32 000公里。日积月累，既耗电费钱，又污染环境，给个人和社会带来损失！
损失-小尺度信息策略（实验材料Ⅳ）	大家好，我是泡泡节能灯！ 普通白炽灯比我多耗电80%，2昼夜可浪费4千瓦时电。 据统计，每浪费4千瓦时电相当于浪费2.15元，相当于使洗衣机白白工作11小时；电冰箱白白运行4天；电风扇白白运转80小时；电脑白白工作20小时；电动自行车白白多跑320公里。日积月累，既耗电费钱，又污染环境，给个人和社会带来损失！

四、变量测量

本书研究根据以往文献的梳理和回顾，总结出消费者感知价值、消费者购买决策、消费者涉入度的测量题项。问卷题项均采用利克特七级量表进行测量，"1"代表完全不同意，"2"代表不同意，"3"代表不太同意，"4"代表一般，"5"代表大致同意，"6"代表同意，"7"代表完全同意。

1. 消费者感知价值的测量

感知价值是一种主观认知，不同消费个体其感知价值不同。根据学者们的研究，感知价值大致从损失与利益两方面入手，主要从质量因素、非质量因素、功能价值、社会价值和绿色价值等进行测量。消费者在购买产品或服务时，追求的环境生态价值即为绿色价值。杨晓燕和周懿瑾（2006）率先提出感知价值包含情感价值、功能价值、社会价值、绿色价值和感知付出五个维度，其中绿色价值维度对感知价值的贡献最大。孙瑾和张红霞（2015）也验证了绿色感知价值这一维度，进一步拓展了绿色感知价值的应用领域。基于前期研究文献和本书研究内容，本书研究主要从感知绿色价值和感知社会价值两个维度进行研究，具体选择了4个题项来测量消费者感知价值：①选择该节能灯有助于改善生态环境；②选择该节能灯对社会发展有好处；③我感觉购买该节能灯很划算；④我感觉该节能灯是物超所值的。

2. 消费者购买决策的测量

消费者购买决策是消费者购买广告产品的主观意愿，能够有效预测消费者购买行为。购买决策作为广告效果的重要衡量依据，学者们进行了大量实证研究，不同学者对购买决策的测量角度是不同的。劳可夫和王露露（2015）将购买行为分为动机形成阶段和计划形成阶段两阶段，分别测量绿色购买行为的强度。宋亚非和于倩楠（2012）基于绿色食品认知程度从努力购买环保包装产品、为购买绿色食品转换品牌、为绿色食品付出的溢价三个维度测量。本书借鉴了戈尔维策（Gollwitzer，1999）的题项，最终本书研究的购买决策题项为：①我愿意推荐我的亲戚朋友购买这款节能灯；②我愿意购买和使用这款节能灯；③我计划下一步购买和使用这款节能灯。

3. 消费者涉入度的测量

根据蔡奇科夫斯基（Zaichkowsky，1994）的研究，消费者涉入度是消费者受到刺激之后产生的一种主观心理。众多学者从消费者产品涉入度、购买涉入度、广告涉入度三个维度去分析，常用测量量表为 RPII 量表和 PI 量表。本书聚焦于消费者绿色涉入度单维度，侧重于研究消费者对环境的关注程度。基于蔡奇科夫斯基（Zaichkowsky，1985）、德索萨和塔吉安（D'Souza and Taghian，2005）等对于消费者涉入度的相关研究，同时考虑本书的研究内容，本书研究具体选择了4个测量题项：①我对绿色广告的信息很关注；②我对环境问题很关注；③我对市场上新流行的绿色产品很关注；④我对绿色产品相关的活动很关注。

五、预实验

我们在正式实验之前，依照便利抽样原则，招募了高校学生和老师等共60

人，每组 15 人，进行预实验测试，主要检验定制化目标框架、定制化尺度框架两个变量的操控及问卷的信效度。

预实验结果表明，定制化目标框架、定制化尺度框架两个变量的操控是成功的。采用配对样本 T 检验，首先，对定制化目标框架的操控性检验结果显示：对于大尺度框架组，$M_{获得}=5.29>M_{损失}=3.78$，$t=6.743$，$P=0.000$；对于小尺度框架组，$M_{获得}=3.56>M_{损失}=3.01$，$t=2.595$，$P=0.011$。其次，对定制化尺度框架的操控性检验结果显示：对于获得框架组，$M_{大尺度}=5.29>M_{小尺度}=3.56$，$T=6.339$，$P=0.000$；对于损失框架组，$M_{大尺度}=3.78>M_{小尺度}=3.01$，$T=3.485$，$P=0.001$。综上可知，定制化目标框架与定制化尺度框架的操控很好。

问卷的整体 Cronbach's α 值为 0.782，接近 0.8。感知价值、购买决策、消费者涉入度这三个变量的 Cronbach's α 值分别为 0.848、0.956、0.834，都达到 0.8 以上，为高信度。效度方面，这三项的 KMO 检验统计量分别为 0.764、0.729、0.774，均超过 0.7。所有分项的 Bartlett's 球形检验显著性水平均为 0.000，因此，可以认为本量表及各组成部分建构效度良好。因此，在预实验的基础上，我们微调个别措辞后，形成了实验二的正式实验材料及问卷。

六、正式实验

1. 实验程序

本书研究共设计四则不同的定制化绿色信息的广告，随机选择被试分别进入四组实验中，其中每组被试均包含学生样本和非学生样本。利用微信、QQ、邮件、微博等途径给被试发送问卷星链接，在被试观看"泡泡节能灯"视频后，让其完成相应的测量问题。我们对每位参与实验的被试都给予一次抽奖（奖品为手机话费、微信红包、购物券等），以表酬谢。实验一共收集 370 份样本，剔除无效样本后，最终回收获得 345 份有效样本，有效率约为 93.2%。[①]其中获得-大尺度组（Ⅰ组）80 份、获得-小尺度（Ⅱ组）91 份、损失-大尺度（Ⅲ组）90 份、损失-小尺度（Ⅳ组）84 份。

在实验中要求被试完成两个任务：第一，回答相应的感知价值与购买决策问

[①] 剔除无效样本的原则：一是关键缺失项过多，这里主要是感知价值与购买决策的缺项；二是相同选项过多；三是多处选项前后矛盾。

题；第二，完成缩减版的解释水平特质量表。① 其中，解释水平特质量表中每个题项都描述一种行为，每种行为有两种不同描述，即具体行为描述和抽象行为描述，其中选择抽象行为描述记为 1 分，后者记为 0 分。最后将各题项的得分求和。整个问卷的得分越高，表明被试越倾向于选择高解释水平的选项，相反，得分越低，表明被试越倾向于选择低解释水平的选项。根据中位数分组，将总分值大于等于 6 分的被试划分为高解释水平组（173 人），将总分值小于 6 分的被试划分为低解释水平组（172 人）。独立样本 T 检验的结果表明两组的缩减版解释水平量表 BIF 得分有显著差异，且高解释水平的得分明显偏高，$M_{低解释水平}=4.35$，$M_{高解释水平}=6.75$，$T=20.986$，$P=0.000$。

2. 被试样本

从表 6-2 可以看出收集的样本有如下特征：男女比例基本平衡；被试年龄在 34 周岁以下的占样本总量的 86.4%，因为这一年龄段的人对互联网的认识度及接受程度更高，更乐于接受实验；从学历上看，本科学历最多，占 44.6%，其次是研究生或以上，两者共占 70.4%，这部分群体学历相对较高，理解能力较强，更能保证实验数据的质量；另外对于个人月收入来说，主要集中在中等收入水平家庭。

表 6-2　实验二被试基本情况的描述性统计分析表

因素	题项	Ⅰ组	Ⅱ组	Ⅲ组	Ⅳ组	合计/人	占比/%
性别	1. 男	39	51	38	41	169	49.0
	2. 女	41	40	52	43	176	51.0
年龄	1. 15～24 周岁	39	23	35	34	131	38.0
	2. 25～34 周岁	33	53	44	37	167	48.4
	3. 35～44 周岁	4	10	7	9	30	8.7
	4. 45～54 周岁	4	5	2	4	15	4.3
	5. 55～69 周岁	0	0	2	0	2	0.6
学历	1. 初中或以下	3	8	2	1	14	4.1
	2. 高中或中专	12	9	13	4	38	11.0
	3. 高职或大专	18	12	17	3	50	14.5
	4. 本科	28	44	40	42	154	44.6
	5. 研究生或以上	19	18	18	34	89	25.8

① 缩减版解释水平特质量表 BIF（behavior identification form）是指个体表征行为抽象程度的特质性问卷，根据 Tsai 和 Mcgill（2011）提出的量表，我们从 25 个题项中随机抽选 10 个题项（见附录二）。

续表

因素	题项	I组	II组	III组	IV组	合计/人	占比/%
个人月收入	1. 3200元或以下	21	24	22	17	84	24.3
	2. 3201~4800元	26	24	19	13	82	23.8
	3. 4801~6400元	9	16	17	8	50	14.5
	4. 6401~8000元	6	8	10	10	34	9.9
	5. 8001元或以上	4	6	6	4	20	5.8
	6. 无	14	13	16	32	75	21.7

3. 操控性检验与信效度分析

对定制化目标框架的操控性检验结果显示，对于大尺度框架组，$M_{获得}=5.38>M_{损失}=3.97$，$T=12.417$，$P=0.000$；对于小尺度框架组，$M_{获得}=3.70>M_{损失}=3.39$，$T=2.848$，$P=0.005$。对定制化尺度框架的操控性检验结果显示，对于获得框架组，$M_{大尺度}=5.38>M_{小尺度}=3.70$，$T=13.638$，$P=0.000$；对于损失框架组，$M_{大尺度}=3.97>M_{小尺度}=3.33$，$T=5.235$，$P=0.000$。操控性检验结果表明，定制化目标框架与定制化尺度框架的实验操控成功。

对345份测试实验样本进行信度分析，结果如表6-3所示。可以看出，感知价值（F1~F4）、购买决策（X1~X3）、消费者涉入度（Y1~Y4）这三个变量的Cronbach's α值都达到0.8以上，为高信度，且总体Cronbach's α系数在删去任一题项后也无显著提高，所有题项与整体的相关系数都在0.5以上，有的甚至超过0.7。可见，此量表的内部一致性、稳定性比较好。本书还运用吴明隆（2009）建议的方法，基于各路径系数计算出各个潜变量的组成信度（composite reliability）。从表中数值可以发现，所有组成信度均接近或超过0.9，说明所有潜变量的建构信度非常理想。

表6-3 量表及其Cronbach's α系数

变量	题项	该题与整体相关系数	多元相关平方系数	删去该题后α系数的变化情况	Cronbach's α系数	组成信度（CR）
感知价值	F1 选择该节能灯有助于改善生态环境	0.595	0.395	0.765	0.804	0.8718
	F2 选择该节能灯对社会发展有好处	0.636	0.429	0.743		
	F3 我感觉购买该节能灯很划算	0.618	0.432	0.753		

续表

变量	题项	该题与整体相关系数	多元相关平方系数	删去该题后α系数的变化情况	Cronbach's α 系数	组成信度（CR）
感知价值	F4 我感觉该节能灯是物超所值的	0.621	0.439	0.750	0.804	0.8718
购买决策	X1 我愿意推荐我的亲戚朋友购买这款节能灯	0.677	0.458	0.745	0.819	0.8922
购买决策	X2 我愿意购买和使用这款节能灯	0.663	0.440	0.758	0.819	0.8922
购买决策	X3 我计划下一步购买和使用这款节能灯	0.674	0.455	0.747	0.819	0.8922
消费者涉入度	Y1 我对绿色广告的信息很关注	0.708	0.505	0.843	0.871	0.9120
消费者涉入度	Y2 我对环境问题很关注	0.683	0.471	0.851	0.871	0.9120
消费者涉入度	Y3 我对市场上新流行的绿色产品很关注	0.770	0.617	0.817	0.871	0.9120
消费者涉入度	Y4 我对绿色产品相关的活动很关注	0.740	0.582	0.829	0.871	0.9120

从表 6-4 可以看出，感知价值、购买决策、消费者涉入度这三项的 KMO 检验统计量均超过 0.7。所有分项的 Bartlett's 球形检验显著性水平均为 0.000，可以认为本量表及各组成部分建构效度良好。

表 6-4　KMO 检验和 Bartlett's 球形检验

题项		感知价值	购买决策	消费者涉入度
KMO 检验		0.745	0.719	0.813
Bartlett's 球形检验	卡方统计量	448.834	358.331	683.581
Bartlett's 球形检验	自由度	6	3	6
Bartlett's 球形检验	显著性水平	0.000	0.000	0.000

第三节　主效应检验

一、定制化绿色信息策略对感知价值和行为的主效应

定制化绿色信息策略会对消费者感知价值、购买决策产生影响，表 6-5 为各

题项的描述性统计分析表。总的来说，感知价值、购买决策的均值都在 5 左右（即"大致同意"附近）。这表明，大部分被试对定制化绿色信息策略持认可态度，认为其能积极影响购买决策。具体来说，被试认同题项 F1 的比例为 73.9%，认同 F2、F3、F4 的比例分别为 72.8%、71.3%、65.8%。与此同时，被试认同 X1、X2、X3 的比例分别为 64.3%、69.0%、58.8%。可见，大部分被试都能认识到该产品的价值，但是否实际去购买还有待考虑。另外，各题项的标准差较大，F3 值最小，为 0.99，说明尚有一些被试对此信息策略的认知比较抽象，对该产品是否能真正发挥省电省钱、节能减排的作用持怀疑或保留态度。这一现象也值得关注。

表 6-5 个体感知价值与购买决策的描述性分析

题项	感知价值				购买决策		
	F1	F2	F3	F4	X1	X2	X3
样本量/人	345	345	345	345	345	345	345
均值	5.22	5.14	5.10	4.94	4.97	5.09	4.86
中位值	5.00	5.00	5.00	5.00	5.00	5.00	5.00
众数	6	6	6	5	6	6	4
标准差	1.14	1.07	0.99	1.05	1.04	1.07	1.10
不同意/%	1.4	1.2	0.9	1.2	0.6	1.4	0.9
不太同意/%	7.2	6.7	3.8	7.0	7.5	4.9	9.3
一般/%	17.4	19.4	24.1	26.1	27.5	24.6	31.0
大致同意/%	24.9	27.8	31.3	32.2	25.8	27.0	24.1
同意/%	40.0	40.0	35.9	29.3	36.2	36.5	31.0
完全同意/%	9.0	4.9	4.1	4.3	2.3	5.5	3.8
合计/%	100.0	100.0	100.0	100.0	100.0	100.0	100.0

接着，分析定制化绿色信息策略对感知价值与购买决策的差异影响，并分析消费者对环保信息的涉入程度。图 6-2 为不同定制化绿色信息策略的差异描述。从图中我们可以发现以下几个有趣的现象：首先，消费者涉入度的均值相对较高，表明生活中大部分消费者对节能环保信息还是比较关注的。其次，在获得-大尺度信息策略刺激下，被试的感知价值水平和购买决策明显高于其他三组信息策略。获得-小尺度信息与损失-大尺度信息相比，差异甚小。最后，在损失-小尺度信息策略的刺激下，其感知价值与购买决策最低。综合来说，获得-大尺度信息策略对提高消费者购买决策的作用最有效。

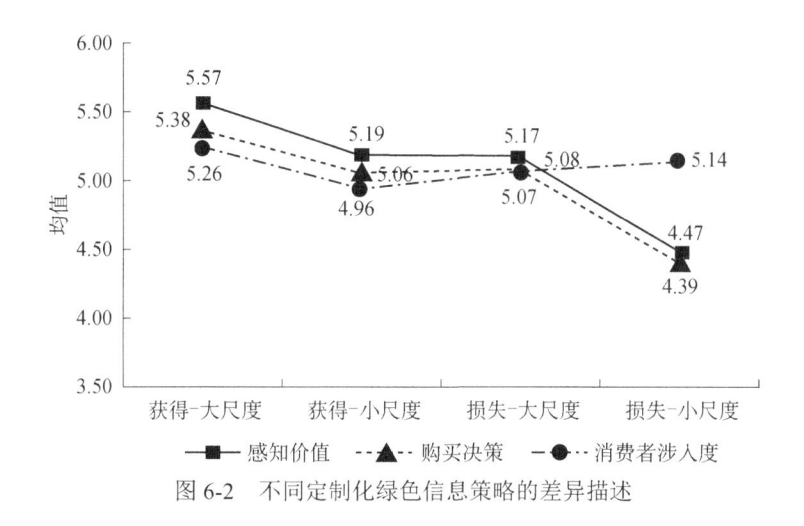

第六章 定制化绿色信息的影响解释：获得和损失的差异比较

图 6-2 不同定制化绿色信息策略的差异描述

二、不同特征个体的感知价值和行为差异

这里进一步采用单因素方差法分析定制化绿色信息策略对不同特征个体的效应是否存在差异，具体分析性别、年龄、学历、个人月收入这四个特征变量。从表 6-6 可以看出，定制化绿色信息策略对不同人口统计特征的影响效应不存在显著差异。从性别来看，男女对定制化绿色信息策略的感知价值、购买决策基本相似；从年龄上看，44 周岁或以下的年轻群体对定制化绿色信息策略较为敏感，有着更积极的感知价值和购买决策；从学历来看，高职或大专这一群体的感知价值与购买决策最高，这与我们普遍所认知的"高学历者更有环保意识"有矛盾之处；从个人月收入来看，中等收入群体相比低收入群体、高收入群体，其感知价值与购买决策更好。

表 6-6 不同特征个体的感知价值和行为差异

人口特征	题项	感知价值 平均值	标准差	F 值	显著性	购买决策 平均值	标准差	F 值	显著性
性别	男性	5.04	0.88	1.803	0.180	4.98	0.90	0.007	0.931
	女性	5.16	0.81			4.97	0.94		
年龄	15～24 周岁	5.13	0.78	1.265	0.283	4.97	0.92	0.689	0.600
	25～34 周岁	5.08	0.88			4.97	0.90		
	35～44 周岁	5.20	0.88			5.08	0.98		
	45～54 周岁	5.00	0.92			4.89	1.03		
	55～69 周岁	3.88	0.88			4.00	0.47		
学历	初中或以下	5.13	0.72	0.183	0.947	5.07	1.10	0.824	0.510

173

续表

人口特征	题项	感知价值				购买决策			
		平均值	标准差	F值	显著性	平均值	标准差	F值	显著性
学历	高中或中专	5.11	0.91	0.183	0.947	5.04	1.05	0.824	0.510
	高职或大专	5.14	0.88			5.13	0.92		
	本科	5.12	0.85			4.96	0.86		
	研究生或以上	5.03	0.81			4.85	0.92		
个人月收入	3200元或以下	5.07	0.74	1.313	0.258	4.89	0.95	1.337	0.248
	3201～4800元	5.07	0.88			5.02	0.94		
	4801～6400元	5.35	0.81			5.25	0.91		
	6401～8000元	5.04	0.98			4.87	0.94		
	8001元或以上	4.85	1.03			4.88	0.80		

三、定制化绿色信息策略的主效应检验

如表 6-7 所示，不同定制化绿色信息策略对感知价值与购买决策的主效应显著。其中，就定制化目标框架来说，在感知价值上，$M_{获得}$=5.37，$M_{损失}$=4.83，P=0.000；在购买决策上，$M_{获得}$=5.21，$M_{损失}$=4.74，P=0.000，表明不同目标框架在感知价值和购买决策上存在显著差异，且获得框架相对损失框架有更积极的感知价值和购买决策，即假设 H1 成立。就定制化尺度框架来说，在感知价值上，$M_{大尺度}$=5.35，$M_{小尺度}$=4.84，P=0.000；在购买决策上，$M_{大尺度}$=5.21，$M_{小尺度}$=4.73，P=0.000，表明不同的尺度框架在感知价值和购买决策上也存在显著差异，且大尺度框架较小尺度框架有更积极的感知价值和购买决策，即假设 H2 成立。

表 6-7 不同定制化绿色信息策略对感知价值与购买决策的主效应检验

信息策略		感知价值				购买决策			
		平均值	标准差	F值	显著性	平均值	标准差	F值	显著性
定制化目标框架	获得	5.37	0.77	38.080	0.000***	5.21	0.85	24.034	0.000***
	损失	4.83	0.83			4.74	0.93		
定制化尺度框架	大尺度	5.35	0.73	34.693	0.000***	5.21	0.83	24.482	0.000***
	小尺度	4.84	0.87			4.73	0.94		

***代表显著水平在 0.001 以内，全书余同。

四、定制化绿色信息策略的交互效应检验

本书研究中不同目标框架（获得框架、损失框架）与不同尺度框架（大尺度

第六章 定制化绿色信息的影响解释：获得和损失的差异比较

框架、小尺度框架）的组合有四个水平，下面进一步研究两者对感知价值与购买决策是否存在交互效应。①通过方差分析发现，定制化目标框架和定制化尺度框架对感知价值的交互效应在 0.05 的显著性水平下显著，$F(1,345)=3.933$，$P=0.048$（图 6-3）。从图 6-4 可以看出，在获得框架下，不同尺度框架的感知价值效果差异不大；而在损失框架下，大尺度框架的感知价值效果要显著优于小尺度框架，$M_{损失,大尺度}=5.17>M_{损失,小尺度}=4.47$，即假设 H3-1 成立。另外，在大尺度框架下，不同目标框架的感知价值效果差异不大；而在小尺度框架下，获得框架的感知价值效果要显著优于损失框架，$M_{获得,小尺度}=5.19>M_{损失,小尺度}=4.47$，即假设 H3-2 成立。通过分析定制化目标框架和定制化尺度框架对购买决策的两阶段交互效应，结果显示也在 0.05 的显著性水平下显著，$F(1,345)=3.960$，$P=0.047$。从图 6-4 中发现，在获得框架下，不同尺度框架的购买决策效果差异不大；而在损失框架下，大尺度框架的购买决策要显著优于小尺度框架，$M_{损失,大尺度}=5.07>M_{损失,小尺度}=4.39$，即假设 H4-1 成立。在大尺度框架下，不同目标框架的购买决策差异不大；而在小尺度框架下，获得框架的购买决策要显著高于损失框架，$M_{获得,小尺度}=5.06>M_{损失,小尺度}=4.39$，即假设 H4-2 成立。总的来说，不同定制化绿色信息策略对感知价值与购买决策有正向交互作用，即假设 H3、H4 成立。

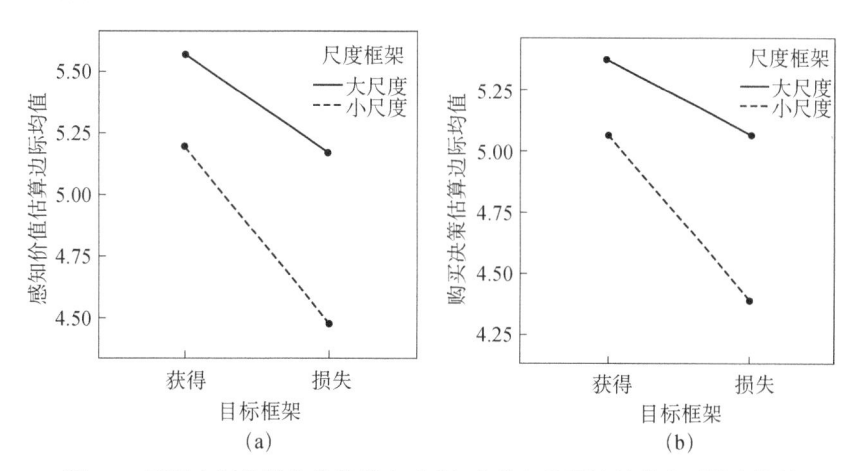

图 6-3 不同定制化绿色信息策略对感知价值与购买决策的交互效应检验

---

① 交互效应是反映两个或两个以上解释变量相互依赖、相互制约，共同对结果变量产生影响的程度。如果一个解释变量对结果变量的影响效应会因为另一个解释变量的水平不同而有所不同，则表明这两个变量之间有交互效应。

(a)　　　　　　　　　　　　　　(b)

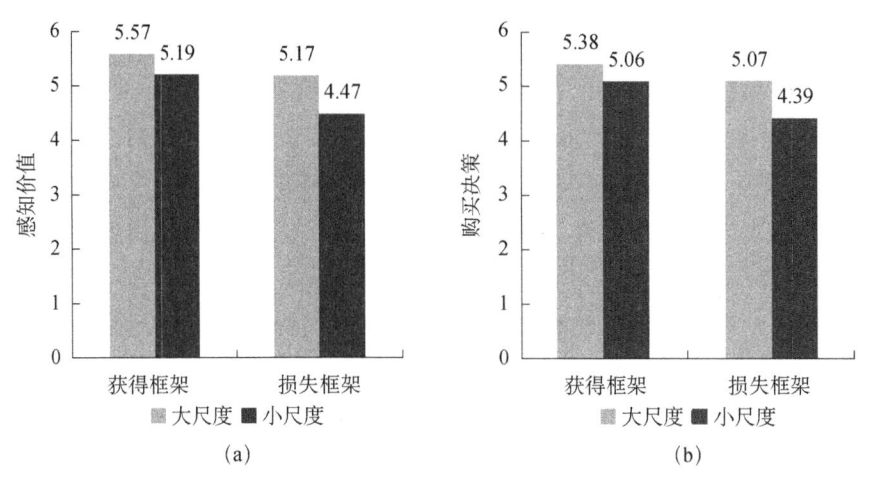

图 6-4　不同定制化目标框架下的感知价值与购买决策差异

五、主效应和交互效应的稳健性检验

广告的载体可能会影响实验效果。纯文本形式和视频+图片形式广告的实验效果会存在差异。因此，为了提高结果的稳健性，我们又设计了一个小实验进行稳健性检验。该小实验的实验材料与实验一相同，区别在于此实验中信息表现形式为纯文本，而实验一中信息表现形式为视频+图片。另外，本书研究测量变量仅考虑消费者购买决策，采用利克特五级量表进行测量。考虑到此实验材料为纯文本，采用便利原则，我们将实验材料附在调研问卷上。公开招募 400 名被试，并邀请其参加实验，同样在实验完成后赠送其一份小礼品。本次实验共获得 395 份样本，剔除无效样本后为 360 份，有效率约为 91.1%。

同样先进行操控性检验和信效度检验。对于大尺度框架组，$M_{获得}=4.29$，$M_{损失}=3.28$，$P<0.05$；对于小尺度框架组，$M_{获得}=4.03$，$M_{损失}=3.11$，$P<0.05$。对于获得框架组，$M_{小尺度}=4.03$，$M_{大尺度}=4.29$，$P<0.05$；对于损失框架组，$M_{小尺度}=3.11$，$M_{大尺度}=3.28$，$P<0.05$，因此实验材料中定制化目标框架与定制化尺度框架操控成功。购买决策变量的信度检验指标 Cronbach's α 系数达到 0.8，为高信度。同时，KMO 检验统计量超过 0.7，显著性水平为 0.000，说明具有较好的效度。

下面检验不同定制化绿色信息策略对购买决策的主效应。如表 6-8 所示，就定制化目标框架而言，在购买决策上，$M_{获得}=3.72$，$M_{损失}=3.48$，$P=0.007<0.05$，表明不同定制化目标框架在购买决策上存在显著差异，且获得框架较损失框架

有更积极的购买决策。就定制化尺度框架来说，在购买决策上，$M_{小尺度}$=3.50，$M_{大尺度}$=3.70，P=0.025＜0.05，表明不同尺度框架在购买决策上也存在显著差异，且大尺度框架较小尺度框架有更积极的购买决策。可见，本实验的主效应研究结果是稳健的。

表6-8 不同定制化绿色信息策略对购买决策的主效应检验

信息策略		购买决策			
		平均值	标准差	F值	显著性水平
定制化目标框架	获得	3.72	0.81	7.310	0.007**
	损失	3.48	0.89		
定制化尺度框架	小尺度	3.50	0.90	5.047	0.025*
	大尺度	3.70	0.80		

*代表显著水平在0.01以内，全书余同。

同样我们进一步检验定制化绿色信息策略对购买决策产生的交互效应。分析表明，定制化目标框架和定制化尺度框架对购买决策的两阶段交互效应不显著，$F(1,360)$=0.800，P=0.372＞0.05。虽然在显著性上没有通过，但是通过图6-5可以看出，对于获得框架来说，大尺度框架与小尺度框架在购买决策上并无多大差异；对于损失框架来说，大尺度框架比小尺度框架的购买决策更积极，$M_{损失,大尺度}$=3.62＞$M_{损失,小尺度}$=3.34。在实验一中，定制化绿色信息策略对购买决策的主效应与交互效应都非常显著，而本实验中仅有主效应显著，这在一定程度上说明，信息表现方式的不同会影响到消费者购买决策，即采用视频+图片的绿色广告方式会优于纯文本的绿色广告方式。

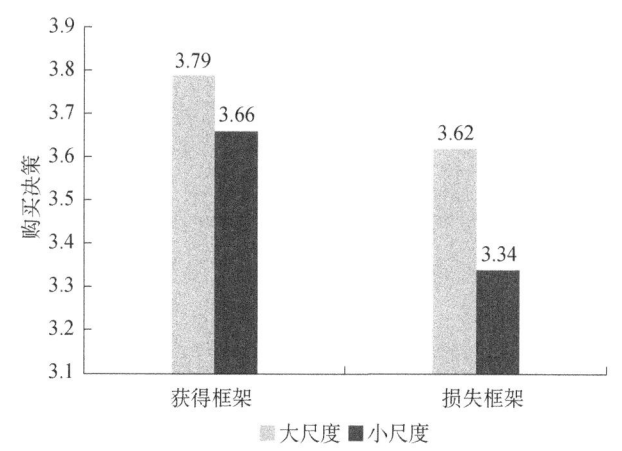

图6-5 不同定制化目标框架下的购买决策差异

第四节 中介效应检验

为了更进一步明确定制化绿色信息策略对购买决策的影响，以及感知价值在整个模型路径中所起到的中介作用，我们采用巴伦和肯尼（Baron and Kenny，1986）的检验方法，将定制化目标框架与定制化尺度框架中心化后进行三步骤回归分析。从表 6-9 可知，定制化目标框架与定制化尺度框架对感知价值影响的显著性水平均为 0.000，表明定制化目标框架与定制化尺度框架均能显著正向影响感知价值。同时，定制化目标框架、定制化尺度框架对绿色购买决策影响的显著性水平也都为 0.000，表明定制化目标框架与定制化尺度框架均能显著正向影响购买决策。

表 6-9 目标框架、尺度框架对感知价值与绿色购买决策的影响

项目	模型一 标准化系数	模型一 T 值	模型一 显著性水平	模型二 标准化系数	模型二 T 值	模型二 显著性水平	模型三 标准化系数	模型三 T 值	模型三 显著性水平	模型四 标准化系数	模型四 T 值	模型四 显著性水平
常数项	—	79.411	0.000***	—	70.352	0.000***	—	79.487	0.000***	—	70.586	0.000***
目标框架	0.316	6.171	0.000***	0.141	4.902	0.000***	—	—	—	—	—	—
尺度框架	—	—	—	—	—	—	0.113	5.890	0.000***	0.118	4.942	0.000***
相关系数 R	—	0.316	—	—	0.256	—	—	0.303	—	—	0.258	—
判定系数 R^2	—	0.100	—	—	0.065	—	—	0.092	—	—	0.066	—
调整的 R^2	—	0.097	—	—	0.063	—	—	0.089	—	—	0.064	—
F 值	—	38.080	—	—	24.034	—	—	34.693	—	—	24.428	—
显著性	—	0.000***	—	—	0.000***	—	—	0.000***	—	—	0.000***	—

注：模型一的因变量为感知价值，模型二的因变量为绿色购买决策，模型三的因变量为感知价值，模型四的因变量为购买决策。

最后以绿色购买决策变量为因变量，以定制化目标框架、定制化尺度框架和感知价值为自变量分别进行回归分析。从表 6-10 可知，定制化目标框架（获得框架或损失框架）对购买决策的路径系数不再显著（系数为 0.025，T 值为 0.651，显著性水平为 0.515），感知价值对购买决策的路径系数仍旧显著（系数为 0.730，T 值为 19.008，显著性水平为 0.000），调整的 R^2 为 0.543，F 值为 205.298。因此，模型一中感知价值的中介效应显著，且为完全中介，见图 6-6。模型二中，定制

化尺度框架（大尺度框架或小尺度框架）对购买决策的路径系数也不再显著（系数为 0.038，T 值为 0.982，显著性水平为 0.327），感知价值对绿色购买决策的路径系数仍旧显著（系数为 0.727，T 值为 19.018，显著性水平为 0.000），调整的 R^2 为 0.544，F 值为 205.892。因此，模型二中感知价值的中介效应也显著，且为完全中介，即假设 H5-1、H5-2 成立。图 6-6 为感知价值的中介效果图。

表 6-10　定制化绿色信息对购买决策影响的回归分析

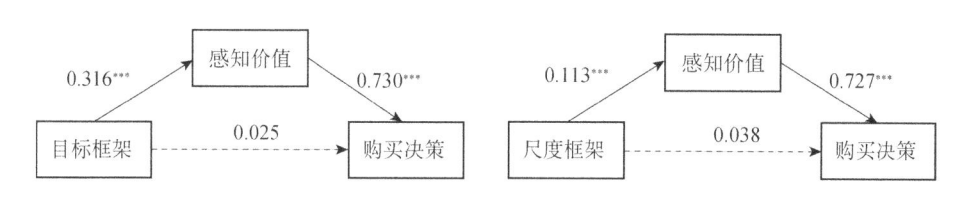

项目	模型一（自变量为目标框架）			模型二（自变量为尺度框架）		
	标准系数	T 值	显著性	标准化系数	T 值	显著性
常数项	—	4.369	0.000***	—	4.420	0.000***
目标框架	0.025	0.651	0.515	—	—	—
尺度框架	—	—	—	0.038	0.982	0.327
感知价值	0.730	19.008	0.000***	0.727	19.018	0.000***
相关系数 r	—	0.739	—	—	0.739	—
判定系数 R^2	—	0.546	—	—	0.546	—
调整的 R^2	—	0.543	—	—	0.544	—
F 值	—	205.298	—	—	205.892	—
显著性水平	—	0.000***	—	—	0.000***	—

(a) 中介效应检验　　　　　　　　　(b) 中介效应检验

图 6-6　感知价值的中介效应检验图

第五节　调节效应检验

采用两因素交互效应的方差分析，首先分析消费者涉入度对"定制化绿色信息策略—感知价值"和"定制化绿色信息策略—购买决策"两条路径的调节作用，其次分析解释水平对这两条路径的调节作用。

一、消费者涉入度对两路径的调节效应检验

如表 6-11 所示,定制化目标框架、定制化尺度框架与消费者涉入度对感知价值、购买决策均产生显著差异,即假设 H6-1、H6-2、H6-3、H6-4 成立。对于定制化目标框架来说,获得-低涉入度的购买决策最强,损失-低涉入度的购买决策最弱。$M_{获得,低涉入度}=5.49$,$M_{获得,高涉入度}=4.95$;$M_{损失,低涉入度}=4.71$,$M_{损失,高涉入度}=4.76$。对于尺度框架来说,大尺度-低涉入度的购买决策最强,小尺度-低涉入度的购买决策最弱。$M_{大尺度,低涉入度}=5.46$,$M_{大尺度,高涉入度}=4.98$;$M_{小尺度,低涉入度}=4.73$,$M_{小尺度,高涉入度}=4.75$。据此可以知道,对于低涉入度消费者,强调获得信息或大尺度信息最为有用,其购买决策会更强。

表 6-11 消费者涉入度的调节效应检验结果(Ⅰ)

项目	源	Ⅲ型平方和	df	均方	F 值	显著性水平
感知价值	校正模型	31.026	3	10.342	16.421	0.000
	目标框架	25.335	1	25.335	40.228	0.000
	消费者涉入度	0.192	1	0.192	0.305	0.581
	目标框架×消费者涉入度	6.296	1	6.296	9.997	0.002**
感知价值	校正模型	29.055	3	9.685	15.238	0.000
	尺度框架	23.260	1	23.260	36.597	0.000
	消费者涉入度	0.130	1	0.130	0.205	0.651
	尺度框架×消费者涉入度	6.375	1	6.375	10.031	0.002**
购买决策	校正模型	31.160	3	10.387	13.692	0.000
	目标框架	20.319	1	20.319	26.784	0.000
	消费者涉入度	4.888	1	4.888	6.443	0.012
	目标框架×消费者涉入度	7.420	1	7.420	9.782	0.002**
购买决策	校正模型	28.882	3	9.627	12.580	0.000
	尺度框架	20.174	1	20.174	26.361	0.000
	消费者涉入度	4.586	1	4.586	5.992	0.015
	尺度框架×消费者涉入度	5.176	1	5.176	6.764	0.010*

如表 6-12 所示,消费者涉入度与定制化绿色信息策略产生的交互作用对感知价值、购买决策均产生非常显著的差异,即假设 H6-5、H6-6 成立。从感知价值看,对于高涉入度消费者来说,相比获得-小尺度信息策略,获得-大尺度信息策略的感知价值更高,$M_{获得,大尺度,高涉入度}=5.42$,$M_{获得,小尺度,高涉入度}=5.06$。但对于低涉入度消费者来说,相比损失-小尺度信息策略,损失-大尺度信息策略的感知价值更

第六章 定制化绿色信息的影响解释：获得和损失的差异比较

高，$M_{损失,大尺度,低涉入度}=5.33$，$M_{损失,小尺度,低涉入度}=4.20$，见图6-7。从购买决策看，对于高涉入度消费者来说，获得-大尺度信息策略效果更好，$M_{获得,大尺度,高涉入度}=5.18$，$M_{获得,小尺度,高涉入度}=4.78$。但对于低涉入度消费者来说，损失-大尺度信息策略效果更好，$M_{损失,大尺度,低涉入度}=5.36$，$M_{损失,小尺度,低涉入度}=4.15$，见图6-8。

表6-12 消费者涉入度的调节效应检验结果（Ⅱ）

项目	源	Ⅲ型平方和	df	均方	F值	显著性水平
感知价值	校正模型	65.551	7	9.364	17.509	0.000
	目标框架	25.000	1	25.000	46.743	0.000
	尺度框架	22.750	1	22.750	42.536	0.000
	消费者涉入度	0.342	1	0.342	0.640	0.424
	目标框架×尺度框架	2.124	1	2.124	3.971	0.047
	目标框架×消费者涉入度	4.623	1	4.623	8.645	0.004
	尺度框架×消费者涉入度	4.543	1	4.543	8.494	0.004
	目标×尺度×消费者涉入度	4.397	1	4.397	8.221	0.004**
购买决策	校正模型	67.529	7	9.647	14.624	0.000
	目标框架	19.792	1	19.792	30.003	0.000
	尺度框架	18.974	1	18.974	28.763	0.000
	消费者涉入度	5.386	1	5.386	8.165	0.005
	目标框架×尺度框架	3.318	1	3.318	5.030	0.026
	目标框架×消费者涉入度	5.606	1	5.606	8.499	0.004
	尺度框架×消费者涉入度	3.673	1	3.673	5.568	0.019
	目标×尺度×消费者涉入度	9.401	1	9.401	14.250	0.000***

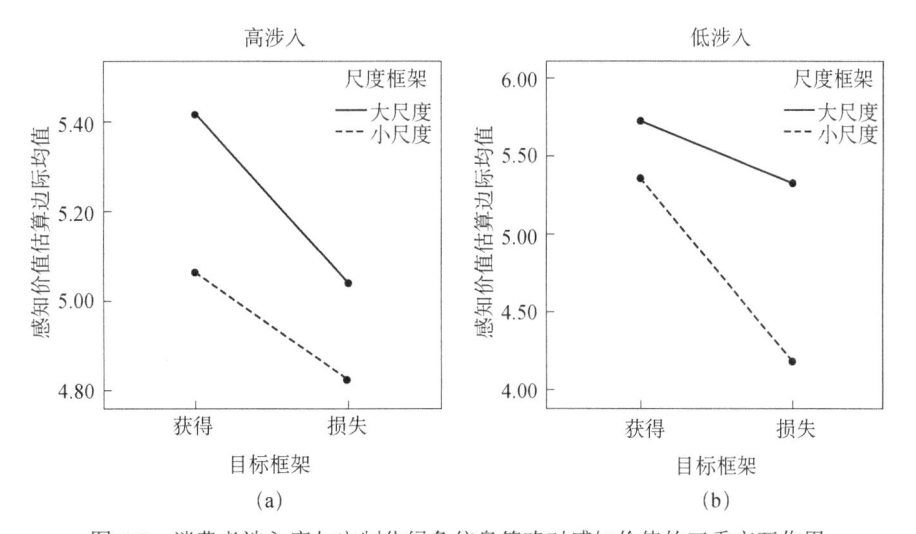

图6-7 消费者涉入度与定制化绿色信息策略对感知价值的三重交互作用

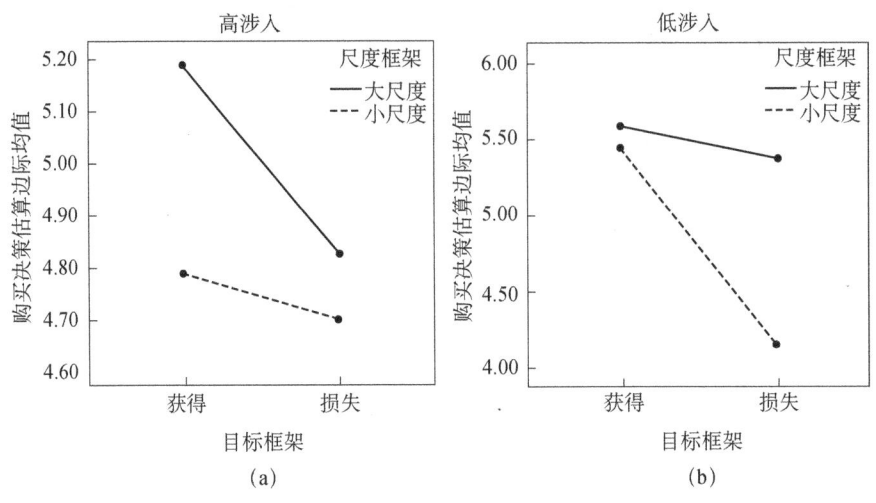

图 6-8 消费者涉入度与定制化绿色信息策略对购买决策的三重交互作用

二、解释水平对两路径的调节效应检验

采用方差分析模型来分析解释水平与定制化绿色信息策略产生的交互作用，结果如表 6-13 所示。分析发现，解释水平与定制化尺度框架、定制化目标框架对感知价值、购买决策均未产生显著差异，即假设 H7-1、H7-2、H7-3、H7-4 不成立。这表明解释水平对"定制化绿色信息策略—感知价值""定制化绿色信息策略—购买决策"两条路径均未产生调节效应。

表 6-13 解释水平的调节效应检验结果（Ⅰ）

项目	源	Ⅲ型平方和	df	均方	F 值	显著性水平
感知价值	校正模型	39.455	3	13.152	21.735	0.000
	目标框架	25.766	1	25.766	42.583	0.000
	解释水平	14.411	1	14.411	23.817	0.000
	目标框架×解释水平	0.439	1	0.439	0.725	0.395
感知价值	校正模型	36.012	3	12.004	19.513	0.000
	尺度框架	22.683	1	22.683	36.872	0.000
	解释水平	13.334	1	13.334	21.675	0.000
	尺度框架×解释水平	0.070	1	0.070	0.114	0.736
购买决策	校正模型	41.291	3	13.764	18.883	0.000
	目标框架	20.295	1	20.295	27.843	0.000
	解释水平	21.880	1	21.880	30.019	0.000

第六章　定制化绿色信息的影响解释：获得和损失的差异比较

续表

项目	源	Ⅲ型平方和	df	均方	F	显著性水平
购买决策	目标框架×解释水平	0.380	1	0.380	0.522	0.471
购买决策	校正模型	40.075ª	3	13.358	18.238	0.000
购买决策	尺度框架	19.377	1	19.377	26.456	0.000
	解释水平	20.771	1	20.771	28.359	0.000
	尺度框架×解释水平	0.062	1	0.062	0.085	0.771

进一步探讨解释水平与定制化绿色信息策略产生的三重交互作用，结果如表 6-14 所示。分析发现，解释水平与定制化绿色信息策略产生的交互作用对购买决策的影响存在显著差异，对感知价值不存在差异，即假设 H7-5 不成立、H7-6 成立（图 6-9）。对于高解释水平的消费者来说，获得-大尺度信息策略的购买决策更高，$M_{获得,大尺度,高解释水平}=5.86$，$M_{获得,小尺度,高解释水平}=5.13$；但对于低解释水平的消费者来说，损失-大尺度信息策略的购买决策更高，$M_{损失,大尺度,低解释水平}=4.88$，$M_{损失,小尺度,低解释水平}=4.07$。

表 6-14　解释水平的调节效应检验结果（Ⅱ）

项目	源	Ⅲ型平方和	df	F 值	显著性水平
感知价值	校正模型	66.692	7	17.928	0.000
	目标框架	28.105	1	52.884	0.000
	尺度框架	25.032	1	47.101	0.000
	解释水平	13.980	1	26.305	0.000
	目标框架×尺度框架	1.146	1	2.156	0.143
	目标框架×解释水平	0.008	1	0.015	0.901
	尺度框架×解释水平	0.077	1	0.145	0.703
	目标×尺度×解释水平	1.207	1	2.271	0.133
购买决策	校正模型	70.200	7	15.387	0.000
	目标框架	22.792	1	34.970	0.000
	尺度框架	21.802	1	33.452	0.000
	解释水平	21.884	1	33.577	0.000
	目标框架×尺度框架	1.311	1	2.012	0.157
	目标框架×解释水平	0.001	1	0.002	0.967
	尺度框架×解释水平	0.554	1	0.850	0.357
	目标×尺度×解释水平	5.890	1	9.036	0.003**

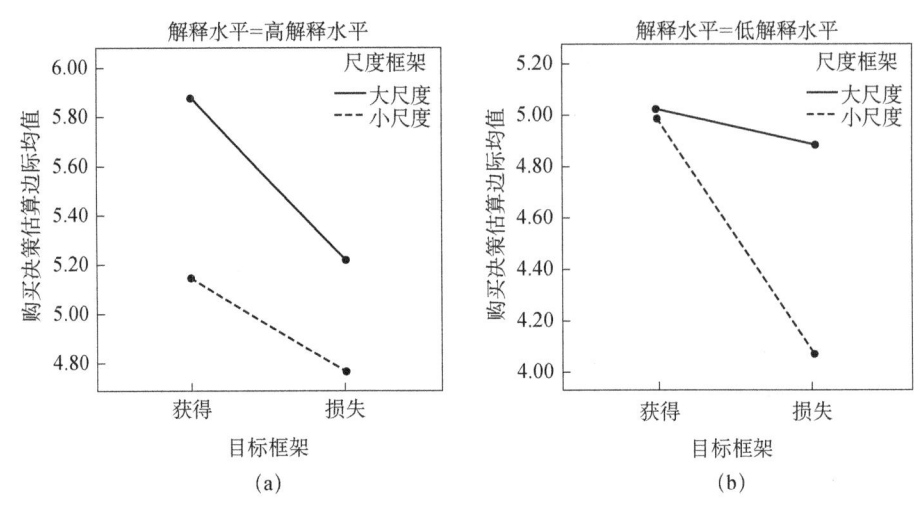

图 6-9 解释水平与定制化绿色信息策略对购买决策的三重交互作用

第六节 本章小结

本章主要探讨定制化绿色信息策略的框架效应，着重揭示定制化目标框架与定制化尺度框架对感知价值、购买决策的主效应与交互效应，分析消费者涉入度与解释水平的调节作用，同时本书研究还比较分析了不同信息表现形式的影响效果差异。本章研究假设的检验结果汇总如表 6-15 所示。

表 6-15 本章研究结果汇总

效应类别	变量	假设	检验结果	具体结论
主效应	定制化目标框架	H1	接受	不同的定制化目标框架对感知价值与购买决策的影响会有显著差异，即相较于损失框架，获得框架更能正向影响消费者感知价值与购买决策
主效应	定制化尺度框架	H2	接受	不同的定制化尺度框架对感知价值与购买决策的影响会有显著差异，即相较于小尺度框架，大尺度框架更能正向影响消费者感知价值与购买决策
交互效应	感知价值	H3	接受	定制化目标框架与定制化尺度框架对感知价值存在显著的交互作用
交互效应	感知价值	H3-1	接受	对获得框架来说，不同尺度框架的效果差异不大；对损失框架来说，不同尺度框架的效果差异很大，即在损失框架下，大尺度框架较小尺度框架更能正向影响消费者感知价值

续表

效应类别	变量	假设	检验结果	具体结论
交互效应	感知价值	H3-2	接受	对大尺度框架来说，不同目标框架的效果差异不大；对小尺度框架来说，不同目标框架的效果差异很大，即在小尺度框架下，获得框架较损失框架更能正向影响消费者感知价值
交互效应	购买决策	H4	接受	定制化目标框架与定制化尺度框架对购买决策存在显著的交互作用
交互效应	购买决策	H4-1	接受	对获得框架来说，不同尺度框架的效果差异不大；对损失框架来说，不同尺度框架的效果差异很大，即在损失框架下，大尺度框架较小尺度框架更能正向影响消费者购买决策
交互效应	购买决策	H4-2	接受	对大尺度框架来说，不同目标框架的效果差异不大；对小尺度框架来说，不同目标框架的效果差异很大，即在小尺度框架下，获得框架较损失框架更能正向影响消费者购买决策
中介效应	感知价值	H5-1	接受	在定制化目标框架—购买决策路径中，感知价值存在完全中介作用
中介效应	感知价值	H5-2	接受	在定制化尺度框架—购买决策路径中，感知价值存在完全中介作用
调节效应	消费者涉入度	H6-1	接受	消费者涉入度对定制化目标框架—感知价值路径存在显著的调节作用
调节效应	消费者涉入度	H6-2	接受	消费者涉入度对定制化目标框架—购买决策路径存在显著的调节作用
调节效应	消费者涉入度	H6-3	接受	消费者涉入度对定制化尺度框架—感知价值路径存在显著的调节作用
调节效应	消费者涉入度	H6-4	接受	消费者涉入度对定制化尺度框架—购买决策路径存在显著的调节作用
调节效应	消费者涉入度	H6-5	接受	消费者涉入度对定制化绿色信息策略—感知价值路径存在显著的调节作用
调节效应	消费者涉入度	H6-6	接受	消费者涉入度对定制化绿色信息策略—购买决策路径存在显著的调节作用
调节效应	解释水平	H7-1	拒绝	解释水平对定制化目标框架—感知价值路径不存在显著的调节作用
调节效应	解释水平	H7-2	拒绝	解释水平对定制化目标框架—购买决策路径不存在显著的调节作用
调节效应	解释水平	H7-3	拒绝	解释水平对定制化尺度框架—感知价值路径不存在显著的调节作用
调节效应	解释水平	H7-4	拒绝	解释水平对定制化尺度框架—购买决策路径不存在显著的调节作用
调节效应	解释水平	H7-5	拒绝	解释水平对定制化绿色信息策略—感知价值路径不存在显著的调节作用
调节效应	解释水平	H7-6	接受	解释水平对定制化绿色信息策略—购买决策路径存在显著的调节作用

具体来说，本书研究得出以下结果。

（1）在一般情境中定制化目标框架与定制化尺度框架对感知价值、购买决策的主效应与交互效应都显著，表明定制化绿色信息策略在一般情境中存在框架效应。另外，消费者在获得框架中的感知价值比损失框架更积极，绿色购买决策更高。本书研究的这一发现与列文等（Levin et al., 1998）、舒克和弗里斯（Schuck and Vreese, 2006）的结论一致。同时，大尺度框架较小尺度框架有更积极的感知价值和购买决策。此外，定制化目标框架和定制化尺度框架对感知价值、绿色购买决策的交互效应也显著。在定制化目标框架为获得框架时，不管何种尺度框架，对感知价值与购买决策均无明显差异，但在定制化目标框架为损失框架时，大尺度框架较小尺度框架有更为积极的感知价值和购买决策。这与大部分消费者的规避风险、避免损失的心理是相符的。

（2）在一般情境中感知价值对"定制化目标框架—购买决策"路径和"定制化尺度框架—购买决策"路径起完全中介作用。通过促使消费者形成积极的感知价值，进而对绿色购买决策产生影响。这验证了感知价值在"定制化绿色信息策略—绿色购买决策"路径中的作用。不管在定制化目标框架还是定制化尺度框架中，消费者感知价值都能显著正向影响消费者的购买决策。很多学者也认为，消费者所感知到的产品社会价值或绿色价值越高，则对产品越关注、越认可，从而越倾向于采取购买行为。

（3）在一般情境中，消费者涉入度对"定制化绿色信息策略—感知价值"和"定制化绿色信息策略—购买决策"路径都产生显著的调节作用。其一，消费者涉入度与定制化目标框架、定制化尺度框架对感知价值与购买决策都存在显著的调节效应；其二，消费者涉入度与定制化绿色信息策略在感知价值与购买决策上都产生非常显著的三重交互作用，对于高涉入度消费者来说，获得-大尺度信息策略较获得-小尺度信息策略更能促进感知价值与购买决策，但对于低涉入度消费者来说，损失-大尺度信息策略比损失-小尺度信息策略更能提高消费者的感知，从而促进购买。

（4）在一般情境中，解释水平对"定制化绿色信息策略—感知价值"和"定制化绿色信息策略—购买决策"路径产生部分调节作用。首先，解释水平与定制化目标框架、定制化尺度框架对感知价值、购买决策均未产生显著的调节效应。其次，解释水平与定制化绿色信息策略在购买决策上产生非常显著的三重交互作用，对于高解释水平的消费者来说，获得-大尺度信息策略较获得-小尺度信息策略有更积极的购买决策，但对于低解释水平的消费者来说，获得-大尺度信息策略与获得-小尺度信息策略几乎无差别，相反，损失-大尺度信息策略明显优于损失-小尺度信息策略。

（5）采用"视频+图片"的信息表现形式明显优于"纯文本"的表现形式。在"纯文本"形式下，定制化绿色信息策略对购买决策的主效应显著，但交互效应并不显著，而在"视频+图片"的形式下，两种效应都非常显著，且消费者感知价值和绿色购买决策都明显更高，表明"视频+图片"形式广告的传播效果更好。基于此，在实验二的研究中采用"视频+图片"的形式，进一步考察在定制情境中定制化绿色信息策略对消费者行为决策的影响，并与一般情境中的实验结果进行比较分析，这样有利于深入探讨定制化绿色信息策略的有效性。

第七章

定制化绿色信息的影响解释：
得失和反馈的综合效果

第六章重点分析了定制化绿色获得信息和定制化绿色损失信息的主效应（框架效应）和交互效应。在定制化反馈情境下定制化绿色信息的影响效应是否产生变化，这值得进一步的验证。本章继续以节能环保产品购买为例，通过对消费者的网络在线实验，重点分析在定制化反馈情境下定制化绿色信息的影响效应。换言之，本章主要验证定制化绿色信息中得失和反馈的综合效果，并进一步探讨情境特征变量（消费者涉入度和解释水平）的调节效应和态度变量（感知价值）的中介效应，以期为相关定制化绿色信息的制定和实施提供借鉴。本章为本书的实验三，主要分为六部分。

第一节 实验设计和样本描述

一、研究设计和概念模型

在绿色消费行为研究领域，定制化绿色信息研究主要聚焦于两方面：一是定制化反馈情境下，定制化绿色信息策略对推进绿色消费行为的作用；二是不同的情境下（一般情境与定制化反馈情境），绿色信息的框架效应对消费者的绿色消费意向、意愿以及消费决策的影响差异。本章研究的主要目的在于探讨第二个方面。本章首先给予被试定制化反馈情境，让每位被试都能清楚地定位自己是属于哪种类型（高、中、低）的耗电群体；其次研究定制化目标框架与定制化尺度框架对消费者购买决策产生的主效应与交互效应；再次探索消费者涉入度、解释水平产生的调节作用；最后比较分析两种不同情境中定制化绿色信息策略的传播效果差异。

本章的研究假设与第六章类似，唯一的区别在于本章主要研究定制化反馈情境下，绿色信息的框架效应对消费者的绿色消费意向、意愿以及消费决策的影响差异。限于篇幅，对这些假设的文献支持和论证，本章不再一一赘述。本章的假设模型继续从定制化绿色信息框架的两个维度（定制化目标框架和定制化尺度框架）研究定制化绿色信息中得失和反馈对绿色消费行为的综合效应。假设模型如

第七章 定制化绿色信息的影响解释：得失和反馈的综合效果

图 7-1 所示，其中，自变量为定制化目标框架和定制化尺度框架，因变量为绿色购买决策，调节变量是消费者涉入度和消费者解释水平，图中实线表示影响作用，虚线表示调节作用。

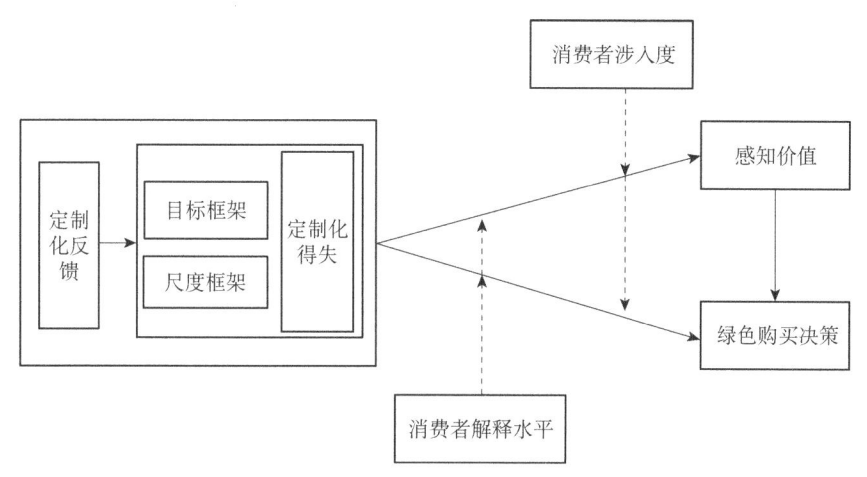

图 7-1 本章研究的概念模型

根据全国统计年鉴上的杭州市总人口数和杭州统计信息网的杭州累计用电量数据，得出杭州市居民每月人均用电量为 86.9 千瓦时，每月人均电费为 46.8 元。依据参考值 20%的比例，本研究将每月人均用电量小于或等于 92 千瓦时，即每月人均电费小于或等于 49 元的家庭定为"低耗电水平家庭"；将每月人均用电量为 93~137 千瓦时，即每月人均电费为 50~73 元的家庭定为"平均耗电水平家庭"；将每月人均用电量大于或等于 138 千瓦时，即每月人均电费大于或等于 74 元的家庭定为"高耗电水平家庭"。对于不同类型的家庭，其反馈信息也是有所差异的。对于低耗电水平家庭的被试，其反馈信息为"与杭州市家庭人均月用电量（114.6 千瓦时）相比，您家庭人均月用电量低于杭州市家庭平均水平，是低耗电家庭！为您点赞，希望您保持节约用电！"；对于平均耗电水平家庭的被试，其反馈信息为"与杭州市家庭人均月用电量（114.6 千瓦时）相比，您家庭人均月用电量大致属于杭州市家庭平均水平，是平均耗电家庭！希望您关注节约用电！"；对于高耗电水平家庭的被试，其反馈信息为"与杭州市家庭人均月用电量（114.6 千瓦时）相比，您家庭人均月用电量高于杭州市家庭平均水平，是高耗电家庭！希望您注意节约用电！"。

本实验是 2（定制化目标框架：获得 VS.损失）×2（定制化尺度框架：大尺

度 VS.小尺度）组间设计实验，四组实验组中包含随机分配的被试。本实验也使用"泡泡节能灯"作为实验刺激物。本次实验共有三个部分：第一部分，被试如实填写家庭日常生活用电量；第二部分，被试仔细观看"泡泡节能灯"广告后，回答相应的测试问卷；第三部分为解释水平特质量表。

二、实验材料和变量测量

本章的实验材料与第六章实验相同，分别为获得-大尺度信息策略（Ⅰ组）、获得-小尺度信息策略（Ⅱ组）、损失-大尺度信息策略（Ⅲ组）、损失-小尺度信息策略（Ⅳ组），同时也采用"视频+图片"的方式，通过问卷星平台收集数据。具体实验材料见附录三。定制化目标框架与定制化尺度框架的操控，与第六章的检验方法相同，要求被试回答四个问题来进行定制化绿色信息策略的操控，并采用利克特七级量表测量。本章实验的测量变量与第六章实验相同，为消费者感知价值、购买决策、消费者涉入度，共11个题项，仍旧采用利克特七级量表测量。

预实验时我们采用便利抽样原则，招募了在校学生、老师等共100人参与预实验，每组25人。主要检验定制化目标框架、定制化尺度框架两个变量操控的有效性及整体问卷的信效度。根据预实验结果，定制化目标框架和定制化尺度框架两变量的操控有效。采用配对样本 T 检验，对定制化目标框架的操控性检验结果显示：对于大尺度框架组，$M_{获得}=5.00 > M_{损失}=3.74$，$T=6.820$，$P=0.000$；对于小尺度框架组，$M_{获得}=4.08 > M_{损失}=3.29$，$T=4.215$，$P=0.000$。对定制化尺度框架的操控性检验结果显示：对于获得框架组，$M_{大尺度}=5.00 > M_{小尺度}=4.08$，$T=4.739$，$P=0.000$；对于损失框架组，$M_{大尺度}=3.74 > M_{小尺度}=3.29$，$T=2.396$，$P=0.018$。

使用SPSS22.0统计软件对预实验问卷进行信效度检验，检验结果显示问卷的各个题项的信效度很好。问卷的整体Cronbach's α值为0.909，感知价值、购买决策、消费者涉入度三个变量的Cronbach's α值分别为0.955、0.896、0.878，都达到0.8以上，表示高信度。在效度方面，这三项的KMO检验统计量分别为0.858、0.748、0.761，均超过0.7。所有分项的Bartlett's球形检验显著性水平均为0.000，可以认为本量表及各组成部分建构效度良好。因此，我们对预实验的个别措辞进行微调，形成了本实验的正式实验材料及问卷。

三、正式实验

1. 实验程序

本实验共四组定制化绿色信息策略,随机选择被试分别进行四组实验,其中每组被试均包含学生样本和非学生样本。实验共收集 360 份数据,为保证问卷的质量,去除一些无效样本,最后共得到 333 份有效问卷,有效率为 92.5%。其中,获得-大尺度组(Ⅰ组)80 份、获得-小尺度组(Ⅱ组)87 份、损失-大尺度组(Ⅲ组)86 份、损失-小尺度组(Ⅳ组)80 份。

本实验共有三个部分。第一部分是要求被试如实选择家庭用电情况(表 7-1);第二部分是要求被试观看视频后回答相应的题项;第三部分是解释水平特质问卷。根据中位数分组,将总分值大于等于 6 分的被试划分为高解释水平组(167 人),将总分值小于 6 分的被试划分为低解释水平组(166 人)。独立样本 T 检验的结果表明两组的 BIF 得分有显著差异,且高解释水平的得分明显偏高,$M_{低解释水平}$=3.92,$M_{高解释水平}$=7.69,T=29.304,P=0.000。

表 7-1 家庭每月人均用电情况调查表

题项	选项		
请问您家庭平均每月人均多少用电量	小于或等于 92 千瓦时	93～137 千瓦时	大于或等于 138 千瓦时
请问您家庭平均每月人均多少电费	小于或等于 49 元	50～73 元	大于或等于 74 元
这则信息能真实地反映出您家庭与杭州市家庭平均水平的用电比较	A 完全不同意　B 不同意　C 大致不同意　D 一般　E 大致同意　F 同意　G 完全同意		

2. 被试样本

从表 7-2 可以发现样本有如下特征:从用电情况看,92.5%的居民属于平均或偏下耗电家庭,仅有 7.5%的居民属于高耗电水平家庭;从性别来看,男性占 46.8%,女性占 53.2%;从年龄来看,被试主要集中在 34 周岁或以下,占样本总量的 75.7%;从学历上看,本科学历最多,占 53.8%,其次是高职或大专,占 19.8%;对于个人月收入来说,近半数集中在中等收入水平(个人月收入为 3201～6400 元)家庭。

表 7-2　实验三被试基本情况的描述性统计分析表

因素	题项	Ⅰ组/人	Ⅱ组/人	Ⅲ组/人	Ⅳ组/人	合计/人	占比/%
用电情况	1. 高耗电水平家庭	5	9	7	4	25	7.5
	2. 平均耗电水平家庭	44	46	49	49	188	56.5
	3. 低耗电水平家庭	31	32	30	27	120	36.0
性别	1. 男	44	44	41	27	156	46.8
	2. 女	36	43	45	53	177	53.2
年龄	1. 15～24周岁	15	17	19	36	87	26.1
	2. 25～34周岁	48	49	33	35	165	49.5
	3. 35～44周岁	14	21	27	4	66	19.8
	4. 45～54周岁	2	0	7	5	14	4.2
	5. 55～69周岁	1	0	0	0	1	0.3
学历	1. 初中或以下	1	1	5	1	8	2.4
	2. 高中或中专	6	9	17	2	34	10.2
	3. 高职或大专	13	29	16	8	66	19.8
	4. 本科	40	41	36	62	179	53.8
	5. 研究生或以上	20	7	12	7	46	13.8
个人月收入	1. 3200元或以下	24	18	22	22	86	25.8
	2. 3201～4800元	27	34	14	19	94	28.2
	3. 4801～6400元	17	24	11	13	65	19.5
	4. 6401～8000元	2	8	6	2	18	5.4
	5. 8001元或以上	4	9	2	4	19	5.7
	6. 无	7	9	15	20	51	15.3

3. 操控性检验与信效度分析

操控性检验结果表明，本实验的操控是成功的。其中，定制化目标框架的操控结果显示：对于大尺度框架组，$M_{获得}=5.17 > M_{损失}=4.01$，$T=10.847$，$P=0.000$；对于小尺度框架组，$M_{获得}=3.94 > M_{损失}=3.44$，$T=4.782$，$P=0.000$。对定制化尺度框架的操控，分析结果显示：对于获得框架组，$M_{大尺度}=5.17 > M_{小尺度}=3.94$，$T=10.774$，$P=0.000$；对于损失框架组，$M_{大尺度}=4.01 > M_{小尺度}=3.44$，$T=5.191$，$P=0.000$。

如表7-3所示，消费者感知价值（F1～F4）、购买决策（X1～X3）、消费者涉入度（Y1~Y4）三个变量的 Cronbach's α 值均＞0.8，为高信度，且总体 Cronbach's α 系数在删去任一题项后也无显著提高，大部分题项与整体的相关系数在 0.5 以上，Y1 与 Y3 为接近 0.5。可见，此量表的内部一致性、稳定性比较好。另外，所有组成信度均大于 0.9，说明所有潜变量的建构信度均非常理想。

表 7-3 量表及其 Cronbach's α 系数

变量	题项	该题与整体相关系数	多元相关平方系数	删去该题后α系数的变化情况	Cronbach's α 系数	组成信度（CR）
感知价值	F1 选择该节能灯有助于改善生态环境	0.876	0.779	0.923	0.944	0.9597
	F2 选择该节能灯对社会发展有好处	0.869	0.772	0.925		
	F3 我感觉购买该节能灯很划算	0.880	0.776	0.922		
	F4 我感觉该节能灯是物超所值的	0.836	0.711	0.935		
购买决策	X1 我愿意推荐我的亲戚朋友购买这款节能灯	0.844	0.721	0.894	0.925	0.9523
	X2 我愿意购买和使用这款节能灯	0.871	0.759	0.872		
	X3 我计划下一步购买和使用这款节能灯	0.827	0.686	0.908		
消费者涉入度	Y1 我对绿色广告的信息很关注	0.625	0.393	0.843	0.854	0.9015
	Y2 我对环境问题很关注	0.712	0.516	0.806		
	Y3 我对市场上新流行的绿色产品很关注	0.692	0.499	0.814		
	Y4 我对绿色产品相关的活动很关注	0.753	0.583	0.787		

从表 7-4 可以看出，感知价值、购买决策、消费者涉入度三项的 KMO 检验统计量均超过或接近 0.8。所有分项的 Bartlett's 球形检验显著性水平均为 0.000，可以认为本量表及各组成部分建构效度良好。

表 7-4 KMO 检验和 Bartlett's 球形检验

题项		感知价值	购买决策	消费者涉入度
KMO 检验		0.855	0.758	0.813
Bartlett's 球形检验	卡方统计量	1256.304	771.025	578.744
	自由度	6	3	6
	显著性水平	0.000	0.000	0.000

第二节 主效应检验

一、定制情境中定制化绿色信息策略对感知价值和行为的总体效应

在定制情境中，受到定制化绿色信息策略刺激后，消费者的感知价值、购买决策会相应变化，表 7-5 为各题项的描述性统计分析表。总的来说，感知价值、购买决策的均值都位于"一般"和"大致同意"之间。这表明，大部分被试基本都认可定制化绿色信息策略对购买决策的积极影响。具体来说，被试认同题项 F1 的比例约为 63.6%，认同 F2、F3、F4 的比例分别约为 66.3%、67.2%、62.7%。与此同时，被试认同 X1、X2、X3 的比例分别约为 62.1%、65.4%、61.5%。可见，大部分的被试都能认识到该产品的价值，并且愿意去了解或者购买这款产品。但各题项的标准差都偏大，表明其内部差异较大，有一些被试对定制化绿色信息策略的认知比较抽象，对该产品是否能真正发挥省电省钱、节能减排的作用持怀疑或保留态度。

表 7-5　个体感知价值与购买决策的描述性分析

题项	感知价值				购买决策		
	F1	F2	F3	F4	X1	X2	X3
样本量/人	333	333	333	333	333	333	333
均值	4.83	4.90	4.88	4.79	4.92	4.93	4.88
中位值	5	5	5	5	5	5	5
众数	6	5	5	5	6	6	6
标准差	1.23	1.19	1.22	1.18	1.12	1.16	1.13
完全不同意/%	—	—	0.6	—	0.3	—	0.3
不同意/%	4.2	3.3	3.6	4.5	1.5	2.7	1.5
不太同意/%	11.7	10.5	9.0	9.3	6.9	9.0	9.6
一般/%	20.4	19.9	19.5	23.4	29.1	22.8	27.0
大致同意/%	28.8	30.9	34.5	32.4	26.7	27.9	24.9
同意/%	30.3	30.0	26.4	26.1	30.6	32.7	33.6
完全同意/%	4.5	5.4	6.3	4.2	4.8	4.8	3.0
合计/%	100.0	100.0	100.0	100.0	100.0	100.0	100.0

第七章 定制化绿色信息的影响解释：得失和反馈的综合效果

接着，分析不同的定制化绿色信息策略对感知价值与购买决策的差异影响，以及消费者对环保信息的涉入度。图7-2为不同定制化绿色信息策略的差异描述。由图可知：首先，消费者涉入度均值较高，表明大部分消费者比较关注节能环保信息。其次，在获得-大尺度信息策略刺激下，被试的感知价值水平明显高于其他三组信息策略，这一点与一般情境中定制化绿色信息策略的影响类似。获得-小尺度信息策略与损失-大尺度信息策略的作用效果相差不大。最后，在损失-小尺度信息策略的刺激下，其感知价值与购买决策明显降低，表明定制情境中损失-小尺度信息策略对于提高消费者绿色购买决策的作用极小。

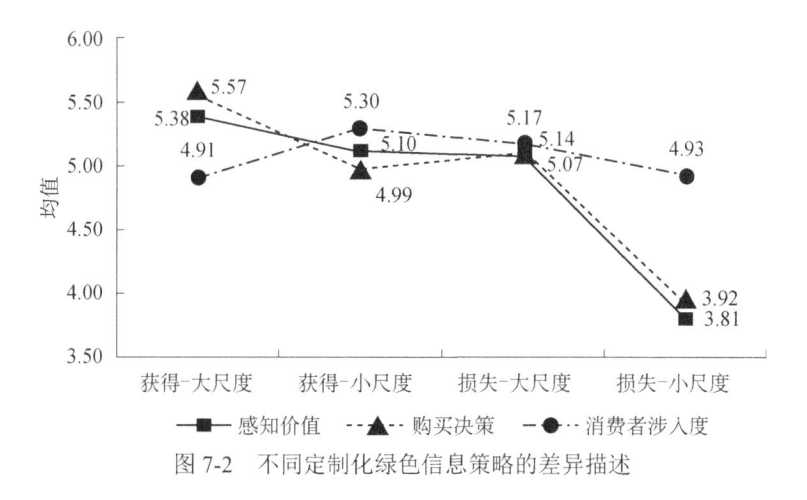

图7-2 不同定制化绿色信息策略的差异描述

根据居民每月家庭人均用电情况，我们将不同家庭分为"高耗电水平家庭""平均耗电水平家庭""低耗电水平家庭"三类。从表7-6可知，不同类型家庭在感知价值与购买决策上有非常显著的差异。对于高耗电水平家庭来说，在定制化绿色信息策略的刺激下，消费者能明显地提高对节能环保的认知，并且有强烈的意愿去购买产品。与之相反的是，对于低耗电水平家庭来说，消费者感知价值与购买决策的均值分别为4.63、4.68。这在一定程度上说明定制化绿色信息策略的刺激对于原本就低耗电的家庭来说，其作用效果并不明显。

表7-6 不同类型家庭对感知价值、购买决策的差异分析

不同类型家庭	感知价值				购买决策			
	平均值	标准差	F值	显著性水平	平均值	标准差	F值	显著性水平
高耗电水平家庭	5.17	1.29			5.43	1.04		
平均耗电水平家庭	4.95	1.00	4.070	0.018*	4.98	1.00	6.366	0.002**
低耗电水平家庭	4.63	1.22			4.68	1.11		

二、不同特征个体的感知价值和行为差异

采用单因素方差分析，进一步分析定制情境中定制化绿色信息策略对不同特征个体的效应是否存在差异。从表 7-7 可以看出，定制情境中定制化信息策略对不同人口统计特征的效应存在显著差异，这与一般情境中的影响效应存在明显的区别。对于性别，男性较女性对定制化信息策略的感知、购买决策更积极；对于年龄，相对年轻群体，中老年群体的购买决策更积极，原因有可能是这一群体有一定的社会阅历、对节能环保的益处有深刻体会，在定制情境中能产生共鸣，从而激发他们的购买欲望；对于学历，低学历者比高学历者有更为积极的感知价值与购买决策；对于个人月收入，高收入群体相比其他群体其感知价值与购买决策更积极。

表 7-7 不同特征个体的感知价值和行为差异

情境特征		感知价值				购买决策			
		平均值	标准差	F 值	显著性水平	平均值	标准差	F 值	显著性水平
性别	男性	4.94	1.12	1.850	0.175	5.03	0.99	4.135	0.043*
	女性	4.77	1.11			4.80	1.11		
年龄	15~24 周岁	4.59	1.01	2.269	0.062	4.64	1.04	3.111	0.016*
	25~34 周岁	4.90	1.20			4.94	1.11		
	35~44 周岁	4.95	1.01			5.07	0.91		
	45~54 周岁	5.32	0.90			5.45	0.88		
	55~69 周岁	6.00	—			6.00	—		
学历	初中或以下	4.69	0.92	4.685	0.001**	4.92	0.96	3.385	0.010**
	高中或中专	5.16	0.71			5.25	0.83		
	高职或大专	5.23	0.93			5.07	0.95		
	本科	4.63	1.22			4.72	1.13		
	研究生或以上	4.96	1.02			5.16	0.96		
个人月收入	3200 元或以下	4.80	1.20	1.354	0.241	4.87	1.11	2.931	0.013*
	3201~4800 元	4.79	1.10			4.86	1.02		
	4801~6400 元	4.90	1.22			4.99	1.12		
	6401~8000 元	5.13	1.18			5.20	0.97		
	8001 元或以上	5.04	0.99			5.22	1.01		

三、定制情境中定制化绿色信息策略的主效应检验

本研究主要探究定制情境中定制化目标框架、尺度框架对感知价值、购买决策是否产生显著差异。如表 7-8 所示，针对定制化目标框架，在感知价值上，$M_{获得}$=5.24，$M_{损失}$=4.46，P=0.000；在购买决策上，$M_{获得}$=5.27，$M_{损失}$=4.55，P=0.000，表明不同目标框架对感知价值和购买决策的影响效应差异显著，相对于损失框架，获得框架有更积极的感知价值和购买决策，即假设 H1 成立。针对定制化尺度框架，在感知价值上，$M_{大尺度}$=5.22，$M_{小尺度}$=4.48，P=0.000；在购买决策上，$M_{大尺度}$=5.35，$M_{小尺度}$=4.47，P=0.000，表明不同尺度框架对感知价值和购买决策的影响效应差异显著，且相对于小尺度框架，大尺度框架有更积极的感知价值和购买决策，即假设 H2 成立。

表 7-8　不同定制化绿色信息策略对感知价值与购买决策的主效应检验

信息策略		感知价值				购买决策			
		平均值	标准差	F 值	显著性	平均值	标准差	F 值	显著性
定制化目标框架	获得	5.24	0.92	45.421	0.000***	5.27	0.87	42.622	0.000***
	损失	4.46	1.17			4.55	1.12		
定制化尺度框架	大尺度	5.22	0.88	40.560	0.000***	5.35	0.85	67.269	0.000***
	小尺度	4.48	1.20			4.47	1.07		

四、定制情境中定制化绿色信息策略的交互效应检验

经方差分析检验发现，定制情境中定制化目标框架和定制化尺度框架对感知价值的两阶段交互效应非常显著，$F(1,333)$=22.410，P=0.000，即假设 H3-1、H3-2 成立。从图 7-3 可知，在获得框架下，不同尺度框架的感知价值效果差异较小；而在损失框架下，大尺度框架的感知价值效果明显优于小尺度框架，$M_{损失,大尺度}$=5.07＞$M_{损失,小尺度}$=3.81，即假设 H3-1 成立。在大尺度框架下，不同目标框架的感知价值效果差异较小；而在小尺度框架下，获得框架的感知价值效果明显优于损失框架，$M_{获得,小尺度}$=5.10＞$M_{损失,小尺度}$=3.81，即假设 H3-2 成立。另外，定制化目

标框架和定制化尺度框架对购买决策的两阶段交互效应也非常显著，$F(1,333)=11.151$，$P=0.001$。从图 7-4 可知，在获得框架下，不同尺度框架的购买决策效果差异较小；而在损失框架下，大尺度框架的购买决策效果明显优于小尺度框架，$M_{损失,大尺度}=5.14 > M_{损失,小尺度}=3.92$，即假设 H4-1 成立。在大尺度框架下，不同目标框架的购买决策差异不大；而在小尺度框架下，获得框架的购买决策要显著优于损失框架，$M_{获得,小尺度}=4.99 > M_{损失,小尺度}=3.92$，即假设 H4-2 成立。综上，假设 H3、H4 成立。

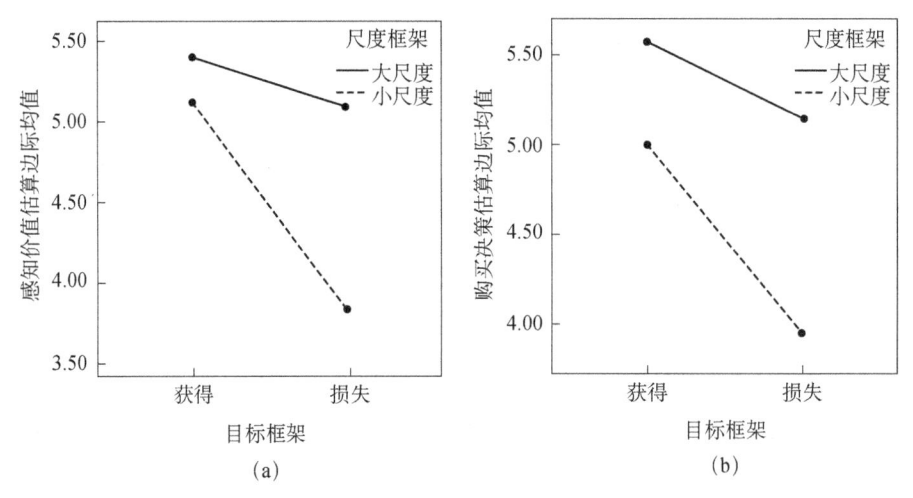

图 7-3 定制化绿色信息策略对感知价值与购买决策的交互作用

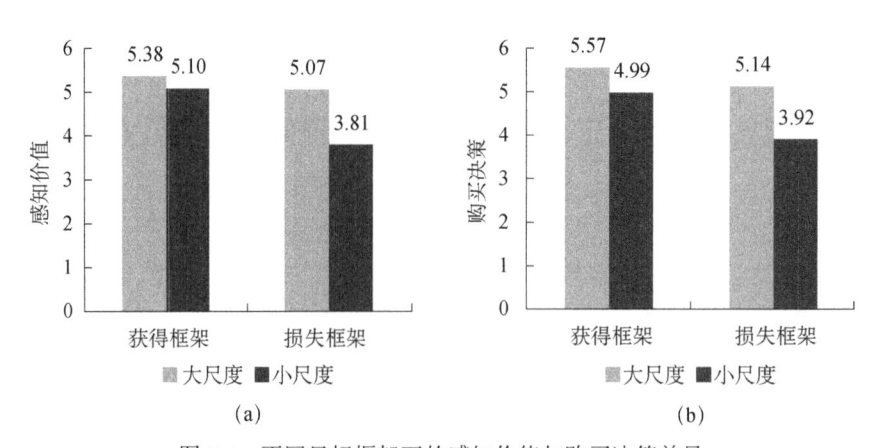

图 7-4 不同目标框架下的感知价值与购买决策差异

五、不同类型家庭的差异性分析

根据每月人均用电情况，我们将家庭分为三个层次，分别为高耗电水平家庭（占 7.5%）、平均耗电水平家庭（占 56.5%）、低耗电水平家庭（占 36.0%）。通过单因素方差分析发现，不同类型家庭在四组不同的定制化绿色信息策略刺激下其感知价值与购买决策均产生了显著差异。在感知价值上，不同类型家庭与定制化绿色信息策略的 F 值为 2.203，显著性水平为 0.042；在购买决策上，不同类型家庭与定制化绿色信息策略的 F 值为 2.332，显著性水平为 0.032。表 7-9 是不同类型家庭与定制化绿色信息策略在感知价值与购买决策上的平均值与标准差。从图 7-5 可以发现，获得-大尺度信息策略对高耗电水平家庭来说最有效，其感知价值与购买决策最高；损失-大尺度信息策略对任何家庭类型来说，感知价值并无多大差异；损失-小尺度信息策略对三种类型家庭来说，其感知价值与购买决策都较差，特别是对于低耗电水平家庭来说，其效果最弱。

表 7-9 不同类型家庭与定制化绿色信息策略的差异性分析

家庭类型	定制化绿色信息策略	感知价值 平均值	感知价值 标准差	购买决策 平均值	购买决策 标准差
高耗电水平家庭	获得-大尺度	5.80	1.02	5.93	0.55
	获得-小尺度	5.67	1.03	5.63	0.84
	损失-大尺度	5.04	0.98	5.76	0.74
	损失-小尺度	3.50	1.41	3.75	0.83
平均耗电水平家庭	获得-大尺度	5.52	0.71	5.70	0.76
	获得-小尺度	5.11	0.92	5.01	0.86
	损失-大尺度	5.08	0.90	5.07	0.92
	损失-小尺度	4.15	0.91	4.23	0.88
低耗电水平家庭	获得-大尺度	5.11	0.83	5.31	0.71
	获得-小尺度	4.94	1.06	4.78	0.85
	损失-大尺度	5.07	1.00	5.11	0.87
	损失-小尺度	3.24	0.96	3.37	0.94

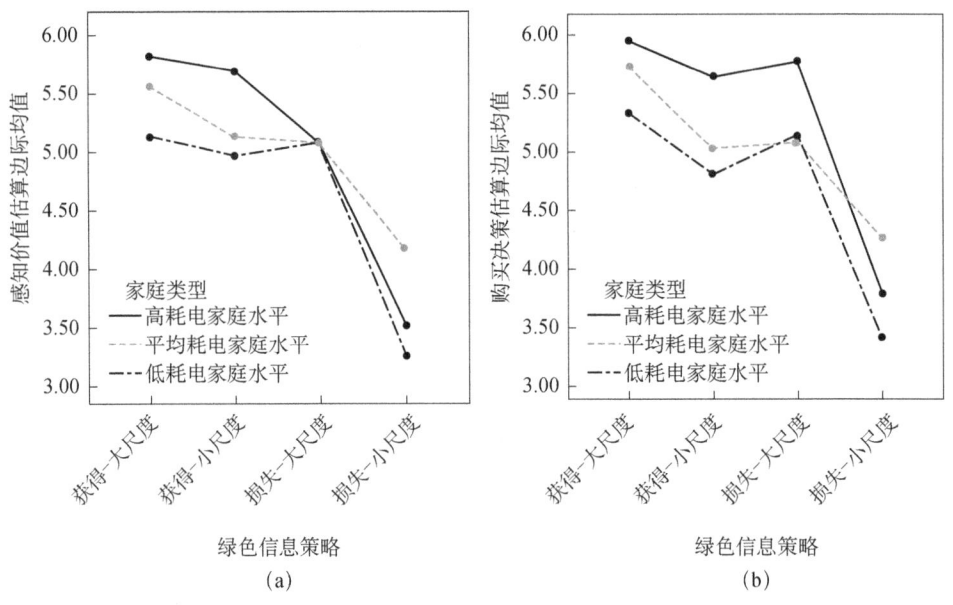

图 7-5 不同类型家庭与定制化绿色信息策略的交互分析

第三节 中介效应检验

如表 7-10 所示,定制化目标框架与定制化尺度框架对感知价值影响的显著性水平均为 0.000,表明两者均能显著正向影响感知价值。定制化目标框架与定制化尺度框架对购买决策影响的显著性水平均为 0.000,也表明定制化目标框架与定制化尺度框架都能显著正向影响购买决策。

表 7-10 目标框架、尺度框架对感知价值与购买决策的影响

项目	模型一 标准化系数	模型一 T值	模型一 显著性水平	模型二 标准化系数	模型二 T值	模型二 显著性水平	模型三 标准化系数	模型三 T值	模型三 显著性水平	模型四 标准化系数	模型四 T值	模型四 显著性水平
常数项	—	33.123	0.000***	—	34.556	0.000***	—	32.552	0.000***	—	37.013	0.000***
目标框架	0.347	6.739	0.000***	0.141	6.529	0.000***	—	—	—	—	—	—
尺度框架	—	—	—	—	—	—	0.113	6.369	0.000***	0.118	8.202	0.000***
相关系数 r	—	0.347	—	—	0.338	—	—	0.330	—	—	0.411	—
判定系数 R^2	—	0.121	—	—	0.114	—	—	0.109	—	—	0.169	—

续表

项目	模型一 标准化系数	模型一 T值	模型一 显著性水平	模型二 标准化系数	模型二 T值	模型二 显著性水平	模型三 标准化系数	模型三 T值	模型三 显著性水平	模型四 标准化系数	模型四 T值	模型四 显著性水平
调整的 R^2	—	0.118	—	—	0.111	—	—	0.106	—	—	0.016	—
F值	—	45.421	—	—	42.622	—	—	40.560	—	—	67.269	—
显著性	—	0.000***	—	—	0.000***	—	—	0.000***	—	—	0.000***	—

注：模型一的因变量为感知价值，模型二的因变量为购买决策，模型三的因变量为感知价值，模型四的因变量为购买决策。

最后，因变量为绿色购买决策变量，自变量为定制化目标框架、定制化尺度框架和感知价值，对其分别进行回归分析，结果如表7-11所示。可以看出，定制化目标框架（获得框架或损失框架）对绿色购买决策的路径系数不再显著（系数为0.047，T值为1.551，显著性水平为0.122），感知价值对绿色购买决策的路径系数仍旧显著（系数为0.836，T值为27.292，显著性水平为0.000），且调整的 R^2 为0.726，F值为441.744。因此，在模型一中感知价值的中介效应显著。定制化尺度框架（大尺度框架或小尺度框架）对绿色购买决策的路径系数依旧显著（系数为0.145，T值为4.933，显著性水平为0.000），感知价值对绿色购买决策的路径系数也显著（系数为0.840，T值为27.296，显著性水平为0.000），因此，模型二中感知价值的中介效应依旧显著。综上得知，消费者感知价值对"定制化目标框架—绿色购买决策路径"存在完全中介作用，对"定制化尺度框架—绿色购买决策路径"存在部分中介作用，即假设 H5-1、H5-2 成立，图7-6为感知价值的中介效应检验图。

表7-11　定制化绿色信息策略对购买决策的回归分析

项目	模型一（自变量为目标框架）标准化系数	T值	显著性	模型二（自变量为尺度框架）标准化系数	T值	显著性
常数项	—	6.057	0.000***	—	8.717	0.000***
目标框架	0.047	1.551	0.122	—	—	—
尺度框架	—	—	—	0.145	4.933	0.000***
感知价值	0.836	27.292	0.000***	0.840	27.296	0.000***
相关系数 r	—	0.853	—	—	0.863	—
判定系数 R^2	—	0.728	—	—	0.745	—
调整的 R^2	—	0.726	—	—	0.743	—
F值	—	441.744	—	—	481.764	—
显著性	—	0.000***	—	—	0.000***	—

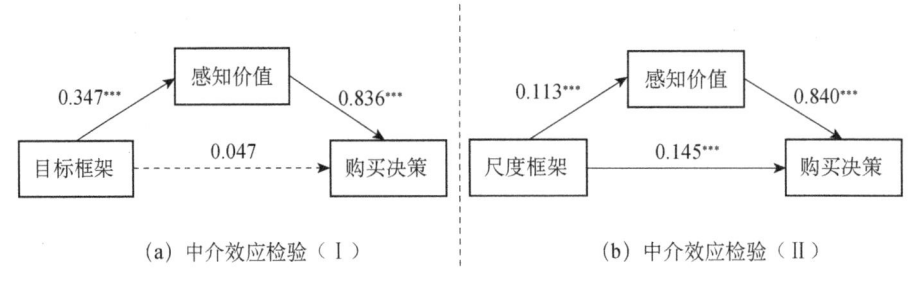

```
                           感知价值                                          感知价值
                0.347***          0.836***                       0.113***          0.840***

        目标框架 ---- 0.047 ----> 购买决策            尺度框架 ---- 0.145*** ----> 购买决策

             (a) 中介效应检验（Ⅰ）                              (b) 中介效应检验（Ⅱ）
```

图 7-6　定制情境下感知价值的中介效应检验图

第四节　调节效应检验

一、消费者涉入度的调节效应检验

同样，本节采用两因素交互效应的方差分析，分别分析消费者涉入度在定制情境中对"定制化绿色信息策略—感知价值"和"定制化绿色信息策略—购买决策"两条路径的调节作用，以及解释水平对这两条路径的调节作用。

鉴于定制化目标框架、定制化尺度框架和消费者涉入度均为分类变量，我们采用方差分析模型来分析，结果如表 7-12 所示。分析发现，消费者涉入度在定制化目标框架中对购买决策的影响效应存在少许差异，$M_{获得,低涉入度}=4.96$，$M_{获得,高涉入度}=5.58$，$M_{损失,低涉入度}=4.09$，$M_{损失,高涉入度}=5.12$，但对感知价值未存在影响效应差异，即假设 H6-1 不成立、H6-2 成立；消费者涉入度在定制化尺度框架对感知价值、购买决策路径中均未产生显著差异，即假设 H6-3、H6-4 不成立。

表 7-12　消费者涉入度的调节效应检验结果（Ⅰ）

项目	源	Ⅲ型平方和	df	均方	F 值	显著性水平
感知价值	校正模型	115.764	3	38.588	42.639	0.000
	目标框架	44.205	1	44.205	48.846	0.000
	消费者涉入度	64.790	1	64.790	71.592	0.000
	目标框架×消费者涉入度	1.224	1	1.224	1.353	0.246
感知价值	校正模型	116.960	3	38.987	43.253	0.000
	尺度框架	45.703	1	45.703	50.705	0.000
	消费者涉入度	70.729	1	70.729	78.470	0.000
	尺度框架×消费者涉入度	1.004	1	1.004	1.114	0.292

续表

项目	源	III型平方和	df	均方	F 值	显著性水平
购买决策	校正模型	101.915	3	33.972	41.177	0.000
	目标框架	37.044	1	37.044	44.900	0.000
	消费者涉入度	56.311	1	56.311	68.253	0.000
	目标框架×消费者涉入度	3.238	1	3.238	3.924	0.048*
购买决策	校正模型	125.467	3	41.822	55.509	0.000
	尺度框架	63.798	1	63.798	84.676	0.000
	消费者涉入度	61.749	1	61.749	81.957	0.000
	尺度框架×消费者涉入度	0.595	1	0.595	0.790	0.375

我们采用方差分析模型来分析三重交互作用,结果如表 7-13 所示。分析发现,消费者涉入度与定制化绿色信息策略产生的交互作用对购买决策产生显著差异,对感知价值不存在差异,即假设 H6-5 不成立、H6-6 成立。从图 7-7 可知,对于低涉入度消费者来说,定制化绿色信息策略与消费者涉入度的交互作用对购买决策并没有产生显著差异,但对于高涉入度消费者来说,损失-大尺度信息策略下的购买决策明显高于损失-小尺度信息策略下,$M_{损失,大尺度,高涉入度}=5.67$,$M_{损失,小尺度,高涉入度}=4.31$,$M_{获得,大尺度,高涉入度}=5.91$,$M_{获得,小尺度,高涉入度}=5.38$,这说明对于低涉入度消费者,定制化绿色信息策略并没有发挥实际作用;但对于高涉入度消费者,定制化绿色信息策略发挥了功效,且损失-大尺度信息策略的效果显著优于损失-小尺度信息策略。

表 7-13 消费者涉入度的调节效应检验结果(Ⅱ)

项目	源	III型平方和	df	均方	F 值	显著性水平
感知价值	校正模型	177.278	7	25.325	34.843	0.000
	目标框架	47.969	1	47.969	65.995	0.000
	尺度框架	49.691	1	49.691	68.365	0.000
	消费者涉入度	55.724	1	55.724	76.665	0.000
	目标框架×尺度框架	11.444	1	11.444	15.744	0.000
	目标框架×消费者涉入度	0.004	1	0.004	0.005	0.943
	尺度框架×消费者涉入度	0.033	1	0.033	0.046	0.830
	目标×尺度×消费者涉入度	1.291	1	1.291	1.777	0.184
购买决策	校正模型	174.432	7	24.919	40.714	0.000
	目标框架	41.310	1	41.310	67.495	0.000
	尺度框架	66.908	1	66.908	109.318	0.000

续表

项目	源	Ⅲ型平方和	df	均方	F值	显著性水平
购买决策	消费者涉入度	50.737	1	50.737	82.897	0.000
	目标框架×尺度框架	3.895	1	3.895	6.365	0.012
	目标框架×消费者涉入度	0.305	1	0.305	0.498	0.481
	尺度框架×消费者涉入度	0.067	1	0.067	0.110	0.740
	目标×尺度×消费者涉入度	3.068	1	3.068	5.013	0.026*

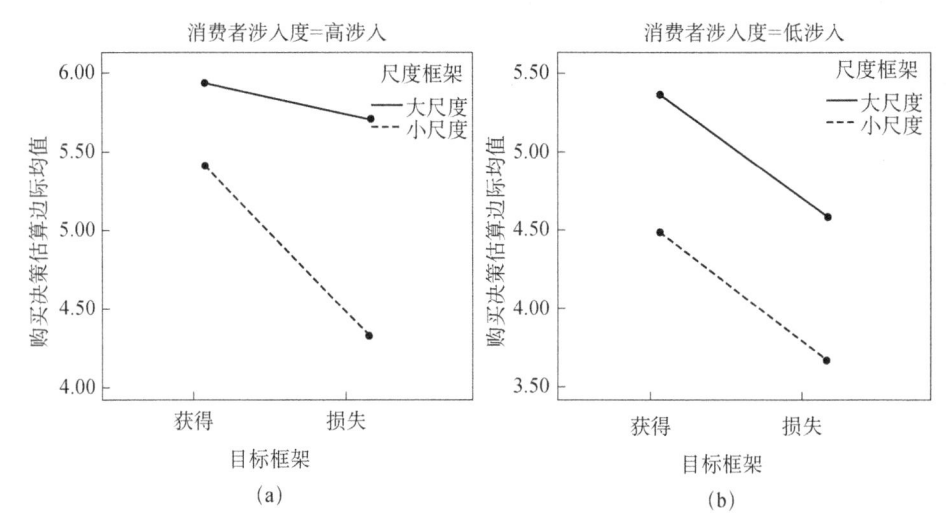

图 7-7 涉入度与定制化绿色信息策略对购买决策的三重交互作用

二、解释水平的调节效应检验

借助方差分析模型对解释水平与定制化绿色信息策略产生的交互作用进行分析，结果如表 7-14 所示。分析发现，解释水平与定制化目标框架、定制化尺度框架交互作用下对感知价值、购买决策路径均未产生显著差异，即假设 H7-1、H7-2、H7-3、H7-4 不成立。这说明解释水平对"定制化绿色信息策略—感知价值"路径未产生调节效应，同时对"定制化绿色信息策略—购买决策"路径也未产生调节效应。

表 7-14 解释水平的调节效应检验结果（Ⅰ）

项目	源	Ⅲ型平方和	df	均方	F值	显著性水平
感知价值	校正模型	97.666	3	32.555	33.912	0.000
	目标框架	62.352	1	62.352	64.951	0.000

续表

项目	源	Ⅲ型平方和	df	均方	F值	显著性水平
感知价值	解释水平	47.745	1	47.745	49.734	0.000
	目标框架×解释水平	0.018	1	0.018	0.018	0.892
感知价值	校正模型	83.825	3	27.942	27.884	0.000
	尺度框架	48.396	1	48.396	48.296	0.000
	解释水平	38.516	1	38.516	38.436	0.000
	尺度框架×解释水平	0.157	1	0.157	0.157	0.692
购买决策	校正模型	76.361	3	25.454	28.197	0.000
	目标框架	51.807	1	51.807	57.391	0.000
	解释水平	32.009	1	32.009	35.460	0.000
	目标框架×解释水平	1.703	1	1.703	1.886	0.171
购买决策	校正模型	90.344	3	30.115	35.009	0.000
	尺度框架	66.207	1	66.207	76.967	0.000
	解释水平	25.838	1	25.838	30.037	0.000
	尺度框架×解释水平	1.413	1	1.413	1.643	0.201

采用方差分析进一步分析解释水平与定制化绿色信息策略产生的三重交互作用，结果如表7-15所示。研究发现，解释水平与定制化绿色信息策略交互作用对购买决策产生显著差异，对感知价值不产生明显差异，即假设H7-5不成立、H7-6成立。从图7-8可知，对于高解释水平的消费者来说，定制化绿色信息策略与解释水平的交互作用对购买决策并没有产生很明显的差异，但对于低解释水平的消费者来说，损失-大尺度信息策略下的购买决策明显高于损失-小尺度信息策略下的购买决策，$M_{损失，大尺度，低解释水平}=4.76$，$M_{损失，小尺度，低解释水平}=3.19$，$M_{获得，大尺度，低解释水平}=5.04$，$M_{获得，小尺度，低解释水平}=4.75$。这说明了对于高解释水平的消费者，定制化绿色信息策略并没有发挥实际作用；但对于低解释水平的消费者，定制化绿色信息策略的作用显著，且损失-大尺度信息策略的效果显著优于损失-小尺度信息策略。

表7-15 解释水平的调节效应检验结果（Ⅱ）

项目	源	Ⅲ型平方和	df	均方	F值	显著性水平
感知价值	校正模型	173.391	7	24.770	33.527	0.000
	目标框架	68.023	1	68.023	92.071	0.000
	尺度框架	55.111	1	55.111	74.594	0.000

续表

项目	源	Ⅲ型平方和	df	均方	F值	显著性水平
感知价值	解释水平	52.755	1	52.755	71.406	0.000
	目标框架×尺度框架	20.672	1	20.672	27.980	0.000
	目标框架×解释水平	0.008	1	0.008	0.010	0.919
	尺度框架×解释水平	0.940	1	0.940	1.272	0.260
	目标×尺度×解释水平	1.454	1	1.454	1.967	0.162
购买决策	校正模型	161.439	7	23.063	35.371	0.000
	目标框架	58.225	1	58.225	89.299	0.000
	尺度框架	74.490	1	74.490	114.243	0.000
	解释水平	37.138	1	37.138	56.957	0.000
	目标框架×尺度框架	9.263	1	9.263	14.206	0.000
	目标框架×解释水平	1.278	1	1.278	1.960	0.162
	尺度框架×解释水平	2.271	1	2.271	3.483	0.063
	目标×尺度×解释水平	2.946	1	2.946	4.519	0.034*

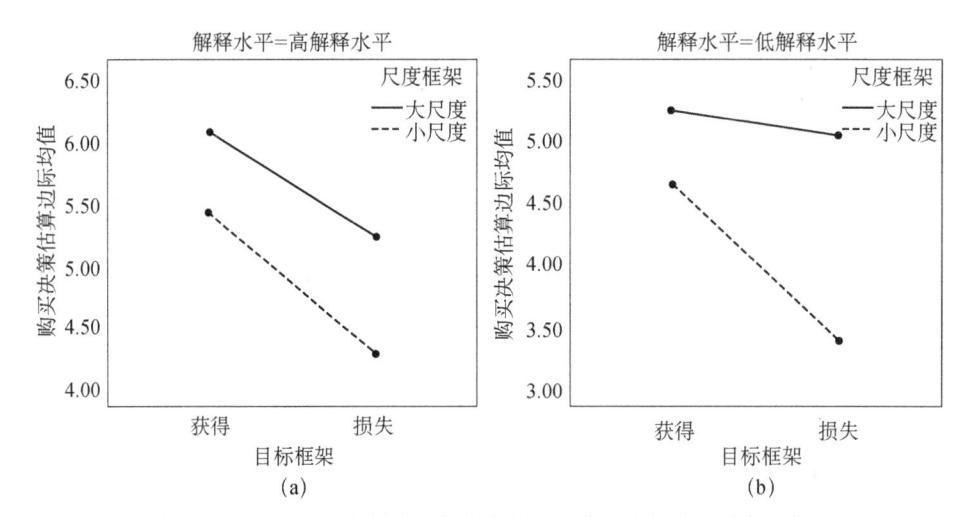

图 7-8 解释水平与定制化绿色信息策略对购买决策的三重交互作用

第五节 不同情境下定制化绿色信息的差异检验

本节的目的在于进一步探究两种不同情境中定制化绿色信息策略对感知价

值与购买决策作用的差异。如表 7-16 所示,一般情境下定制化绿色信息策略共收集 345 份有效样本,定制情境下定制化绿色信息策略共有 333 份有效样本。采用独立样本 T 检验分析不同定制化绿色信息策略导致感知价值与购买决策的差异。研究发现,两者在购买决策上并无显著差异,而在感知价值上存在显著的差异。在感知价值上,$M_{一般}=5.10>M_{定制}=4.85$,表明相对定制情境,一般情境中定制化绿色信息策略的刺激更能促进积极的感知价值,有更为明显的框架效应,其原因有可能是被试在定制情境中会诱发产生其他负面情绪。总体比较发现,两种情境中的定制化绿色信息策略仅在感知价值上产生差异。

表 7-16 一般情境与定制情境中定制化绿色信息策略总体差异分析

两种情境	N	感知价值					购买决策				
		平均值	标准差	T 值	显著性	平均值	标准差	T 值	显著性
一般情境	345	5.10	0.85	3.278	0.001**	4.97	0.92	0.829	0.407
定制情境	333	4.85	1.12			4.91	1.06		

接下来,采用独立样本 T 检验具体分析四种不同定制化绿色信息策略对感知价值与购买决策的影响差异。如表 7-17 所示,在四种定制化绿色信息策略中,仅有损失-小尺度信息策略存在明显的差异。在感知价值上,$M_{一般}=4.47>M_{定制}=3.81$,$T=4.534$,$P=0.000$;在购买决策上,$M_{一般}=4.39>M_{定制}=3.92$,$T=3.198$,$P=0.002$,这表明损失-小尺度信息策略在一般情境中比定制情境中对激发消费者感知价值与购买意愿有更为明显的作用。

表 7-17 一般情境与定制情境中定制化绿色信息策略具体差异分析

信息策略	情境	N	感知价值				购买决策			
			平均值	标准差	T 值	显著性	平均值	标准差	T 值	显著性
获得-大尺度	一般	80	5.57	0.73	1.545	0.124	5.38	0.82	-1.540	0.126
	定制	80	5.38	0.80			5.57	0.75		
获得-小尺度	一般	91	5.19	0.77	0.668	0.505	5.06	0.85	0.568	0.571
	定制	87	5.10	1.00			4.99	0.88		
损失-大尺度	一般	90	5.17	0.68	0.837	0.404	5.07	0.82	-0.565	0.573
	定制	86	5.07	0.93			5.14	0.90		
损失-小尺度	一般	84	4.47	0.83	4.534	0.000***	4.39	0.91	3.198	0.002**
	定制	80	3.81	1.04			3.92	0.97		

第六节 本章小结

本章主要探讨了定制情境中定制化绿色信息策略的框架效应，揭示了定制情境中定制化目标框架与定制化尺度框架对感知价值、购买决策的主效应与交互效应，并探讨消费者涉入度与解释水平对两路径的调节作用，最后比较分析两种不同情境下定制化绿色信息策略影响效果的差异。本章具体研究假设的检验结果汇总如表 7-18 所示。

表 7-18 本章研究结果汇总

效应类别	变量	假设	检验结果	具体结论
主效应	定制化目标框架	H1	接受	不同的定制化目标框架对感知价值与购买决策的影响会有显著差异，即相较于损失框架，获得框架更能正向影响消费者感知价值与购买决策
主效应	定制化尺度框架	H2	接受	不同的定制化尺度框架对感知价值与购买决策的影响会有显著差异，即相较于小尺度框架，大尺度框架更能正向影响消费者感知价值与购买决策
交互效应	感知价值	H3	接受	定制化目标框架与定制化尺度框架对感知价值存在显著的交互作用
交互效应	感知价值	H3-1	接受	对获得框架来说，不同尺度框架的影响效果差异不大；对损失框架来说，不同尺度框架的效果差异很大，即在损失框架下，大尺度框架较小尺度框架更能正向影响消费者感知价值
交互效应	感知价值	H3-2	接受	对大尺度框架来说，不同目标框架的影响效果差异不大；对小尺度框架来说，不同目标框架的效果差异很大，即在小尺度框架下，获得框架较损失框架更能正向影响消费者感知价值
交互效应	购买决策	H4	接受	定制化目标框架与定制化尺度框架对购买决策有正向交互影响作用
交互效应	购买决策	H4-1	接受	对获得框架来说，不同尺度框架的影响效果差异不大；对损失框架来说，不同尺度框架的影响效果差异很大，即在损失框架下，大尺度框架较小尺度框架更能正向影响消费者购买决策
交互效应	购买决策	H4-2	接受	对大尺度框架来说，不同目标框架的影响效果差异不大；对小尺度框架来说，不同目标框架的影响效果差异很大，即在小尺度框架下，获得框架较损失框架更能正向影响消费者购买决策
中介效应	感知价值	H5-1	接受	在定制化目标框架—购买决策路径中，感知价值存在完全中介作用

续表

效应类别	变量	假设	检验结果	具体结论
中介效应	感知价值	H5-2	接受	在定制化尺度框架—购买决策路径中，感知价值存在部分中介作用
调节效应	消费者涉入度	H6-1	拒绝	消费者涉入度对定制化目标框架—感知价值路径不存在显著的调节作用
		H6-2	接受	消费者涉入度对定制化目标框架—购买决策路径存在显著的调节作用
		H6-3	拒绝	消费者涉入度对定制化尺度框架—感知价值路径不存在显著的调节作用
		H6-4	拒绝	消费者涉入度对定制化尺度框架—购买决策路径不存在显著的调节作用
		H6-5	拒绝	消费者涉入度对定制化绿色信息策略—感知价值路径不存在显著的调节作用
		H6-6	接受	消费者涉入度对定制化绿色信息策略—购买决策路径存在显著的调节作用
	解释水平	H7-1	拒绝	解释水平对定制化目标框架—感知价值路径不存在显著的调节作用
		H7-2	拒绝	解释水平对定制化目标框架—购买决策路径不存在显著的调节作用
		H7-3	拒绝	解释水平对定制化尺度框架—感知价值路径不存在显著的调节作用
		H7-4	拒绝	解释水平对定制化尺度框架 购买决策路径不存在显著的调节作用
		H7-5	拒绝	解释水平对定制化绿色信息策略—感知价值路径不存在显著的调节作用
		H7-6	接受	解释水平对定制化绿色信息策略—购买决策路径存在显著的调节作用

（1）在定制情境中，定制化目标框架与定制化尺度框架对感知价值、购买决策的主效应与交互效应都显著，表明定制化绿色信息策略在定制情境中存在框架效应。进一步发现，与损失框架相比，消费者在获得框架中的感知价值更积极，绿色购买决策更显著。定制化尺度框架对感知价值、绿色购买决策也存在显著差异。大尺度框架较小尺度框架有更积极的感知价值和绿色购买决策，这很有可能是因为大尺度信息能让消费者感觉到更大的价值，从而提高购买可能性。另外，定制化目标框架和定制化尺度框架对感知价值、绿色购买决策的两阶段交互效应也显著。

（2）在定制情境中，不同的定制化绿色信息策略对不同类型家庭会产生明显差异，其偏好选择也相应不同。获得-大尺度信息策略对高耗电水平的家庭最有效,其感知价值与购买决策相比其他类型家庭都更高。损失-小尺度信息策略对低耗电水平的家庭影响最小。但对于三种不同类型的家庭,有一个共同点,即获得-大尺度信息策略能更有效地提高感知价值与购买决策,而损失-小尺度信息策略的影响效果明显最低。另外,研究还发现,从总体上看,一般情境较定制情境其传播效果更好;具体来看,损失-小尺度信息策略下,一般情境和定制情境之间有最显著的差异。

(3)在定制情境中,消费者涉入度对"定制化绿色信息策略—感知价值"和"定制化绿色信息策略—购买决策"部分路径产生显著的调节作用。首先,消费者涉入度与定制化尺度框架对感知价值存在差异,获得-高涉入度消费者感知价值最高。其次,消费者涉入度与定制化绿色信息策略在购买决策上产生三重交互作用,对于低涉入度消费者来说,并没有产生显著差异,但对于高涉入度消费者来说,损失-大尺度信息策略比损失-小尺度信息策略更能显著提高消费者购买决策。

(4)在定制情境中,解释水平对"定制化绿色信息策略—感知价值"和"定制化绿色信息策略—购买决策"部分路径产生显著的调节作用。首先,解释水平与定制化目标框架、定制化尺度框架对感知价值、购买决策均未产生差异。其次,解释水平与定制化绿色信息策略在购买决策上产生三重交互作用,对于高解释水平的消费者来说,并没有产生明显的差异,但对于低解释水平的消费者来说,损失-大尺度信息策略明显优于损失-小尺度信息策略。

(5)在定制情境中,感知价值仅对"定制化目标框架—购买决策"路径起到完全中介作用,而对"定制化尺度框架—购买决策"路径起到部分中介作用。获得框架较损失框架在消费者绿色购买决策过程中会产生更强的感知价值,进而产生更高的购买决策。

第八章

定制化绿色信息的影响解释：
自身和他人推荐的差异

本章重点分析定制化绿色信息中自身和他人推荐的主效应,以及情境特征变量的调节效应和态度变量的中介效应,以期为相关定制化绿色信息的制定和实施提供借鉴。本章通过两个实验研究定制化绿色信息推荐类型对绿色购买决策过程的影响效应。实验一主要研究定制化绿色信息推荐类型对绿色购买决策过程影响的主效应和消费者绿色涉入度对"定制化绿色信息推荐类型—绿色购买决策过程"路径的调节效应;实验二主要研究产品属性对"定制化绿色信息推荐类型—绿色购买决策过程"路径的调节效应。本章为本书的实验四,主要分为六部分。

第一节 研究假设和概念模型

一、定制化绿色信息推荐类型对绿色购买决策过程的影响

从现有文献看,探索消费者购买决策过程大都采用以下模型:EBK 模型(有信息输入阶段、信息处理阶段、决策处理阶段、决策实施阶段和决策影响阶段五个阶段)、Nicosia 模型、Howard-Sheth 模型、消费体验过程模型等。结合消费决策过程理论,有学者从消费者的心理层面将消费者的购买心理过程划分为建立信任和信心(购前阶段)、购买体验、购后要求三个阶段(Lee,2002)。消费者的信任正向影响其购买预期(Kim et al.,2012)。一般来说,人们倾向于对跟自己相关的事情投入注意力(Pavlou and Stewart,2000),因而消费者对基于自己的定制化绿色信息所推荐的绿色产品也就更愿意考虑,最终产生更高信任度,进而刺激绿色购买欲望。为此,本研究在消费者绿色购买决策的前期考虑阶段引入推荐信任度作为主观测度变量。

决策满意度作为一个主观变量,可用来测量消费者对其所做决策的满意程度,也是一个重要的测量变量。产品的重复购买、品牌的忠诚度、系统继续使用等,都是决策满意度的重要影响因素(Hoyer,1984;Devaraj et al.,2002)。因此,企业(网络商城或在线平台等)的当务之急是提高消费者在网上购物的决策满意度。所以,本研究将决策满意度作为消费者绿色购买决策过程后继选择阶段

的重要考察变量。人们认为和自己在某些方面有相同偏好的人可能会在其他方面也有相同或相似的偏好（Senecal and Nantel，2004），因此具有相同偏好的人群之间进行产品、企业推荐往往会拥有较高的信任度和满意度（Swearingen and Sinha，2001）。在现有的文献中，研究者已经发现，模仿性心理和从众性心理对消费者购买决策产生重大影响（Kivetz and Zheng，2006）。对于特定个体，其他消费者相对更加熟悉，一般也被认为具有更高的可信度（Wilson and Sherrell，1993）。同样也有研究发现，在推荐产品的购买数量上，同伴推荐的效果比编辑推荐的效果更好。因此，提出本书假设：

H1：不同定制化绿色信息推荐类型对绿色购买决策过程前期考虑阶段的影响会有显著差异，即相较于基于他人的定制化绿色信息推荐，消费者更可能考虑基于自己的定制化绿色信息推荐所推荐的绿色产品。

H2：不同定制化绿色信息推荐类型对绿色购买决策过程前期考虑阶段的影响会有显著差异，即相较于基于他人的定制化绿色信息推荐，消费者对基于自己的定制化绿色信息推荐感到更高的信任度。

H3：不同定制化绿色信息推荐类型对绿色购买决策过程后继选择阶段的影响会有显著差异，即相较于基于自己的定制化绿色信息推荐，消费者更有可能选择基于他人的定制化绿色信息推荐所推荐的绿色产品。

H4：不同定制化绿色信息推荐类型对绿色购买决策过程后继选择阶段的影响会有显著差异，即相较于基于自己的定制化绿色信息推荐，消费者对基于他人的定制化绿色信息推荐感到更高的决策满意度。

二、绿色涉入度对"定制化绿色信息推荐—绿色购买决策过程"路径的调节作用

绿色涉入度，顾名思义就是消费者关心和关注相关绿色产品或绿色信息的程度。许多学者将绿色涉入度分为高涉入度和低涉入度，并进行了大量的研究。结果表明，个体对消费的预期决策很大程度上取决于消费者对于相关绿色广告的了解程度。这造成的最直接结果是消费者在购买使用产品或者享受服务时的体验将会与企业想要达到的目的产生差异。涉入度的高低决定了生产者对消费者定制化需求的响应程度。从经济计量角度来说，有研究显示，最优涉入度的确定受消费

者对定制产品的额外需求以及定制化成本两方面因素的影响。贝蒂和布林诺（Petty and Briñol，2008）明确表明，个体对广告的涉入度直接影响其对产品或服务的信任度和满意度，从而影响其预期决策。许多学者对涉入度进行了操作性界定，朱书琴（2014）研究发现涉入度受到卷入度、相关性、有利性和怀疑度四个维度的影响，其中高卷入度对行为意向影响最大，高相关性直接正向影响购买行为。绿色消费价值观对亲环境消费意愿有正向影响；行为方式系统对亲环境消费意愿有正向影响，但行为抑制系统对环保消费意愿无显著影响；行为方式系统对绿色消费价值观与亲环境消费意愿之间的关系具有正向中介作用；绿色参与对绿色消费价值观与亲环境消费意愿之间的关系具有正向调节作用。斯里瓦斯塔瓦和什里（Srivastava and Shree，2019）以绿色培训的干预作用作为研究目的，采用探索性和验证性因子分析对假设模型的拟合度进行评价，并采用层次回归分析对假设进行检验。结果表明，员工的绿色涉入度与其对企业社会责任的认知存在显著的正相关关系。由此，本书提出如下假设：

H5：消费者绿色涉入度对"定制化绿色信息推荐—绿色购买决策过程（前期考虑阶段）"路径存在显著的调节作用。

H5-1：消费者绿色涉入度对"定制化绿色信息推荐—绿色购买决策过程（前期考虑阶段—加入购物车）"路径存在显著的调节作用。

H5-2：消费者绿色涉入度对"定制化绿色信息推荐—绿色购买决策过程（前期考虑阶段—推荐信任度）"路径存在显著的调节作用。

H6：消费者绿色涉入度对"定制化绿色信息推荐—绿色购买决策过程（后继选择阶段）"路径存在显著的调节作用。

H6-1：消费者绿色涉入度对"定制化绿色信息推荐—绿色购买决策过程（后继选择阶段—最终支付购买）"路径存在显著的调节作用。

H6-2：消费者绿色涉入度对"定制化绿色信息推荐—绿色购买决策过程（后继选择阶段—决策满意度）"路径存在显著的调节作用。

三、产品属性对"定制化绿色信息推荐—绿色购买决策过程"路径的调节作用

在市场营销研究领域中，学者已经对产品属性分类进行了很多研究，比如从消费者需求层次和外显、内隐程度进行分类（Engel，1993），从产品属性的衡量

方式进行分类（Wallace and Sherret，1973）。这些分类方法通常是基于产品某种特性进行的，在网络环境中应用更为广泛（Nelson，1970）。丁慧平和杜云华（1998）认为，从消费者角度来看，产品经济价值的实质是消费者自身对其购买产品的价值评价，这种评价是综合考虑产品的经济价值和使用价值两方面得出的。研究发现，不同属性产品对消费者的心理影响不同，并且针对不同类型的产品，网络推荐系统的推荐效果也不同，所以不同属性的产品在进行推荐时可能也存在着推荐效果差异。周金玲（2007）认为产品的经济属性除了拥有者获得收益，给他人也能带来收益。吕孝双（2014）研究发现产品类别对购物网站定制化推荐系统的推荐方式和消费者购买意愿的关系存在明显的调节作用。由此推断，产品属性对"定制化绿色信息推荐——绿色购买决策过程"具有调节效应。另外，价值决定价格，价格是价值的表现形式，一般来说一种产品价值高，产品价格水平也相对较高，针对绿色产品也是如此。所以，本书将绿色产品分为高经济价值和低经济价值两种属性进行研究，由此，本书提出如下假设：

H7：产品属性对"定制化绿色信息推荐—绿色购买决策过程（前期考虑阶段）"路径存在显著的调节作用。

H7-1：产品属性对"定制化绿色信息推荐—绿色购买决策过程（前期考虑阶段—加入购物车）"路径存在显著的调节作用。

H7-2：产品属性对"定制化绿色信息推荐—绿色购买决策过程（前期考虑阶段—推荐信任度）"路径存在显著的调节作用。

H8：产品属性对"定制化绿色信息推荐—绿色购买决策过程（后继选择阶段）"路径存在显著的调节作用。

H8-1：产品属性对"定制化绿色信息推荐—绿色购买决策过程（后继选择阶段—最终支付购买）"路径存在显著的调节作用。

H8-2：产品属性对"定制化绿色信息推荐—绿色购买决策过程（后继选择阶段—决策满意度）"路径存在显著的调节作用。

四、本研究的概念模型构建

综合以上假设，本章的假设模型从定制化绿色信息推荐的两个维度（根据自身的推荐和根据他人的推荐）研究不同的定制化绿色信息推荐对绿色购买决策过程两阶段（前期考虑阶段、后继选择阶段）产生的影响。其中，解释变量是定制化绿色信息推荐，调节变量是绿色涉入度和绿色产品属性，结果变量是绿色购买决策的两阶段过程。本章研究的假设模型如图 8-1 所示，图中实线体现了影响作用，虚线体现了调节作用。

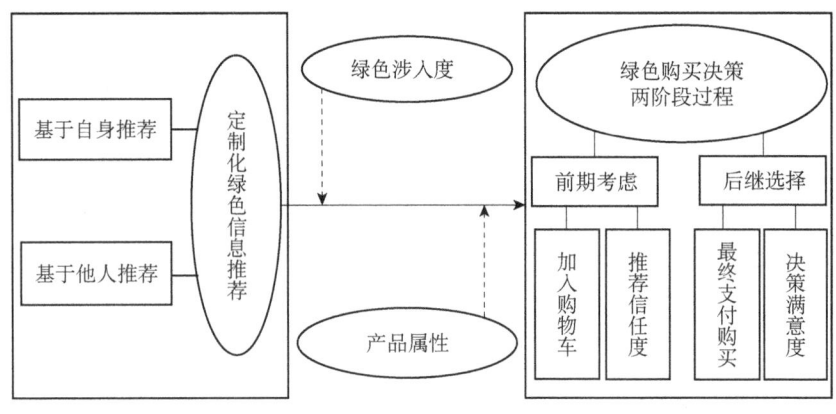

图 8-1 本章研究的假设模型

第二节 实验设计和样本描述

一、研究设计与实验材料

1. 研究设计

分析定制化绿色信息推荐不同类型对绿色购买决策过程（包括前期考虑和后继选择两个阶段）所产生影响的主效应是本研究的主要研究内容。本实验为被试提供如下消费场景：您最近在装修新买的房子，所以经常在"某网站"（一个虚拟的大型网络购物平台，类似于淘宝网、天猫商城、京东商城等）上浏览家电等家装设备。然后请被试再观看"某网站"商城某种绿色产品的定制化绿色信息推荐的实验材料，最后让其根据自己的真实想法完成相应的测试问题。考虑到消费者对节能冰箱的认知程度较高，且节能冰箱在生活中普遍使用，而且人们也愿意在网络上购买节能冰箱，结合专家小组的评估意见，本阶段实验的刺激产品为节能冰箱。我们排除了对消费者选购产生干扰的品牌信息，仅采用甲乙丙三个字呈现给被试用以代表不同的节能冰箱。其中甲是节能且小巧型，乙是节能且静音型，丙是节能且多功能型。鉴于本实验设计的目的在于探究不同的定制化绿色信息推荐类型是否会对绿色购买决策两阶段过程产生不同的影响，因此本次实验"家电商城"呈现的刺激材料将外观等干扰因素消除。通过之前的研究发现采用多种组合形式的广告呈现方式实验效果更好。因此本研究借鉴前人的经验，设计包含多元素的广告呈现形式。经过对比权衡，最终本研究选择采用"情境+视频+图片"的定制化绿色信息呈现形式，以更好地吸引被试的注意力，帮助其快速地、形象地了解实验材料，同时几组实验材料也经过了反复修改、不断完善，以确保信息的严谨、合适。

2. 实验材料

实验的任务分为两阶段完成：第一阶段，请被试观看我们设计的定制化绿色信息推荐。实验中我们采用了两种定制化绿色信息推荐类型：基于自己的推荐和基于他人的推荐。其中，基于自己的定制化信息推荐设计为"您的个人专属推荐是根据您的浏览、收藏和评论记录自动为您推荐"；基于他人的定制化信息推荐设计为"您的个人专属推荐是根据和您有共同偏好的朋友们自动为您推荐"。第二阶段，被试观看完定制化推荐材料后完成相应的测试问卷。在测试问卷中，我们要求被试回答以下问题来检验两种定制化绿色信息推荐类型的操控：您所看到的定制化绿色信息推荐是否基于自己偏好（"1～7"相应代表个人推荐信息不是基于自己偏好至个人推荐信息是基于自己偏好），见附录四。具体两组实验材料如表 8-1 所示。

表 8-1 实验一的内容设计

定制化绿色信息推荐	内容
基于自己—前期考虑阶段—后继选择阶段（实验材料Ⅰ）	某网站，一个具有推荐功能的网络购物平台。一切只为更懂您！ 此处为您推荐甲乙丙三款节能冰箱。 以上是根据您的浏览、收藏和评论记录自动为您推荐的节能冰箱。 看了您的个人专属推荐，如果您愿意考虑购买，可把它（们）加入购物车；如果不愿意，欢迎继续浏览其他商品。
	某网站，一个具有推荐功能的网络购物平台。一切只为更懂您！ 购物车里的节能冰箱丙是根据您的浏览、收藏和评论记录的自动推荐加入的，如果您愿意最终选择购买，请点击"结算"支付购买它（们）； 如果不愿意，欢迎继续浏览其他商品。
基于他人—前期考虑阶段—后继选择阶段（实验材料Ⅱ）	某网站，一个具有推荐功能的网络购物平台。一切只为更懂您！ 此处为您推荐甲乙丙三款节能冰箱。 以上是根据和您有共同偏好的朋友们自动为您推荐的节能冰箱。 看了您的个人专属推荐，如果您愿意考虑购买，可把它（们）加入购物车，如果不愿意，欢迎继续浏览其他商品。

续表

定制化绿色信息推荐	内容
基于他人—前期考虑阶段—后继选择阶段（实验材料Ⅱ）	某网站，一个具有推荐功能的网络购物平台。一切只为更懂您！ 购物车里的节能冰箱丙是根据和您有共同偏好的朋友们的自动推荐加入的，如果您愿意最终选择购买，请点击"结算"支付购买它（们）； 如果不愿意，欢迎继续浏览其他商品。

二、变量测量

关于对前期考虑阶段的测量，将所推荐的绿色产品加入购物车是客观变量，"0"表示不加入购物车，"1"则为加入购物车；而推荐信任度是主观测度，该度量指标主要参考过去研究的指标（Ramsey and Sohi，1997），具体采用了3个测量题项：①我觉得这个推荐是有用的；②我觉得这个网站推荐的信息很可靠；③我会考虑购买推荐给我的绿色产品。该问卷所有测量题项均采用利克特七级量表进行测量，"1~7"相应代表"完全不同意至完全同意"，其中4为"一般同意"。

至于对后继选择阶段的测量，将最终选择购物车里的绿色产品（基于自己或基于他人的推荐）且支付购买它（们）作为客观变量，"0"表示不愿将其作为最终选择，"1"则表示愿意作为最终选择；决策满意度是主观测度，该度量指标主要参考过去研究的指标（Bottomley and Doyle，2001），具体采用了3个测量题项：①我对我的最终选择决策很满意；②我相信我做出了最好的选择决策；③我搜集了足够的信息做出了最好的选择。该问卷题项同样也采用利克特七级量表测量。

消费者涉入度采用成熟测量量表RPII量表和PI量表（Zaichkowsky，1994）。本研究旨在测量消费者对环保信息、环保产品和环保问题的关注度。所以基于本书的研究内容，结合前人相关量表，采用了如下几个题项：①我对绿色信息很关注；②我对环境问题很关注；③我对节能产品很关注；④我对环保倡议活动很关注。

三、预实验与正式实验

1. 预实验

在正式实验开始之前首先展开预实验，一共招募了包括老师、同学和朋友等在内的 70 位被试。预实验的意义在于检测两种不同的定制化绿色信息推荐类别包含的两个变量的操控以及问卷的信度和效度是否符合实验要求。具体的操作分为两组实验，每一组分配 35 个被试，一共获得 64 份有效问卷（第一组为 33 份，第二组为 31 份），测试问卷的有效率约为 91.4%。

对预实验数据进行分析可以发现，实验中对两种定制化绿色信息推荐类型（根据自身推荐、根据他人推荐）这两个变量的操控具备可行性。具体来说，实验中得到关于根据自身偏好推荐组的 $M_{自身}$=4.06；与之相对的根据他人偏好的推荐组 $M_{他人}$=2.23，由此可得 $M_{自己} > M_{他人}$，而且 T=16.471，P=0.000，所以预实验中被试作为自变量的定制化绿色信息推荐类型的两个不同操控水平上的均值存在不同。可见，本次实验中关于定制化绿色信息推荐类型的操控效果良好。

对 64 份预实验样本的数据分析显示，本实验中推荐信任度、决策满意度、消费者涉入度三变量的 Cronbach's α 值分别为 0.906、0.910、0.915，均在 0.85 以上，可见这三个变量的信度高。且删除任意一个题项，总体的 Cronbach's α 系数也未表现出明显增加的趋势。由此，该量表具有良好的稳定性和内部一致性，实验问卷的问卷信度良好。

2. 正式实验

本研究共有两则不同的定制化绿色信息，被试随机选择进入任意一组实验中，其中每组被试均包含学生和社会人士，利用发送问卷星链接的形式进行实验。完成实验的每一个被试都会获得小礼品（APP 话费充值券、理财产品优惠券、线上超市购物券等）。本次正式实验共收集 360 份样本，回收到 340 份有效样本，有效率为 94.4%。[①] 其中基于自己的定制化绿色信息推荐—前期考虑阶段—后继选择阶段（Ⅰ组）184 份，基于他人的定制化绿色信息推荐—前期考虑阶段—后继选择阶段（Ⅱ组）156 份。

从表 8-2 可以看出所收集的样本有如下特征：男性占 46.8%，女性占 53.2%，两者数量相当，性别比合适；被试年龄分布特征明显，其中 44 周岁或以下的人数占被试样本总量的 90.9%，主要是因为这一年龄段的人对网络更熟悉，接受度也较高，容易配合实验；从学历上看，高职或者大专学历或以上居多，达到 76.8%，其中本科最多；另外对于个人月收入来说，主要集中在中低等收入水平家庭，这

---

① 剔除无效样本的原则：一是关键缺失项过多，这里主要是推荐信任度与决策满意度的缺项；二是相同选项过多；三是多处选项前后矛盾。

也更能保证消费者在购买过程中会认真考虑而不会草率购买价值属性相对较高的节能冰箱，从而更能保证本次实验数据的有效性；而且，被试中周访问次数（即每周访问购物网站次数）在 3 次以上的占 72.4%，有网站购买经历（过去考虑过或选择购买过购物网站推荐的绿色产品）的占 65.3%。

表 8-2　实验一被试基本情况的描述性统计分析表

因素	题项	Ⅰ组/人	Ⅱ组/人	合计/人	占比/%
性别	1. 男	84	75	159	46.8
	2. 女	100	81	181	53.2
年龄	1. 15～24 周岁	49	42	91	26.8
	2. 25～34 周岁	84	73	157	46.2
	3. 35～44 周岁	34	27	61	17.9
	4. 45～54 周岁	16	13	29	8.5
	5. 55～69 周岁	1	1	2	0.6
学历	1. 初中或以下	12	7	19	5.6
	2. 高中或中专	29	31	60	17.6
	3. 高职或大专	59	53	112	32.9
	4. 本科	69	54	123	36.2
	5. 研究生或以上	15	11	26	7.6
个人月收入	1. 3200 元或以下	59	31	90	26.5
	2. 3201～4800 元	35	30	65	19.1
	3. 4801～6400 元	18	34	52	15.3
	4. 6401～8000 元	17	10	27	7.9
	5. 8001 元或以上	18	15	33	9.7
	6. 无	37	36	73	21.5
周访问次数	1. 2 次以下	48	46	94	27.6
	2. 3～5 次	57	41	98	28.8
	3. 6～10 次	37	36	73	21.5
	4. 11～14 次	8	16	24	7.1
	5. 15 次以上	34	17	51	15
网站购买经历	1. 是	124	98	222	65.3
	2. 否	60	58	118	34.7

3. 操控性检验与信效度分析

操控性检验结果表明，被试在定制化绿色信息推荐类型的两个不同操控水平上的均值呈现出显著差异。对于基于自己偏好推荐组，$M_{自己}$=4.61；对于基于他人偏好推荐组，$M_{他人}=2.33$，即 $M_{自己}>M_{他人}$，其中，$T=23.462$，$P=0.000$。由此可知，实验中定制化绿色信息推荐类型的操控是成功的。

通过分析实验收集的 340 份有效样本，本研究中三个变量的信度均大于 0.7，说明问卷的信度较好。实验数据的信度分析如表 8-3 所示。可以看出，推荐信任度（X1~X3）、决策满意度（M1~M3）、消费者涉入度（S1~S4）这三个变量的 Cronbach's α 值都达到 0.85 以上，为高信度，且总体 Cronbach's α 系数在删去任一题项后也无显著提高，可见，此量表的内部一致性、稳定性比较好。

表 8-3 量表及其 Cronbach's α 系数

变量	题项	多元相关平方系数	删去该题后α系数的变化情况	Cronbach's α 系数
推荐信任度	X1 我觉得这个推荐是有用的	0.584	0.828	0.877
	X2 我觉得这个网站推荐的信息很可靠	0.609	0.811	
	X3 我会考虑购买推荐给我的绿色产品	0.560	0.840	
决策满意度	M1 我对我的最终选择决策很满意	0.669	0.850	0.902
	M2 我相信我做出了最好的选择决策	0.666	0.852	
	M3 我搜集了足够的信息做出了最好的选择	0.616	0.876	
消费者涉入度	S1 我对绿色信息很关注	0.648	0.910	0.925
	S2 我对环境问题很关注	0.686	0.904	
	S3 我对节能产品很关注	0.730	0.895	
	S4 我对环保倡议活动很关注	0.693	0.902	

从表 8-4 可以看出，问卷的 Bartlett's 球形检验伴随概率分别为 0.000、0.000 和 0.000。且推荐信任度、决策满意度、消费者涉入度这三项的 KMO 检验统计量均在 0.74 以上，所以可以认为本量表及各组成部分建构效度良好。

表 8-4 实验一 KMO 检验和 Bartlett's 球形检验

题项		推荐信任度	决策满意度	消费者涉入度
KMO 检验		0.742	0.752	0.857
Bartlett's 球形检验	卡方统计量	528.352	639.113	1 045.239
	自由度	3	3	6
	显著性水平	0.000	0.000	0.000

第三节 主效应检验

一、不同特征个体决策过程主观因变量的差异

我们主要采用单因素方差方法来分析定制化绿色信息推荐对不同特征个体的效应（主观因变量）是否存在差异，具体分析性别、年龄、学历、个人月收入、周访问次数和网站购买经历这六个特征变量。从表8-5可以看出，定制化绿色信息推荐类型对具有不同特征被试的影响效应存在显著差异。就性别而言，男女对推荐信任度、决策满意度近似；就年龄而言，45周岁或以上的群体对定制化绿色信息推荐类型在推荐信任度、决策满意度两个题项上普遍高于其他年龄层次；就学历而言，高中或中专群体的推荐信任度、决策满意度最高，这说明并不是高学历的人就愿意为保护环境做出努力；从个人月收入来看，中高等收入群体的推荐信任度最高，而在后继选择阶段满意度高的却是低收入或高收入群体；周访问次数多的群体更愿意接受网站定制化推荐，推荐信任度和决策满意度高于不常网购的群体；有网站购买经历群体的推荐信任度和决策满意度大大高于从未考虑或购买推荐产品的消费者。总体上，在学历、个人月收入和网站购买经历这三个特征变量上，不同个体群间存在显著差异。

表8-5 不同特征推荐信任度和决策满意度差异

人口特征		推荐信任度（前期考虑阶段）				决策满意度（后继选择阶段）			
		平均值	标准差	F值	显著性	平均值	标准差	F值	显著性
性别	男性	4.56	1.90	11.513	0.933	5.38	1.43	0.183	0.443
	女性	4.57	1.54			5.25	1.34		
年龄	15～24周岁	4.47	1.58	1.032	0.391	5.06	1.52	1.718	0.146
	25～34周岁	4.49	1.67			5.35	1.32		
	35～44周岁	4.67	1.81			5.27	1.25		
	45～54周岁	5.01	1.52			5.79	1.07		
	55～69周岁	5.83	0.23			4.83	2.59		
学历	初中或以下	3.43	1.81	2.989	0.019	4.63	1.77	3.265	0.012
	高中或中专	4.92	1.56			5.75	1.03		

续表

人口特征		推荐信任度（前期考虑阶段）				决策满意度（后继选择阶段）			
		平均值	标准差	F值	显著性	平均值	标准差	F值	显著性
学历	高职或大专	4.60	1.52	2.989	0.019	5.24	1.40	3.265	0.012
	本科	4.53	1.77			5.19	1.41		
	研究生或以上	4.61	1.54			5.53	1.17		
个人月收入	3200元或以下	4.54	1.50	2.200	0.043	5.44	1.22	3.777	0.001
	3201~4800元	5.11	1.50			5.46	1.28		
	4801~6400元	4.67	1.61			4.89	1.56		
	6401~8000元	4.18	2.06			4.93	1.20		
	8001元或以上	4.08	1.96			5.51	1.36		
周访问次数	2次或以下	4.29	1.60	1.055	0.379	5.18	1.52	0.584	0.674
	3~5次	4.58	1.60			5.37	1.28		
	6~10次	4.77	1.65			5.20	1.38		
	11~14次	4.70	1.65			5.34	1.35		
	15次或以上	4.70	1.87			5.48	1.22		
网站购买经历	是	4.73	1.70	1.257	0.019	5.49	1.28	5.72	0.001
	否	4.28	1.54			4.95	1.47		

二、不同特征个体决策过程客观因变量的差异

接着采用多维交叉分析定制化绿色信息推荐对不同个体的影响效应是否存在差异，具体分析性别、年龄、学历、个人月收入、周访问次数和网站购买经历这六个特征变量。从表8-6可以看出，定制化绿色信息推荐对不同人口统计特征的影响效应存在一定的差异。从性别来看，女性比男性更容易把定制化推荐的产品加入购物车或支付购买；从年龄上看，44周岁或以下的群体对定制化推荐策略更容易接受，会倾向于把推荐产品加入购物车或支付购买；从学历来看，高职/大专和本科群体比研究生或以上学历更倾向于把推荐产品加入购物车或支付购买，这说明高学历的人并不一定愿意为保护环境做出自己的努力；从个人月收入来看，中低等收入群体更愿意考虑或最终购买，而在后继选择阶段最终购买的却是中低收入或高收入群体；周访问次数少的群体更可能考虑或支付购买所推荐的产品；有网站购买经历群体在考虑或支付购买数量上大大高于从未考虑或购买推荐产品的消费者。总之，在学历、周访问次数和网站购买经历这三个特征变量上

定制化绿色信息推荐存在显著差异，其中学历只对前期考虑阶段的影响存在差异。

表 8-6　不同特征个体的加入购物车和最终支付购买差异

人口特征		加入购物车（前期考虑阶段）			最终支付购买（后继选择阶段）		
		数量	卡方值	显著性	数量	卡方值	显著性
性别	男性	80	1.803	0.180	39	0.113	0.737
	女性	169			87		
年龄	15～24 周岁	63	1.759	0.780	31	0.657	0.956
	25～34 周岁	116			59		
	35～44 周岁	46			24		
	45～54 周岁	22			11		
	55～69 周岁	2			1		
学历	初中或以下	11	10.629	0.031	8	1.618	0.805
	高中或中专	48			25		
	高职或大专	83			38		
	本科	83			44		
	研究生或以上	24			11		
个人月收入	3200 元或以下	64	8.963	0.176	27	9.209	0.162
	3201～4800 元	51			31		
	4801～6400 元	44			21		
	6401～8000 元	21			7		
	8001 元或以上	21			12		
周访问次数	2 次或以下	53	20.213	0.000	31	12.955	0.011
	3～5 次	80			33		
	6～10 次	60			26		
	11～14 次	18			17		
	15 次或以上	38			19		
网站购买经历	是	191	53.473	0.000	97	12.072	0.001
	否	58			29		

三、定制化绿色信息推荐对绿色购买决策过程主观变量的主效应

不同类型的绿色产品信息定制化推荐可能会对消费者前期考虑阶段（推荐信

任度）、后继选择阶段（决策满意度）产生影响，表8-7为实验测试问卷所有题项的描述性统计分析汇总。总的来说，推荐信任度、决策满意度的均值接近"大致同意"的均值。这表明，大部分被试对定制化绿色信息推荐是愿意接受的，认为定制化绿色信息推荐能积极推动消费者绿色购买决策过程，比如缩短购买决策的时间，或者刺激消费者进行绿色购买。具体来说，53.5%的被试认同（包括完全同意、同意、大致同意，下同）X1，49.1%的被试认同X2，47.9%的被试认同X3。与此同时，48.2%、48.8%、48.8%的被试分别认同M1、M2和M3。可见，在线上消费决策过程中，半数左右被试对网站的信息定制化推荐持信任态度，并且对在此基础上做出的购买决策比较满意。另外，各题项的标准差较大，其中X3最大，达到1.88，说明大部分被试在对是否考虑购买网站推荐的绿色产品这一问题上差异较大。这一现象也值得一些购物网站思考。

表8-7 推荐信任度与决策满意度的描述性分析

题项	推荐信任度（前期考虑阶段）			决策满意度（后继选择阶段）		
	X1	X2	X3	M1	M2	M3
样本量/人	340	340	340	340	340	340
均值	4.76	4.46	4.49	4.57	4.59	4.52
中位值	5.00	4.00	4.00	4.00	4.00	4.00
众数	4	4	4	4	4	4
标准差	1.82	1.87	1.88	1.79	1.82	1.85
不同意/%	11.4	18.2	15.6	14.2	13.9	15.3
不太同意/%	10.3	8.8	13.8	9.4	11.8	11.2
一般/%	24.7	23.8	22.6	28.2	25.6	24.7
大致同意/%	12.4	14.1	13.8	14.4	13.2	13.5
同意/%	18.2	17.6	13.5	13.8	14.1	16.5
完全同意/%	22.9	17.4	20.6	20.0	21.5	18.8
合计/%	100.0	100.0	100.0	100.0	100.0	100.0

接着，分析不同定制化绿色信息推荐类型对前期考虑阶段（推荐信任度）、后继选择阶段（决策满意度）的差异影响，并分析消费者对环保的涉入程度。图8-2为不同定制化绿色信息推荐类型的差异描述。从均值上来看，我们发现以下几点：第一，消费者涉入度的均值非常高，表明现如今大部分消费者对节能环保是非常关注的，也都愿意践行绿色消费生活方式；第二，在基于他人的信息定制化推荐下，被试的前期考虑阶段的推荐信任度和后继选择阶段的决策满意度明显

高于另一组；第三，在基于自己的信息定制化推荐下，推荐信任度和决策满意度差异甚小。综合来说，基于他人的信息定制化推荐对消费者购买决策过程的影响作用更大，同时推荐被采纳的效果也更好。

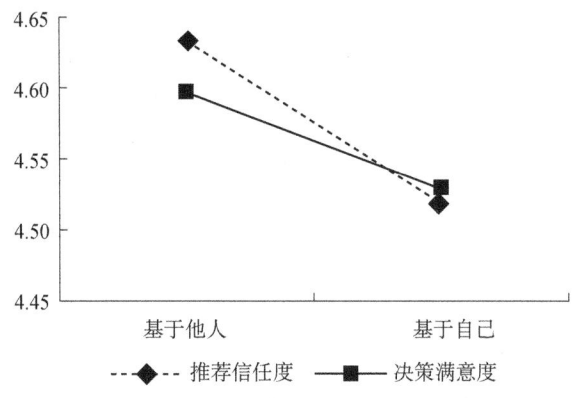

图 8-2　不同定制化绿色信息推荐类型的差异描述

本研究的两个主观因变量分别是推荐信任度（前期考虑阶段）和决策满意度（后继选择阶段）。消费者绿色购买决策过程的主观度量（推荐信任度和决策满意度）均值和标准差的统计数据如表 8-8 所示。

表 8-8　消费决策过程的主观变量统计数据及分析结果

定制化推荐类型	推荐信任度（前期考虑阶段）		决策满意度（后继选择阶段）	
	平均值	标准差	平均值	标准差
基于自己	4.52	0.136	4.60	0.121
基于他人	4.53	0.120	4.63	0.135
	平方和	df	F 值	显著性水平	平方和	df	F 值	显著性水平
基于自己 VS.基于他人	1.069	1	0.386	0.535	68.983	1	41.013	0.000***

最后，我们通过模型来分析定制化绿色信息推荐类型对主观因变量的影响，分析结果如表 8-8 所示。我们发现，不同定制化绿色信息推荐类型对推荐信任度（前期考虑阶段）没有显著影响，而对决策满意度（后继选择阶段）有显著影响。在前期考虑阶段，虽然基于自己组的均值略低于基于他人组，即 $M_{自己}$=4.52<$M_{他人}$=4.53，但二者对推荐信任度的影响却不显著（P=0.535>0.05），故本研究的假设 H2 不成立；而在后继选择阶段，$M_{自己}$=4.60<$M_{他人}$=4.63，与基于自己的定制化推荐相比，如果定制化绿色信息推荐是基于他人偏好，那么用户的决策满意度更高（P=0.000<0.05），这支持了本研究的假设 H4。

四、定制化绿色信息推荐对绿色购买决策过程客观变量的主效应

不同定制化绿色信息推荐也会对消费者的前期考虑阶段（加入购物车）、后继选择阶段（最终支付购买）产生影响，表 8-9 为各题项的统计分析表。由表 8-9 可知，在前期考虑阶段共有 249 位被试将网站所推荐的节能冰箱加入购物车，作为购买备选项；而在后期选择阶段只有 126 位被试愿意最终支付购买所推荐的节能冰箱。

表 8-9 不同定制化推荐下消费决策过程客观变量的统计分析结果

变量	加入购物车（前期考虑阶段）				最终支付购买（后继选择阶段）			
基于自己	132				45			
基于他人	117				81			
	系数	标准差	Walt 值	显著性	系数	标准差	Walt 值	显著性
基于自己 VS.基于他人	0.167	0.247	0.458	0.499	1.205	0.235	26.345	0.000*

前期考虑阶段（加入购物车）和后继选择阶段（最终支付购买）具体的分布情况如图 8-3 所示。340 名被试在前期考虑阶段有 73.2%的人将推荐的节能冰箱加入了购物车，而到了后继选择阶段只有 37.1%最终支付购买推荐的节能冰箱。

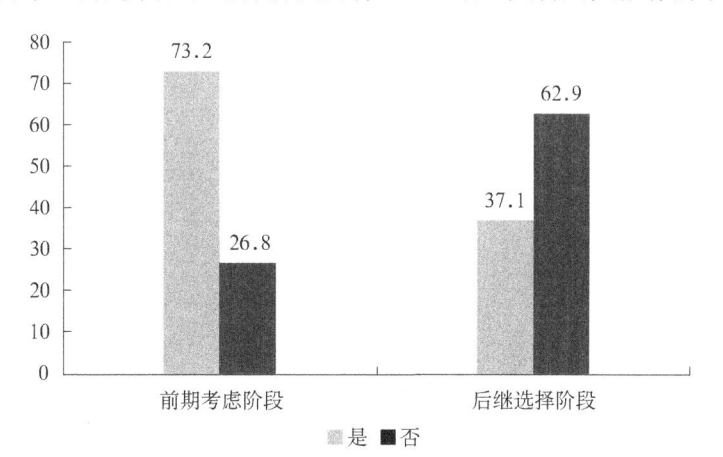

图 8-3 前期考虑和后继选择阶段差异描述（客观）

不同定制化绿色信息推荐类型（基于自己推荐 VS.基于他人推荐）下客观度量消费者绿色购买决策过程的统计数据，即考虑加入购物车的数量（前期考虑阶段）和最终支付购买数量（后继选择阶段），如表 8-9 所示。

我们通过逻辑斯谛回归模型分析定制化绿色信息推荐类型对客观变量的影响，结果发现不同定制化绿色信息推荐类型对用户是否加入购物车（前期考虑阶段）没有显著影响，而对用户是否最终选择支付购买（后继选择阶段）有显著影响。由表8-9可知，在前期考虑阶段，虽然基于自己组加入购物车的人数132人略高于基于他人组的117人，但对是否加入购物车二者的影响却并不显著（$P=0.499>0.05$），故本研究的假设H1不成立；而在后继选择阶段，与基于自己的定制化推荐相比，如果节能冰箱的推荐是基于他人偏好，那么所推荐的节能冰箱更有可能被最终选择（$P=0.000<0.05$），其中，基于他人组的最终支付购买81人，远远多于基于自己组的45人，这支持了本研究的假设H3。

第四节　消费者涉入度的调节效应检验

一、实验设计说明

本节主要分析消费者绿色涉入度对"定制化绿色信息推荐类型—绿色购买决策过程（包括前期考虑和后继选择两个阶段）"路径的调节效应。研究消费者绿色涉入度对结果变量和解释变量的直接影响，同时探究不同产品属性对消费者绿色决策过程两阶段（前期考虑阶段、后继选择阶段）的影响是否有显著差异。前文的实验已经研究了两种不同定制化绿色信息推荐类型对消费者购买决策过程（前期考虑阶段、后继选择阶段）影响的主效应，这里直接在前文实验的基础上进行2（定制化推荐类型：基于自己推荐VS.基于他人推荐）×2（绿色涉入度：高绿色涉入度VS.低绿色涉入度）的两因子被试间实验，以检验假设H5和假设H6。

二、消费者绿色涉入度的统计数据

本研究主要在基于自己的定制化绿色信息推荐和基于他人的定制化绿色信息推荐两种类型下，分别探究绿色涉入度（高绿色涉入度、低绿色涉入度）对消费者绿色购买决策过程（前期考虑阶段、后继选择阶段）的影响是否有显著差异。如表8-10所示，从各个不同的定制化推荐类型来看，在340位被试中，从数据中可以看到高绿色涉入度组人数多于低绿色涉入度组人数。可见，多数消费者相对关注环境保护问题，倾向购买绿色节能产品，践行绿色消费和生活方式。

表 8-10　定制化推荐类型与消费者涉入度交叉表

定制化绿色信息推荐类型	消费者绿色涉入度		合计/人
	高涉入度组/人	低涉入度组/人	
基于自己	112	72	184
基于他人	95	61	156

三、绿色涉入度对客观因变量的调节效应检验

我们采用逻辑斯谛回归方法分析消费者绿色涉入度对"定制化绿色信息推荐类型—绿色购买决策过程（客观因变量）"路径的调节效应。

如表 8-11 所示，定制化绿色信息推荐类型对决策过程的后继选择阶段的客观因变量产生显著差异（P=0.005<0.05），即假设 H5-1 不成立、H6-1 成立。从前期考虑阶段看，对于高绿色涉入组来说，基于自己组加入购物车的人数（88 人）与基于他人组（74 人）相差不大；对低绿色涉入度组来说，基于自己的定制化推荐组加入购物车的人数（44 人）与基于他人的定制化推荐组（43 人）也十分相近。到了后继选择阶段，就高绿色涉入组而言，与基于自己的定制化推荐组的最终支付购买的 28 人相比，基于他人的定制化推荐组（54 人）更可能最终支付购买网站推荐的绿色产品；对低绿色涉入度组来说，与基于自己的定制化推荐组最终支付购买的 17 人相比，基于他人的定制化推荐组（27 人）更可能最终支付购买网站推荐的绿色产品，见图 8-4 和图 8-5。总之，在消费者整个决策过程里，相比低绿色涉入人群而言，高绿色涉入人群更可能考虑和最终支付购买绿色产品。

表 8-11　消费者涉入度的调节效应检验结果

决策过程	项目	系数	标准误	Wald	显著性水平
加入购物车（前期考虑阶段）	定制化推荐类型	0.480	0.293	2.674	0.102
	消费者涉入度	-0.328	0.293	1.250	0.264
	定制化推荐类型×消费者涉入度	-0.028	0.014	3.806	0.051

续表

决策过程	项目	系数	标准误	Wald	显著性水平
最终支付购买（后继选择阶段）	定制化推荐类型	0.762	0.278	7.516	0.006
	消费者涉入度	−0.720	0.282	6.521	0.011
	定制化推荐类型×消费者涉入度	0.039	0.014	7.982	0.005

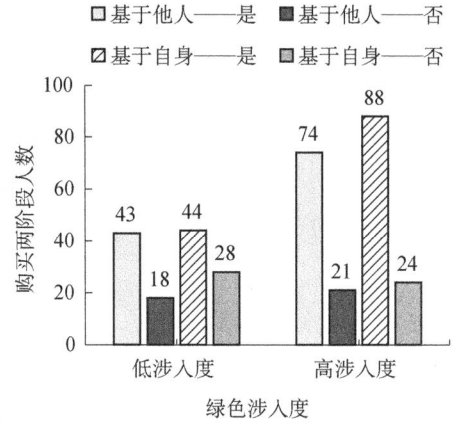

图 8-4 前期考虑阶段差异描述

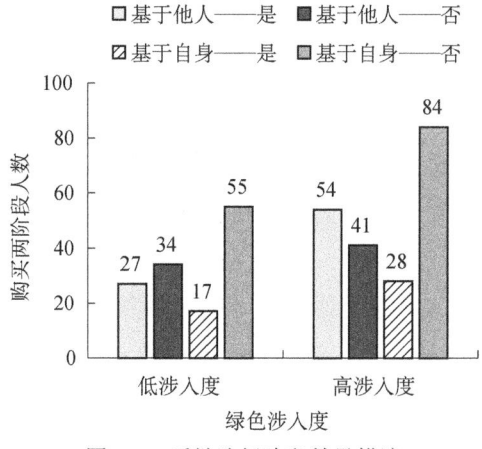

图 8-5 后继选择阶段差异描述

四、绿色涉入度对主观因变量的调节效应检验

我们采用双因素方差分析消费者绿色涉入度对"定制化绿色信息推荐类型—绿色购买决策两阶段过程（主观因变量）"路径的调节效应。

第八章 定制化绿色信息的影响解释：自身和他人推荐的差异

如表8-12所示，定制化绿色信息推荐类型对决策过程第二阶段的主观因变量产生显著差异（$P=0.000<0.05$），即假设 H5-2 不成立、H6-2 成立。从前期考虑阶段看，高绿色涉入度组数据平均值（根据自身，高涉入度）与平均值（根据他人，高涉入度）分别为 5.15、5.20，差异较小；同时在后继选择阶段，数据平均值（根据自身，高涉入度）与平均值（根据他人，高涉入度）分别为 5.70、5.89，差异相对略大。低绿色涉入度组在前期考虑阶段中的数据显示平均值（根据自身，低涉入度）与平均值（根据他人，低涉入度）分别为 3.54、3.75，差异较小；然而在后继选择阶段，根据数据显示平均值（根据自身，低涉入度）与平均值（根据他人，低涉入度）分别为 5.74、3.13，差异相对较大，所以根据自己的定制化绿色信息推荐产生的决策满意度与根据他人的定制化绿色信息推荐的决策满意度有显著差异，如图8-6和图8-7所示。

表8-12 消费者绿色涉入度的调节效应检验结果汇总

决策过程	项目	Ⅲ型平方和	df	均方	F 值	显著性
推荐信任度（前期考虑阶段）	校正模型	193.592	3	64.531	29.147	0.000
	截距	6254.469	1	6254.469	2825.021	0.000
	定制化推荐类型	1.357	1	1.357	0.613	0.434
	消费者涉入度	189.015	1	189.015	85.374	0.000
	定制化推荐类型×消费者涉入度	0.537	1	0.537	0.242	0.623
决策满意度（后继选择阶段）	校正模型	353.181	3	117.727	139.132	0.000
	截距	8411.596	1	8411.596	9940.999	0.000
	定制化推荐类型	117.772	1	117.772	139.185	0.000
	消费者涉入度	148.885	1	148.885	175.955	0.000
	定制化推荐类型×消费者涉入度	158.740	1	158.740	187.602	0.000

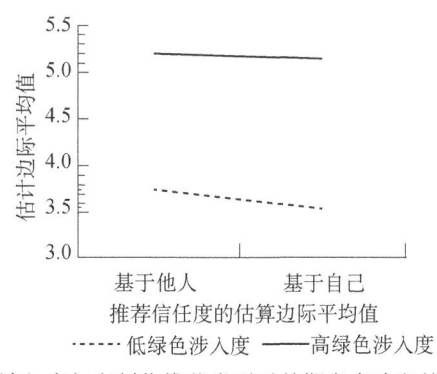

图8-6 涉入度与定制化推荐类型对前期考虑阶段的交互作用

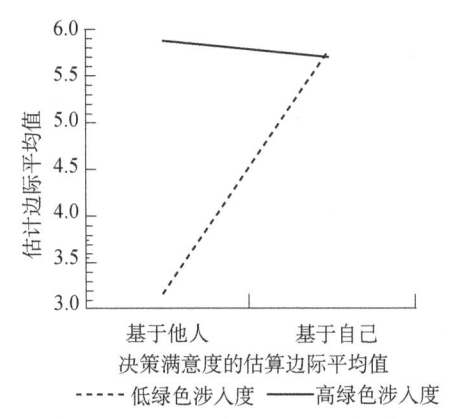

图 8-7 涉入度与定制化推荐类型对后继选择阶段的交互作用

第五节 产品属性的调节效应检验

一、研究设计与实验材料

（一）研究设计

分析产品属性对"定制化绿色信息推荐类型—绿色购买决策过程（包括前期考虑和后继选择两个阶段）"路径的调节效应是本章的另一个主要内容。

实验情境仍和前面一样，只是这里通过 2×2 的被试间因子实验设计的方法对假设 H7 和假设 H8 进行检验。其中定制化绿色信息推荐类型基于自己和基于他人自变量，以及产品属性高经济价值和低经济价值都将通过实验进行操控。每个自变量为两个不同的水平，共有四组不同的实验组。经过专家小组讨论后，我们确定节能冰箱作为本实验的高经济价值实验刺激物，节能灯泡作为本实验的低经济价值实验刺激物。考虑到在实验中出现真实的产品品牌名称可能会对实验产生干扰，从而影响实验效果，本研究将不显示实验刺激物的品牌名称等信息，只用甲乙丙表示不同的节能冰箱，ABC 表示不同的节能灯泡。这里说明一下，由于实验的主要目的是研究产品属性对"定制化绿色信息推荐类型—绿色购买决策过程"路径是否有差异，所以本实验虚拟网站上的实验刺激物不考虑产品外观（选取的产品外观近似）等因素的影响。这部分实验共包含两部分的任务：第一，被试仔细观看"某网站"商城关于某节能冰箱或节能灯泡的定制化推荐实验材料；

第二，被试根据自己的想法回答相应的实验测试问卷。

（二）实验材料

本次实验共设计四则相关的实验材料，分别为基于自己推荐—节能冰箱—前期考虑阶段—后继选择阶段（Ⅰ组）、基于他人推荐—节能冰箱—前期考虑阶段—后继选择阶段（Ⅱ组），基于自己推荐—节能灯泡—前期考虑阶段—后继选择阶段（Ⅲ组）、基于他人推荐—节能灯泡—前期考虑阶段—后继选择阶段（Ⅳ组）。具体四组实验材料如表 8-13 所示。本实验仍旧采用"情境+视频+图片"三合一方式的绿色产品定制化推荐方式，并通过问卷星平台发放链接进行实验。

表 8-13　实验二材料内容设计汇总

定制化绿色信息推荐类型	内容
基于自己推荐—节能冰箱—前期考虑阶段—后继选择阶段（实验材料Ⅰ）	某网站，一个具有推荐功能的网络购物平台。一切只为更懂您！ 此处为您推荐甲乙丙三款节能冰箱。 以上是根据您的浏览、收藏和评论记录自动为您推荐的节能冰箱。 看了您的个人专属推荐，如果您愿意考虑购买，可把它（们）加入购物车； 如果不愿意，欢迎继续浏览其他商品
	某网站，一个具有推荐功能的网络购物平台。一切只为更懂您！ 购物车里的节能冰箱丙是根据您的浏览、收藏和评论记录的自动推荐加入的，如果您愿意最终选择购买，请点击"结算"支付购买它（们）； 如果不愿意，欢迎继续浏览其他商品
基于他人推荐—节能冰箱—前期考虑阶段—后继选择阶段（实验材料Ⅱ）	某网站，一个具有推荐功能的网络购物平台。一切只为更懂您！ 此处为您推荐甲乙丙三款节能冰箱。 以上是根据和您有共同偏好的朋友们自动为您推荐的节能冰箱。 看了您的个人专属推荐，如果您愿意考虑购买，可把它（们）加入购物车； 如果不愿意，欢迎继续浏览其他商品
	某网站，一个具有推荐功能的网络购物平台。一切只为更懂您！ 购物车里的节能冰箱丙是您根据和您有共同偏好的朋友们的自动推荐加入的，如果您愿意最终选择购买，请点击"结算"支付购买它（们）； 如果不愿意，欢迎继续浏览其他商品
基于自己推荐—节能灯泡—前期考虑阶段—后继选择阶段（实验材料Ⅲ）	某网站，一个具有推荐功能的网络购物平台。一切只为更懂您！ 此处为您推荐 ABC 三款节能灯泡。 以上是根据您的浏览、收藏和评论记录自动为您推荐的节能灯泡。 看了您的个人专属推荐，如果您愿意考虑购买，可把它（们）加入购物车； 如果不愿意，欢迎继续浏览其他商品
	某网站，一个具有推荐功能的网络购物平台。一切只为更懂您！ 购物车里的节能灯泡 C 是根据您的浏览、收藏和评论记录的自动推荐加入的，如果您愿意最终选择购买，请点击"结算"支付购买它（们）； 如果不愿意，欢迎继续浏览其他商品

续表

定制化绿色信息推荐类型	内容
基于他人推荐—节能灯泡—前期考虑阶段—后继选择阶段 （实验材料Ⅳ）	某网站，一个具有推荐功能的网络购物平台。一切只为更懂您！ 此处为您推荐 ABC 三款节能灯泡。 以上是根据和您有共同偏好的朋友们自动为您推荐的节能灯泡。 看了您的个人专属推荐，如果您愿意考虑购买，可把它（们）加入购物车，如果不愿意，欢迎继续浏览其他商品
	某网站，一个具有推荐功能的网络购物平台。一切只为更懂您！ 购物车里的节能灯泡 C 是根据和您有共同偏好的朋友们的自动推荐加入的，如果您愿意最终选择购买，请点击"结算"支付购买它（们）； 如果不愿意，欢迎继续浏览其他商品

二、正式实验

1. 正式实验过程

由于前文的实验已经研究了定制化绿色信息推荐类型对消费决策过程（前期考虑阶段和后继选择阶段）的影响作用，所以这里的实验将不再进行预实验和主效应检验，而是直接研究产品属性的调节效应。本研究进行 2（定制化推荐类型：基于自己推荐 VS.基于他人推荐）×2（产品属性：高经济价值 VS.低经济价值）的二因子被试间实验方法检验假设 H7 和假设 H8。

本实验共有四则不同的定制化绿色信息推荐信息材料，随机选择被试分别进入四组实验中，其中每组被试均包含学生样本和社会人士样本，通过问卷星平台发送链接实施实验。本次实验共收集 740 份样本，剔除无效样本后，最终回收 660 份有效样本，有效率约为 89.2%。[①]其中基于自己推荐—节能冰箱—前期考虑阶段—后继选择阶段（Ⅰ组）184 份、基于他人推荐—节能冰箱—前期考虑阶段—后继选择阶段（Ⅱ组）156 份，基于自己推荐—节能灯泡—前期考虑阶段—后继选择阶段（Ⅲ组）164 份、基于他人推荐—节能灯泡—前期考虑阶段—后继选择阶段（Ⅳ组）156 份。

2. 操控性检验和信效度检验

实验结果表明，定制化绿色信息推荐类型（基于自己推荐 VS.基于他人推荐）两变量的操控是成功的，即被试在自变量定制化绿色信息推荐类型的两个不同操控水平上的均值呈现出显著差异。问卷的 Bartlett's 球形检验伴随概率分别为

---

① 剔除无效样本的原则：一是关键缺失项过多，这里主要是推荐信任度与决策满意度的缺项；二是相同选项过多；三是多处选项前后矛盾。

0.000、0.000 和 0.000。两个主观因变量的 Cronbach's α 为 0.889，说明问卷的信度很好。另外，推荐信任度、决策满意度这两个主观因变量的 KMO 检验统计量均在 0.74 以上。可以认为本量表及各组成部分建构效度良好。

三、实验结果与分析

1. 产品属性对消费决策过程客观因变量的调节效应

我们利用逻辑斯谛回归模型分析消费者产品属性对"定制化绿色信息推荐类型—绿色购买决策过程（客观因变量）"路径的调节效应。

如表 8-14 所示，定制化绿色信息推荐类型对绿色购买决策过程第二阶段的客观因变量产生显著差异（$P=0.005<0.05$），即假设 H7-1 不成立、H8-1 成立。如图 8-8 和图 8-9 所示，从前期考虑阶段看，对于高经济价值属性组（节能冰箱）来说，基于自己推荐组加入购物车的人数（132 人）与基于他人组（117 人）的相差较大；对低经济价值属性组（节能灯泡）来说，基于自己推荐组加入购物车的人数（119 人）与基于他人推荐组（118 人）的十分相近。到了后继选择阶段，就高经济价值属性组（节能冰箱）而言，基于自己推荐组最终支付购买的人数（45 人）和基于他人推荐组最终支付购买的人数（81 人）相比，差距较大；对低经济价值属性组（节能灯泡）来说，基于自己推荐组最终支付购买的人数（99 人）和基于他人组最终支付购买的人数（104 人）相比，差距远远小于后继选择阶段的高经济价值属性组。总之，在整个绿色购买决策过程中，相对低经济价值属性产品来说，定制化绿色信息推荐类型对高经济价值属性产品加入购物车和支付购买过程的影响作用更显著。

表 8-14 消费者涉入度的调节效应检验结果汇总

决策过程	项目	系数	标准误	Wald	显著性水平
加入购物车	定制化推荐类型	0.173	0.556	0.097	0.755
	产品属性	−0.028	0.577	0.002	0.961
	定制化推荐类型×产品属性	−0.006	0.356	0.000	0.986
最终支付购买	定制化推荐类型	2.137	0.524	16.626	0.000
	产品属性	0.316	0.522	0.366	0.545
	定制化推荐类型×产品属性	−0.932	0.331	7.944	0.005

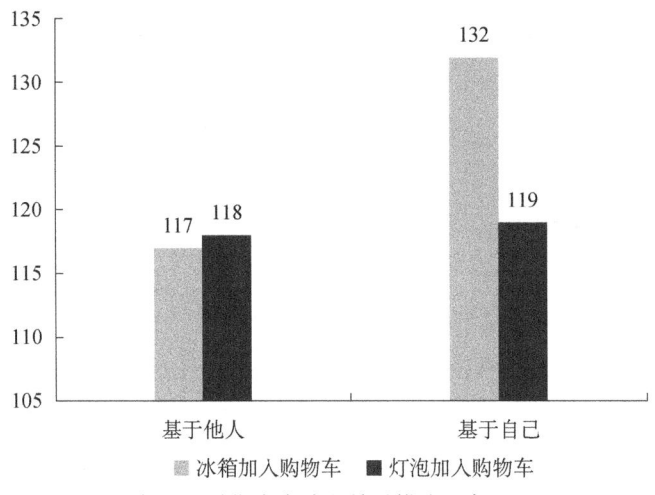

图 8-8　前期考虑阶段差异描述（客观）

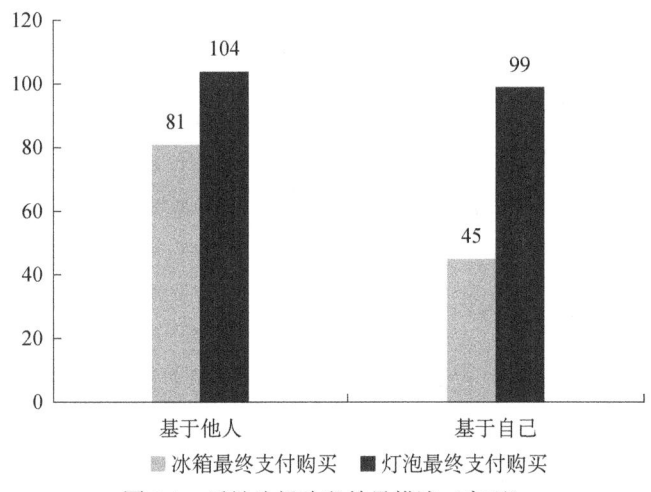

图 8-9　后继选择阶段差异描述（客观）

2. 产品属性对消费决策过程主观因变量的调节效应

再采用双因素交互效应的方差分析测度产品属性对"定制化绿色信息推荐类型—绿色购买决策过程（主观因变量）"路径的调节效应。

如表 8-15 所示，定制化绿色信息推荐类型对绿色购买决策过程后继选择阶段主观因变量产生显著差异（$P=0.000<0.05$），即假设 H7-2 不成立、H8-2 成立。从前期考虑阶段看，对于高经济价值组来说，基于自己的定制化推荐组信任度与基于他人的定制化推荐组相差不大，$M_{基于自己,高经济价值}=4.82$，$M_{基于他人,高经济价值}=4.86$；对低经济价值组来说，基于自己的定制化推荐组信任度与基于他人的定制化推荐组

也十分相近，$M_{基于自己, 低经济价值}$=4.52，$M_{基于他人, 低经济价值}$=4.63。到了后继选择阶段，就高经济价值组而言，与基于自己的定制化推荐组的决策满意度相比，基于他人的定制化推荐组的决策满意度较高，$M_{基于自己, 高经济价值}$=5.73，$M_{基于他人, 高经济价值}$=5.94；对低经济价值组来说，与基于自己的定制化推荐组相比，基于他人的定制化推荐组的决策满意度较高，$M_{基于自己, 低经济价值}$=4.69，$M_{基于他人, 低经济价值}$=5.33，但两者差异显著高于推荐高经济价值属性的产品，如图8-10和图8-11所示。

表8-15 产品属性的调节效应检验结果

决策过程	项目	III型平方和	df	均方	F值	显著性水平
推荐信任度	校正模型	12.946	3	4.315	1.484	0.218
	截距	14 560.395	1	14 560.395	5 007.116	0.000
	定制化推荐类型	0.954	1	0.954	0.328	0.567
	产品属性	11.347	1	11.347	3.902	0.049
	定制化推荐类型×产品属性	0.217	1	0.217	0.075	0.785
决策满意度	校正模型	147.369	3	49.123	26.826	0.000
	截距	19 291.017	1	19 291.017	10 534.819	0.000
	定制化推荐类型	29.736	1	29.736	16.239	0.000
	产品属性	110.817	1	110.817	60.517	0.000
	定制化推荐类型×产品属性	7.411	1	7.411	4.047	0.045

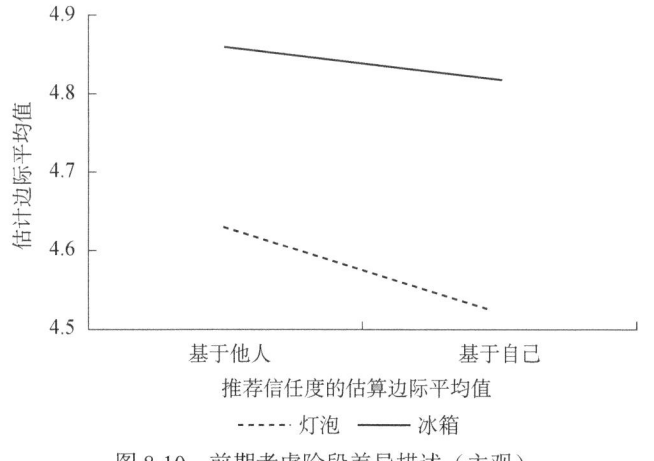

图8-10 前期考虑阶段差异描述（主观）

图 8-11 后继选择阶段差异描述（主观）

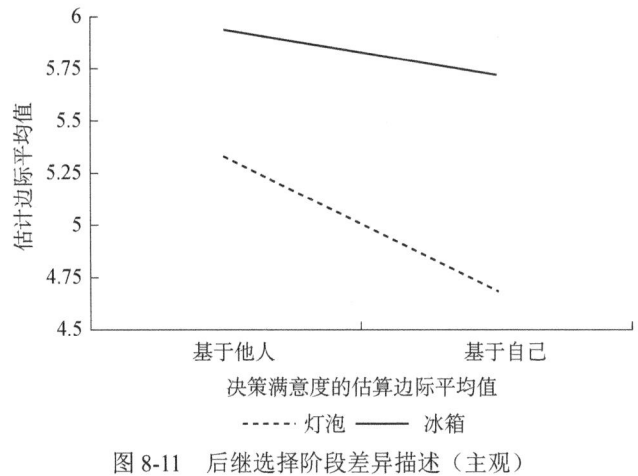

第六节 本 章 小 结

本研究通过两个实验研究定制化绿色信息推荐对绿色购买决策两阶段过程的主效应及消费者绿色涉入度和绿色产品属性的调节效应。本章研究结果汇总如表 8-16 所示。

表 8-16 本章研究结果汇总

效应类别	变量	假设	检验结果	具体结论
主效应	基于自己	H1	拒绝	不同类型定制化绿色信息推荐对绿色购买决策过程前期考虑阶段（加入购物车）的影响没有显著差异
		H2	拒绝	不同类型定制化绿色信息推荐对绿色购买决策过程前期考虑阶段（推荐信任度）的影响没有显著差异
	基于他人	H3	接受	不同类型定制化绿色信息推荐对绿色购买决策过程后继选择阶段的影响会有显著差异，即相较于基于自己的定制化绿色信息推荐，消费者更有可能选择基于他人的定制化绿色信息推荐所推荐的绿色产品
		H4	接受	不同类型定制化绿色信息推荐对绿色购买决策过程后继选择阶段的影响会有显著差异，即相较于基于自己的定制化绿色信息推荐，消费者对基于他人的定制化绿色信息推荐感到更高的决策满意度
调节效应	消费者涉入度	H5-1	拒绝	消费者绿色涉入度对"定制化绿色信息推荐—绿色购买决策过程（前期考虑阶段—加入购物车）"路径不存在显著的调节作用

续表

效应类别	变量	假设	检验结果	具体结论
调节效应	消费者涉入度	H5-2	拒绝	消费者绿色涉入度对"定制化绿色信息推荐—绿色购买决策过程（前期考虑阶段—推荐信任度）"路径不存在显著的调节作用
		H6-1	接受	消费者绿色涉入度对"定制化绿色信息推荐—绿色购买决策过程（后继选择阶段—最终支付购买）"路径存在显著的调节作用
		H6-2	接受	消费者绿色涉入度对"定制化绿色信息推荐—绿色购买决策过程（后继选择阶段—决策满意度）"路径存在显著的调节作用
调节效应	产品属性	H7-1	拒绝	产品属性对"定制化绿色信息推荐—绿色购买决策过程（前期考虑阶段—加入购物车）"路径不存在显著的调节作用
		H7-2	拒绝	产品属性对"定制化绿色信息推荐—绿色购买决策过程（前期考虑阶段—推荐信任度）"路径不存在显著的调节作用
		H8-1	接受	产品属性对"定制化绿色信息推荐—绿色购买决策过程（后继选择阶段—最终支付购买）"路径存在显著的调节作用
		H8-2	接受	产品属性对"定制化绿色信息推荐—绿色购买决策过程（后继选择阶段—决策满意度）"路径存在显著的调节作用

第九章

定制化绿色信息影响的研究结论和应用启示

本章在第四章探索性研究，第五章验证性研究，第六、第七、第八章解释性研究基础上总结定制化绿色信息影响研究的主要结论，提出定制化绿色信息的设计思路和实施策略。第一节讨论定制化绿色信息影响研究的主要结论；第二节从设计定制化绿色反馈信息、定制化绿色获得信息、定制化绿色损失信息、定制化绿色贴士信息及其组合讨论推进绿色消费的定制化绿色信息设计思路；第三节从六个方面讨论推进绿色消费的定制化绿色信息实施策略；第四节总结本书研究的理论贡献、研究局限，并对未来进一步研究领域进行展望。

第一节　定制化绿色信息影响的结论

一、探索性研究的主要结论

本书研究通过对受访者进行深度访谈，运用扎根理论探索归纳出促进绿色消费行为的定制化绿色信息深层因素。结果发现，定制化绿色信息的结构维度包括定制化反馈维度、定制化获得维度、定制化损失维度、定制化贴士维度四个维度。定制化绿色信息维度结构的四大主范畴对绿色消费行为存在显著的促进作用，具体如下。

（1）定制化反馈维度。定制化反馈维度是向消费者反馈自己和参照群体绿色消费行为后果的信息，有自身反馈和相关反馈两种反馈模式。自身反馈是基于消费者以往的绿色消费信息，向消费者展示自身当期绿色消费行为与前期绿色消费行为差异的反馈信息；相关反馈是基于参照群体的绿色消费信息，向消费者反馈自身绿色消费行为与其他相关参照群体绿色消费行为差异的信息，这与刘满芝等（2017）提到的他人参照框架、自我参照框架相一致。本书研究中的自身反馈和相关反馈可以参照依赖（reference dependence）理论来解释，根据参照依赖理论，人们在进行决策时的判断和认知会由于参照点的不同而产生差异，其中包含自我参照与他人参照，向消费者展示横向（他人反馈）和纵向（自身反馈）的定制化反馈信息，让消费者可以进行横向和纵向的对比，找准绿色消费的参照点，更精准地了解自己当前的绿色消费状况，从而更有效地推动绿色消费行为。

（2）定制化获得维度。定制化获得维度是向消费者展示绿色消费给社会或个人带来的价值、好处的信息，主要涉及社会获得和个体获得。社会获得主要强调绿色消费行为的利他性，注重强调消费绿色产品或服务社会获得的好处；个体获得主要强调绿色消费的利己性，注重绿色消费给消费者个人带来的利益、好处。熊小明等（2015）的研究证明，在群体情境下，相比个体获得好处的信息，消费者的绿色消费意愿更容易被激发，这说明了消费者对绿色信息的关注会因消费者所处的特定情境不同而发生改变。本书研究则认为，即使在群体情境下的绿色消费行为，消费者用社会获得来处理产品信息的主要原因依然是为了个体获得（如他人评价、个人面子等）。陈凯和肖兰（2016）利用印象管理（impression management）动机理论研究了消费者面对绿色信息时发现，印象管理动机较强的消费者会更加关注购买绿色产品对社会的益处；印象管理动机较弱的消费者则会更加关注绿色产品消费对自己的益处，这表明消费者对绿色信息的关注也会因消费者特质的不同而发生改变。因此本书研究认为，向不同动机的消费者传递绿色信息时，既要包含绿色消费给个人带来利益的信息，又要包含绿色消费给社会带来利益的信息，这可以在一定程度上削减因消费者所处情境、自身特性给绿色消费行为带来的"阻力"。

（3）定制化损失维度。定制化损失维度是向消费者展示非绿色消费给个人和社会带来损失、危害的信息，其中主要涉及环境损失和个体损失。环境损失主要强调非绿色消费行为给环境带来的不利性，注重非绿色消费对社会的害处；个体损失主要强调非绿色消费给消费者个人带来的损失，注重非绿色产品或服务消费对消费者个人的害处。李倩倩和董晓璐（2018）证实了损失框架与购买意向之间存在着倒 U 形关系。另外，绿色信息的恐怖诉求也是通过展示非绿色消费行为给个人和社会带来的负面效应与结果以促进积极的绿色消费行为的。贺建平（2004）、甘斯和格罗夫斯（Gans and Groves, 2012）、孙仁喆（2015）、刘聪等（2017）的诸多研究证实了恐怖诉求、内疚诉求策略是绿色信息传播的成功策略。这与本书研究的定制化损失维度不谋而合。目前绿色信息传播大多都是正向的信息，本书的研究则表明，在一定程度上增加负向的绿色信息（诸如广告的恐怖诉求、内疚诉求）传播也是必要的。

（4）定制化贴士维度。定制化贴士维度是向消费者展示自身绿色消费的可行建议贴士以及可以参照的榜样贴士信息。其中，建议贴士是向消费者展示基于自己消费当期或者前期绿色消费的提示信息,给消费者提供具体可行的做法或建议;榜样贴士是向消费者展示基于参照群体当前或者之前绿色消费的榜样贴士信息,给消费者提供可供参照的榜样或示范。根据规范焦点理论,仅通过宣传或反馈具体可行的建议就能影响和改变人的行为,并且绿色消费行为更多地受到他人做法的影响(榜样化提示),这一点斯特恩等(Stern et al., 1999)在心理学领域也做了解释。诺兰等(Nolan et al., 2008)指出,社会规范对绿色消费行为的影响常常是不自觉的,却比进行绿色消费教育和传播绿色消费知识对绿色消费行为的影响更大。黄蕊等(2018)在研究居民绿色消费行为时也证实了榜样效应正向影响消费者绿色消费行为。因此,解决绿色消费"知易行难"的一个有效方法是传递具体可行的绿色消费建议贴士信息以及榜样贴士信息。

需要指出的是,定制化绿色信息四个核心范畴之间并不是互相独立的,而是紧密联系的:首先,基于消费者以往的绿色消费历史,对绿色消费行为进行定制化绿色信息反馈(即反馈维度:与自己前期绿色消费的比较或者他人当期绿色消费的比较),让消费者清晰深入地了解自己当前的绿色消费行为程度,这是有效推进绿色消费行为的前提和基础。其次,在了解自身绿色消费状况的基础上,从绿色消费的正反两方面(即获得维度和损失维度:绿色消费给社会/个人带来的价值或者非绿色消费给社会/个人带来的损失)向消费者宣传绿色消费给社会/个人带来的利弊,引导消费者权衡绿色消费行为的有益影响,从而培养绿色消费行为的自觉,增强消费者绿色消费的内生动力,这是有效推进绿色消费行为的重点和关键。最后,进一步给消费者提供一些定制化的绿色消费可行做法、建议(即贴士维度:向消费者展示绿色消费的可行建议以及他人绿色消费的榜样做法),向消费者提供绿色消费行为的直接路径,为企业进行精准营销和政府部门推动绿色消费行为提供借鉴,这是有效推进绿色消费行为的支撑和保障。

二、验证性研究的主要结论

本书验证性研究的主要结论有以下几个方面。

(1)定制化反馈信息、定制化获得信息、定制化贴士信息对感知价值、绿色情感、在线绿色购买决策都有显著的正向影响,而定制化损失信息对在线绿色购买有显著的负向作用。首先,定制化反馈信息对在线绿色购买决策有显著影响,这与王建明(2016)、刘满芝等(2017)的研究相一致,并且相对于传统的媒体一般化宣传和说教，具体针对性的定制化绿色信息反馈和指导可让消费者更清楚地了解绿色消费行为给自身或者社会带来的价值，了解可行的绿色消费办法，进而实行绿色消费。其次，定制化获得信息对绿色购买决策有显著影响，这与西蒙森（Simonson，2005）、瓦伦苏埃拉等（Valenzuela et al.，2009）、金立印和邹德强（2009）、芈凌云（2012）等学者的研究结论一致。他们都是通过向消费者展示购买绿色产品给个人/社会带来的好处，进一步促进了消费者的购买意愿。再次，定制化损失信息对在线绿色购买决策有显著的效应（定制化损失信息相对对照组有更低的购买意愿），而不购买绿色产品所带来的消极结果也有可能促成消费者积极的绿色消费。这里一个可能的解释是，本书研究的绿色产品是功能型绿色产品（新能源汽车），定制化损失信息并不能有效提高消费者（对新能源汽车）的感知价值，甚至让消费者觉得有些反感。最后，定制化贴士信息对绿色购买决策有显著影响，这证实了施瓦茨（Schwartz，1977）的规范焦点理论。

（2）不同维度的定制化绿色信息对感知价值、绿色情感、在线绿色购买决策的影响效应不同。第一，定制化反馈信息和定制化贴士信息对感知价值、绿色情感、在线绿色购买决策的影响效应无显著性差异。定制化反馈信息是向消费者反馈自己当前绿色消费行为的情况，以及与他人之间的比较；而定制化贴士信息是给消费者提供具体可行的绿色消费建议以及他人绿色消费的榜样效应，前者是绿色消费的"吾日三省吾身"，而后者是绿色消费的"见贤思齐，见不贤而内自省"。第二，定制化获得信息和定制化损失信息对感知价值、绿色情感、在线绿色购买决策的影响效应有显著性差异，且定制化损失信息导致的购买均值低于对照组。一个可能的解释是，本书研究中的定制化损失信息是指不购买绿色产品，消费者得不到某种好处和利益[①]，即相较于损失框架的信息，消费者面对获得框架的信息会有更高的绿色产品购买意愿。

（3）绿色涉入度对"定制化绿色信息—感知价值"路径起调节作用，对"定制化绿色信息—在线绿色购买决策"和"定制化绿色信息—绿色情感"路径不存在调节效应。在面对定制化绿色信息时，当消费者涉入度高时，消费者对定制化绿色信息的加工相对更积极，对信息加工启动中央路径，消费者在进行绿色产

[①] 损失框架包括以下两种：负向损失，如果消费者不采用某种产品或行动会得不到某些好处和利益；负向获得，如果消费者不采用某种产品或行动会得到某些坏处和损失。本书研究采用的是负向损失。在本书研究中，出现了定制化绿色信息损失组的均值显著低于对照组，这与本书研究选取的损失框架是负向损失有关，前面已经进行了解释，这里不再赘述。

品购买时更加关注产品的功能属性,可以迅速匹配到定制化绿色信息中与自身相关的信息,即迅速感知到有价值的信息并且产生更高的感知价值。因此,高涉入度消费者在面对定制化绿色信息时会有更高的感知价值。

三、解释性研究的主要结论

本书第六、第七章通过两个实验研究一般/定制情境中定制化目标框架与定制化尺度框架对消费者感知价值、购买决策产生的框架效应,并进一步探究和比较两情境中定制化绿色信息策略与消费者涉入度、解释水平共同作用以最大限度地促进绿色购买决策的过程。另外,通过一个小实验探讨信息的不同表现形式对消费者购买决策产生的影响。通过分析与讨论,得出以下七个主要研究结论。

(1)定制化目标框架与定制化尺度框架对消费者感知价值、购买决策的主效应在两种情境中都影响显著。这表明不管在何种情境中,消费者绿色购买决策行为都存在框架效应。通过进一步研究发现,在定制化目标框架中,强调获得框架能最大限度地激发消费者感知价值与购买决策,这与劳德(Lord,1994)、奥贝米尔(Obermiller,1995)、舒克和弗里斯(Schuck and Vreese,2006)的研究结论相一致;同时,在定制化尺度框架中,强调大尺度框架能最大限度地激发消费者感知价值与购买决策,这与罗等(Lo et al.,2012)的研究结论相似,阿克和李(Aaker and Lee,2001)曾指出产生这种框架效应的原因是获得框架能扩展思维,更可能全局地加工信息,而损失框架会窄化思维,更可能详尽地加工信息。另外,大尺度的信息更能让消费者感知到获得更大的价值,或者启动避免损失的动机状态,进一步规避消极、负面结果的产生,从而有利于消费者采取积极的绿色购买行为。

(2)定制化绿色信息策略对消费者感知价值、购买决策的交互效应在两种情境中也都显著。一方面,对获得框架而言,不同尺度框架的效果差异不大;对损失框架而言,不同尺度框架的效果差异很大,即在损失框架下,大尺度框架比小尺度框架更能正向影响消费者感知价值和购买决策。另一方面,对大尺度框架而言,不同目标框架的效果差异不大;对小尺度框架而言,不同目标框架的效果差异很大,即在小尺度框架下,获得框架较损失框架更能正向影响消费者感知价值和购买决策。怀特等(White et al.,2011)的研究与此也有些接近,怀特等认为当获得框架与大尺度框架结合,或损失框架与大尺度框架结合时,会提高信息加工的流畅性，进而提高信息的影响力。

（3）消费者感知价值的中介作用在一般情境中比在定制情境中发挥得更好。本书研究表明在一般情境中，感知价值在两条路径中都起到完全中介作用，感知价值能正向显著影响购买决策。但在定制情境中，感知价值仅对"定制化目标框架—购买决策"路径起到完全中介作用，产生此种现象的原因可能是在定制情境中，不同类型家庭对获得利益或损失利益的感知不同，对"省电省钱、费电费钱"这一说法的真实性持有怀疑态度。但总的来说，这也再一次验证了消费者感知价值理论在定制化绿色信息策略领域的有效性（杨晓燕和周懿瑾，2006）。

（4）与定制情境相比，一般情境中消费者涉入度的调节作用发挥得更好。首先，在一般情境中，消费者涉入度与定制化目标框架、定制化尺度框架对感知价值与购买决策都存在显著性差异，而在定制情境中，消费者涉入度仅与定制化目标框架对购买决策存在显著差异。这不仅说明提升消费者涉入度是提高感知价值的有效办法和途径，也说明消费者涉入度的二重交互作用在一般情境中发挥得更好。其次，消费者涉入度的三重交互作用在两种情境中发挥功效不同。在一般情境中，相比获得-小尺度信息策略，高涉入度消费者在获得-大尺度信息策略上其购买决策更高。相比损失-大尺度信息策略，低涉入度消费者在损失-小尺度信息策略上其购买决策更高，这是因为在一般情境中，低涉入度消费者本身对绿色节能信息认知少，并不关注相关产品，从认识损益理论角度看，更倾向于考虑损失或负面信息。与之相反，在定制情境中，相比损失-小尺度信息策略，高涉入度消费者在损失-大尺度信息策略上其购买决策更高，而低涉入度消费者不受信息策略的影响。

（5）解释水平的调节效应在两种情境中有相似之处，也有不同之处。相似之处是，在两种情境中，解释水平在定制化目标框架、定制化尺度框架对感知价值、购买决策中产生的作用并不显著，即解释水平在两种情境中均不产生明显的框架效应。不同之处是，相比定制情境，解释水平在一般情境中定制化绿色信息策略对购买决策产生的三重交互作用更为显著，表现为高解释水平者在获得-大尺度信息策略上有更高的购买决策，而低解释水平者在损失-大尺度信息策略上有更高的购买决策。这是因为当消费者面对正面、积极信息时，倾向于用高解释水平的心理表征模式对绿色购买决策的结果进行解释，同时大尺度信息又能激活更多的抽象及更高层次的思考，正好与高解释水平实行匹配。相反，负面、消极信息往往告知人们存在威胁或困难，会激活个体启用低解释水平，这与大尺度信息激活个体低解释水平实现匹配，消费者在决策的过程中会感觉到更加流畅，对大尺度的信息给予较高评价，从而显著提高其购买意向。所以，当获得框架与高解释水平匹配，损失框架与低解释水平匹配时，信息加工更流畅。同时，这两者匹配能唤起启发式信息加工，作用效果更明显。这与怀特等（White et al., 2011）和黄等（Huang et al., 2011）的研究结论类似。

（6）绝大部分消费者乐于接受一般情境中的定制化绿色信息策略，但不同类型消费者有偏好选择。定制化绿色信息策略的传播效果在两种不同情境中存在显著差异，从总体上看，相比定制情境，消费者在一般情境中的感知价值与购买决策更高，这有可能与消费者的隐私心理有关系。具体分析可知，损失-小尺度信息策略在两种情境中存在显著差异，且在一般情境中传播效果更高，这是因为损失-小尺度信息策略在定制情境中发挥作用最小。另外，在定制情境中，不同类型家庭对定制化绿色信息策略的影响效果存在显著差异，即定制化绿色信息策略对高耗电水平消费者最有效，对低耗电水平消费者效应不明显。同时，不同类型消费者也存在偏好选择。其中，获得-大尺度信息策略对高耗电水平消费者最有效，损失-小尺度信息策略对低耗电水平消费者影响最小，损失-大尺度信息策略对任何类型消费者影响都不大。

（7）"视频+图片"的信息呈现效果明显优于纯文本形式。本书通过小实验研究发现采用纯文本形式的信息并不能有效提高消费者感知价值与购买决策，相反"视频+图片"形式的信息则有显著效果，这一研究结论与库姆斯和霍拉迪（Coombs and Holladay, 2011）的研究结论相似。史波等（2014）研究发现当信息中有图片信息时，会比仅含纯文本的信息更能降低消费者的消极态度，产生此种现象的原因有可能是视频或图片都带有特质（视频有动画效果，图片有美观效果），能给消费者直观印象，而纯文本信息不能直接吸引消费者的注意力。另外，姚学刚（2008）指出纯文本信息具有滞留性，在信息的传输中有严谨的逻辑性，而图片信息更加丰富多彩，更容易激发消费者的兴趣，从而消费者更乐于接受。

本书第八章通过两个实验研究定制化绿色信息推荐对绿色购买决策两阶段过程的主效应，以及消费者绿色涉入度和绿色产品属性的调节效应。通过分析与讨论，得出以下七个主要研究结论。

（1）定制化绿色信息推荐类型（基于自己的推荐、基于他人的推荐）对绿色购买决策过程的前期考虑阶段不存在显著的主效应。就客观层面而言，在消费者绿色购买决策过程前期考虑阶段，不同类型定制化绿色信息推荐对绿色购买决策的影响没有显著差异,即相较于基于他人的定制化绿色信息推荐,消费者不一定会更多考虑基于自己的定制化绿色信息所推荐的绿色产品;就主观层面而言,不同类型定制化绿色信息推荐对消费者前期考虑阶段的影响也没有显著差异,即相较于基于他人的定制化绿色信息推荐,消费者对基于自己的定制化绿色信息推荐不一定感到更高的推荐信任度。在前期考虑阶段,定制化绿色信息推荐类型的影响作用不显著,这与大部分消费者喜欢扩大自己的备选范围、避免损失的心理是相符的,即消费者在考虑阶段总是习惯于增大自己的可选范围(Gollwitzer and Bayer,1999;Häubl and Trifts,2000),弱化"约束条件"的限制,实现自身利益最大化。所以在这个阶段无论定制化绿色信息推荐是基于自己还是他人,消费者都愿意把它们加入购物车作为备选。同时,这也导致了前期考虑阶段将所推荐产品加入购物车的人数远远多于最终支付购买的人数。

(2)定制化绿色信息推荐类型(基于自己的推荐、基于他人的推荐)对绿色购买决策过程的后继选择阶段存在显著的主效应。在消费者绿色购买决策过程的后继选择阶段,在客观层面,不同类型定制化绿色信息推荐对绿色购买决策的影响存在显著差异,即相较于基于自己的推荐,消费者会更多考虑基于他人的推荐所推荐的绿色产品;在主观层面,不同类型定制化绿色信息推荐对消费者后继选择阶段的影响也存在显著差异,即消费者对基于他人的推荐比基于自己的推荐会感到更高的决策满意度。对比上一条结论,我们发现定制化绿色信息推荐类型在前期考虑阶段的影响作用不显著,而在后继选择阶段则存在显著影响,即到了后继选择阶段消费者更可能会最终支付购买他在前期考虑阶段加入购物车的节能产品。本书研究的这一发现也印证了偏好不一致理论,这是因为在消费者进行多阶段或复杂决策时,其决策过程中影响因素(约束范围)的重要性也可能随之变化,所以就整个决策过程来看,出现了这种前后不一致的偏好差异(Lambooij et al.,2015)。

(3)消费者绿色涉入度对"定制化绿色信息推荐类型(基于自己的推荐、基于他人的推荐)—绿色购买决策过程的前期考虑阶段"路径不存在显著的调节效应。就客观层面而言,消费者绿色涉入度对"定制化绿色信息推荐类型—加入购物车"路径不存在显著的调节作用,即高绿色涉入组和低绿色涉入组的消费者在接受两种不同定制化绿色信息推荐之后,两组加入购物车的节能产品在数量上并无太大差异;就主观层面而言,消费者绿色涉入度对"定制化绿色信息推荐类型—推荐信任度"路径不存在显著的调节作用,即高绿色涉入组和低绿色涉入组的消费者在接受两种不同定制化绿色信息推荐之后，两组的推荐信任度并无太大差异。这一结论其实和本书研究的第一个结论相呼应，即消费者在前期考虑阶段倾向于弱化"约束条件"的限制，实现自身利益最大化，所以不管消费者是不是高绿色涉入度人群（如环保提倡者、绿色行动支持者等），他都会扩大购买的备选项。

（4）消费者绿色涉入度对"定制化绿色信息推荐类型（基于自己的推荐、基于他人的推荐）—绿色购买决策过程的后继选择阶段"路径存在显著的调节效应。就客观层面而言，消费者绿色涉入度对"定制化绿色信息推荐类型—最终支付购买"路径存在显著的调节作用，即相较于低绿色涉入度组来说，高绿色涉入度组的消费者在接受两种不同定制化绿色信息推荐之后，最终支付购买节能产品的数量远高于前者，其中在基于他人的推荐组的差异非常显著；就主观层面而言，消费者绿色涉入度对"定制化绿色信息推荐类型—决策满意度"路径也存在显著的调节作用，即相较于低绿色涉入度组来说，高绿色涉入组的消费者在接受两种不同定制化绿色信息推荐之后，决策满意度远高于前者，其中相对基于他人推荐组的差异十分显著。本书研究还发现，在所有被调查者中，高绿色涉入度人数远多于低绿色涉入度人数，这说明居民在消费过程中越来越注重低碳环保，更愿意购买节能产品，践行绿色、环保、低碳的生活方式。

（5）产品属性对"定制化绿色信息推荐类型（基于自己的推荐、基于他人的推荐）—绿色购买决策过程的前期考虑阶段"路径不存在显著的调节效应。就客观层面而言，产品属性对"定制化绿色信息推荐类型—加入购物车"路径不存在显著的调节作用，即面对高经济价值属性组和低经济价值属性组的节能产品，消费者在接受两种不同定制化绿色信息推荐之后，两组加入购物车的节能产品在数量上并无太大差异；就主观层面而言，产品属性对"定制化绿色信息推荐类型—推荐信任度"路径不存在显著的调节作用，即面对高经济价值属性和低经济价值属性的节能产品，消费者在接受两种不同定制化绿色信息推荐之后，两组的推荐信任度并无太大差异。这一结论同样和本书研究的第一个结论相呼应，即消费者在前期考虑阶段倾向于弱化"约束条件"的限制，实现自身利益最大化，所以不管节能产品是高经济价值属性还是低经济价值属性，他都会扩大购买的备选项。

（6）产品属性对"定制化绿色信息推荐类型（基于自己的推荐、基于他人的推荐）—绿色购买决策过程的后继选择阶段"路径存在显著的调节效应。在客观层面，产品属性对"定制化绿色信息推荐类型—最终支付购买"路径的调节作用显著，即相较于高经济价值属性的节能产品，消费者在接受两种不同定制化绿色信息推荐之后，最终支付购买低经济价值属性的节能产品的数量相对高于前者，其中在基于自己的推荐组的差异非常显著；在主观层面，产品属性对"定制化绿色信息推荐类型—决策满意度"路径的调节作用也是显著的，即相较于低经济价值属性组的节能产品，消费者在接受两种不同定制化绿色信息推荐之后，高经济价值属性组的决策满意度远高于前者，其中在基于自己的定制化绿色信息推荐组的差异十分显著。这里有一个有趣的发现，虽然客观测度的结果表明，相较于高经济价值属性节能产品，最终支付购买低经济价值属性节能产品的总数量略多，但是后者的决策满意度却低于前者，这说明消费者会倾向于为自己所做的决策寻求理由以证明其决策的正确性。

（7）最后，本书研究还发现定制化绿色信息推荐类型对不同特征个体绿色购买决策过程（前期考虑阶段、后继选择阶段）的影响效应存在一定的差异。我们主要分析了定制化绿色信息推荐类型在个体的性别、年龄、学历、个人月收入、周访问次数和网站购买经历这六个特征变量方面对绿色购买决策过程的影响效应。从客观层面来说，定制化绿色信息推荐类型在个体的学历、周访问次数和网站购买经历这三个特征变量上对绿色购买决策过程（前期考虑阶段、后继选择阶段）影响存在显著差异，其中学历只对绿色购买决策过程前期考虑阶段（加入购物车）的影响存在显著差异；从主观层面来说，定制化绿色信息推荐类型在个体的学历、个人月收入和网站购买经历这三个特征变量上对绿色购买决策过程（前期考虑阶段、后继选择阶段）影响存在显著差异，而且这三个特征变量在绿色购买决策过程两个阶段的影响作用均显著。综合来说，在整个绿色购买决策过程（包括前期考虑和后继选择两个阶段）中，个体过去是否考虑或选择购买过网站推荐的产品这一特征变量无论在客观层面还是主观层面，其影响效应均显著。

第二节 定制化绿色信息设计的思路

通过前面的探索性、验证性和解释性研究，我们发现定制化绿色信息的结构维度包括定制化反馈维度、定制化获得维度、定制化损失维度、定制化贴士维度四个维度,他们对推进绿色消费行为都存在显著影响。由此,为了推进绿色消费行为,可以从这四个维度及其组合着手。此外,根据我们之前的研究,消费者绿色消费行为包括绿色购买购置、绿色使用消费、绿色废弃回收和绿色分享互动这四个主要领域,由此我们从以上四个领域入手,探讨定制化绿色信息四维度的设计思路。

一、着重使用定制化绿色反馈信息

在绿色购买购置领域,从两个层面设计定制化绿色反馈信息:第一,对企业而言,一方面,企业可以通过广告宣传、信息传播等方式,在宣传绿色产品或者服务过程中加大对绿色消费后的信息反馈,从而引导消费者关注和购买绿色产品,帮助消费者准确认清自己当前的绿色消费状况,弥补消费者因自身限制而无法获得自身绿色消费行为数据的局限。另一方面,可以让消费者在实际的购买活动中及时获得定制化绿色信息反馈,加深对绿色消费的印象,触动消费者对绿色消费的自豪感等。第二,对政府而言,一方面,可以通过公益广告、宣传教育等信息传播方式向消费者提供量身定制的绿色消费情况统计,并传递具有针对性的绿色消费指导,让消费者更清楚地了解自身绿色消费水平。另一方面,可通过实践、参与和体验等方式,让消费者在特定的时间、地点参与到绿色消费公益体验活动中,通过活动向消费者现场展示不同绿色消费行为结果差异的信息,让消费者找准参照点,更加精确地了解自身当前的绿色消费状况。

在绿色使用消费领域,从两个层面设计定制化绿色反馈信息:第一,对企业而言,一方面,企业可通过广告宣传、网络平台等信息传播方式,根据消费者的绿色消费偏好,向其反馈消费者个人的绿色消费行为统计数据。另一方面,可通过实践、参与和体验等方式,面向未注册过绿色出行账号的消费者,推出优惠体验活动,针对消费者使用消费情况向消费者反馈符合其个性特征的绿色使用消费信息。第二,对政府而言,一方面,可通过公益广告、新闻报道、宣传教育等信息传播方式,借助大数据、人工智能等技术将定制化的绿色使用消费信息推送至消费者,加大对不同消费群体的绿色使用消费宣传。另一方面,可通过实践、参与和体验等方式,开展绿色公益计划等活动,向其反馈绿色使用消费情况及人均绿色消费水平,向消费者提供绿色使用消费参考信息。

在绿色废弃回收领域,从两个层面设计定制化绿色反馈信息:第一,对企业而言，一方面，可通过广告宣传、信息传播等方式，向消费者即时反馈定制化的绿色废弃回收行为信息，还可以通过APP、手机短信等方式向消费者推送当期绿色废弃回收行为与前期绿色废弃回收行为差异的反馈信息。另一方面，可以通过实践、参与和体验等方式，开展以旧物兑换消费优惠券等活动吸引消费者参与，结合消费者定制化的绿色消费信息，反馈绿色废弃回收数据。第二，对政府而言，一方面，可通过公益广告、新闻报道、宣传教育等信息传播方式，对非绿色回收行为进行新闻曝光，向非绿色回收者推送定制化的回收行为反馈信息。另一方面，可通过实践、参与和体验等方式，围绕环保节能主题，开展公共机构绿色废弃回收活动，组织单位职工等群体收集废旧电子产品并统一进行兑换，向参与者反馈定制化的绿色回收信息。

在绿色分享互动领域，从两个层面设计定制化绿色反馈信息：第一，对企业而言，一方面，可通过广告宣传、新闻报道等信息传播方式，借助公众号、短视频、直播等与消费者进行定制化绿色信息反馈的互动交流，向消费者提供个人与他人的绿色消费对比信息等。另一方面，可通过实践、参与和体验等方式，开设绿色消费互动体验馆，结合3D技术让消费者体验绿色消费决策带来的舒适感和非绿色消费带来的不适感，与体验者进行有关绿色消费信息的问答互动和信息反馈。第二，对政府而言，一方面，可通过公益广告、新闻报道、宣传教育等信息传播方式，以专题报道、公益节目等形式进行绿色消费信息反馈。可以通过在学校、社区等场所组织播放绿色消费公益动画短片，与观看者互动交流，反馈绿色消费能耗信息等。另一方面，可通过实践、参与和体验等方式，借助官方微博等在线征集和评选绿色消费榜样行为和绿色消费方案，让消费者参与互动评论，向其提供绿色消费的定制化建议，具体如表9-1所示。

表9-1 使用定制化绿色反馈信息的具体方式

应用领域	应用主体	应用类别	应用具体方式
绿色购买购置领域	企业	信息传递	在网购订单完成页面向消费者反馈该次绿色消费对环境的正反面影响信息
		软件应用	通过APP购物平台，根据消费者购买记录向其反馈自身当期绿色消费情况以及同一时期社会总体的绿色消费情况
		现场展卖	在超市、商场等开展绿色产品展卖活动，并向消费者反馈定制化的绿色消费信息
	政府	公益广告	制作官方公益动画短视频，根据消费类型地区分布，按需投放相应类型的定制化绿色消费公益广告，增强社会绿色消费信息反馈

续表

应用领域	应用主体	应用类别	应用具体方式
绿色购买购置领域	政府	媒体传播	借助微信、微博等平台，向消费者定制化推送绿色购买的反馈信息
		主题活动	举办官方的绿色消费大型主题活动，向消费者及时提供定制化的绿色消费反馈信息
绿色使用消费领域	企业	软件应用	根据消费者在APP中的绿色出行消费情况，向其反馈定制化的节能效果信息
		场景体验	开设绿色使用消费3D体验馆，增强消费者体验，并反馈绿色使用消费情况
		明星效应	邀请明星做绿色出行大使，在共享汽车等绿色出行工具中向消费者反馈绿色出行的节能效果信息
	政府	新闻报道	通过新闻媒体向消费者反馈绿色使用消费的横向和纵向对比信息
		知识竞赛	举办绿色消费知识问答竞赛，设置与绿色使用消费反馈有关的问题
		账户管理	建立市民绿色出行账户，提供定制化的绿色出行等使用消费数据统计
绿色废弃回收领域	企业	问卷调查	向消费者群体开展绿色回收调研，并给予相应的定制化信息反馈
		创意活动	通过企业官方微博发起绿色废弃回收行为视频征集活动，反馈绿色回收信息
		榜样标识	在用户绿色废弃回收账号上点亮环保达人标识，向其反馈个人年度绿色回收情况信息
	政府	公益广告	通过电视、互联网、公众号、视频直播等方式传播社会绿色回收成效，并进行定制化的绿色回收宣传
		政策规范	明确绿色回收标准，规范和鼓励绿色回收，对非绿色回收行为进行规范引导
		典型模范	在企事业单位评选绿色回收标兵，反馈绿色废弃回收成效
绿色分享互动领域	企业	人机互动	通过消费导购机器人，与消费者互动传递绿色产品信息
		人际互动	开展社区绿色消费主题宣传活动，引导消费者积极分享绿色消费经验，反馈绿色消费状况，评选社区最佳绿色消费者
		网络互动	邀请消费者在购物平台分享绿色产品，附加绿色消费反馈评论
	政府	公益直播	开展线上绿色消费直播，内容涵盖针对不同消费群体的绿色信息反馈
		文艺表演	组织绿色消费主题的汇演，与消费者进行绿色消费信息交流与反馈互动
		有奖征集	向社会征集绿色消费积极方案，并给予定制化的反馈

二、普遍应用定制化绿色获得信息

在绿色购买购置领域，从两个层面设计定制化绿色获得信息：第一，对企业而言，一方面，企业可以通过广告宣传、信息传播等方式，加大绿色消费给个人和社会带来的好处和益处的信息，即注重强调绿色消费行为的利己性（个体获得）和利他性（社会获得），尤其是根据不同消费者需求和偏好进行定制化的获得信息传播，从而激发消费者的绿色购买意愿。另一方面，可以通过实践、参与和体验等方式，让消费者即时获取绿色消费的利得信息，加深对绿色消费利得的感受和体会，如得到他人对自己绿色消费行为的正面评价、赢得面子等。第二，对政府而言，一方面，可以通过公益广告、新闻报道、宣传教育等信息传播方式发布绿色消费给社会和个人带来的价值、好处的信息。政府通过线上线下平台对绿色消费行为带来节能降耗进行信息宣传，并对消费者绿色购买行为进行赞赏性的新闻报道。另一方面，可通过实践、参与和体验等方式，让消费者积极参与绿色消费体验推广活动，在活动中实际感受绿色消费带来的益处。通过举办进社区推广活动，帮助消费者深入了解绿色产品的安全环保性能，促进消费者的绿色购买行为（包括绿色产品的重复使用、绿色产品共享等）。

在绿色使用消费领域，从两个层面设计定制化绿色信息：第一，对企业而言，一方面，企业可以通过广告宣传、信息传播等方式，针对不同消费群体特点进行定制化绿色使用消费正面影响的宣传，激发绿色消费者的自豪感。通过企业微博、公众号等新媒体渠道增加关于绿色消费行为益处的宣传，通过企业微信向消费者推送绿色产品及其环保功能信息。另一方面，可以通过实践、参与和体验等方式，增加消费者的获得感，向绿色消费者推送定制化的赞赏信息，帮助绿色消费者节约消费时间，让其产生区别于他人的优越感和自豪感。第二，对政府而言，一方面，可通过公益广告、新闻报道、宣传教育等信息传播方式，向消费者传播定制化的绿色获得信息，同时适度增加绿色获得信息的相关知识。另一方面，可通过实践、参与和体验等方式，将消费者的绿色使用等消费记录计入个人绿色积分账户，对绿色出行等使用消费进行个人年度碳排放指标提醒，引导消费者增加绿色使用消费。

在绿色废弃回收领域，从两个层面设计定制化绿色获得信息：第一，对企业而言，一方面，通过广告宣传、信息传播等方式向消费者推送定制化的绿色产品信息时，可融入绿色废弃回收的相关获得信息，推广绿色废弃回收理念和价值。另一方面，可通过实践、参与和体验等方式，在活动中使消费者亲身感受绿色回收的便捷性和绿色回收创造的生态价值，引导消费者提高对绿色废弃回收价值的体会和认知，拉近消费者与绿色回收的距离。企业可以联合开展绿色废旧物回收活动，向消费者传递定制化的绿色回收获得信息，同时扩大企业的知名度和影响力。第二，对政府而言，一方面，可通过绿色回收公益广告、新闻报道、宣传教育等信息传播方式，加强对产品回收标准等相关政策的解读，向消费者推送关于绿色废弃回收行为对资源节约和环境保护益处的定制化绿色信息，增强对绿色回收示范行为的新闻报道，增进消费者个人对绿色获得的重视。另一方面，可通过实践、参与和体验等方式，更加直观地向消费者呈现绿色废弃回收行为的益处。组织绿色回收进机关、进校园、进社区、进商场等活动，让消费者认识到可回收垃圾是再生资源，具有重要的环境、经济和社会价值，精准地向消费者传达垃圾回收的重大社会意义。

在绿色分享互动领域，从两个层面设计定制化绿色获得信息：第一，对企业而言，一方面，可通过新媒体、网络平台等信息传播方式，加强与消费者的定制化绿色获得信息交流，给消费者提供针对其个人需求的绿色回收获得信息，提高消费者对绿色回收重要性的认识。另一方面，可通过实践、参与和体验等方式，吸引消费者参与绿色回收获得信息的传播与互动，接纳绿色回收，了解绿色回收的生态价值和社会价值。第二，对政府而言，一方面，可通过公益广告、新闻报道、宣传教育等信息传播方式，增加与消费者之间的信息双向交流（而非单向信息传播），或通过官方微博等平台向消费者的绿色消费获得情况给予定制化的正面回应。另一方面，可通过实践、参与和体验等方式向社会发放绿色消费券，让消费者收到支付代金券通知的同时，也收到绿色消费获得信息，让绿色消费者享受更多优惠活动，增加绿色消费体验和信息获得，具体如表9-2所示。

表9-2 应用定制化绿色获得信息的具体方式

应用领域	应用主体	应用类别	应用具体方式
绿色购买购置领域	企业	信息推送	根据消费者在电商平台搜索或浏览习惯进行相关绿色产品的获得信息定制化推送
		电商广告	在淘宝等购物平台向消费者发送定制化的绿色消费获得信息
		服务专享	设置环保产品绿色购买通道，为绿色购买者提供优惠，以及相应的绿色获得信息
	政府	政策规范	通过政策优惠鼓励引导绿色产品消费，加大绿色获得信息宣传引导
		消费补贴	适时适度发放绿色消费券，要求协议商家进行绿色获得信息推广
		媒体传播	央视媒体结合电商平台开展公益直播，进行绿色产品直播带货和绿色获得信息宣传

续表

应用领域	应用主体	应用类别	应用具体方式
绿色使用消费领域	企业	社群传播	建立共享汽车出行消费微信群,针对群内定制化消费需求发布定制化绿色获得信息
		场景体验	开设绿色产品线下体验店,增加消费者的绿色使用消费获得体验
		信息提示	借助APP为消费者提供定制化绿色出行方案及获得信息
	政府	开设讲座	对绿色出行等消费使用的环保行为进行视频宣传,针对参与者提问进行定制化绿色获得信息沟通
		知识竞赛	举办环保知识问答竞赛,设置定制化绿色获得信息类问题
		账户管理	建立市民碳账户,将绿色使用消费量化为碳减排量累计计入个人账户并进行获得信息推送
绿色废弃回收领域	企业	包装宣传	在产品包装的显眼位置添加绿色回收益处等个性化内容
		创意活动	通过企业官方微博发起有关绿色废弃回收行为益处的图文、视频展示活动
		榜样标识	在企业用户绿色废弃回收账号上点亮环保达人标识,邀请达人展示其所认为的对环保最有利的绿色回收行为
	政府	公益广告	通过公众号、视频直播等方式传播绿色回收行为对社会和个人的重要性,并进行定制化的绿色回收宣传
		政策规范	制定有关绿色回收的优惠政策,并进行绿色回收获得信息的定制化宣传
		典型模范	树立绿色消费榜样家庭,悬挂绿色消费榜样家庭门牌,并邀请其担任社区绿色回收宣传代表,传播定制化的绿色回收经验
绿色分享互动领域	企业	人机互动	在商场等大型购物场所放置绿色消费导购机器人,在与消费者互动过程中传递绿色消费对环境的贡献等信息
		明星互动	与明星合作,利用偶像效应在微博超级话题中发起包含绿色获得信息的绿色消费话题讨论,通过明星与粉丝互动传递定制化绿色获得信息
		网络互动	邀请消费者在微信、小红书等平台分享绿色产品,附加个人对绿色消费获得的看法,对点赞量高的信息发布者赠予小礼品
	政府	公益宣传	组织开展线上绿色消费公益直播,内容涵盖针对不同消费群体的绿色获得信息
		文艺表演	组织以绿色为主题的社区艺术表演,以定制化绿色消费获得为内容与观众进行互动
		社会调研	对消费者进行街头调研访问,考察绿色消费实施现状,传递定制化绿色消费环保信息

三、适当应用定制化绿色损失信息

在绿色购买购置领域,从两个层面设计定制化绿色损失信息:第一,对企业而言，一方面，企业可以通过广告宣传、新闻报道、网络平台等信息传播方式，在宣传绿色产品或者服务时要包含非绿色消费的损失信息，从而引导消费者选择绿色购买。同时应注重绿色损失信息宣传的强度和方式，如果过分宣传非绿色购买给社会或者个人带来的损失可能会适得其反。另一方面，可通过实践、参与和体验等方式让消费者体验个性化的绿色损失后果，触动消费者对非绿色消费的愧疚感、厌恶感等。第二，对政府而言，一方面，政府可以通过新闻报道、教育引导等信息传播方式发布非绿色消费给社会和个人带来损失的官方信息。例如，政府通过线上线下平台对非绿色消费税加大信息宣传。另一方面，政府可通过实践、参与和体验等方式，让消费者在特定的时间、地点和形式融入非绿色消费损害影响的体验中，例如，政府可以通过央视媒体推出的绿色产品直播带货，让消费者在购买中体验非绿色消费的损害等。

在绿色使用消费领域，从两个层面设计定制化绿色损失信息：第一，对企业而言，一方面，企业可通过广告宣传、新闻报道、网络平台等信息传播方式，针对消费者使用消费情况及消费者个人特质等进行非绿色消费负面影响信息传递，借助微信等APP向目标消费者推送非绿色出行方案的环境污染情况预报。另一方面，可通过实践、参与和体验等方式，向消费者推出引导其减少非绿色使用消费的优惠活动，并推送定制化的非绿色出行损失信息。第二，对政府而言，一方面，可通过公益广告、新闻报道、宣传教育等信息传播方式，借助大数据技术将绿色损失信息定制化推送至消费者，同时适度增加绿色损失信息的相关知识科普。另一方面，可通过实践、参与和体验等方式，组织开展有关非绿色出行行为主题的公益演出活动，让消费者亲身参与表演或观看形式生动的演出，传递定制化的非绿色出行损失信息。

在绿色废弃回收领域，从两个层面设计定制化绿色损失信息：第一，对企业而言，一方面，可通过广告宣传、新闻报道、网络平台等信息传播方式，在垃圾回收设备中设置绿色损失语音信息播报，还可通过APP、短信等方式，对线上支付的消费者推送定制化、精准化的垃圾未分类损失信息。另一方面，可通过实践、参与和体验等方式，吸引消费者参与二手物品交易平台（例如闲鱼）废弃物回收，结合个性化的绿色使用消费损失信息传递，增进消费者的废旧物品在线交易。第二，对政府而言，一方面，可通过公益广告、新闻报道、宣传教育等信息传播方式，对社会废弃物随意丢弃行为、乱扔垃圾的不文明行为进行新闻曝光，报道这些行为对环境的危害，增进消费者个人对绿色损失的重视。另一方面，可通过实践、参与和体验等方式，以社区为单位，对社区放置的智能垃圾分类回收设备进行集中化管理，定期统计并向社区居民发布垃圾回收情况，对非正确投放行为进行针对性提醒，加强监督并进行收费管理，消费者可用下次正确投放抵消此次非绿色回收行为的付费。

在绿色分享互动领域，从两个层面设计定制化绿色损失信息：第一，对企业而言，一方面，可通过广告宣传、新闻报道、网络平台等信息传播方式，在产品营销活动中与消费者进行个性化绿色损失信息互动交流，给消费者提供针对其个人的绿色损失信息，等等。另一方面，可通过实践、参与和体验等方式，利用蚂蚁森林等游戏应用与消费者形成个性化绿色损失信息互动，在游戏应用中设计相应的绿色消费模拟游戏，邀请参与者进行有关绿色损失信息的问答互动，给予参与者游戏积分奖励。第二，对政府而言，一方面，可通过公益广告、新闻报道、宣传教育等信息传播方式，以公益讲座、绿色沙龙、学术研讨会等形式进行绿色损失信息推广，组织开展线上线下的绿色消费公益宣传和互动，添加针对不同消费群体的绿色损失信息。另一方面，可通过实践、参与和体验等方式向社会征集消费者个人或其身边的环保"金点子"，鼓励消费者分享绿色购买经验，提高消费者关注绿色损失信息的兴趣，也可以在线下组织社区绿色消费宣传，根据社区消费者喜好提供针对性的绿色损失行为改善建议，具体如表9-3所示。

表9-3 应用定制化绿色损失信息的具体方式

应用领域	应用主体	应用类别	应用具体方式
绿色购买购置领域	企业	信息推送	根据消费者在电商平台搜索或浏览习惯进行相关产品的绿色损失信息个性化推送
		主题营销	进行环保商品主题的个性化营销活动，并进行绿色损失信息的个性化宣传
		服务专享	设置环保产品绿色购买通道，消费者享受绿色积分；对非绿色购买通道的消费者群体进行专门的绿色损失信息宣传
	政府	政策规范	对污染较大的非绿色产品征收非绿色消费税，并对其购买者进行绿色损失信息宣传引导
		消费补贴	适时适度发放绿色消费券，要求协议商家进行绿色损失信息推广
		媒体传播	开展官方公益直播，进行绿色产品直播带货和绿色损失信息宣传
绿色使用消费领域	企业	社群传播	建立共享汽车出行消费微信群，针对群内个性化消费需求发布定制化绿色损失信息，推进消费者绿色共享出行
		场景体验	开设绿色产品线下体验店，增加消费者的绿色使用消费体验感，引导消费者关注非绿色消费带来的损失

续表

应用领域	应用主体	应用类别	应用具体方式
绿色使用消费领域	企业	信息预警	借助微信等APP向消费者推送个性化环保出行路线规划，提供非绿色出行方案的环境污染预警信息
	政府	开设讲座	对非绿色出行的后果进行视频宣传，针对参与者提问进行个性化绿色损失信息沟通
		知识竞赛	举办环保知识问答竞赛，对环境污染较大且使用频率较高的使用消费品，设置个性化绿色损失类问题
		账户管理	建立市民绿色积分账户，对非绿色出行等使用消费进行个人年度碳排放数据统计提醒
绿色废弃回收领域	企业	包装宣传	在产品包装的显眼位置添加非绿色回收带来的损害等内容，同时注重内容的个性化
		创意活动	通过企业官方微博发起非绿色废弃回收行为及其损害的图文、视频展示活动，吸引消费者参与
		榜样标识	以环保达人标识活动鼓励用户绿色废弃回收，邀请达人展示其所认为的对环保最不利的非绿色回收行为
	政府	公益广告	通过广播电视、互联网等方式传播非绿色回收行为对社会和个人的负面影响，并进行个性化的绿色回收宣传
		政策规范	制定新能源汽车推广等优惠政策，鼓励绿色回收；对非绿色回收行为进行规范引导，对非绿色回收者进行有关绿色损失的谈话教育
		典型模范	开展社区绿色消费榜样家庭评选活动，通过微博、微信等媒介进行绿色回收经验及非绿色回收后果宣传，形成示范效应
绿色分享互动领域	企业	人机互动	在购物场所设置绿色消费智能导购机器，通过智能互动向消费者传递非绿色消费对环境的损害信息
		明星互动	与明星合作，利用偶像效应在微博超级话题中发起包含绿色损失信息的绿色消费话题讨论，通过明星与粉丝互动传递个性化绿色损失信息
		网络互动	邀请消费者在微博等社交平台分享对非绿色消费损失的看法，对点赞量高的信息发布者予以适当奖励
	政府	公益宣传	组织绿色消费公益直播，内容涵盖针对不同消费群体的绿色损失信息，向社会征集消费者个人或其身边的环保"金点子"
		文艺表演	组织以绿色为主题的社区艺术表演，以个性化非绿色消费损失为内容与观众进行互动
		社会调研	对消费者进行街头调研访问，考察绿色消费实施现状，传递个性化绿色损失信息

四、大力应用定制化绿色贴士信息

在绿色购买购置领域，从两个层面设计定制化绿色贴士信息：第一，对企业而言，一方面，企业可以利用产品广告、新闻媒体、网络平台等信息传播方式在宣传产品的同时，基于消费者的需求向消费者发送绿色产品相关适用的、具体可行的贴士信息，引导消费者关注并进行绿色购买。另一方面，可以采用实践、体验和参与等方式，在购物场所设置特色环保产品体验区域，展示部分产品的天然绿色材质和环保使用建议，使选购产品的消费者根据自身喜好了解产品的环保属性等信息。第二，对政府而言，一方面，政府可以通过公益广告、新闻媒体、宣传教育等信息传播方式普及推广定制化的绿色贴士信息。例如，政府制定绿色信息策略时可以向居民发送一些他人绿色购买的榜样信息，积极引导居民选购绿色产品。另一方面，采用实践、体验和参与等方式，在商场、社区等购物场所进行绿色消费调研和绿色贴士信息宣传，针对消费者在绿色购买中遇到的阻碍、需求等信息，给予定制化的绿色购买建议。

在绿色使用消费领域，从两个层面设计定制化绿色贴士信息：第一，对企业而言，一方面，通过产品广告、新闻媒体、网络平台等信息传播方式向消费者传递产品的环保信息，以及如何高效节能地使用产品的建议、提示，使消费者产生浓厚的绿色使用消费兴趣。另一方面，通过实践、体验和参与等方式，增强消费者对绿色贴士建议的亲身化体验感。开展绿色消费免费试用等营销活动，使消费者增加对绿色产品的使用体验和贴士建议实用性的个人体会。第二，对政府而言，一方面，通过公益宣传、新闻媒体、网络平台等信息传播方式向消费者详细展示绿色贴士的实用环保效果，给消费者做出绿色使用消费的引导。在新媒体平台定期发布消费品绿色使用示范。另一方面，通过实践、体验和参与等方式，使消费者参与绿色信息贴士的传播，发挥典型社会公众的带动作用，向社会征集绿色使用消费的公众建议，吸纳感兴趣的公众参与不同使用消费的定制化宣传册制作。

在绿色废弃回收领域，从两个层面设计定制化绿色贴士信息：第一，对企业而言，一方面，通过广告宣传、新闻媒体、网络平台等信息传播方式，向消费者传递企业的绿色理念和绿色回收方式与渠道，制定绿色回收宣传标语，给消费者提供绿色回收建议。另一方面，通过实践、体验和参与等方式，让消费者了解绿色废弃回收的价值与便利性，组织开展"绿色消费以旧换新"活动，鼓励消费者将闲置或废弃物品置换为新品，邀请消费者扫描绿色产品二维码，随时获取高效进行绿色废弃回收的建议。第二，对政府而言，一方面通过公益广告、新闻媒体、宣传教育等信息传播方式，向消费者传播绿色废弃回收理念和建议，提高消费者绿色回收意识。在公益宣传片中大力宣传普及生活垃圾分类回收的规范和高效分类投放的个性化、生活化提示，提高消费者绿色回收效率。另一方面，通过实践、体验和参与等方式,建立绿色废弃改造主题公园,向社会公众免费开放,供其参观绿色废弃回收的创意作品,获得定制化绿色贴士信息。

在绿色分享互动领域,从两个层面设计定制化绿色贴士信息:第一,对企业而言,一方面通过广告宣传、新闻媒体、宣传教育等信息传播方式,在企业媒体公众号上发布不同产品的绿色消费贴士,邀请消费者转发集赞,给予适当奖励。另一方面,通过实践、体验和参与等方式,增强与消费者绿色互动的成效。例如,开发"绿色消费贴士"等微信小程序,收集各种绿色消费小知识,让消费者进行互动参与。第二,对政府而言,一方面,通过公益广告、新闻媒体、宣传教育等信息传播方式,在官方绿色消费贴士信息宣传视频中,对观众的留言评论进行回应,收集弹幕评论进行个性化互动,与消费者进行绿色贴士信息的双向沟通,提升绿色产品消费比例。另一方面,通过实践、体验和参与等方式,开辟绿色消费专题电视栏目,每期邀请不同的观众分享讨论绿色消费经验及个性化绿色贴士建议,将消费者对绿色消费贴士的关注融入日常生活中,具体如表9-4所示。

表9-4 应用定制化绿色贴士信息的具体方式

应用领域	应用主体	应用类别	具体应用方式
绿色购买购置领域	企业	现场展示	在购物门店设置专门区域展示产品制作所使用的环保材质,并提供个性化的绿色消费小贴士
		电商广告	电商平台选购页面功能区块放置绿色小贴士内容,激发消费者的绿色购买欲望
		社区团购	根据社区消费者购买偏好,提供定制化的绿色贴士信息服务
	政府	信息策略	向消费者提供权威的定制化绿色购买实用指南
		榜样信息	向市民发送一些他人绿色购买的榜样信息,传递绿色消费小常识
		社会调研	了解消费者绿色购买的阻碍和需求,给予定制化的绿色购买建议帮助
绿色使用消费领域	企业	应用软件	在共享出行软件等客户端应用中设置绿色出行的节能提示
		免费试用	通过免费试用等方式增加绿色使用消费贴士建议实用性的体验
		信用等级	对绿色消费信用等级较低的消费者提供定制化的绿色使用消费提示
	政府	公益表演	组织开展以绿色使用消费为主题的话剧或舞台剧表演活动,给观众分发环保小礼品,附赠绿色使用消费小贴士
		示范视频	在抖音、快手等直播平台建立官方账号,定期发布包含使用消费品在内的大众消费品绿色使用示范视频
		公开课程	在环境保护或绿色消费网络公开课中普及绿色使用消费常识

续表

应用领域	应用主体	应用类别	具体应用方式
绿色废弃回收领域	企业	宣传标语	制定绿色回收宣传标语，给消费者提供绿色回收建议
		主题活动	组织开展"绿色消费以旧换新"活动，鼓励消费者进行旧物置换，邀请消费者扫描绿色产品二维码，随时获取高效进行绿色废弃回收的建议
		游戏体验	在游戏中设置绿色小贴士闯关环节，传递绿色建议提示
	政府	公益宣传	大力宣传普及生活垃圾分类回收的规范和高效分类投放的个性化、生活化提示
		主题公园	建立绿色废弃回收改造主题公园，邀请消费者免费参观，向其传递定制化绿色贴士信息
		榜样示范	在社区推举环保热心人士，向社区居民推广绿色废弃回收贴士
绿色分享互动领域	企业	营销广告	在企业官媒公众号上发布产品绿色消费贴士，邀请消费者转发集赞
		软件应用	设置"绿色消费贴士"等微信小程序，让消费者参与绿色消费小知识问答互动
		广告征集	发起有关企业绿色产品的绿色消费贴士信息宣传广告语话题讨论与征集活动
	政府	评论互动	在官方绿色消费贴士信息宣传视频中，对观众的留言评论进行回应，收集弹幕评论进行个性化互动
		艺术展览	组织绿色消费主题的摄影展、艺术展等，宣传个性化绿色贴士信息
		电视专栏	开辟绿色消费专题电视栏目，每期邀请不同观众分享讨论绿色消费经验及个性化绿色贴士建议

五、组合使用不同维度的定制化绿色信息

根据定制化绿色信息不同维度之间的内在逻辑关联，可以组合使用定制化绿色信息。不同绿色消费领域、不同参与主体、不同行业产品、不同应用场景等情况下，可以根据需要使用不同的信息组合方式，可以是两种、三种或四种信息策略的组合，最终目的是实现定制化绿色信息影响效应最大化，提高绿色消费成效。概括来说，定制化绿色信息组合应用的具体方式有如下几种："绿色获得+绿色损失""绿色获得+绿色贴士""绿色获得+绿色反馈""绿色损失+绿色贴士""绿色损失+绿色反馈""绿色贴士+绿色反馈"，如表9-5所示。下面我们从绿色购买购置领域、绿色使用消费领域、绿色废弃回收领域和绿色分享互动领域这四个领域入手，探讨定制化绿色信息组合应用的具体思路。

表 9-5　定制化绿色信息组合应用的具体方式

应用组合	应用主体	应用类别	具体应用方式
绿色获得 + 绿色损失	企业	广告推送	在京东、淘宝等购物平台导购语中增加定制化绿色获得信息和绿色损失信息内容
	政府	公益演出	组织绿色消费系列公益演出，使消费者在参与或观看中体会绿色消费的价值和非绿色消费的后果
绿色获得 + 绿色贴士	企业	社群推广	在绿色消费微信社群中推送定制化绿色获得信息和绿色贴士信息，引导消费者参与绿色出行、体验共享住宿等
	政府	绿色账户	根据消费者账户积分，向其推送定制化绿色获得信息和针对性的贴士建议
绿色获得 + 绿色反馈	企业	荣誉奖励	对绿色废弃回收成效高的社区或居民授予"先进社区"或"先进个人"等荣誉奖励，给予绿色信息反馈
	政府	环保毅行	组织公益环保出游活动，在毅行过程中就绿色废弃回收进行适时的绿色获得信息推广和定制化反馈
绿色损失 + 绿色贴士	企业	网络表情	在微信等社交媒体推广包含绿色损失信息和绿色贴士信息相关的微信表情包
	政府	云课堂	开设官方云课堂，让参与学习的观众就非绿色消费带来的后果进行话题互动，并提供定制化的绿色贴士信息
绿色损失 + 绿色反馈	企业	游戏体验	通过微信小程序等设计包含绿色损失信息的小游戏，并向消费者反馈定制化的绿色信息内容
	政府	数据统计	借助大数据技术对使用消费进行定制化绿色信息反馈，同时向消费者传递包含绿色损失信息的内容
绿色贴士 + 绿色反馈	企业	创意宣传	向消费者提供新颖的绿色贴士信息和反馈（共享式绿色消费、无接触式绿色消费等）
	政府	主题节日	设立绿色消费日，组织特定的绿色消费主题活动，向消费者提供有关绿色消费的建议、提示和定制化的反馈

在绿色购买购置领域，可以从两个层面设计定制化绿色信息的组合：第一，对企业而言，可以组合使用定制化绿色获得信息和定制化绿色损失信息。一方面，通过广告宣传、新闻媒体、宣传教育等信息传播方式，加强关于绿色购买给社会和个人带来的好处以及非绿色购买给社会和个人带来的损害的定制化绿色信息宣传，在二者的鲜明对比中强化消费者的绿色购买意识，提高绿色购买购置的社会关注度。另一方面，通过实践、体验和参与等方式，邀请消费者现场参观绿色产品博览会，现场展示产品的环保功能，并传递有关绿色购买的益处和非绿色购买损害的定制化绿色信息，等等，增强消费者的体验感和临场感。第二，对政府而言，可以组合使用定制化绿色获得信息和定制化贴士信息。一方面，通过公益广告、新闻媒体、宣传教育等信息传播方式，向消费者宣传个性化的绿色购买社会效益和环境效益，提升绿色购买的正能量，同时给消费者提供绿色购买的定制

化实用建议，使消费者绿色购买更具操作性和方向性。另一方面，通过实践、体验和参与等方式，让消费者切实体会绿色购买的价值，以及定制化绿色贴士的实用性，使其在亲身经历中获得绿色购买直接经验和情感体验。

在绿色使用消费领域，可以从两个层面设计定制化绿色信息的组合：第一，对企业而言，可以组合使用定制化绿色获得信息和定制化绿色损失信息。一方面，通过广告宣传、新闻媒体、网络平台等信息传播方式，结合绿色使用消费特点进行有针对性的正面广告宣传，同时适当添加非绿色使用消费损害的宣传，在确保商家绿色产品营销的经济效益的同时，给消费者以绿色使用消费引导。另一方面，通过实践、体验和参与等方式，设计体验式游戏，在游戏中添加绿色使用消费带来的绿水青山场景和非绿色使用消费导致的环境恶化的场景，使参与者体会绿色使用消费的重要性及现实意义。第二，对政府而言，可以组合使用定制化绿色反馈信息和定制化绿色贴士信息。一方面，通过公益广告、新闻媒体、宣传教育等信息传播方式，借助大数据技术对消费者进行定制化绿色使用消费信息反馈，让消费者了解社会整体绿色使用消费水平和个体绿色使用消费数据，同时吸收基于大数据统计的定制化绿色贴士信息，推广全社会的绿色使用消费状况。另一方面，通过实践、体验和参与等方式，建立绿色使用消费积分账户，根据消费者积分给予定制化绿色反馈和有针对性的贴士建议，使消费者提高绿色使用消费的自觉意识及行动。

在绿色废弃回收领域，可以从两个层面设计定制化绿色信息的组合：第一，对企业而言，可以组合使用定制化绿色获得信息和定制化绿色贴士信息。一方面，通过广告宣传、新闻媒体、网络平台等信息传播方式，利用电商平台、抖音、微博、微信等加大绿色回收正面引导和绿色废弃回收建议组合信息的传播力度。另一方面，通过实践、体验和参与等方式，在垃圾回收设备中设置有关绿色回收和绿色贴士的视频展示，将定制化的绿色信息组合充分融入居民日常生活垃圾回收分类行动中，使其获得愉悦记忆。第二，对政府而言，可以组合使用定制化绿色反馈信息和定制化绿色获得信息。一方面，通过公益宣传、新闻媒体、网络平台等信息传播方式，对消费者给予绿色回收的正面反馈，激发消费者绿色废弃回收的积极情感能量，引导消费者持续优化自身绿色回收行为。另一方面，通过实践、体验和参与等方式，将绿色废弃回收活动与运动、娱乐等元素结合，提高消费者关注和参与绿色回收的热情。

在绿色分享互动领域，可以从两个层面设计定制化绿色信息的组合：第一，对企业而言，可以组合使用定制化绿色获得信息和定制化绿色损失信息。一方面，通过广告宣传、新闻媒体、网络平台等信息传播方式，与现代科技结合，融入创新性元素，开展绿色消费的获得和损失信息宣传。另一方面，通过实践、体验和参与等方式，创新活动参与方式，从不同群体消费偏好特征切入，进行个性化的绿色获得和损失信息传播。第二，对政府而言，可以组合使用定制化绿色获得信息和定制化绿色贴士信息。一方面，通过公益广告、新闻媒体、宣传教育等信息传播方式，普及绿色消费的理论及科学意义，点燃消费者内心对美好环境、美好生活向往的热情，更好地吸纳和运用绿色消费提示建议。另一方面，通过实践、体验和参与等方式，让消费者在参与中加深对美好生态环境的情感体验，与其他参与者进行互动交流，引导其将环保理念渗透到实际消费当中。

第三节　定制化绿色信息实施的策略

一、挖掘不同的消费需求，制定有效的定制化绿色信息内容

1. 制定更具操作性的定制化绿色信息内容

与目前常见的抽象、一般、不可操作的信息内容相比，绿色信息传播者应向消费者传播明确、具体、可操作的定制化绿色信息。很多现有的口号标语往往过于抽象，如"今天你低碳了吗？""低碳生活，从我做起""节能低碳，科学发展""推动节能减排，共享绿色生活"等。实际上，这些过于抽象的传播内容很难起到激励消费者实施绿色消费行为的作用。久而久之，消费者对此类信息传播习以为常，甚至产生厌烦心理。因此，绿色信息传播者必须制定更明确、具体、可操作的定制化绿色信息内容，例如，"购买小排量汽车或混合动力汽车""用完电器拔插头，减少待机能耗""少坐汽车多行走，低碳健康我拥有""每天少冲一次厕所""每天少用两个塑料袋""多走楼梯，少乘电梯""每周少开一天车""少开空调，多开电扇""多乘公交车，少用私家车"等。类似上述这样具体、明确、可操作的定制化信息内容对个体来说才更有意义，也更能激励消费者去实施具体的绿色消费行为。

2. 选择采用更具接受性的定制化绿色信息内容

传统的绿色信息内容往往因单向、枯燥乏味而效果非常有限，需要更多地使用互动、轻松、幽默、生活化、平民化的信息内容进行传播。定制化绿色信息传播不应高高在上，让人敬而远之，而需要更注重感性风格，更接地气，传播效果必然也更好。可以采用可爱、卖萌、调皮等"萌思维"以提升传播效果。这里的"萌思维"主要指网络语、动漫、漫画、吉祥物、柔性行为等"萌宣传""萌力量"，传播具有"萌"特征的定制化绿色信息内容，达到软化自身形象、吸引受众粉丝关注、引发态度和行为变化等目的。例如，绿色信息传播者可以借用甄嬛体、元芳体、凡客体、蓝精灵体、聚美优品体等发布绿色信息口号。改变过去古板生硬的语气，让大家记忆深刻且更乐意接受。

3. 找准消费者诉求点，重点传播获得信息及大尺度信息

在定制化绿色信息中强调获得利益与大尺度利益对推进消费者绿色购买决策有显著作用。无论是在一般情境还是定制情境中，均证明强调"省电省钱、绿色生活"的获得框架和强调"400千瓦时电功效"的大尺度框架对提高消费者感知价值与购买决策有更为积极的作用。营销者在传播过程中应重点从正面、积极角度进行定制化绿色信息表达，更多强调消费者所获得的、大尺度的利益，以逐渐增加消费者对绿色产品的购买可能性。在具体操作中，相关部门也可以综合利用定制化目标框架与定制化尺度框架来描述和传递节能环保产品的利益诉求，不断提高消费者的认知与购买意愿。例如强调每年或更长时间内能达到省电省钱、节能减排的效果等。在实践中应该多传递强调享受绿色生活、低能耗、高获得等正面信息，从而能够有效推进消费者的认知与购买决策。企业在宣传绿色产品相关特性（如无污染、废物利用、可持续使用等特性）时，还需注意定制化目标框架与定制化尺度框架的结合使用，从而制定出合适的宣传推广方案。

二、面向不同的目标对象，采用合适的定制化绿色信息

1. 区分不同涉入度与解释水平消费者，采取针对性的定制化绿色信息

对不同涉入度和解释水平的消费群体，应采取不同的营销策略。相比较低绿色涉入群体而言，高绿色涉入群体更有可能考虑和最终支付购买绿色产品，且其购买决策的满意度高，由此可以着重对高绿色涉入度消费者进行定制化绿色信息

推荐，以增强产品推荐效果。营销者应不断通过举办一些宣传推广活动等形式提高消费者对绿色产品、广告、活动等的关注，如设计绿色广告语、宣传视频等，其中内容要强调节能信息，可以从节能能带来的大利益、大好处等角度入手，从而有效推进目标群体从认知到决策的心理过程。另外，高解释水平的消费者其感知价值与购买决策也会较高。因此，企业在制作营销策略时针对高解释水平消费者要更多地选用获得-大尺度信息策略，这样定制化绿色信息的说服作用会更强。

2. 重视具有不同偏好选择的消费者，采取针对性的定制化绿色信息

通过两种不同情境信息策略的比较研究，发现在一般情境中定制化绿色信息策略的传播效果更好，另外定制化绿色信息策略对不同类型家庭会产生明显差异，其偏好选择会有所不同。获得-大尺度信息策略对高耗电水平的家庭最有效，损失-小尺度信息策略对低耗电水平的家庭影响最小。由此可以将家庭类型作为市场细分变量，区分目标市场群体。不同类型家庭的细分对于这类绿色产品营销而言是一个较为有用的市场细分工具。但大部分企业尚未注重区分不同类型家庭的目标市场，他们大都以人口统计特征来细分市场，收获甚微。以不同类型家庭来进行市场细分和营销推广，能针对性地提高目标群体的吸引与关注。这对于相关节能环保型产品的营销推广实践而言，无疑是一个重要的启示。

3. 重点关注选购过网站推荐的消费者，采取针对性的定制化绿色信息

消费者过往的经验对其未来的消费行为有着一定的诱导作用。因此，网络购物平台（企业、线上商家等）应当时刻、及时地关注自己平台注册用户的绿色购买记录等数据信息，如有过购买网络推荐产品经历的消费者更容易接受网站推荐的新产品或再次购买曾购买过的绿色产品。在消费者整个绿色购买决策过程（前期考虑阶段和后继选择阶段）里，如果准确定位到这些"有经验"的用户，进行精准的定制化绿色信息推荐，可大大减少网络购物平台（企业、线上商家等）所投入的人力、物力、财力等广告成本，而且绿色产品推荐的效果也将十分显著。

三、选取不同的传播渠道方式，采用合理的定制化绿色信息

1. 根据不同的传播渠道特征，采用相应的定制化绿色信息

可采用大众传播渠道、人际传播渠道、组织传播渠道和社会化渠道等传播定制化绿色信息。报纸、电视等大众传播渠道的传播范围广、速度快、影响力大，

适合面向整体消费者群体的绿色信息传播。人际传播渠道（如人与人之间的直接、面对面的信息传播和情感交流）的反馈迅速、实时互动，易于被目标消费者接受，同时自带情感交流的特点，适合于特定细分消费者群体的定制化绿色信息传播。组织传播渠道（组织所实施的信息传播活动，包括组织内部的信息传播和组织与外界的信息传播）的实施具有正式、权威、指令等特征，适合于某类消费者群体的定制化绿色信息传播。

2. 根据传播渠道的特定情境，采用合理的定制化绿色信息

根据特定情境，为消费者量身定制合理的绿色消费建议。例如，针对性地在特定消费场所（如超市、农贸市场、餐馆等）运用现场媒体（标语、横幅、传单、资料等）或利用环保志愿者进行定制化绿色信息传播，引导消费者在购买过程中减少一次性塑料袋的使用，根据消费者个人特质给予相应的绿色建议。与在广播、电视、报纸等大众媒体上"高空轰炸"相比，呼吁消费者自带购物袋，减少一次性塑料袋的使用方式显然更有效。在消费现场对消费者进行实时提醒，即接触点（contact point）传播，让消费者在实际消费过程中时刻注意自身消费行为与节能环保的关联性，确保消费者在消费过程中注意并重视这些定制化的绿色信息内容。

3. 结合互联网和社会化媒体时代特征，采用合适的定制化绿色信息

当下正处于互联网时代、数字化时代、社会化媒体时代，消费者信息接收方式已悄然改变。本书研究发现采用纯文本形式的定制化绿色信息传播对提高消费者感知价值还存在质疑，但"视频+图片"的表现形式能显著地提高消费者的感知价值与购买决策。这为相关部门（尤其是企业和其他机构）制定绿色广告、公益广告提供了极有价值的启示。考虑到互联网时代、数字化时代、社会化媒体时代的特点，企业和其他机构在制定相关定制化绿色信息宣传策略时应考虑大众乐于接受的形式，需要丰富定制化绿色信息的传播方式。例如，充分利用网络优势，通过微信、微博等途径，采用"微视频+图片集展览"等方式进行推广，让更多的消费者认识、学习、接受，最后到实践绿色消费、低碳消费。利用社会化媒体的参与、公开、交流、对话、社区化、连通性等特征，以社交网络、内容社区、论坛、博客、微博、微信、播客等多种多样的形式，呈现文本、图像、视频等定制化绿色信息。总之，定制化绿色信息传播者要积极关注移动互联网和新媒体时代受众（粉丝）的新需求、新动向和新特征，改变绿色信息传播方式的格局、逻

辑和模式，这样才会获得更有效（而不是适得其反）的传播效果。

四、根据不同的行为决策阶段，采用针对性的定制化绿色信息

1. 在决策前期考虑阶段，应用针对性的定制化绿色信息

人们在进行复杂决策时，往往倾向于分阶段进行，而且前后各阶段既相互独立又相互影响。在整个绿色购买决策过程中，消费者在接受节能产品的定制化绿色信息推荐之后，虽然到了后继选择阶段并不一定最终选择购买其前期考虑阶段所加入购物车的节能产品，但是他也是在前期考虑范围之内做出的最终选择。又因为消费者在考虑阶段总是习惯于增大自己的可选范围（Gollwitzer and Bayer，1999；Häubl and Trifts，2000），弱化"约束条件"的限制，实现自身利益最大化，所以在前期考虑阶段进行定制化绿色信息推荐会更容易使消费者把被推荐的节能产品加入购物车。因此，网络购物平台（企业、线上商家等）可适当在消费者决策的前期考虑阶段进行绿色产品的定制化信息推荐，提高产品的知名度、曝光度，尤其是在网络购物平台（企业、线上商家等）推出新型产品、特殊日子和节假日（如店铺庆祝活动日、线上商城"双十一"和"双十二"）冲销量、清仓旧产品等的时候采用。

2. 在决策后继选择阶段，采取基于他人的定制化绿色信息

消费者在做出一个购买决策后，总是习惯于寻找理由来证明自己已经做的决策是英明、正确的。如果之后有理由佐证他的决策，其决策的满意度往往比较高。针对消费者的绿色购买决策，相较于基于自己的定制化绿色信息推荐，消费者会更多考虑基于他人的定制化绿色信息推荐的绿色节能产品，而且对最终选择购买的绿色节能产品的满意度也很高。这个"理由"就是被推荐的绿色节能产品是基于他人的定制化绿色信息推荐。因此，网络购物平台（企业、线上商家等）应当在消费者决策的后继选择阶段进行基于他人的定制化绿色信息推荐，这样会大大刺激消费者购买绿色节能产品，并且还会使消费者的购买体验感和满意度增强，推动消费者持续进行绿色消费。

3. 综合整个决策过程，基于产品分类采取针对性的定制化绿色信息

将绿色节能产品按照不同属性、类别、特征等进行区分。例如，将绿色节能

产品按经济属性划分为高经济价值和低经济价值两类，在整个绿色购买决策过程中，尤其是后继选择阶段，相较于推荐低经济价值属性产品，在接受两种不同定制化绿色信息推荐之后，消费者购买高经济价值产品的决策满意度远高于购买低经济价值属性产品的决策满意度，并且基于他人的定制化绿色信息推荐方式更有效。因此，网络购物平台（企业、线上商家等）在进行产品定制化绿色信息推荐时，可将绿色节能产品按照不同的标准进行分类，针对不同类别的产品，审慎选取有效的定制化绿色信息推荐类型，提高产品的推荐效果。

五、针对不同的信息接触点，采取针对性的定制化绿色信息

1. 根据不同的信息传播点，采取针对性的定制化绿色信息

定制化绿色信息传播要积极主动、密集广泛地进行（即要达到一定的强度临界点）。定制化绿色信息传播应该形成较大的声势，这样才能给消费者较强烈的震撼，深刻地影响消费者的意识和行为。根据接触点传播理论，消费者在日常生活或消费过程中涉及的任何情境、场合、产品、行为甚至人物都是信息接触点，都应尽可能进行绿色信息传播（只要特定接触点能成为信息传播的载体）。例如，动画片对小朋友来说就是很好的一个接触点，动画片情节中或节日播放间隙就可以进行绿色信息传播；家庭主妇去农贸市场买菜时，整个农贸市场就是一个接触点，在农贸市场里就可以加入低碳横幅、摊位低碳提示等各种形式的定制化绿色信息传播。

2. 根据不同的信息传播线，采取针对性的定制化绿色信息

定制化绿色信息传播是长期的，应持续不断地进行渗透性传播。根据我们的深度访谈，很多受访者表示目前的绿色信息传播活动往往是阶段性、运动式、一阵风式的，这制约了绿色信息传播的效果。由此，绿色信息传播者应制定相关的经济激励、行政法规等措施，促进各级政府部门和相关机构长期、持续不断地进行定制化绿色信息传播。鉴于定制化绿色信息传播是长期进行的，在不同信息传播阶段侧重点可能有所不同：在认知扩散阶段，绿色信息传播的重点是提高消费者对环境危机问题的认识，普及绿色消费行为的知识；在信念形成阶段，信息传播的重点是提高个体对其行为效果的感知，增强个体对其行为结果的信念；在行为塑造阶段，信息传播的重点是转变社会不良消费风气，降低行为成本，引导消

费者改变行为，并进行强化形成习惯；在价值观变革阶段，信息传播的重点则是引导消费者将消费行为习惯上升为个体的价值观念，最终形成低碳的环境价值观和消费价值观。

3. 根据不同的信息传播面，采取针对性的定制化绿色信息

定制化绿色信息传播应该全面、多层次、全方位地进行。根据人们通常的理解，绿色信息传播就是挂一些标语横幅，或在电视上播放几则公益广告。其实这是对绿色信息传播的狭义理解，且纯粹依赖重复性的标语口号、公益广告，其传播效果也非常有限。笔者认为，定制化绿色信息传播是非常广泛的，包括低碳公益广告、低碳专题节目、低碳事迹报道、低碳人物评选、低碳公益活动、低碳主题教育、低碳知识竞赛、低碳人际传播、低碳现场横幅等各种形式。信息传播者可以借助各种媒介、运用各种方式对可以触及的任何消费者进行全息、全面、全方位的定制化绿色信息传播。

六、利用不同的中介因素，提高定制化绿色信息的传播效果

1. 充分运用消费者感知价值的中介作用，采用针对性的定制化绿色信息

采取针对性的定制化绿色信息，有效刺激提高目标消费者的感知价值，从而提高消费者的绿色购买决策。在选择消费者感知价值发挥效应较大的一般情境前提下，首先，采用针对性的定制化绿色反馈信息，让消费者在横向和纵向的消费比较（即反馈维度：与自己前期绿色消费的比较或者他人当期绿色消费的比较）中，深入掌握自身的绿色消费程度，以提高消费者的感知价值。其次，应用针对性强的定制化绿色获得信息，设计与消费者自身兴趣、爱好、偏好相匹配的信息，引发消费者积极关注，引导消费者采取积极的思维对信息进行加工，对定制化推荐的产品做出积极评价，进而产生较高的感知价值。最后，还可适度采用针对性的定制化绿色损失信息（与定制化绿色获得信息组合使用），向消费者宣传绿色消费给社会/个人带来的利弊，让消费者在信息比较中形成深刻的感知价值，引导消费者权衡绿色消费行为的有益影响，从而培养绿色消费行为的自觉。

2. 有效发挥消费者态度的中介作用，采用针对性的定制化绿色信息

首先，采用针对性强的定制化绿色信息建立面向消费者的有说服力的信息源，建立定制化绿色信息获取的有效通道，优化消费者的消费认知结构，从而

有效说服消费者改变消费态度，践行绿色消费。其次，在绿色消费的不同领域，采取不同维度的定制化绿色信息，精准把握消费者的绿色消费预期，将消费者的绿色消费态度转化为长期强烈的绿色购买欲望，从而显著地影响定制化绿色信息对绿色购买决策的影响，实质性地转变消费者个人、群体的消费行为模式。从消费者态度形成的根源和消费需求切入，采用针对性的定制化绿色获得信息，使消费者对绿色购买的态度向正面、美好的方向转移，赢得消费者对绿色购买的信赖，从而转向绿色消费。最后，采用定制化绿色信息组合，有效引导消费者态度转变。可以在消费者购买购置环节组合使用定制化绿色获得信息和定制化绿色损失信息，帮助消费者在购买选择时进行绿色信息加工，通过绿色购买利得强化消费者的绿色购买态度，减弱消费者对抗说服力。还可以组合采用定制化绿色反馈信息和定制化绿色贴士信息，对消费者进行即时反馈和具体建议，在消费前期决策阶段进行及时干预，从而快速有效地转变消费态度，促成绿色消费。

3. 充分利用感知价值和态度的中介作用，采用针对性的定制化绿色信息

首先，采用定制化的绿色信息充分挖掘消费者感知价值与态度之间的内在逻辑关联，激发二者对绿色消费的双重或叠加影响。采用从消费者视角切入的定制化绿色信息，借助线上或线下、宣传或体验等不同的信息传播方式，增加消费者对绿色消费的关注，增进消费者对绿色消费的好印象、责任感等，产生良好而强烈的态度体验，促使消费者对定制化绿色信息中宣传或隐含的行为持更加赞同的态度，从而有力转化为绿色消费行为。其次，以针对性的定制化绿色信息刺激消费者关注或思考自己或他人的绿色购买或非绿色购买是否符合个人规范，激发消费者感知价值判断和情感判断，从而产生积极或消极的态度体验。采用定制化绿色获得信息和定制化贴士信息激发消费者的积极情感和正向感知价值（自豪感、赞赏感、热爱感等），以转变消费者对绿色消费的看法和态度。还可以采用定制化的绿色损失信息激发消费者的消极情感和负向的感知价值（鄙视感、愧疚感、忧虑感等），减弱消费者排斥绿色消费的强硬态度。最后，采用定制化的绿色信息，充分发挥情感型绿色信息的感知价值来改善消费者的态度。从消费者、企业和政府等不同主体出发，利用丰富的情感型绿色公益广告信息、情感型绿色商业广告信息等提高消费者感知价值和品牌态度，让消费者获得预期的态度改变，增加对绿色价值的感知并激发其绿色消费行为。

第四节 总结和展望

20世纪90年代以来，学术界和相关政府、企业部门开始着重关注、引导绿色消费行为，许多学者从不同的学科、站在不同的视角、基于不同的理论对绿色消费行为进行了大量的研究。本书立足于推进绿色消费行为这一战略目标，探索定制化绿色信息对绿色消费行为的影响。首先基于探索性研究重点分析了定制化绿色信息维度结构的四大主范畴。再进行验证性研究，分析了定制化绿色信息四维度的主效应和交互效应。然后通过解释性研究，阐明了不同情境下定制化绿色信息对消费者绿色消费行为的影响。分析情境特征变量的调节效应和态度变量的中介效应，探索定制化绿色信息及对绿色消费行为的干预机理。

一、本书理论贡献

1. 构建了定制化绿色信息的维度结构框架理论

本书研究创新性地采用扎根理论探索了推进绿色消费行为的定制化绿色信息维度结构。目前定制化绿色信息已经在很多领域得到一定的研究，但推进绿色消费行为的定制化绿色信息研究很少，本书研究基于扎根理论探索出了推进绿色消费行为的定制化绿色信息结构维度：定制化反馈维度、定制化获得维度、定制化损失维度、定制化贴士维度（需要指出的是，定制化绿色信息四个核心范畴之间并不是互相独立的，而是紧密联系的）。这四个维度对消费者绿色消费行为存在显著的促进作用，分别从不同角度对消费者进行绿色消费的引导。基于上述四个维度形成了定制化绿色信息的维度结构框架，丰富了定制化绿色信息在绿色消费行为领域的研究。

2. 探讨了定制化绿色信息影响的框架效应

本书研究创新性地分析与比较研究了一般情境与定制情境中定制化绿色信息策略产生的框架效应。通过研究发现，相比定制情境，一般情境中定制化绿色信息策略的传播效果更好。在定制情境中，不同类型消费者对定制化绿色信息策略也有偏好选择。本书研究创新性地引入定制化目标框架与定制化尺度框架，通过三个组间实验,不仅为框架效应研究提供了第一手实验数据资料,而且也拓展了框架效应的研究领域。另外,本书将解释水平这一心理学变量引入营销学中,共同探讨消费者涉入度与解释水平的调节作用,扩大了定制化绿色信息策略、消费者涉入度及解释水平在消费者行为研究领域的解释和应用范围。

3. 探索了定制化绿色信息推荐类型对绿色购买决策过程的影响

本书研究创新性地对绿色购买决策过程进行主观和客观两方面的测度。本书研究在消费者绿色购买决策过程的两阶段分别加入客观变量,同时进行主观测度和客观测度,这大大提高了数据的准确性和客观性,着重分析了定制化绿色信息推荐类型对绿色购买决策过程的影响。本书研究聚焦于绿色购买行为,并且将消费者绿色购买决策过程分为前期考虑和后继选择两个阶段,研究基于自己的定制化绿色信息推荐和基于他人的定制化绿色信息推荐两种类型对特定绿色购买决策过程的影响效应,丰富了定制化绿色信息对绿色消费行为影响的过程性研究。

二、本书研究局限

1. 质性研究仍有进一步深化的空间

首先,我们基于扎根理论对访谈资料进行探索性分析时,存在一定的主观性,再加上编码受到访谈者教育、学历、经验、意识等的影响,难以完全规避研究者的偏见和主观认知的影响。其次,本书研究主要采用深度访谈的方式对杭州市的部分居民进行了研究,然而消费者消费特征是否受到地区差异的影响还有待进一步探究。最后,尽管本书研究通过质性研究提炼了定制化绿色信息的四个维度,但尚未考虑更加精细复杂的定制化绿色信息维度。随着互联网时代的发展,绿色信息的类型将会更加丰富多样和复杂多变,更加精细的定制化绿色信息维度值得进一步挖掘研究。所以,我们有必要进一步探索更加完善的定制化绿色信息维度结构及其对消费者绿色消费行为的影响。

2. 量化研究仍有进一步改进的空间

(1) 实验研究设计具有一定的局限。首先,实验材料选取具有一定的局限性。为了让消费者充分了解对绿色消费行为影响最大的定制化绿色信息,本书研究使用的绿色产品多为绿色功能产品(如新能源汽车、节能冰箱、节能空调等),绿色产品的属性可能会影响到对相关维度的分析。其次,实验情境设置具有一定的带入性。量化研究部分，为了实验的效果，先让被试观看两遍视频再填写问卷。但是由于本书研究是在社区、大型购物广场处发放，不能对被试所处的实验环境加以控制，此局限性可能会直接影响实验的效果。所以，研究结论是否适用于其他情境，还有待进一步验证。

（2）实验环境、被试选择与实验方式有改进的余地。对于实验环境的控制，未来可以在实验室等封闭环境或真实在线产品推荐环境下对所招募的被试进行测试，以避免其他因素的干扰。对于被试选择，未来招募被试时可以扩大样本的选择范围，选择更广泛的消费者群体作为研究对象，使样本数据具有一定的广泛性和代表性。对于实验方式，本书研究选用节能冰箱和"泡泡节能灯"作为实验刺激物，未来的研究可以考虑不同经济价值的其他绿色产品，例如节能型空调、环保衣服、环保家具等，同时也可以进一步分析产品类型对绿色购买决策产生的影响。①

（3）定制化绿色信息的作用机理有待进行更加精确的刻画。首先，本书实验主要采用平面广告和视频广告结合的方式，实验结果可能与纯文本的广告会在一定程度上形成偏差。所以未来研究可在真实的购物网站进行试点、仿真研究，这对刻画消费者行为来说会更逼真，更接近真实世界。其次，本书研究损失维度选取的是负向损失。损失框架包括负向损失和负向获得，本书研究采用定制化损失维度的信息是基于负向损失的，这也可能导致了损失组低于对照组，影响了解释性研究的精确性。最后，消费者购买决策过程的分类存在局限性。本书的实验只将消费者绿色购买决策过程分为两个阶段（前期考虑阶段和后继选择阶段）进行研究，事实上消费者购买决策过程还可能存在更复杂的阶段划分，期待后续进行进一步的研究。

三、未来研究展望

（1）增加对定制化绿色信息的探索性研究。目前，在绿色消费行为领域，定制化绿色信息的相关研究较少，特别是关于定制化绿色信息的特征洞察以及影响作用还缺乏足够的研究，本书只是探索了推进绿色消费行为的定制化绿色信息维度结构，还缺乏基于绿色消费的资源处置环节、绿色资源的共享环节等的探索性研究（如基于扎根理论对推进消费者资源回收行为的定制化绿色信息进行探索性

---

① 例如，实用型的绿色产品有白色家电、节能电池等；享乐型的绿色产品有高端新能源汽车等。

研究），以及对定制化绿色信息维度结构的进一步细化研究（如定制化获得信息还可能细分为若干维度，有必要基于扎根理论进一步对推进绿色消费行为的定制化获得信息进行深入的探索性研究），未来研究可围绕这些方面重点开展。

（2）理论模型的进一步拓宽与深化。第一，本书研究从定制化目标框架与定制化尺度框架视角探讨定制化绿色信息策略对消费者购买决策的框架效应，其实还有很多其他类型会影响行为决策，比如风险选择框架效应、属性框架效应等。未来研究中可以进一步延伸至其他定制化信息对消费者购买决策的框架效应研究。第二，本书研究基于两种定制化绿色信息推荐类型来研究其对绿色购买决策过程的影响效应，比如协同推荐、内容推荐、专家推荐等。未来研究中可以进一步延伸定制化绿色信息策略、定制化推荐类型对绿色购买决策过程的研究。第三，本书研究探讨消费者涉入度与产品属性对绿色购买决策过程的调节效应，未来也可以进一步研究文化导向、心理距离、调节聚焦等情境变量的调节效应。

（3）拓展定制化绿色信息推荐类型对绿色购买决策过程的影响机理研究。首先，可以对定制化绿色信息推荐类型（基于自己的定制化绿色信息推荐，基于他人的定制化绿色信息推荐）发生作用的内在机理进行深入分析，也可以按照其他标准将定制化绿色信息推荐进行分类，比如协同推荐和内容推荐等。另外，也可以在模型中加入其他重要变量（如广告态度、感知价值、积极情感等）以及对控制变量（产品推荐时机、购物环境、产品价格等因素）进行精确控制，进行中介效应和其他效应的综合分析，这会得到更为客观的数据和结论。这样可以更准确地反映不同定制化绿色信息推荐类型对绿色购买决策过程（前期考虑阶段和后继选择阶段）的影响，对网络购物平台、线上商家等的经营也更具有指导意义。

（4）对定制化绿色信息策略影响效果的深入研究。一方面，本书研究通过四个实验分析定制化绿色信息策略的即期效果和直接效果，未来可以对定制化绿色信息策略的长期效果和间接效果做进一步深入研究。同时，也可以对定制化绿色信息策略发生作用的内在机理进行深入分析，对特定变量（如广告态度、感知价值等）的中介作用进一步综合分析，包括开展基于损失维度的定制化绿色信息研究。另一方面，本书研究采用负向损失的定制化损失维度信息，其结果反而抑制了消费者绿色购买行为，对非绿色消费的抵制是否有增强还未可知。定制化损失维度信息对绿色购买决策产生怎样的影响机理和影响效应，还有待有关方面的学者专家进一步探讨。

（5）全球新冠肺炎疫情防控形势下的定制化绿色信息策略变化研究。2020年，全球新冠肺炎疫情肆虐不仅对经济和产业产生很大影响，而且会短期或长期地改变民众的绿色消费行为（王建明，2020）。例如，疫情后民众会更加倾向人机自助式消费，而不是人际接触式消费，非接触式消费会全面爆发；疫情还会促使民众更深入地思考生活和消费的意义，对社会、对环境更加负责任的绿色环保、生态文明消费会相对扩大，食用野生动物等生态不文明消费会更受摈弃；出于民众对疫情再次蔓延的担忧，共享出行、共享办公、公共交通等人际接触式共享性绿色消费相对会受到挑战性影响。"预见"并"因应"新冠肺炎疫情对绿色消费行为的长期深远影响，并采取或调整定制化绿色信息策略，这在当前全球新冠肺炎疫情防控的现实背景下具有特殊的意义。

参考文献

艾春辉. 2017. 黑龙江省绿色食品顾客感知价值实证研究. 哈尔滨：哈尔滨商业大学.

白长虹. 2001. 西方的顾客价值研究及其实践启示. 南开管理评论，（2）：51-55.

白凯，李创新，张翠娟. 2017. 西安城市居民绿色出行的群体参照影响与自我价值判断. 人文地理，（1）：37-46.

白琳. 2010. 金额/比率陈述方式和调节匹配对消费者购买意愿的影响. 管理工程学报，24（1）：35-40.

保罗·贝尔，托马斯·格林，杰弗瑞·费希尔，等. 2009. 环境心理学. 北京：中国人民大学出版社.

才源源，杜俏颖，赵婧彤. 2018. 感恩对绿色消费意愿的影响机制研究——基于环保自我担当的中介和印象管理的调节. 消费经济，34（2）：79-87.

蔡斌. 2016. 全球碳排放你要知道的数字. 能源评论，（1）：56-59.

蔡国良，陈瑞，赵平. 2016. 消费者产品知识和信息推荐代理对品牌忠诚度的影响研究. 中国软科学，（10）：123-134.

蔡宏志. 2006. 个性化信息推荐服务模式. 情报杂志，（9）：116-118，121.

蔡日梅. 2008. 电子商务中推荐代理对购买决策的影响研究. 杭州：浙江大学.

曹海英. 2018. 消费者绿色购买行为影响因素的实证分析. 统计与决策，34（14）：112-114.

曹荣湘. 2010. 全球大变暖：气候经济、政治与伦理. 北京：社会科学文献出版社.

曹文，曾皓，汪兴东. 2015. 农户低碳能源消费群体细分及政策响应差异——基于鄱阳湖生态经济区398家农户调查. 湖南农业大学学报（社会科学版），（4）：35-41.

陈海波. 2010. 顾客感知价值视角的旅游者重游意愿研究——以凤凰古城为例. 长沙：湖南师范大学.

陈凯，黄滋才. 2017. 基于期望效用与前景理论的行为决策精算定价模型. 保险研究，（1）：56-67.

陈凯，彭茜. 2014. 绿色消费态度——行为差距影响因素研究. 企业经济，（8）：25-30.

陈凯，肖兰. 2016. 广告诉求、印象管理动机对绿色购买意愿的影响研究. 资源开发与市场，32（10）：1204-1208，1272.

陈凯, 赵占波. 2015. 绿色消费态度——行为差距的二阶段分析及研究展望. 经济与管理, (1): 19-24.

陈立梅, 黄卫东, 陈晨. 2019. 在线评论对出境旅游购买意愿的影响路径研究——基于精细加工可能性模型. 经济体制改革, (9): 104-112.

陈珊珊. 2020. 感知个性化对行为定向广告点击意愿的影响研究. 上海: 华东师范大学.

陈斌. 2010. 混合方法研究: 远程教育值得推广的研究范式. 现代远距离教育, (5): 26-29.

陈向明. 1996. 社会科学中的定性研究方法. 中国社会科学, (6): 93-102.

陈向明. 2000. 质的研究方法与社会科学研究. 北京: 教育科学出版社.

陈向明. 2008. 质性研究的新发展及其对社会科学研究的意义. 教育研究与实验, (2): 14-18.

陈向明. 2010. 质性研究教学的悖论. 教育学术月刊, (5): 3-4, 69.

陈晓红, 徐戈, 冯项楠, 等. 2016. 公众对于"两型社会"建设的态度—意愿—行为分析. 管理世界, (12): 90-101.

陈叶烽, 叶航, 汪丁丁. 2012. 超越经济人的社会偏好理论: 一个基于实验经济学的综述. 南开经济研究, (1): 63-100.

陈雨凡. 2019. 社会化学习对在线消费决策效率影响研究——基于中介作用的视角. 北京: 北京邮电大学.

程琳琳. 2012. 调节定向、信息框架与低碳消费决策的关系. 济南: 山东财经大学.

程天. 2008. 企业环境中的无意识因素探讨及其应用——两个反向无意识处理实验的启示. 上海: 复旦大学.

程小燕. 2016. 营销生成内容和用户生成内容对消费者购买决策的影响研究. 广州: 广东工业大学.

程瑶, 杨思杰. 2017. 自媒体格局下的定制化传播研究. 南阳师范学院学报, 16 (4): 58-61.

崔宏静, 王天新. 2017. 消费者行为策略选择的研究综述——基于自我认同威胁情境. 华东经济管理, 31 (9): 171-179.

崔雯. 2011. 广告诉求、来源和类型对社交网络广告效果的影响. 北京: 清华大学.

代祺, 梁樑, 曹忠鹏, 等. 2010. 涉入度对双面信息广告说服效果的调节机理研究. 预测, 29 (5): 16-23.

戴德宝, 刘西洋, 范体军. 2015. "互联网+"时代网络个性化推荐采纳意愿影响因素研究. 中国软科学, (8): 163-172.

戴和忠. 2014. 网络推荐和在线评论对数字内容商品体验消费的整合影响及实证研究. 杭州: 浙江大学.

参考文献

戴建华, 马海云, 吴滢滢. 2020. 网店信息呈现的框架效应对消费者购买决策的影响研究. 中国管理科学, 28（3）: 152-161.

戴鑫, 吴丹, 荆美星, 等. 2009. 西方绿色广告发展和研究综述. 管理学报, 6（5）: 704-709.

戴彦德, 吕斌, 冯超. 2015. "十三五"中国能源消费总量控制与节能. 北京理工大学学报（社会科学版）, 17（1）: 1-7.

邓翠华, 张伟娟. 2017. 生活方式绿色化及其推进机制论析. 福建师范大学学报（哲学社会科学版）,（4）: 65-71.

邓峰. 2015. 网络购物模式下顾客感知价值的构成研究. 商业经济研究,（30）: 66-67.

邓灵斌, 申慧. 2019. 电子商务平台商品推荐信息特性对消费者购买意愿的影响实证研究. 南华大学学报（社会科学版）, 20（2）: 60-65.

邓卫华, 易明. 2018. 基于SOR模型的在线用户追加评论信息采纳机制研究. 图书馆理论与实践,（8）: 33-39.

邓昭明, 王甫园, 王开泳. 2017. 旅游信息价值维度及模型研究. 旅游学刊, 32（2）: 75-88.

丁慧平, 杜云华. 1998. 期货采购决策分析. 北京交通大学学报, 22（5）: 57-60.

丁梦琪. 2015. 传播学5W理论视角下新媒体传播特点研究. 今传媒, 23（3）: 32-34.

丁宁, 王晶. 2019. 基于感知价值的消费者线上线下购买渠道选择研究. 管理学报, 16（10）: 1542-1551.

丁筱. 2020. 基于用户行为的个性化信息推送专利技术. 中国新通信, 22（13）: 107.

丁勇, 肖金川, 朱俊红. 2017. 社会化媒体对品牌偏好的影响研究: 基于顾客感知价值的视角. 运筹与管理, 26（6）: 176-184.

丁志华, 谢守祥. 2005. 价格和价值的消费者类型划分及其购买行为分析. 内蒙古煤炭经济,（5）: 31-34.

董春艳, 郑毓煌. 2010. 消费者自我控制: 文献评述与研究展望. 经济管理,（11）: 170-177.

董会娟, 耿涌. 2012. 基于投入产出分析的北京市居民消费碳足迹研究. 资源科学, 34（3）: 494-501.

杜祥琬. 2014. 能源革命——为了可持续发展的未来. 北京理工大学学报(社会科学版), 16(5): 1-8.

段嵘, 马雯哲. 2020. 框架效应在电商促销广告中的应用. 中国集体经济,（16）: 90-91.

段文婷, 江光荣. 2008. 计划行为理论述评. 心理科学进展,（2）: 315-320.

樊纲, 苏铭, 曹静. 2010. 最终消费与碳减排责任的经济学分析. 经济研究, 45（1）: 4-14.

范红霞, 孙金波. 2019. 大数据时代算法偏见与数字魔咒——兼谈"信息茧房"的破局. 中国出版，（10）：60-63.

范明林，吴军. 2009. 质性研究. 上海：格致出版社.

范晓屏，卢艳峰，韩红叶. 2016. 网购信息环境对消费者决策过程的影响：基于有限理性视角. 管理工程学报，30（2）：38-47.

范秀成，罗海成. 2003. 基于顾客感知价值的服务企业竞争力探析. 南开管理评论，（6）：41-45.

范叶超，赫特·斯巴哈伦. 2017. 实践与流动：可持续消费研究的社会理论转向. 学习与探索，（8）：34-39.

菲利普·科特勒，内德·罗伯托，南希·李. 2006. 社会营销：提高生活的质量. 俞利军译. 北京：中央编译出版社.

菲利普·科特勒. 2001. 营销管理（新千年版）. 10版. 梅汝，梅清豪，周安柱译. 北京：中国人民大学出版社.

封竹，梁建芳. 2020. 基于绿色情感中介效应的面子特征对消费者旧衣再利用行为的影响. 服装学报，5（4）：364-371.

冯建英，穆维松，傅泽田. 2006. 消费者的购买意愿研究综述. 现代管理科学，（11）：7-9.

冯然. 2010. 基于信号理论的同质化产品网络销售的实证研究. 河南师范大学学报（哲学社会科学版），37（5）：112-115.

凤振华，邹乐乐，魏一鸣. 2010. 中国居民生活与CO_2排放关系研究. 中国能源，32（3）：37-40.

弗兰克·G. 戈布尔. 2001. 第三思潮——马斯洛心理学. 吕明，陈红雯译. 上海：上海译文出版社.

高键，盛光华. 2017. 消费者趋近动机对绿色产品购买意向的影响机制——基于PLS-SEM模型的研究. 统计与信息论坛，32（2）：109-116.

高键. 2018. 消费者行为理性对绿色感知价值的机制研究——以计划行为理论为研究视角. 当代经济管理，40（1）：16-20.

高兰兰. 2012. 基于行为定向的精准广告投放系统的研究与实现. 北京：北京邮电大学.

高丽霞，梁君. 2016. 不同媒体下感知价值对品牌认同影响的实证研究. 商业经济研究，（23）：43-46.

高然，张真. 2015. 生活领域能源消费的锁定效应研究——以上海市为例. 资源科学，37（4）：733-743.

郭焦锋，高世楫，洪涛，等. 2016-02-23. 2030年我国能源体制革命的内涵与战略目标. 中国经济时报.

郭萍. 2016. 绿色感知价值、绿色信任和绿色购买意向关系实证研究. 江苏商论，（9）：15-20.

郭琪. 2008. 公众节能行为的经济分析及政策引导研究. 北京：经济科学出版社.

郭琪，樊丽明. 2007. 城市家庭节能措施选择偏好的联合分析——对山东省济南市居民的抽样调查. 中国人口·资源与环境，17（3）：149-153.

郭清卉，李昊，李世平，等. 2019. 个人规范对农户亲环境行为的影响分析——基于拓展的规范激活理论框架. 长江流域资源与环境，28（5）：1176-1184.

郭庆光. 1999. 传播学教程. 北京：中国人民大学出版社.

郭庆光. 2011. 传播学教程. 2版. 北京：中国人民大学出版社.

郭心语，刘鹏，周敏奇，等. 2013. 网络广告定向技术综述. 华东师范大学学报（自然科学版），(3)：93-105.

国合会"绿色转型与可持续社会治理专题政策研究"课题组. 2020. "十四五"推动绿色消费和生活方式的政策研究. 中国环境管理，12（5）：5-10.

国合会"绿色转型与可持续社会治理专题政策研究"课题组，任勇，罗姆松，等. 2020. 绿色消费在推动高质量发展中的作用. 中国环境管理，12（1）：24-30.

韩洪勇，马文婷，杨超然. 2020. 不同场景下移动互联网的个性化广告推荐综述. 数码世界，(3)：47-48.

韩锦洲. 2020. 基于"5W"理论浅析数据新闻. 视听，（1）：192-193.

韩娜. 2015. 消费者绿色消费行为的影响因素和政策干预路径研究. 北京：北京理工大学.

韩睿，田志龙. 2005. 促销类型对消费者感知及行为意向影响的研究. 管理科学，18（2）：85-91.

韩笑，周洁如. 2020. UGC信息类型及发布者头像对其他用户购买意愿的影响——基于社会化电商小红书社区的研究. 上海管理科学，42（2）：31-37.

韩震，张英，陆永君. 2020. 感知价值与广告态度的曲线关系：以社交属性为调节变量的实证研究. 中国石油大学学报（社会科学版），(4)：41-47.

韩正彪，周鹏. 2011. 扎根理论质性研究方法在情报学研究中的应用. 情报理论与实践，(5)：19-23.

郝淑芬. 2008. 一种根据用户定制信息发布广告信息的装置以及方法：中国，CN101599152A.

郝雨，李林霞. 2017. 算法推送：信息私人定制的"个性化"圈套. 新闻记者，(2)：35-39.

何大安. 2014. 选择偏好、认知过程与效用期望. 学术月刊，46（6）：49-59.

何佳讯. 2006. 品牌关系质量本土化模型的建立与验证. 华东师范大学学报（哲学社会科学版），(3)：100-106.

何志荣，于洋，蒋忠波. 2020. 媒介融合时代"议程设置"理论变迁——专访"议程设置"提出者之一唐纳德·肖. 东南传播，(6)：1-5.

贺爱忠，杜静，陈美丽. 2013. 零售企业绿色认知和绿色情感对绿色行为的影响机理. 中国软科学，（4）：117-127.

贺革. 2000. 试论心理学研究方法的新发展. 长沙大学学报，14（1）：66-68.

贺建平. 2004. 恐惧诉求在公益广告中的传播效果. 贵州师范大学学报（社会科学版），（2）：28-32.

胡冀青. 2006. 网络交往行为：一项基于不同阶层的比较研究. 广播电视大学学报（哲学社会科学版），（1）：25-28.

胡维平，曾晓洋. 2008. 绿色广告研究述评. 外国经济与管理，30（10）：52-58.

胡幼慧. 2005. 质性研究：理论、方法及本土女性研究实例. 台北：巨流图书有限公司.

黄静，刘洪亮，郭昱琅. 2016. 在线促销限制对消费者购买决策的影响研究——基于精细加工可能性视角. 商业经济与管理，295（5）：76-85.

黄静，张晓娟，童泽林，等. 2013. 消费者视角下企业家前台化行为动机的扎根研究. 中国软科学，（4）：99-107.

黄敏学，王艺婷，廖俊云，等. 2017. 评论不一致性对消费者的双面影响：产品属性与调节定向的调节. 心理学报，49（3）：370-382.

黄明. 1990. 论个人偏好与社会选择的相容性. 数量经济技术经济研究，（6）：29-32.

黄蕊，李桦，杨扬，等. 2018. 环境认知、榜样效应对半干旱区居民亲环境行为影响研究. 干旱区资源与环境，32（12）：1-6.

黄雅兰，陈昌凤. 2016. "目击媒体"革新新闻生产与把关人角色——以谷歌新闻实验室为例. 新闻记者，（1）：42-49.

黄燕. 2017. 基于用户视角的网络游戏直播研究. 长沙：湖南师范大学.

姬鹏飞，李远刚，卢盛祺，等. 2016. 基于语义Web的旅游路线个性化定制系统. 计算机工程，42（10）：308-317.

贾琪. 2018. 基于联合分析的黑龙江省消费者液态奶产品属性偏好研究. 哈尔滨：东北农业大学.

贾拥民. 2016. 偏好的一致性和异质性：基于神经经济学的偏好理论及其实证研究. 杭州：浙江大学.

姜萍，宋萌萌，林旭. 2015. 绿色住宅消费中的绿色价值对顾客的影响——基于顾客感知及满意度的研究. 吉林省经济管理干部学院学报，29（6）：35-38.

蒋玉石，王烨娣. 2020. 互联网定向广告推送方式对消费者态度的影响研究——基于感知威胁的中介作用. 管理现代化，40（1）：64-67.

蒋忠波. 2012. 论议程设置研究的两个新维度. 新闻爱好者,（16）：37-38.

金立印, 邹德强. 2009. 定制化购买情境下的消费者决策研究综述与展望. 外国经济与管理, 31（6）：32-38.

金盛华. 2010. 社会心理学. 2版. 北京：高等教育出版社.

居新华. 2011. 基于羊群效应的投资者跟随行为研究. 上海：东华大学.

康瑾, 郭倩倩. 2015. 消费者对互联网行为定向广告的感知价值研究. 国际新闻界, 37（12）：140-153.

劳可夫, 王露露. 2015. 中国传统文化价值观对环保行为的影响——基于消费者绿色产品购买行为. 上海财经大学学报（哲学社会科学版）,（2）：64-75.

劳可夫, 吴佳. 2013. 基于Ajzen计划行为理论的绿色消费行为的影响机制. 财经科学,（2）：91-100.

黎建新. 2007. 消费者绿色购买研究：理论、实证与营销意蕴. 长沙：湖南大学出版社.

李宝库, 郭婷婷. 2018. 基于感知价值和隐私关注的用户移动个性化推荐采纳. 中国流通经济, 32（4）：120-126.

李宝库, 姚曾君. 2020. 卷入情景下广告诉求类型的信息框架效应. 辽宁工程技术大学学报（社会科学版）, 22（3）：169-175.

李东进, 刘建新, 张亚佩, 等. 2015. 广告信息框架对消费者虚位产品购买意愿的影响——基于感知稀缺性的中介作用. 营销科学学报, 11（4）：30-47.

李芳, 刘新民, 王松. 2018. 个性化推荐的信息呈现、心理距离与消费者接受意愿——基于解释水平理论的视角. 企业经济, 37（5）：109-115.

李红柳, 王兴元. 2018. 在线用户评论对顾客价值创造的影响研究——基于消费者价格决策的考量. 价格理论与实践,（1）：150-153.

李慧明, 刘倩, 左晓利. 2008. 困境与期待：基于生态文明的消费模式转型研究述评与思考. 中国人口·资源与环境, 18（4）：114-120.

李佳. 2012. 绿色广告传播与企业形象的塑造. 新闻爱好者,（2）：87-88.

李靖宇. 2018. 基于刺激—机体—反应理论的网络购物节参与行为研究. 杭州：浙江工商大学.

李凯, 严建援, 林漳希. 2015. 信息系统领域网络精准广告研究综述. 南开管理评论, 18（2）：147-160.

李黎. 2017. 顾客价值理论研究现状与未来发展趋势——基于CNKI的文献计量分析. 消费经济, 33（3）：85-90, 54.

李莉, 唐婧. 2007. 消费者对定制化营销的反应及对企业管理实践的启示. 湘潭大学学报（哲学社会科学版），31（6）：92-97.

李亮，黄赞. 2016. 网上信息特征对于消费者延迟选择的影响研究. 情报科学，34（2）：120-126.

李满. 2020. 自有品牌引入绿色产品对购买意愿的影响——基于感知和信任的分析. 现代营销，（7）：84-85.

李宁，余隋怀，姚澜. 2013. 基于虚拟与协同的旅游产品定制系统开发. 计算机与现代化，（1）：141-144.

李倩倩，董晓璐. 2018. 损失框架对购买意向的影响路径研究——基于ELM模型. 管理现代化，（1）：60-62.

李莎. 2017. 在线消费者购买决策过程中编辑阶段的有限理性研究. 南京：南京理工大学.

李婷. 2016. 基于品牌熟悉度、产品属性及涉入度广告语句对购买意愿的影响研究. 知识经济，（23）：42-43.

李小磊，周颖，潘黎，等. 2014. 参照群体对储蓄和消费决策的信息性影响研究. 中国地质大学学报（社会科学版），14（2）：118-124.

李星灿，薛可. 2015. 在线评论对不同涉入度的产品购买意愿的影响研究. 新闻研究导刊，6（22）：139.

李延喜，付洁，李鹏峰，等. 2009. 风险偏好实验研究综述. 科技与管理，11（5）：34-37.

李艳中. 2010. 传播媒介的"魔弹论"与当代读者需求理念. 中国矿业大学学报（社会科学版），12（1）：120-124.

李艺，马钦海，张跃先. 2011. 顾客个人价值嵌入的顾客满意度指数扩展模型. 管理评论，（3）：82-89.

李英，陈毅文. 2020. 消费者困惑、感知价值与购买意向关系实证研究. 商业经济研究，（13）：67-70.

李英，王晨筱，李晓，等. 2015. 消费者涉入度国外研究综述. 商业经济研究，（22）：55-56.

李颖，赵文红，薛朝阳. 2018. 创业导向、社会网络与知识资源获取的关系研究——基于信号理论视角. 科学学与科学技术管理，39（2）：130-141.

李肇. 2019. 新媒体时代视频网站内容"把关人"角色初探. 中国报业，（2）：25-27.

李志刚，李国柱. 2008. 农业资源型企业技术突破式高成长及其相关理论研究——基于宁夏红公司的扎根方法分析. 科学管理研究，26（3）：111-115，120.

李治，孙锐. 2019. 推荐解释对改变用户行为意向的研究——基于传播说服理论的视阈. 中国软科学，2019，（6）：176-184.

李宗伟，张艳辉，栾东庆. 2017. 哪些因素影响消费者的在线购买决策？——顾客感知价值的驱动作用. 管理评论, 29（8）: 136-146.

廖华, 魏一鸣. 2011. 能源经济与政策研究中的数据问题. 技术经济与管理研究,（4）: 68-73.

廖中举, 项禹榕. 2020. 中国绿色消费政策变迁及演进趋势——基于1994～2018年政策文本的分析. 商业经济研究,（14）: 58-61.

林伯强, 李江龙. 2015. 环境治理约束下的中国能源结构转变——基于煤炭和二氧化碳峰值的分析. 中国社会科学,（9）: 84-107.

林振旭, 苏勇. 2007. 网站特性对网络购买意图影响实证研究. 商业时代,（28）: 80-81, 85.

刘聪, 刘一霖, 隋月敏. 2017. 恐怖诉求公益广告效果眼动研究. 牡丹江师范学院学报（哲学社会科学版）,（5）: 118-123.

刘京林. 2005. 大众传播心理学. 北京: 中国传媒大学出版社.

刘军跃, 刘宛鑫, 李军锋, 等. 2020. 基于SOR模式的网络意见领袖对消费者购买意愿的影响研究. 重庆理工大学学报（社会科学版）, 34（6）: 70-79.

刘君良, 李晓光. 2020. 个性化推荐系统技术进展. 计算机科学, 47（7）: 47-55.

刘立园, 武立栋. 2015. 陈向明"质的研究方法"文献综述. 高教学刊,（9）: 85-86.

刘满芝, 杨全益, 陈艳萍. 2017. 参照依赖视角下反馈信息框架对大学生节能意愿的影响. 软科学,（6）: 66-69.

刘敏, 曾召友. 2020. 情景结构视角下居民低碳消费行为的非正式制度研究. 湘潭大学学报（哲学社会科学版）, 44（2）: 80-85.

刘新民, 李芳, 王松. 2017. 自我效能感、说服抵制对消费者社会化商务模式接受意愿的影响机理研究. 管理评论, 29（6）: 202-213.

刘新吾, 等. 2020-05-27. 把绿色长城筑得更牢固（两会聚焦）. 人民日报, 第09版.

刘扬, 孙彦. 2014. 行为决策中框架效应研究新思路——从风险决策到跨期决策, 从言语框架到图形框架. 心理科学进展, 22（8）: 1205-1217.

刘银萍. 2009. 涉入度与消费者购后后悔关系之研究. 成都: 西南交通大学.

刘宇伟. 2011. 国外住户节能行为的机理、促进策略及对我国的启示. 科学·经济·社会,（2）: 99-103.

刘子双, 古典, 蒋奖. 2020. 获得还是损失？广告目标框架对绿色消费意向的影响. 中国临床心理学杂志, 28（1）: 99-104.

龙海霞. 2006. 质的研究: 价值与反思. 教育科学论坛,（1）: 21-24.

卢崴诩. 2015. "理论抽样问题"与扎根理论方法解析. 学理论,（34）: 113-116.

卢献, 郑岩滨. 2004. 略论"知情意行"行为辅导模式. 教育探索,（4）: 100-103.

陆娅楠. 2014-10-02. 能源消费年均增 8%，增量超全球增量一半，我国能源战略应重视生态约束. 人民日报，第 02 版.

骆婕茹. 2016. 广告-情境一致性和社会影响对网络行为定向广告态度的影响研究. 成都：西南交通大学.

吕成成. 2011. 电子商务环境下消费者购买决策研究综述. 电脑开发与应用，24（11）：5-10.

吕孝双. 2014. 产品类别视角下购物网站个性化推荐系统对消费者购买意愿的影响研究. 青年科学（教师版），35（12）：344-345.

吕雪晴. 2016. 海淘消费者感知风险的形成机理. 中国流通经济，30（4）：101-107.

马君，赵红丹. 2015. 任务意义与奖励对创造力的影响——创造力角色认同的中介作用与心理框架的调节作用. 南开管理评论，18（6）：46-59.

马立强，匡绍龙. 2012. 公众参与节能行为动机及其影响因素研究：回顾、分析与启示. 现代管理科学，（6）：70-72.

马双. 2014. 顾客参与价值共创研究的理论探讨与实证研究——基于软件服务业的经验分析. 北京：对外经济贸易大学.

马向阳，徐富明，吴修良，等. 2012. 说服效应的理论模型、影响因素与应对策略. 心理科学进展，20（5）：735-744.

马子涵. 2019. 从"第三人效果"视角出发再议"魔弹论". 传播与版权，（2）：115-116.

麦克斯威尔. 2008. 质性研究设计. 陈浪译. 北京：中国轻工业出版社.

毛振福，余伟萍，李雨轩. 2017. 绿色购买意愿形成机制的实证研究——绿色广告诉求与自我建构的交互作用. 当代财经，390（5）：79-88.

芈凌云，杨洁，俞学燕，等. 2016. 信息型策略对居民节能行为的干预效果研究——基于 Meta 分析. 软科学，30（4）：89-92.

芈凌云. 2012. 城市居民低碳化能源消费行为研究. 北京：中国矿业大学出版社.

苗玲玲. 2008. 网络消费信任演化与决策模式研究——基于映像理论的分析. 杭州：浙江大学.

潘莉，张梦，何宸希. 2020. 品牌知觉情境下体验型产品广告的目标框架效应. 四川师范大学学报（社会科学版），47（1）：48-57.

潘伟，余堃. 2017. 基于偏好不一致熵的有序决策. 计算机应用，37（3）：796-800.

庞英，盛光华，张志远. 2017. 环境参与度视角下情绪对绿色产品购买意图调节机制研究. 软科学，31（2）：117-121.

彭金燕. 1999. 代言人可信度对广告效果与购买意愿影响之研究. 台湾：大叶大学.

彭兰. 2017. 人人皆媒时代的困境与突围可能. 新闻与写作，（11）：64-68.

彭文武, 曹巍. 2020. 顾客感知价值对购买意愿的影响分析——以衡阳市农家乐旅游为例. 经济师, (6): 168-169.

彭志翔. 2020. 在线评论质量对旅游者消费决策影响研究——以共享短租为例. 合肥: 安徽大学.

祁国宁, 顾新建. 2000. 大批量定制及其模型的研究. 计算机集成制造系统, 6（2）: 41.

乔均, 宋稚琦. 2020. 品牌危机对顾客购买意愿影响研究——基于感知风险及品牌信任的实证分析. 中国广告, （1）: 73-75.

秦金亮. 2002. 国外社会科学两种研究范式的对峙与融合. 山西师大学报（社会科学版）, 29（2）: 5-10.

邱扶东. 2007. 旅游信息特征对旅游决策影响的实验研究. 心理科学, 30（3）: 716-718.

邱林, 郑雪, 王雁飞. 2008. 积极情感消极情感量表（PANAS）的修订. 应用心理学, 14（3）: 249-254, 268.

邱睿. 2005. 来源国形象及品牌形象认知对消费者购买行为之影响——以台湾地区手机市场为例. 长沙: 中南大学.

邱宗国. 2012. 互联网环境下中小型企业定制化信息服务模式研究. 武汉: 华中科技大学.

仇焕广, 严健标, 李登旺, 等. 2015. 我国农村生活能源消费现状、发展趋势及决定因素分析——基于四省两期调研的实证研究. 中国软科学, （11）: 28-38.

任剑岚. 2016. 浅谈"互联网+"时代网络个性化推荐采纳意愿影响因素. 电脑迷, （1）: 72.

任小波, 曲建升, 张志强. 2007. 气候变化影响及其适应的经济学评估——英国"斯特恩报告"关键内容解读. 地球科学进展, （7）: 754-759

阮燕雅, 李琪. 2017. 社交商务情景下信任对购买决策的影响变化研究. 软科学, 31(2): 113-116.

桑斯坦. 2008. 信息乌托邦. 北京: 法律出版社.

莎兰·B. 麦瑞尔姆. 2008. 质化方法在教育研究中的应用: 个案研究的扩展. 于泽元译. 重庆: 重庆大学出版社.

邵继红, 王霞. 2020. 绿色广告诉求对消费购买意愿的影响——基于信息框架的调节效应. 湖北工业大学学报, （3）: 34-38.

沈永平, 王国亚. 2013. IPCC 第一工作组第五次评估报告对全球气候变化认知的最新科学要点. 冰川冻土, （5）: 1068-1076.

盛光华, 葛万达, 汤立. 2018. 消费者环境责任感对绿色产品购买行为的影响——以节能家电产品为例. 统计与信息论坛, 33（5）: 114-120.

盛光华, 林政男. 2019. 消费者绿色创新消费行为意向驱动机制研究. 南京工业大学学报（社会科学版），18（4）：51-60，111-112.

盛光华，岳蓓蓓，葛万达. 2020. 环境价值观驱动中国居民绿色消费行为的链式多重中介模型. 数量经济研究，11（1）：101-118.

盛光华，岳蓓蓓，龚思羽. 2019. 绿色广告诉求与信息框架匹配效应对消费者响应的影响. 管理学报，16（3）：439-446.

盛光华，岳蓓蓓，龚思羽. 2019. 企业反馈会促进绿色重购意向吗？——购后价值反馈策略对消费者绿色重购意向的影响研究. 外国经济与管理，41（10）：3-16.

石伟，刘杰. 2009. 自我肯定研究述评. 心理科学进展，17（6）：1287-1294.

史波，翟娜娜，毛鸿影. 2014. 食品安全危机中社会媒体信息策略对受众态度的影响研究. 情报杂志，（10）：59-65.

史清华，彭小辉，张锐. 2014. 中国农村能源消费的田野调查——以晋黔浙三省2253个农户调查为例. 管理世界，（5）：80-92.

司向辉. 2013. 个性化广告点击率预测的研究和实现. 北京：北京邮电大学.

斯特劳斯，科尔宾. 1997. 质性研究概论. 徐宗国译. 台北：巨流图书公司.

宋亚非，于倩楠. 2012. 消费者特征和绿色食品认知程度对购买行为的影响. 财经问题研究，（12）：11-17.

苏淞，孙川，陈荣. 2013. 文化价值观、消费者感知价值和购买决策行为风格：基于中国城市化差异的比较研究. 南开管理评论，16（1）：102-109.

孙光福，吴乐，刘淇，等. 2013. 基于时序行为的协同过滤推荐算法. 软件学报，（11）：2721-2733.

孙剑，李崇光，黄宗煌. 2010. 绿色食品信息、价值属性对绿色购买行为影响实证研究. 管理学报，7（1）：57-63.

孙瑾，张红霞. 2015. 服务业中绿色广告主张对消费者决策的影响——基于归因理论的视角. 当代财经，（3）：67-78.

孙鲁平，苏萌. 2015. 汽车市场消费者自述偏好和实际偏好不一致研究——消费者知识视角. 经济管理，37（11）：83-92.

孙鲁平，张丽君，汪平. 2016. 网上个性化推荐研究述评与展望. 外国经济与管理，38（6）：82-99.

孙仁喆. 2015. 恐惧诉求广告设计及其创意表现手法探究. 南京：南京林业大学.

孙晓娥. 2011. 扎根理论在深度访谈研究中的实例探析. 西安交通大学学报（社会科学版），31（6）：87-92.

孙晓玲，张云，吴明证. 2007. 解释水平理论的研究现状与展望. 应用心理学，（2）：181-186.

孙晓宁，赵宇翔，朱庆华. 2018. 社会化搜索平台中信息价值感知差异研究——基于用户满意度与任务复杂性视角. 情报学报, 37（1）：86-97.

孙岩, 江凌. 2013. 居民能源消费行为研究评述. 资源科学, 35（4）：697-703.

孙彦, 黄莉, 刘扬. 2012. 决策中的图形框架效应. 心理科学进展, 20（11）：1718-1726.

孙彦, 许洁虹, 陈向阳. 2009. 封面故事、选项框架和损益概率对风险偏好的影响. 心理学报, 41（3）：189-195.

孙远. 2019. 浅谈大数据时代的精准营销策略. 中外企业家,（17）：114.

汤立. 2017. 新消费引领下的绿色产品购买意愿的形成机制研究. 长春：吉林大学.

陶厚永, 李燕萍, 骆振心. 2010. 山寨模式的形成机理及其对组织创新的启示. 中国软科学,（11）：123-135，143.

田海龙. 2013. 趋于质的研究的批评话语分析. 外语与外语教学,（4）：6-10.

田婷婷. 2012. 诉求方式、表现形式及网络口碑对微博广告心理效果的影响. 苏州：苏州大学.

万静. 2018. 感知价值与顾客多渠道购物意愿的关系探讨. 商业经济研究,（6）：50-53.

汪涛, 周玲, 周南, 等. 2012. 来源国形象是如何形成的？——基于美、印消费者评价和合理性理论视角的扎根研究. 管理世界,（3）：113-126.

汪兴东, 景奉杰. 2012. 城市居民低碳购买行为模型研究——基于五个城市的调研数据. 中国人口·资源与环境, 22（2）：47-55.

汪兴东, 熊彦龄. 2018. 农户绿色能源消费行为影响因素研究——基于户用沼气和大中型沼气的比较分析. 南京工业大学学报（社会科学版）, 17（5）：69-78.

王贝贝. 2019. 有限理性视角下网络行为定向广告效果的影响因素研究. 现代营销,（10）：100-102.

王财玉. 2017. 绿色消费态度——行为分离的心理机制. 资源开发与市场, 33（10）：1227-1230.

王财玉, 雷雳, 吴波. 2017a. 伦理消费者为何"言行不一"：解释水平的视角. 心理科学进展, 25（3）：511-522.

王财玉, 雷雳, 吴波. 2017b. 时间参照对绿色创新消费"不作为惰性"的影响. 心理科学进展, 25（1）：1-11.

王大海, 段珅, 张驰, 等. 2018. 绿色产品重复购买意向研究——基于广告诉求方式的调节效应. 软科学, 32（2）：134-138.

王丹丹. 2013. 消费者绿色购买行为影响机理实证研究. 统计与决策,（9）：116-118.

王丹萍, 庄贵军, 周茵. 2014. 信息框架对广告态度的影响：论据强度的中介作用. 管理科学,（1）：75-85.

王汉瑛, 邢红卫, 田虹. 2018. 定位绿色消费的"黄金象限"：基于刻板印象内容模型的响应面分析. 南开管理评论, 21（3）：203-214.

王慧灵. 2014. 当代中国广告"漂绿"行为的分析和监管. 江苏师范大学学报（哲学社会科学版）, 40（4）：155-160.

王建国, 王建明, 杜宇. 2017. 绿色消费态度行为缺口的研究进展. 财经论丛,（11）：95-103.

王建华, 沈旻旻, 朱淀. 2020. 环境综合治理背景下农村居民亲环境行为研究. 中国人口·资源与环境, 30（7）：128-139.

王建明. 2010. 消费者资源节约与环境保护行为及其影响机理——理论模型、实证检验和管制政策. 北京：中国社会科学出版社.

王建明. 2012. 公众低碳消费行为影响机制和干预路径整合模型. 北京：中国社会科学出版社.

王建明. 2013. 资源节约意识对资源节约行为的影响——中国文化背景下一个交互效应和调节效应模型. 管理世界,（8）：77-90.

王建明. 2015. 环境情感的维度结构及其对消费碳减排行为的影响——情感—行为的双因素理论假说及其验证. 管理世界,（12）：82-95.

王建明. 2016. 消费碳减排政策影响实验研究. 北京：科学出版社.

王建明. 2020. 新冠肺炎疫情对民众消费行为模式的深远影响及其对策措施. 经济要参,（8）：15-17.

王建明. 2020-08-10. 美好生活需要呼唤绿色创新. 中国社会科学报, 第A08版.

王建明. 2020-08-14. "两山"理念的内在逻辑和历史作用. 中国环境报, 第03版.

王建明, 贺爱忠. 2011. 消费者低碳消费行为的心理归因和政策干预路径：一个基于扎根理论的探索性研究. 南开管理评论, 14（4）：80-89.

王建明, 孙彦. 2018. 定制化信息对家庭节能行为决策过程影响的追踪研究. 心理科学进展, 26（4）：571-583.

王建明, 汪逸惟, 鲍婧. 2020. 珍惜还是向往？自豪还是赞赏？积极情感诉求对消费者绿色购买行为的作用. 未来与发展, 44（8）：57-65.

王建明, 王丛丛, 吴龙昌. 2017. 绿色情感诉求对绿色购买决策过程的影响机制. 管理科学, 30（5）：38-56.

王建明, 王俊豪. 2011. 公众低碳消费模式的影响因素模型与政府管制政策——基于扎根理论的一个探索性研究. 管理世界,（4）：58-68.

王建明, 吴龙昌. 2015. 绿色购买的情感——行为双因素模型：假设和检验. 管理科学, 28（6）：80-94.

王建明, 吴龙昌. 2019. 绿色消费的情感——行为模型：混合研究方法. 北京：经济管理出版社.

王建明, 奚旖旎, 赵青芳. 2020. 个性化广告推荐类型对在线绿色购买决策过程的影响. 中国人口·资源与环境, 31（3）：108-116.

王建明, 郑冉冉. 2011. 心理意识因素对消费者生态文明行为的影响机理. 管理学报, 8（7）：1027-1035.

王晶, 程丽娟, 宋庆美. 2008. 基于顾客参与的定制满意度研究. 管理学报,（3）：391-395.

王奎庭. 2015-01-20. 2014年国内国际十大环境新闻. 中国环境报, 第03版.

王璐, 高鹏. 2010. 扎根理论及其在管理学研究中的应用问题探讨. 外国经济与管理, 32（12）：10-18.

王鹏, 刘永芳. 2009. 时间框架对决策的影响. 心理科学,（4）：840-842.

王千卜贝. 2020. 个性化新闻推荐技术对新闻传播的影响——以今日头条为例. 视听,（7）：199-200.

王秋欢. 2017. 绿色信息策略对消费者购买决策的框架效应. 杭州：浙江财经大学.

王荣德. 2019-11-26. 坚持和完善生态文明制度体系 建设美丽中国. 湖州日报.

王施健, 王良燕. 2016. 选择更多未必消费更多——基于产品类型的视角. 上海管理科学, 38（1）：24-30.

王诗雯. 2020. 信息茧房：对个性化推送的过度担忧. 视听,（6）：181-182.

王首元, 孔淑红. 2012. 新消费者效用理论及实证检验. 经济科学,（3）：29-37.

王滔, 颜波. 2017. 博弈视角下的在线渠道决策研究. 管理科学学报, 20（6）：64-77.

王万竹, 王京安, 金晔. 2012. 可持续消费态度和行为差异成因探讨. 生态经济（学术版）,（1）：12-15.

王伟, 于吉萍, 张善良. 2018. 顾客感知价值：研究述评与展望. 河南工业大学学报（社会科学版）, 14（5）：33-41.

王锡苓. 2004. 质性研究如何建构理论？——扎根理论及其对传播研究的启示. 兰州大学学报, 32（3）：76-80.

王晓红, 胡士磊, 张雪燕. 2018. 消费者缘何言行不一：绿色消费态度——行为缺口研究述评与展望. 经济与管理评论, 34（5）：52-62.

王晓明, 顾子贝, 杨昭宁. 2014. 损益框架和损益概率对不同年级儿童风险决策的影响. 心理科学, 37（6）：1372-1376.

王晓楠, 瞿小敏. 2017. 生态对话视阈下的中国居民环境行为意愿影响因素研究——基于2013年CSS数据的实证分析. 学术研究,（3）：62-70.

王晓珍, 王玉珠, 杨玉兵, 等. 2017. 网购价格框架对消费者感知价值与购买意愿的影响. 商业经济研究，(14)：36-39.

王鑫，袁祖社. 2019. 绿色消费与美好生活内在耦合的实践与价值逻辑——现代性"消费社会"的深刻危机及破解. 湖北大学学报（哲学社会科学版），46（2）：36-42.

王艳，丁雪梅，孙薇. 2020. 深度学习在MOOC推荐系统中的应用. 实验技术与管理，37（8）：54-57.

王宇露，徐凯，冯媛. 2019. 基于规范激活理论的高校节能行为影响因素研究——来自上海高校的大样本调研与实证. 上海电机学院学报，22（6）：352-360，366.

王枬，葛孝亿. 2010. 质的研究中研究者个人身份问题探析. 教育学术月刊，(12)：9-12.

王正方，杜碧升，屈佳英. 2016. 基于感知价值的消费者网络购物渠道选择研究——产品涉入度的调节作用. 消费经济，32（4）：91-97.

王宗水，赵红，秦绪中. 2016. 我国家用汽车顾客感知价值及提升策略研究. 中国管理科学，24（02）：125-133.

韦庆旺，孙健敏. 2013. 对环保行为的心理学解读——规范焦点理论述评. 心理科学进展，(4)：751-760.

魏想明，张晶. 2017. 顾客感知价值差异性对产品绩效评价的影响机制分析. 商业经济研究，(22)：49-52.

温志超，李继峰，祝宝良. 2020. 中国消费中长期发展趋势及能源环境效应研究. 中国环境管理，12（1）：43-50.

文军，蒋逸民. 2010. 质性研究概论. 北京：北京大学出版社.

吴波，李东进，王财玉. 2016. 基于道德认同理论的绿色消费心理机制. 心理科学进展，24（12）：1829-1843.

吴剑琳，代祺，古继宝. 2011. 产品涉入度、消费者从众与品牌承诺：品牌敏感的中介作用——以轿车消费市场为例. 管理评论，23（9）：68-75.

吴明隆. 2009. 结构方程模型——AMOS的操作与应用. 重庆：重庆大学出版社.

吴玉鸣. 2012. 中国区域能源消费的决定因素及空间溢出效应——基于空间面板数据计量经济模型的实证. 南京农业大学学报（社会科学版），12（4）：124-132.

伍威·弗里克. 2011. 质性研究导引. 孙进译. 重庆：重庆大学出版社.

习近平. 2019. 推动我国生态文明建设迈上新台阶. 求是，(3)：4-19.

习近平. 2020. 习近平在第七十五届联合国大会一般性辩论上的讲话. http://www.xinhuanet.com/politics/leaders/2020-09/22/c_1126527652.htm.

肖娥芳. 2018. 个性化推荐特征对消费者网络购买动机的影响. 商业经济研究，(24)：80-82.

谢颖, 刘穷志. 2018. 可持续消费理论研究新进展. 经济学动态, 690（8）：119-133.

辛振国. 2007. 效用及消费者行为理论的再认识. 商场现代化, （16）：47-49.

邢冀. 2009. 中国低碳之路怎么走？环境经济, （8）：31-35.

熊小明, 黄静, 郭昱琅. 2015. "利他"还是"利己"？绿色产品的诉求方式对消费者购买意愿的影响研究. 生态经济, （6）：103-107.

熊小明, 黄静, 林涛. 2018. 环保消费重购意愿的影响机制：目标进展视角. 财经论丛, （1）：86-96.

熊小平. 2013. 浅谈广告商业语境中的卡通形象设计要点. 神州, （24）：228.

徐超, 徐立丽, 徐美玲. 2016. 电子商务用户个性化推荐技术接受影响因素研究. 科技传播, 8（13）：87-88.

徐嘉祺, 佘升翔, 田云章, 等. 2019. 绿色消费行为的溢出效应：目标视角的调节作用. 财经论丛, （12）：86-94.

徐淑英, 刘忠明. 2004. 中国企业管理的前沿研究. 北京：北京大学出版社.

徐文俊. 2011. 消费者定制意愿影响因素实证研究. 济南：山东大学.

徐昭君. 2016. 顾客感知价值与绿色食品购买行为的关系研究——消费者专业知识的调节作用. 南京：南京师范大学.

徐哲, 刘沁波, 陈立. 2012. 基于属性重要度的产品定制程度测量模型及定制策略. 管理学报, 9（2）：296-302.

许萍. 2020. 消费者创新性与绿色消费行为研究. 现代经济信息, （18）：50-51.

许勤华. 2014. 中国能源生产与消费取向：自发达国家行为观察. 改革, （8）：29-36.

许应楠, 甘利人, 岑咏华, 等. 2012. 用户认知对推荐技术接受行为的影响研究. 情报学报, （4）：423-435.

薛加玉, 龚尹, 韩顺平. 2019. 广告诉求方式对绿色消费意愿的影响. 技术经济与管理研究, （6）：72-77.

薛永基, 白雪珊, 胡煜晗. 2016. 感知价值与预期后悔影响绿色食品购买意向的实证研究. 软科学, 30（11）：131-135.

严建援, 甄杰, 谢宗晓, 等. 2016. 个性化产品在线定制意愿影响因素研究——基于计划行为理论的分析. 预测, 35（6）：50-55.

晏维, 柴俊武, 倪得兵. 2013. 自我概念和产品属性对消费者颜色偏好的影响. 中国管理科学, 21（S2）：412-419.

杨红娟, 胡静, 刘红琴. 2014. 云南少数民族农户生产及生活能源碳排放测评. 中国人口·资源与环境, 24 (11): 9-16.

杨红娟, 屈彤彤. 2020. 生态文明建设中企业员工生态环境行为的影响因素研究——基于扩展的规范激活模型. 华中师范大学学报（自然科学版）, 54 (4): 587-595.

杨敏茹. 2015. 基于感知价值的消费者网络消费意愿影响因素分析. 商业经济研究, (34): 82-83.

杨世木. 2012. 我国体育情报研究现状及发展趋势. 山东体育科技, 34 (2): 55-58.

杨树. 2015. 中国城市居民节能行为及节能消费激励政策影响研究. 北京: 中国科学技术大学.

杨晓燕, 周懿瑾. 2006. 绿色价值: 顾客感知价值的新维度. 中国工业经济, (7): 110-116.

杨宜苗. 2010. 错过价格促销情境下消费者感知价值损失及其对负向购买意愿的影响. 商业经济与管理, (2): 52-60.

姚建平. 2009. 论家庭能源消费行为研究. 能源研究与利用, (4): 7-12.

姚倩. 2015. 不同产品涉入度水平下价格及卖家信誉对消费者在线购买决策的影响研究. 杭州: 浙江大学.

姚爽. 2015. 绿色信息对再制造品购买意向的影响实证研究. 北京: 北京交通大学.

姚学刚. 2008. 人类信息接受行为的动因、过程及影响因素研究. 北京: 北京大学.

叶浩生. 2004. 西方心理学理论与流派. 广东: 广东高等教育出版社.

叶进杰. 2018. 不同"态度-行为缺口"消费者的绿色消费感知价值差异研究. 桂林: 广西师范大学.

叶楠. 2019. 绿色认知与绿色情感对绿色消费行为的影响机理研究. 南京工业大学学报（社会科学版）, 18 (4): 61-74, 112.

叶群来. 2007. 营销与网络推荐系统. 电子商务, (10): 64-66.

伊莱·帕里瑟. 2020. 过滤泡: 互联网对我们的隐秘操纵. 方师师, 杨媛, 等译. 北京: 中国人民大学出版社.

于丹, 董大海, 刘瑞明, 等. 2008. 理性行为理论及其拓展研究的现状与展望. 心理科学进展, 16 (5): 796-802.

于松梅, 杨丽珠. 2003. 米契尔认知情感的个性系统理论述评. 心理科学进展, 11 (2): 197-201.

于洋. 2013. 大数据与可持续能源消费. 能源, (9): 54-55.

于悦. 2017. 公众低碳旅游消费行为影响研究——基于内在因素-外部环境理论和态度-情境-行为理论. 旅游纵览（下半月）, (10): 50, 52.

于跃, 陈伟山. 2017. 消费者网络购买意愿影响因素研究综述. 商业经济研究, (16): 46-49.

俞海山. 2015. 低碳消费论. 北京: 中国环境出版社.

喻国明, 侯伟鹏, 程雪梅. 2017. 个性化新闻推送对新闻业务链的重塑. 新闻记者, (3): 9-13.

原长弘, 章芬. 2014. 战略管理学的混合方法研究: 设计策略与技巧. 科学学与科学技术管理, 35 (11): 28-39.

岳婷, 龙如银, 戈双武. 2013. 江苏省城市居民节能行为影响因素模型——基于扎根理论. 北京理工大学学报（社会科学版）, 15 (1): 34-39.

岳中刚, 王晓亚. 2015. 在线评论与消费者行为的研究进展与趋势展望. 软科学, (6): 90-93.

臧雷振. 2016. 政治社会学中的混合研究方法. 国外社会科学, (4): 138-145.

曾伏娥. 2010. 消费者非伦理行为形成机理及决策过程研究. 武汉: 武汉大学出版社.

曾慧, 郝辽钢. 2015. 不同促销表述方式对顾客品牌忠诚的影响研究. 软科学, 29 (5): 116-120.

查冬兰, 周德群. 2012. 为什么提高能源效率没有减少能源消费——能源效率回弹效应研究评述. 管理评论, 24 (1): 45-51.

张凤华, 邱江, 邱桂凤, 等. 2007. 决策中的框架效应再探. 心理科学, 30 (4): 886-890.

张广宇, 张梦. 2016. 定制化情境下旅游服务购买决策的目标框架效应. 旅游学刊, 31(1): 57-67.

张国政, 彭承玉, 张芳芳, 等. 2017. 农产品顾客感知价值及其对购买意愿的影响——基于认证农产品的实证分析. 湖南农业大学学报（社会科学版）, 18 (2): 24-28.

张浩, 朱佩枫. 2019. 诱导承诺在亲环境行为中的作用机制研究. 中国环境管理, 11 (2): 106-112, 93.

张红. 2013. 基于用户认知的电子商务网站知识推荐服务接受模型研究. 南京: 南京理工大学.

张建强, 刘娟, 仲伟俊. 2019. 广告精准度与广告效果: 基于隐私关注的现场实验. 管理科学, 32 (6): 123-132.

张竞博, 吴锴, 赵媛, 等. 2012. 基于家庭能耗计量装置的需求侧节能实验研究. 电力需求侧管理, (6): 4-9.

张敬伟, 马东俊. 2009. 扎根理论研究法与管理学研究. 现代管理科学, (2): 115-117.

张蕾, 高登第. 2007. 涉入程度、时间压力与广告信息对银行潜在客户的说服力. 金融论坛, (11): 55-58.

张黎, 范亭亭, 王文博. 2007. 降价表述方式与消费者感知的降价幅度和购买意愿. 南开管理评论, 10 (3): 19-28.

张琳, 闫强. 2016. 基于管理和消费者行为视角的个性化推荐研究与展望. 北京邮电大学学报（社会科学版）, 18 (6): 24-30.

张玲燕. 2018. 网购消费的信息认知、感知价值和说服抵制——以意见领袖为例. 商业经济研究, (12): 70-72.

张灵莹. 2014. 面向交易全过程的网络消费者购买决策模型研究. 哈尔滨: 哈尔滨工业大学.

张咪咪，陈天祥. 2010. 我国居民生活完全碳排放的测算及影响因素分析//中国科学技术协会学会学术部. 经济发展方式转变与自主创新——十二届中国科学技术协会年会（第一卷）. 福州：74-75.

张启尧，孙习祥. 2015. 基于消费者视角的绿色品牌价值理论构建与测量. 北京工商大学学报（社会科学版），30（4）：85-92.

张清，周延风，高东英. 2007. 社会营销：献血者招募新方略. 广州：中山大学出版社.

张晴柔. 2017. 社交网络中个性化广告：特点、感知价值及存在问题分析. 中国市场，（11）：215-217.

张三元. 2018. 绿色发展与绿色生活方式的构建. 山东社会科学，（3）：18-24.

张天舒. 2017. 中国文化背景下消费者价值观对绿色消费意愿影响机制研究. 长春：吉林大学.

张文彬，华崇言，张跃胜. 2018. 生态补偿、居民心理与生态保护——基于秦巴生态功能区调研数据研究. 管理学刊，31（2）：24-35.

张新，马良，王高山. 2016. 朋友推荐对消费者购买意愿的影响：基于信任的中介作用. 山东财经大学学报，28（5）：83-91.

张学波，刘青春，林玉瑜. 2020. 用户隐私关注对网络行为定向广告效果影响的实证研究. 传媒观察，（7）：45-51.

张雪琳. 2010. 网络推荐情境下定制化对消费者决策的影响——文化导向与产品类型的调节作用. 上海：复旦大学.

张砚，李小勇. 2017. 消费者绿色购买意愿与购买行为差距研究. 资源开发与市场，33（3）：343-348.

张艳. 2010. 旅游区信息服务大规模定制探析. 杭州：浙江工商大学.

张银玲，苗丹民，罗正学，等. 2006. 正负信息框架下人格特征对决策的影响作用. 第四军医大学学报，27（4）：363-366.

张友国. 2019. 新时代生态文明建设的新作为. 红旗文稿，（5）：22-25.

章志光，金盛华. 2008. 社会心理学. 北京：人民教育出版社.

赵爱武，杜建国，关洪军. 2015. 基于计算实验的有限理性消费者绿色购买行为. 系统工程理论与实践，35（1）：95-102.

赵江，刘杰，梅姝娥. 2019. 基于混合渠道的企业定向广告投放优化策略. 计算机集成制造系统，25（9）：2385-2394.

赵九茹，李心广，李霞. 2017. 基于多属性效用理论的群体决策偏好整合研究. 统计与决策，（21）：42-46.

赵宋薇. 2015. 消费视角下的印象管理推断——从产品属性角度出发. 西安：陕西师范大学.

赵万里, 朱婷钰. 2017. 绿色生活方式中的现代性隐喻——基于CGSS2010数据的实证研究. 广东社会科学, (1)：195-203, 256.

赵纹硕, 杨一凡, 杨以雄, 等. 2019. 服装产品属性及消费者情绪对品牌态度的影响——以上海地区大学生消费者为例. 北京服装学院学报（自然科学版）, 39（1）：71-77.

甄杰, 严建援, 谢宗晓. 2018. 产品涉入度与在线个性化产品定制意向——基于自我表达的中介效应研究. 软科学, 32（4）：110-114.

郑庆杰. 2015. 解释的断桥：从编码到理论. 社会发展研究, 2（1）：149-164, 245.

郑文清, 胡国珠, 冯玉芹. 2014. 营销策略对品牌忠诚的影响：顾客感知价值的中介作用. 经济经纬, 31（6）：90-95.

郑文清, 李玮玮. 2012. 营销策略对顾客感知价值的驱动研究. 当代财经, (11)：80-89.

郑新业, 魏楚, 宋枫, 等. 2016. 中国家庭能源消费研究报告2015. 北京：科学出版社.

钟毅平, 申娟, 吴坤. 2009. 风险决策任务中时间距离对框架效应的影响. 心理科学, (4)：920-922.

周德群, 杨列勋. 2008. 能源软科学：一门亟待发展的交叉性科学. 管理学报, 5（5）：627-632.

周江华, 仝允桓, 李纪珍. 2012. 基于金字塔底层（BoP）市场的破坏性创新——针对山寨手机行业的案例研究. 管理世界, （2）：112-130.

周金玲. 2007. 论教育产品及其经济属性. 学术月刊, 39（8）：84-88.

周楠. 2019. 对信息化背景下培养小学生数学自学能力的探究. 新课程导学, （19）：80.

周宪, 胡中锋. 2015. 大学生创业意向影响因素的实证研究：广州案例. 教育研究与实验, （5）：66-72.

周宪, 胡中锋. 2015. 质的研究方法的理论探讨与反思. 广东社会科学, （4）：51-57.

周象贤, 金志成. 2009. 卷入影响广告理性诉求信息加工效果的眼动研究. 心理学报, 41（4）：357-366.

周杨. 2019. 美好生活视域下的绿色生活方式构建. 中国特色社会主义研究, （1）：85-91.

朱迪. 2012. 混合研究方法的方法论、研究策略及应用——以消费模式研究为例. 社会学研究, 27（4）：146-166.

朱强, 王兴元. 2016. 产品创新性感知对消费者购买意愿影响机制研究——品牌来源国形象和价格敏感性的调节作用. 经济管理, 38（7）：107-118.

朱书琴. 2014. 定制程度对个性化广告效果的影响. 郑州航空工业管理学院学报, 32(5)：65-73.

朱延平, 文科. 2008. 打开消费者购买行为的"黑箱"：行为定向广告研究. 企业活力, （10）：

58-59.

朱翊敏. 2014. 事业涉入度和信息描述方式对消费者响应的影响——基于企业慈善营销. 华东经济管理, 28（2）: 160-165.

朱泽民, 徐建杰, 明振廷. 2019. 红色旅游助手个性化推荐技术的设计. 软件, 40（9）: 91-93.

朱振达. 2016. B2C 电子商务环境下的顾客感知价值研究. 浙江师范大学学报（社会科学版）, 41（1）: 79-83.

朱振中, 刘福, Haipeng（Allan）Chen. 2020. 能力还是热情？广告诉求对消费者品牌认同和购买意向的影响. 心理学报, 52（3）: 357-370.

诸大建, 陈海云, 许洁, 等. 2015. 可持续发展与治理研究——可持续性科学的理论与方法. 上海: 同济大学出版社.

邹艳. 2010. 基于不同个体偏好表现形式的多阶段投票选择方法研究. 重庆: 重庆大学.

Aaker J L, Lee A Y. 2001. "I" seek pleasures and "we" avoid pains: The role of self-regulatory goals in information processing and persuasion. Journal of Consumer Research, 28（1）: 33-49.

Abhishek V, Hosanagar K, Fader P S. 2015. Aggregation bias in sponsored search data: The curse and the cure. Marketing Science, 34（1）: 59-77.

Abrahamse W, Steg L, Vlek C, et al. 2005. A review of intervention studies aimed at household energy conservation. Journal of Environmental Psychology, 25（3）: 273-291.

Abrahamse W, Steg L, Vlek C, et al. 2007. The effect of tailored information, goal setting, and tailored feedback on household energy use, energy-related behaviors, and behavioral antecedents. Journal of Environmental Psychology, 27（4）: 265-276.

Adomavicius G, Tuzhilin A. 2005. Toward the next generation of recommender systems: A survey of the state-of-the-art and possible extensions. IEEE Transactions on Knowledge and Data Engineering, 17（6）: 734-749.

Aggarwal P, Vaidyanathan R. 2005. Perceived effectiveness of recommendation agent routines: Search vs. experience goods. International Journal of Internet Marketing and Advertising, 2(1/2): 38-55.

Ahmed W, Zhang Q. 2020. Green purchase intention: Effects of electronic service quality and customer green psychology. Journal of Cleaner Production, （4）: 12-20.

Ajzen I, Fishbein M. 1980. Understanding Attitudes and Predicting Social Behavior. Upper Saddle River: Prentice-Hall Englewood Cliffs.

Ajzen I. 1985. From intentions to actions: A theory of planned behavior//Action Control. Springer,

Berlin, Heidelberg.

Ajzen I. 1991. The theory of planned behavior. Organizational Behavior and Human Decision Processes, 50 (2): 179-211.

Akers J F, Jones R M, Coyl D D. 1998. Adolescent friendship pairs: Similarities in identity status development, behaviors, attitudes, and intentions. Journal of Adolescent Research, 13 (2): 178-201.

Algoe S B, Haidt J. 2009. Witnessing excellence in action: The "other-praising" emotions of elevation, gratitude, and admiration. The Journal of Positive Psychology, 4 (2): 105-127.

Allcott H. 2011. Social norms and energy conservation. Journal of Public Economics, 95 (9/10): 1082-1095.

Allcott H, Rogers T. 2012. The short-run and long-run effects of behavioral interventions: Experimental evidence from energy conservation. American Economic Review, 104 (10): 3003-3037.

Allcott H, Taubinsky D. 2015. Evaluating behaviorally motivated policy: Experimental evidence from the lightbulb market. American Economic Review, 105 (8): 2501-2538.

Alvesson M, Sveningsson S. 2003. Good visions, bad micro-management and ugly ambiguity: Contradictions of (non-) leadership in a knowledge-intensive organization. Organization Studies, 24 (6): 961-988.

Ansari A, Essegaier S, Kohli R. 2000. Internet recommendation systems. Journal of Marketing Research, 37 (3): 363-375.

Ansari A, Mela C F. 2003. E-customization. Journal of Marketing Research, 40 (2): 131-145.

Ariely D. 2001. Seeing sets: Representation by statistical properties. Psychological Science, 12 (2): 157-162.

Ariffin S, Yusof J M, Putit L, et al. 2016. Factors influencing perceived quality and repurchase intention towards green products. Procedia Economics & Finance, 37: 391-396.

Asensio O I, Delmas M A. 2016. The dynamics of behavior change: Evidence from energy conservation. Journal of Economic Behavior & Organization, 126 (1): 196-212.

Ashton-James C E, Tracy J L. 2012. Pride and prejudice: How feelings about the self influence judgments of others. Personality and Social Psychology Bulletin, 38 (4): 466-476.

Ayres I, Raseman S, Shih A. 2013. Evidence from two large field experiments that peer comparison feedback can reduce residential energy usage. Journal of Law Economics & Organization, 29 (5):

992-1022.

Baek T H, Morimoto M. 2012. Stay away from me. Journal of Advertising, 41 (1): 59-76.

Bagozzi R, Gopinath M, Nyer P U. 1999. The role of emotions in marketing. Journal of the Academy of Marketing Science, 27 (2): 184-206.

Balasubramanian S, Bhattacharya S, Krishnan V. 2015. Pricing information goods: A strategic analysis of the selling and Pay-per-Use mechanisms. Marketing Science, 34 (2): 218-234.

Bamberg S, Möser G. 2007. Twenty years after Hines, Hungerford, and Tomera: A new meta-analysis of psycho-social determinants of pro-environmental behaviour. Journal of Environmental Psychology, 27 (1): 14-25.

Bamberg, Sebastian, Schmidt, et al. 2003. Incentives, morality, or habit? Environment & Behavior, 35 (2): 264-264.

Bandura A. 2009. Social cognitive theory goes global. The Psychologist, 22 (6): 504-507.

Barki H, Hartwick J. 1989. Rethinking the concept of user involvement. MIS Quarterly, 13 (1): 53-63.

Baron R M, Kenny D A. 1986. The moderator-mediator variable distinction in social psychological research: Conceptual, strategic and statistical considerations. Journal of Personality and Social Psychology, 51 (6): 1173-1182.

Bartczak A, Chilton S, Czajkowski M, et al. 2017. Gain and loss of money in a choice experiment: The impact of financial loss aversion and risk preferences on willingness to pay to avoid renewable energy externalities. Energy Economics, 65: 326-334.

Baumeister R F, Bratslavsky E, Finkenauer C, et al. 2001. Bad is stronger than good. Review of General Psychology, 5 (4): 323-370.

Bechmann A, Nielbo K L. 2018. Are we exposed to the same "news" in the news feed? Digital Journalism, 6 (8): 990-1002.

Becker L J.1978. Joint effect of feedback and goal setting on performance: A field study of residential energy conservation. Journal of Applied Psychology, 63 (4): 428-433.

Becker P H 1993. Common pitfalls in published grounded theory research. Qualitative Health Research, 3 (2): 254-260.

Bekker M J, Cumming T D, Osborne N K P, et al. 2010. Encouraging electricity savings in a university residential hall through a combination of feedback, visual prompts, and incentives. Journal of Applied Behavior Analysis, 43 (2): 327-331.

参考文献

Bem D J. 1972. Self-perception theory. Advances in Experimental Social Psychology, 6 (1): 1-62.

Beniger J R. 1987. Personalization of mass media and the growth of pseudo-community. Communication Research, 14 (3): 352-371.

Bergquist M, Nilsson A. 2018. Using social norms in smart meters: The norm distance effect. Energy Efficiency, 11: 2101-2109.

Bin S, Dowlatabadi H. 2005. Consumer lifestyle approach to US energy use and the related CO_2 emissions. Energy Policy, 33 (2): 197-208.

Biswas D, Grau S L. 2008. Consumer choices under product option framing: Loss aversion principles or sensitivity to price differentials? Psychology & Marketing, 25 (5): 399-415.

Bittle R G, Valesano R M, Thaler G M. 1979. The effects of daily cost feedback on residential electricity usage as a function of usage level and type of feedback information. Journal of Environmental Systems, 9 (2): 275-287.

Blumberg M, Pringle C D. 1982. The missing opportunity in organizational research: Some implications for a theory of work performance. Academy of Management Review, 7 (4): 560-569.

Bortree D, Ahern L, Dou X, et al. 2012. Framing environmental advocacy: A study of 30 years of advertising in national geographic magazine. International Journal of Nonprofit & Voluntary Sector Marketing, 17 (2): 77-91.

Bottomley P A, Doyle J R. 2001. A comparison of three weight elicitation methods: Good, better, and best. Omega, 29 (6): 553-560.

Bradford D, Courtemanche C, Heutel G, et al. 2017. Time preferences and consumer behavior. Journal of Risk & Uncertainty, 55 (2-3): 119-145.

Brahim N B E B, Lahmandi-Ayed R, Laussel D. 2011. Is targeted advertising always beneficial? International Journal of Industrial Organization, 29 (6): 678-689.

Brounen D, Kok N, Quigley J M. 2013. Energy literacy, awareness, and conservation behavior of residential households. Energy Economics, 38 (7): 42-50.

Burgoon J K, Burgoon M, Miller G R, et al. 1981. Learning theory approaches to persuasion. Human Communication Research, 7 (2): 161-179.

Burke R. 2007. Hybrid web recommender systems. The Adaptive Web, 4321: 377-408.

Cacioppo J T, Petty R E, Kao C F, et al. 1986. Central and peripheral routes to persuasion: An individual difference perspective. Journal of Personality & Social Psychology, 51 (5): 1032-1043.

Cacioppo J T, Petty R E. 1979. Effects of message repetition and position on cognitive response, recall, and persuasion. Journal of Personality & Social Psychology, 37 (1): 97-109.

Cao Y, Wang J. 2016. The key contributing factors of customized shuttle bus in rush hour: A case study in Harbin city. Procedia Engineering, 137: 478-486.

Chaiken S, Liberman A, Eagly A H. 1989. Heuristic and systematic information processing within and beyond the persuasion context//Uleman J S, Bargh J A, Press G. Unintended Thought. New York: Guilford Press: 212-252.

Chakravarti A, Janiszewski C. 2003. The influence of macro-level motives on consideration set composition in novel purchase situations. Journal of Consumer Research, 30 (2): 244-258.

Chan R Y K, Lau L B Y. 2000. Antecedents of green purchases: A survey in China. Journal of Consumer Marketing, 17 (4): 338-357.

Chandran S, Menon G. 2004. When a day means more than a year: Effects of temporal framing on judgments of health risk. Journal of Consumer Research, 31 (2): 375-389.

Charmaz K C. 2006. Constructing Grounded Theory: A Practical Guide through Qualitative Analysis. London or Thousand Oaksor New Delhi: Sage Publications.

Chen Y S, Chang C H. 2012. Enhance green purchase intentions: The roles of green perceived value, green perceived risk, and green trust. Management Decision, 50 (3): 502-520.

Cheng F F, Wu C S. 2010. Debiasing the framing effect: The effect of warning and involvement. Decision Support Systems, 49 (3): 328-334.

Chernev A. 2006. Differentiation and parity in assortment pricing. Journal of Consumer Research, 33 (2): 199-210.

Cheung C M K, Thadani D R. 2012. The impact of electronic word-of-mouth communication: A literature analysis and integrative model. Decision Support Systems, 54 (1): 461-470.

Cialdini R B, Kallgren C A, Reno R R. 1991. A focus theory of normative conduct: A theoretical refinement and reevaluation of the role of norms in human behavior. Advances in Experimental Social Psychology, 24 (1): 201-234.

Cialdini R B, Reno R R, Kallgren C A. 1990. A focus theory of normative conduct: Recycling the concept of norms to reduce littering in public places. Journal of Personality and Social Psychology, 58 (6): 1015-1026.

Cleland J. 1973. A critique of KAP studies and some suggestions for their improvement. Studies in Family Planning, 4 (2): 42-47.

Cohen T R, Wolf S T, Panter A T, et al. 2011. Introducing the GASP scale: A new measure of guilt and shame proneness. Journal of Personality and Social Psychology, 100 (5): 947-966.

Coombs W T, Holladay S J. 2011. An exploration of the effects of victim visuals on perceptions and reactions to crisis events. Public Relations Review, 37 (2): 115-120.

Corbin J, Strauss A. 1990. Grounded theory research: Procedures, canons, and evaluative criteria. Qualitative Sociology, 13 (1): 3-21.

Coyne I T. 1997. Sampling in qualitative research. Purposeful and theoretical sampling; merging or clear boundaries? Journal of Advanced Nursing, 26 (3): 623-630.

Curtius H C, Hille S L, Berger C, et al. 2018. Shotgun or snowball approach? Accelerating the diffusion of rooftop solar photovoltaics through peer effects and social norms. Energy Policy, 118: 596-602.

D'Souza C, Taghian M. 2005. Green advertising effects on attitude and choice of advertising themes. Asia Pacific Journal of Marketing and Logistics, 17 (3): 51-66.

Darker C D, French D P, Longdon S, et al. 2007. Are beliefs elicited biased by question order? A theory of planned behaviour belief elicitation study about walking in the UK general population. British Journal of Health Psychology, 12 (1): 93-110.

Dawkins E, Andre K, Axelsson K, et al. 2019. Advancing sustainable consumption at the local government level: A literature review. Journal of Cleaner Production, 231 (10): 1450-1462.

De Groot J I M, Steg L. 2009. Morality and prosocial behavior: The role of awareness, responsibility, and norms in the norm activation model. The Journal of Social Psychology, 149 (4): 425-449.

De Medeiros J F, Ribeiro J L D. 2017. Environmentally sustainable innovation: Attributes expected in the purchase of green products. Journal of Cleaner Production, 142 (1): 240-248.

De Vries P, Aarts H, Midden, C J H. 2011. Changing simple energy-related consumer behaviors: How the enactment of intentions is Thwarted by acting and non-acting habits. Environment and Behavior, 43 (5): 612-633.

Delmas M A, Fischlein M, Asensio O I. 2013. Information strategies and energy conservation behavior: A meta-analysis of experimental studies from 1975 to 2012. Energy Policy, 61 (8): 729-739.

Dembkowski S, Hanmer-Lloyd S. 1994. The environmental value-attitude-system model: A framework to guide the understanding of environmentally-conscious consumer behaviour. Journal of Marketing Management, 10 (7): 593-603.

Demiralp E, Thompson R J, Mata J, et al. 2012. Feeling blue or turquoise? Emotional differentiation in major depressive disorder. Psychological Science, 23 (11): 1410-1416.

Denzin N K, Lincoln Y S. 2000. Handbook of Qualitative Research. Los Angeles or London or New Delhi or Singapore or Washington: Sage Publication, Inc.

Derryberry D, Tucker D M. 1994. Motivating the focus of attention//Niedenthal P M, Kitayama S, The Heart's Eye: Emotional Influences in Perception and Attention. San Diego: Academic Press: 167-196.

Devaraj S, Fan M, Kohli R. 2002. Antecedents of B2C channel satisfaction and preference: Validating e-commerce metrics. Information Systems Research, 13 (3): 316-333.

Dhar R, Kim E Y. 2007. Seeing the forest or the trees: Implications of construal level theory for consumer choice. Journal of Consumer Psychology, 17 (2): 96-100.

Dharshing S, Hille S L. 2017. The energy paradox revisited: Analyzing the role of individual differences and framing effects in information perception. Journal of Consumer Policy, 40 (4): 485-508.

Dispoto R G. 1977. Interrelationships among measures of environmental activity, emotionality, and knowledge. Educational and Psychological Measurement, 37 (2): 451-459.

Dodds W B. 1991. In search of value: How price and store name information influence buyers' product perceptions. Journal of Consumer Marketing, 8 (2): 15-24.

Dodds W B, Monroe K B, Grewal D. 1991. Effects of price, brand, and store information on buyers' product evaluations. Journal of Marketing Research, 28 (3): 307-319.

Dong J M, Marcus C. 2019. The influence of horizontal and vertical product attribute information on decision making under risk: The role of perceived competence. Journal of Business Research, 97: 174-183.

Donovan R J, Jalleh G. 2000. Positive versus negative framing of a hypothetical infant immunization: The influence of involvement. Health Education & Behavior, 27 (1): 82-95.

Duhachek A, Han D, Agrawal N. 2012. Guilt versus shame: Coping, fluency, and framing in the effectiveness of responsible drinking messages. Journal of Marketing Research, 49 (6): 928-941.

Eagly A H, Chaiken S. 1998. Attitude structure and function//Gilbert D T, Fiske S T, Lindzey G. The Handbook of Social Psychology. 4th ed. New York: Oxford University Press: 269-322.

East R, Gendall P, Hammond K, et al. 2005. Consumer loyalty: Singular, additive or interactive? Australasian Marketing Journal, 13 (2): 10-26.

Eggert A, Ulaga W. 2002. Customer perceived value: A substitute for satisfaction in business markets? Journal of Business & Industrial Marketing, 17 (3): 107-118.

Egmond C, Bruel R. 2007. Nothing is as practical as a good theory, Analysis of theories and a tool for developing interventions to influence energy-related behaviour, SenterNovem.

Ehrampoush M H, Moghadam M H B. 2005. Survey of knowledge, attitude and practice of Yazd University of Medical Sciences students about solid wastes disposal and recycling. Iranian Journal of Environmental Health Science & Engineering, 2 (2): 26-30.

Ehrenberg R, Nicosia F M. 1968. Consumer decision processes: Marketing and advertising implications by Francesco M. Nicosia. Journal of Marketing Research, 5 (3): 334.

Ekman P. 1992. An argument for basic emotions. Cognition and Emotion, 6 (3/4): 169-200.

Elgaaied L. 2012. Exploring the role of anticipated guilt on pro-environmental behavior—A suggested typology of residents in France based on their recycling patterns. Journal of Consumer Marketing, 29 (5): 369-377.

Ellsworth P C, Smith C A. 1988. From appraisal to emotion: Differences among unpleasant feelings. Motivation and Emotion, 12 (3): 271-302.

Elmustapha H, Hoppe T, Bressers H. 2018. Consumer renewable energy technology adoption decision-making: Comparing models on perceived attributes and attitudinal constructs in the case of solar water heaters in Lebanon. Journal of Cleaner Production, 172 (1): 347-357.

Elster J. 1986. Rational choice. New York: New York University Press.

Emanuel B, Christian H, Kenichi I, et al. 2019. Personalizing the customization experience: A matching theory of mass customization interfaces and cultural information processing. Journal of Marketing Research, 56 (6): 1050-1065.

Engel J F. 1968. Risk taking and information handling in consumer behavior. Journal of Marketing, 32 (3): 111.

Engel S. 1993. Methaphors and knowledge: A review. New Ideas in Psychology, 11 (2): 273-283.

Esteban L, Gil A, Hernández J M. 2001. Informative advertising and optimal targeting in a monopoly. Journal of Industrial Economics, 49 (2): 161-180.

Fagley N S, Miller P M. 1997. Framing effects and arenas of choice: Your money or your life? Organizational Behavior and Human Decision Processes, 71 (3): 355-373.

Festinger, L. 1957. A Theory of Cognitive Dissonance. California: Stanford University Press.

Fineman S. 1996. Emotional subtexts in corporate greening. Organization Studies, 17 (3): 479-500.

Fishbein M. 1973. Introduction: The prediction of behaviors from attitudinal variables//Mortensen C D, Sereno K K. Advances in Communication Research. New York: Harper & Row: 3-38.

Fisher J, Irvine K. 2010. Reducing household energy use and Carbon emissions: The potential for promoting significant and durable changes through group participation. Proceedings of the IESD PhD Conference: Energy and Sustainable Development, Leicester: 49-57.

Fiske S T. 1980. Attention and weight in person perception: The impact of negative and extreme behavior. Journal of Personality & Social Psychology, 38 (6): 889-906.

Frederiks E R, Stenner K, Hobman E V. 2015. Household energy use: Applying behavioural economics to understand consumer decision-making and behaviour. Renewable and Sustainable Energy Reviews, 41: 1385-1394.

Freedman S. 1996. Role of selfobject experiences in affective development during latency. Psychoanalytic Psychology, 13 (1): 101-127.

French D P, Sutton S, Hennings S J, et al. 2010. The importance of affective beliefs and attitudes in the theory of planned behavior: Predicting intention to increase physical activity. Journal of Applied Social Psychology, 35 (9): 1824-1848.

Frisch D. 1993. Reasons for framing effects. Organizational Behavior and Human Decision Processes, 54 (3): 399-429.

Fujimi T, Kajitani Y, Chang S E. 2016. Effective and persistent changes in household energy-saving behaviors: Evidence from post-tsunami Japan. Applied Energy, 167 (1): 93-106.

Fujita K, Eyal T, Chaiken S, et al. 2008. Influencing attitudes toward near and distant objects. Journal of Experimental Social Psychology, 44 (3): 562-572.

Fulton D C, Manfredo M J, Lipscomb J. 1996. Wildlife value orientations: A conceptual and measurement approach. Human Dimensions of Wildlife: An International Journal, 1 (2): 24-47.

Gans J S, Groves V. 2012. Carbon offset provision with guilt-ridden consumers. Journal of Economics & Management Strategy, 21 (1): 243-269.

Gans W, Alberini A, Longo A. 2013. Smart meter devices and the effect of feedback on residential electricity consumption: Evidence from a natural experiment in Northern Ireland. Energy Economics, 36 (3): 729-743.

Ganzach Y, Karsahi N. 1995. Message framing and buying behavior: A field experiment. Journal of Business Research, 32 (1): 11-17.

García-Sánchez F, Colomo-Palacios R, Valencia-García R. 2020. A social-semantic recommender system for advertisements. Information Processing and Management, 57 (2): 61-77.

Gausel N, Brown R. 2012. Shame and guilt—Do they really differ in their focus of evaluation? Wanting to change the self and behavior in response to ingroup immorality. The Journal of Social Psychology, 152 (5): 547-567.

Geller E S. 1981. Evaluating energy conservation programs: Is verbal report enough? Journal of Consumer Research, 8 (3): 331-335.

Gendall P, Hoek J, Pope T, et al. 2006. Message framing effects on price discounting. Journal of Product & Brand Management, 15 (7): 458-465.

Giddens A. 1984. The Constitution of Society. Berkeley and Los Angeles: University of California Press.

Gilmore J H, Pine B J. 1997. The four faces of mass customization. Harvard Business Review, 75 (1): 91-101.

Gironda J T, Korgaonkar P K. 2018. Ispy? Tailored versus invasive ads and consumers' perceptions of personalized advertising. Electronic Commerce Research and Applications, 29: 64-77.

Glaser B G, Strauss A L. 1967. The discovery of grounded theory: Strategies for qualitative research. Chicago: Aldine Publishing Company.

Glaser B G. 1978. Theoretical sensitivity: Advances in the methodology of grounded theory. Mill Valley: Sociology Press.

Glaser B G. 1992. Emergence vs. forcing: Basics of grounded theory analysis. Mill Valley: Sociology Press.

Goldfarb A. 2014. What is different about online advertising? Review of Industrial Organization, 44 (2): 115-129.

Gollwitzer P M, Bayer U C. 1999. Deliberative versus implemental mindsets in the control of action//Chaiken S, Trope Y. Dual-process Theories in Social Psychology. New York: The Guilford Press: 403-422.

Gollwitzer P M. 1999. Implementation intentions: Strong effects of simple plans. American Psychologist, 54 (7): 493-503.

Graziano M, Fiaschetti M, Atkinson-Palombo C. 2018. Peer effects in the adoption of solar energy technologies in the United States: An urban case study. Energy Research & Social Science, 48: 75-84.

Green L J, Kreuter M W. 1991. Health Promotion Planning: An Educational Approach. Mountain

View: Mayfield.

Grimmer M, Bingham T. 2013. Company environmental performance and consumer purchase intentions. Journal of Business Research, 66 (10): 1945-1953.

Grimmer M, Woolley M. 2014. Green marketing messages and consumers' purchase intentions: Promoting personal versus environmental benefits. Journal of Marketing Communications, 20(4): 231-250.

Guagnano G A, Stern P C, Dietz T. 1995. Influences on attitude-behavior relationships: A natural experiment with curbside recycling. Environment and Behavior, 27 (5): 699-718.

Gutman S. 1982. Remarks on capture-avoidance games. Journal of Optimization Theory and Applications, 32 (3): 365-377.

Ham J, Midden C J H. 2013. A persuasive robot to stimulate energy conservation: The influence of positive and negative social feedback and task similarity on energy-consumption behavior. International Journal of Social Robotics, 6 (2): 163-171.

Hamilton R W, Koukova N T. 2008. Choosing options for products: The effects of mixed bundling on consumers' inferences and choices. Journal of the Academy of Marketing Science, 36 (3): 423-433.

Han J, Han D. 2001. A framework for analyzing customer value of internet business. Journal of Information Technology Theory and Application, 3 (5): 25-38.

Hargreaves T, Nye M, Burgess J. 2010. Making energy visible: A qualitative field study of how householders interact with feedback from smart energy monitors. Energy Policy, 38 (10): 6111-6119.

Häubl G, Trifts V. 2000. Consumer decision making in online shopping environments: The effects of interactive decision Aids. Marketing Science, 19 (1): 4-21.

Hayat F, Khan A A, Ashraf M A. 2019. Energy planning and sustainable development of Pakistan. International Journal of Energy Sector Management, 13 (1): 24-44.

He R, Jin J, Gong H, et al. 2019. The role of risk preferences and loss aversion in farmers' energy-efficient appliance use behavior. Journal of Cleaner Production, 215: 305-314.

Henderson M D, Fujita K, Trope Y, et al. 2006. Transcending the "Here": The effect of spatial distance on social judgment. Journal of Personality and Social Psychology, 91 (5): 845-856.

Higgins A C. 1961. Social behavior: Its elementary forms by george caspar homans. Social Forces, 40 (2): 180-181.

Higgins, Tory E. 1987. Self-discrepancy theory. Psychological Review, 94 (3): 1120-1134.

Hilgard E R. 1962. Impulsive versus realistic thinking: An examination of the distinction between primary and secondary processes in thought. Psychological Bulletin, 59 (6): 477.

Hilgard J R, Hilgard E R. 1962. Developmental-interactive aspects of hypnosis: Some illustrative cases. Genetic Psychology Monographs, 66 (1): 143-178.

Hines J M, Hungerford H R, Tomera A N. 1987. Analysis and synthesis of research on responsible environmental behavior: A meta-analysis. The Journal of Environmental Education, 18 (2): 1-8.

Hirst E, Grady S. 1982. Evaluation of a Wisconsin utility home energy audit program. Journal of Environmental Systems, 12 (4): 303-320.

Hoffmann N C, Symmank C, Mai R, et al. 2020. The influence of extrinsic product attributes on consumers' food decisions: Review and network analysis of the marketing literature. Journal of Marketing Management, 36 (9-10): 888-915.

Homans G C. 1961. The humanities and the social sciences. American Behavioral Scientist, 4 (8): 3-6.

Hong J C, Lin P H, Hsieh P C. 2016. The effect of consumer innovativeness on perceived value and continuance intention to use smartwatch. Computers in Human Behavior, 67: 264-272.

Hong J W, Lee A Y. 2010. Feeling mixed but not torn: The moderating role of construal level in mixed emotions appeals. Journal of Consumer Research, 37 (3): 456-472.

Houthakker H S. 1950. De vraag naar electriciteit—Antwoord aan het Centraal Bureau voor de Statistiek. De Economist, 98 (1): 48-49.

Hovland C I. 1959. Reconciling conflicting results derived from experimental and survey studies of attitude change. American Psychologist, 14 (1): 8-17.

Howard J, Sheth J. 1969. The theory of buyer behavior. New York: John Wiley & Sons, Inc.

Hoyer W D. 1984. An examination of consumer decision making for a common repeat purchase product. Journal of Consumer Research, 11 (3): 822-829.

Huang B, Mauerhofer V, Geng Y. 2016. Analysis of existing building energy saving policies in Japan and China. Journal of Cleaner Production, 112 (2): 1510-1518.

Huang J Y, Song H, Bargh J A. 2011. Smooth trajectories travel farther into the future: Perceptual fluency effects on prediction of trend continuation. Journal of Experimental Social Psychology, 47 (2): 506-508.

Hur W M, Kim Y, Park Y. 2013. Assessing the effects of perceived value and satisfaction on consumer loyalty: A "green" perspective. Corporate Social Responsibility and Environmental Management, 20 (3): 146-156.

Hutcherson C A, Gross J J. 2011. The moral emotions: A social-functionalist account of anger, disgust and contempt. Journal of Personality and Social Psychology, 100 (4): 719-737.

Hutton R B, Mauser G A, Filiatrault P, et al. 1986. Effects of cost-related feedback on consumer knowledge and consumption behavior: A field experimental approach. Journal of Consumer Research, 13 (3): 327-336.

Immordino-Yang M H, Sylvan L. 2010. Admiration for virtue: Neuroscientific perspectives on a motivating emotion. Contemporary Educational Psychology, 35 (2): 110-115.

Imran R. 2018. The interplay of product involvement and sustainable consumption: An empirical analysis of behavioral intentions related to green hotels, organic wines and green cars. Sustainable Development, 26 (4): 399-414.

Ishaswini N, Datta S K. 2011. Pro-environmental concern influencing green buying: A study on Indian consumers. International Journal of Business & Management, 6 (6): 124-133.

Iwata K, Katayama H, Arimura T H. 2015. Do households misperceive the benefits of energy-saving actions? Evidence from a Japanese household survey. Energy for Sustainable Development, 25 (4): 27-33.

Iyer G, Soberman D, Villas-Boas J M. 2005. The targeting of advertising. Marketing Science, 24 (3): 461-476.

Izard, C E. 1977. Human Emotions. Boston: Springer.

Jackson T. 2005. Motivating sustainable consumption: A review of evidence on consumer behavior and behavioral change. Sustainable Development Research Network, 29 (1): 30-40.

Jaemin H, Dooheum H. 2001. A Framework for analyzing customer value of internet business. Journal of Information Technology Theory and Application, 3 (5): 25-38.

Jiménez M, Yang K C C. 2008. How guilt level affects green advertising effectiveness? Journal of Creative Communications, 3 (3): 231-254.

Kahneman D, Tversky A. 1979. Prospect theory: An analysis of decision under risk. Econometrica, 47 (2): 263-291.

Kals E, Schumacher D, Montada L. 1999. Emotional affinity toward nature as a motivational basis to protect nature. Environment and Behavior, 31 (2): 178-202.

Kalyanaraman S, Sundar S. 2006. The psychological appeal of personalized content: An experimental investigation of customized web portals. Journal of Communication, 56: 110-132.

Kanchanapibul M, Lacka E, Wang X J, et al. 2014. An empirical investigation of green purchase behaviour among the young generation. Journal of Cleaner Production, 66 (1): 528-536.

Karlin B, Zinger J F, Ford R. 2015. The effects of feedback on energy conservation: A meta-analysis. Psychological Bulletin, 141 (6): 1205-1227.

Kashdan T B, Ferssizidis P Z, Collins R L, et al. 2010. Emotion differentiation as resilience against excessive alcohol use: An ecological momentary assessment in underage social drinkers. Psychological Science, 21 (9): 1341-1347.

Kastner I, Stern P C. 2015. Examining the decision-making processes behind household energy investments: A review. Energy Research & Social Science, 10 (11): 72-89.

Kay A. 1984. Computer software. Scientific American, 251 (3): 52-59.

Keaveney S M. 1995. Customer switching behavior in service industries: An exploratory study. Journal of Marketing, 59 (2): 71-82.

Keller P A, Lipkus I M, Rimer B K. 2003. Affect, framing, and persuasion. Journal of Marketing Research, 40 (1): 54-64.

Kiene S M, Barta W D, Zelenski J M, et al. 2005. Why are you bringing up condoms now? The effect of message content on framing effects of condom use messages. Health Psychology, 24(3): 321-326.

Kilbourne W E. 1995. Green advertising: Salvation or oxymoron? Journal of Advertising, 24 (2): 7-19.

Kim H M, Kramer T. 2006. The moderating effects of need for cognition and cognitive effort on responses to multi-dimensional prices. Marketing Letters, 17 (3): 193-203.

Kim H R, Chan P K. 2008. Learning implicit user interest hierarchy for context in personalization. Applied Intelligence, 28 (2): 153-166.

Kim S Y, Yeo J, Sang H S, et al. 2012. Toward a composite measure of green consumption: An exploratory study using a Korean sample. Journal of Family & Economic Issues, 33 (2): 199-214.

Kim S, Goldstein D, Hasher L, et al. 2005. Framing effects in younger and older adults. The Journals of Gerontology Series B Psychological Sciences and Social Sciences, 60 (4): 215-218.

Kim Y J. 2006. The role of regulatory focus in message framing in antismoking advertisements for adolescents. Journal of Advertising, 35 (1): 143-151.

Kinnear T C, Taylor J R, Ahmed S A. 1974. Ecologically concerned consumers: Who are they?

Journal of Marketing, 38(2): 20-24.

Kivetz R, Zheng Y H. 2006. Determinants of justification and self-control. Journal of Experimental Psychology General, 135(4): 572-587.

Kivetz Y, Tyler T R. 2007. Tomorrow I'll be me: The effect of time perspective on the activation of idealistic versus pragmatic selves. Organizational Behavior Human Decision Processes, 102(2): 193-211.

Koenig-Lewis N, Palmer A, Dermody J. et al. 2014. Consumers' evaluations of ecological packaging-Rational and emotional approaches. Journal of Environmental Psychology, 37(3): 94-105.

Komatsu H, Nishio K. 2015. An experimental study on motivational change for electricity conservation by normative messages. Applied Energy, 158(15): 35-43.

Korcaj L, Hahnel U J J, Spada H, 2015. Intentions to adopt photovoltaic systems depend on homeowners' expected personal gains and behavior of peers. Renewable Energy, 75(3): 407-415.

Kotler P. 1997. Marketing Management: Analysis, Planning, Implementation, and Control (9th edition). Upper Saddle River: Prentice-Hall Inc.

Kramer T, Weisfeld-Spolter S, Thakkar M. 2007. The effect of cultural orientation on consumer responses to personalization. Marketing Science, 26(2): 246-258.

Krugman H E. 1966. The measurement of advertising involvement. Public Opinion Quarterly, 30(4): 583-596.

Kühberger A, Schulte-Mecklenbeck M, Perner J. 1999. The effects of framing, reflection, probability, and payoff on risk preference in choice tasks. Organizational Behavior and Human Decision Processes, 78(3): 204-231.

Lam P T I, Chan E H W, Poon C S, et al. 2010. Factors affecting the implementation of green specifications in construction. Journal of Environmental Management, 91(3): 654-661.

Lambooij M S, Harmsen I A, Veldwijk J, et al. 2015. Consistency between stated and revealed preferences: A discrete choice experiment and a behavioural experiment on vaccination behaviour compared. BMC Medical Research Methodology, 15(1): 1-8.

LaPorte R, Nath R. 1976. Role of performance goals in prose learning. Journal of Educational Psychology, 68(3): 260-264.

Laran J, Janiszewski C. 2009. Behavioral consistency and inconsistency in the resolution of goal conflict. Journal of Consumer Research, 35(6): 967-984.

Laroche M, Tomiuk M A, Bergeron J, et al. 2002. Cultural differences in environmental knowledge, attitudes, and behaviours of Canadian consumers. Canadian Journal of Administrative Sciences, 19 (3): 267–282.

Lastovicka J L. 1979. Questioning the concept of involvement defined product classes. Advances in Consciousness Research, 6 (1): 174-179.

Lauriola M, Levin I P. 2001. Personality traits and risky decision-making in a controlled experimental task: An exploratory study. Personality & Individual Differences, 31 (2): 215-226.

Lazoroska D, Palm J. 2019. Dialogue with property owners and property developers as a tool for sustainable transformation: A literature review. Journal of Cleaner Production, 233 (1): 328-339.

LeBoeuf R A, Shafir E. 2003. Deep thoughts and shallow frames: On the susceptibility to framing effects. Journal of Behavioral Decision Making, 16 (2): 77-92.

Lee H J, Goudeau C. 2014. Consumers' beliefs, attitudes and loyalty in purchasing organic foods: The standard learning hierarchy approach. British Food Journal, 116 (6): 918-930.

Lee H L. 2002. Aligning supply chain strategies with product uncertainties. California Management Review, 44 (3): 105-119.

Lenzen M. 1998. Primary energy and greenhouse gases embodied in Australian final consumption: An input-output analysis. Energy Policy, 26 (6): 495-506.

Levav J, Heitmann M, Herrmann A, et al. 2010. Order in product customization decisions: Evidence from field experiments. Journal of Political Economy, 118 (2): 274-299.

Levin I P, Gaeth G J, Schreiber J, et al. 2002. A new look at framing effects: Distribution of effect sizes, individual differences, and independence of types of effects. Organizational Behavior and Human Decision Processes, 88 (1): 411-429.

Levin I P, Schneider S L, Gaeth G J. 1998. All frames are not created equal: A typology and critical analysis of framing effects. Organizational Behavior and Human Decision Processes, 76 (2): 149-188.

Levin R. 1996. Building a better frame. Information Week, (588): 74-74.

Lewin K. 1951. Field Theory of Social Science. New York: Harper & Brothers.

Li C, Kalyanaraman S. 2009. Are highly tailored messages always more effective? The influence of culture psychology on web-based customization. The University of North Carolina at Chapel Hill.

Li J, Liu D, Liu L. 2013. The effect of environmental awareness on consumers' green purchasing: Mediating role of green perceived value//Qi Y, Shen J, Dou R, The 19th International Conference on Industrial Engineering and Engineering Management. Heidelberg: Springer: 767-776.

Li L, Wang D, Zhu S, et al. 2011. Personalized news recommendation: A review and an experimental investigation. Journal of Computer Science and Technology. 26（5）: 754-766.

Liang H G, Saraf N, Hu Q, et al. 2007. Assimilation of enterprise systems: The effect of institutional pressures and the mediating role of top management. MIS Quarterly, 31（1）: 59-87.

Liaukonyte J, Teixeira T, Wilbur K C. 2015. Television advertising and online shopping. Marketing Science, 34（3）: 311-330.

Liberman N, Sagristano M D, Trope Y. 2002. The effect of temporal distance on level of mental construal. Journal of Experimental Social Psychology, 38（6）: 523-534.

Liberman N, Trope Y. 1998. The role of feasibility and desirability considerations in near and distant future decisions: A test of temporal construal theory. Journal of Personality & Social Psychology, 75（1）: 5-18.

Liberman V, Samuels S M, Ross L. 2004. The name of the game: Predictive power of reputations versus situational labels in determining prisoner's dilemma game moves. Personality and Social Psychology Bulletin, 30（9）: 1175-1185.

Lin S, Zhang J, Hauser J R. 2015. Learning from experience, simply. Marketing Science, 34（1）: 1-19.

Lincoln Y S, Guba E G. 2000. Paradigmatic controversies, contradictions, and emerging confluences//Denzin N K, Lincoln Y S. The Sage Handbook of Qualitative Research. Thousand Oaks: Sage Publications Ltd: 191-215.

Linden W, Entink R K, Fox J P. 2007. Modeling of responses and response times with the package cirt. Journal of Statistical Software, 20（7）: 1-14.

List J A, Momeni F. 2021. When corporate social responsibility backfires: Evidence from a natural field experiment. Management Science, 67（1）: 8-21.

Liu Q, Steenburgh T J, Gupta S. 2015. The cross attributes flexible substitution logit: Uncovering category expansion and share impacts of marketing instruments. Marketing Science, 34（1）: 144-159.

Lo S H, Smith S G, Taylor M, et al. 2012. The effect of temporal framing on behavioral intentions, expectations, and behavior: The case of healthy eating. Journal of Applied Biobehavioral Research, 17（3）: 202-213.

Locke E A, Latham G P. 1990. A Theory of Goal Setting & Task Performance. Englewood Cliffs: Prentice Hall.

Locke E A. 2001. Self-set goals and self-efficacy as mediators of incentives and personality//Erez M, Kleinbeck U, Thierry H. Work Motivation in the Context of a Globalizing Economy. Mahwah: Lawrence Erlbaum Associates Publishers: 13-26.

Lockshin L S, Spawton A L, Macintosh G. 1997. Using product, brand and purchasing involvement for retail segmentation. Journal of Retailing and Consumer Services, 4（3）: 171-183.

Lokhorst A M, Dijk J V, Staats H, et al. 2010. Using tailored information and public commitment to improve the environmental quality of farm lands: An example from the Netherlands. Human Ecology, 38（1）: 113-122.

Lord K R. 1994. Motivating recycling behavior: A quasi-experimental investigation of message and source strategies. Psychology & Marketing, 11（4）: 341-358.

Lynch J G, Zauberman G. 2007. Construing consumer decision making. Journal of Consumer Psychology, 17（2）: 107-112.

Mace G M, Hails R S, Cryle P, et al. 2015. Review: Towards a risk register for natural capital. Journal of Applied Ecology, 52（3）: 641-653.

Madden C S, Caballero M J, Matsukubo S. 1986. Analysis of information content in U.S. and Japanese magazine advertising. Journal of Advertising, 15（3）: 38-45.

Maes P. 1994. Agents that reduce work and information overload. Communications of the ACM, 37（7）: 30-40.

Maheswaran D, Meyers-Levy J. 1990. The influence of message framing and issue involvement. Journal of Marketing Research, 27（3）: 361-367.

Mainieri T, Barnett E G, Valdero T, et al. 1997. Green buying: The influence of environmental concern on consumer behavior. The Journal of Social Psychology, 137（2）: 189-204.

Maloney M P, Ward M P. 1973. Ecology: Let's hear from the people: An objective scale for the measurement of ecological attitudes and knowledge. American Psychologist, 28（7）: 583-586.

Manchanda P, Packard G, Pattabhiramaiah A. 2015. Social dollars: The economic impact of customer participation in a firm-sponsored online community. Marketing Science, 34（3）: 367-387.

Martin B, Simintiras A C. 1995. The impact of green product lines on the environment: Does what they know affect how they feel. Marketing Intelligence and Planning, 13（4）: 16-23.

Marzillier S L, Davey G C L. 2004. The emotional profiling of disgust-eliciting stimuli: Evidence for primary and complex disgusts. Cognition and Emotion, 18（3）: 313-336.

Maxwell J A. 1992. Understanding and validity in qualitative research. Harvard Educational Review, 62 (3): 279-301.

Mccalley L T, Midden C J H. 2002. Energy conservation through product-integrated feedback: The roles of goal-setting and social orientation. Journal of Economic Psychology, 23 (5): 589-603.

Mcelroy J C, Hendrickson A R, Townsend A M, et al. 2007. Dispositional factors in internet use: Personality versus cognitive style. MIS Quarterly, 31 (4): 809-820.

McFerran B, Aquino K, Tracy J L. 2014. Evidence for two facets of pride in consumption: Findings from luxury brands. Journal of Consumer Psychology, 24 (4): 455-471.

Mead G H. 1934. Mind, self and society. Chicago: University of Chicago Press.

Meneses G D. 2010. Refuting fear in heuristics and in recycling promotion. Journal of Business Research, 63 (2): 104-110.

Meyerowitz B E, Chaiken S. 1987. The effect of message framing on breast self-examination attitudes, intentions, and behavior. Journal of Personality and Social Psychology, 52(3): 500-510.

Meyers-Levy J, Maheswaran D. 2004. Exploring message framing outcomes when systematic, heuristic, or both types of processing occur. Journal of Consumer Psychology, 14 (1): 159-167.

Min J, Azevedo I L, Michalek J, et al. 2014. Labeling energy cost on light bulbs lowers implicit discount rates. Ecological Economics, 97: 42-50.

Mittal B. 1989. Measuring purchase-decision involvement. Psychology & Marketing, 6(2): 147-162.

Mittal B. 1995. A comparative analysis of four scales of consumer involvement. Psychology and Marketing, 12 (7): 663-682.

Mogilner C, Aaker J L, Pennington G. 2008. Time will tell: The distant appeal of promotion and imminent appeal of prevention. Journal of Consumer Research, 34 (5): 670-681.

Mosler H J, Tamas A, Tobias R, et al. 2008. Deriving interventions on the basis of factors influencing behavioral intentions for waste recycling, composting, and reuse in Cuba. Environment and Behavior, 40 (4): 522-544.

Munro G D, Ditto P H. 1997. Biased assimilation, attitude polarization, and affect in reactions to stereotype-relevant scientific information. Personality and Social Psychology Bulletin, 23 (6): 636-653.

Murthi B P S, Sarkar S. 2003. The role of the management sciences in research on personalization. Management Science, 49 (10): 1344-1362.

Nagar K. 2015. Modeling the effects of green advertising on brand image: Investigating the moderating effects of product involvement using structural equation. Journal of Global Marketing, 28（3）: 152-171.

Narayanan S, Kalyanam K. 2015. Position effects in search advertising and their moderators: A regression discontinuity approach. Marketing Science, 34（3）: 388-407.

Negroponte N. 1970. The Architecture Machine: Toward a More Human Environment. Cambridge: MIT Press.

Nelson P. 1970. Information and consumer behavior. Journal of Political Economy, 78（2）: 311-329.

Nesse R M. 1990. Evolutionary explanations of emotions. Human Nature, 1（3）: 261-289.

Newton P, Meyer D. 2013. Exploring the attitudes-action gap in household resource consumption: Does "environmental lifestyle" segmentation align with consumer behaviour? Sustainability, 5（3）: 1211-1233.

Niederberger A A, Champniss G. 2018. Flip sides of the same coin? A simple efficiency score versus energy bill savings information to drive consumers to choose more energy-efficient products. Energy Efficiency, 11（7）: 1657-1671.

Nishida M. 2014. Estimating a model of strategic network choice: The convenience-store industry in Okinawa. Marketing Science, 34（1）: 20-38.

Nolan J M, Schultz P W, Cialdini R B, et al. 2008. Normative social influence is underdetected. Personality and Social Psychology Bulletin, 34（7）: 913-923.

Nussbaum S, Trope Y, Liberman N. 2003. Creeping dispositionism: The temporal dynamics of behavior prediction. Journal of Personality and Social Psychology, 84（3）: 485-497.

Nyer P U. 1997. A study of the relationships between cognitive appraisals and consumption emotions. Journal of the Academy of Marketing Science, 25（4）: 296-304.

Obermiller C. 1995. The baby is sick/The baby is well: A test of environmental communication appeals. Journal of Advertising, 24（2）: 55-70.

Obermiller C, Spangenberg E R. 1998. Development of a scale to measure consumer skepticism toward advertising. Journal of Consumer Psychology, 7（2）: 159-186.

Odou P, Darke P, Voisin D. 2019. Promoting pro-environmental behaviours through induced hypocrisy. Recherche et Applications en Marketing（English Edition）, 34（2）: 1-30.

Öelander F, Thøgersen J. 2014. Informing versus nudging in environmental policy. Journal of Consumer Policy, 37（3）: 341-356.

O'Keefe D J, Jensen J D. 2009. The relative persuasiveness of gain-framed and loss-framed messages for encouraging disease detection behaviors: A meta-analytic review. Journal of Communication, 59 (2): 296-316.

Ölander F, Thøgersen J. 1995. Understanding of consumer behaviour as a prerequisite for environmental protection. Journal of Consumer Policy, 18 (4): 345-385.

Padel S, Foster C. 2005. Exploring the gap between attitudes and behaviour: Understanding why consumers buy or do not buy organic food. British Food Journal, 107 (8): 606-625.

Pallak M S, Cook D A, Sullivan J J. 1980. Commitment and energy conservation. Applied Social Psychology Annual, 4 (1): 352-352.

Pandit N R. 1996. The creation of theory: A recent application of the grounded theory method. The Qualitative Report, 2 (4): 1-15.

Papaoikonomou E, Ryan G, Ginieis M. 2011. Towards a holistic approach of the attitude behaviour gap in ethical consumer behaviours: Empirical evidence from Spain. International Advances in Economic Research, 17 (1): 77-88.

Parasuraman A, Zeithaml V A, Berry L L. 1985. A conceptual model of service quality and its implications for future research. Journal of Marketing, 49 (4): 41-50.

Pardini A U, Katzev R D. 1983. The effect of strength of commitment on newspaper recycling. Journal of Environmental Systems, 13 (3): 245-254.

Park C W, Young S M. 1986. Consumer response to television commercials: The impact of involvement and background music on brand attitude formation. Journal of Marketing Research, 23 (1): 11-24.

Park T, Salvendy G, Shenoy R. 2008. Effective advertising on mobile phones: A literature review and presentation of results from 53 case studies. Behaviour & Information Technology, 27 (5): 355-373.

Pavlou P A, Stewart D W. 2000. Measuring the effects and effectiveness of interactive advertising: A research agenda. Journal of Interactive Advertising, 1 (1): 61-77.

Payne J W, Bettman J R, Johnson E J. 1993. The Adaptive Decision Maker. Cambridge: Cambridge University Press.

Peattie K, Belz F M. 2010. Sustainability marketing—An innovative conception of marketing. Marketing Review St. Gallen, 27 (5): 8-15.

Petty R E, Briñol P. 2002. Attitude change: The elaboration likelihood model of persuasion// Bartels G, Nielissen W. Marketing for Sustainability: Towards Transactional Policy Making. Amsterdam:

IOS Press: 176-190.

Petty R E, Briñol P. 2008. Psychological processes underlying persuasion: A social psychological approach. Diogenes, 55 (1): 52-67.

Petty R E, Briñol P, Tormala Z L. 2002. Thought confidence as a determinant of persuasion: The self-validation hypothesis. Journal of Personality and Social Psychology, 82 (5): 722.

Petty R E, Cacioppo J T, Schumann D W. 1983. Central and peripheral routes to advertising effectiveness: The moderating role of involvement. Journal of Consumer Research, 10 (2): 135-146.

Petty R E, Cacioppo J T. 1977. Forewarning, cognitive responding, and resistance to persuasion. Journal of Personality and Social Psychology, 35 (9): 645-655.

Petty R E, Cacioppo J T. 1986. The elaboration likelihood model of persuasion. Advances in Experimental Social Psychology, 19 (1): 124-205.

Petty R E, Schumann D W, Richman S A, et al. 1993. Positive mood and persuasion: Different roles for affect under high and low-elaboration conditions. Journal of Personality and Social Psychology, 64 (1): 5-20.

Pierro A, Mannetti L, Kruglanski A W. 2004. Relevance override: On the reduced impact of "Cues" under high-motivation conditions of persuasion studies. Journal of Personality and Social Psychology, 86 (2): 251-264.

Pine I I, Victor B, Boynton A C. 1993. Making mass customization work. Harvard Business Review, 71 (5): 108-117.

Pinon A, Gambara H. 2005. A meta-analytic review of framing effect: Risky, attribute and goal framing. Psicothema, 17 (2): 325-331.

Podgornik A, Sucic B, Blazic B. 2016. Effects of customized consumption feedback on energy efficient behaviour in low-income households. Journal of Cleaner Production, 130: 25-34.

Pond R S, Kashdan T B, Dewall C N, et al. 2012. Emotion differentiation moderates aggressive tendencies in angry people: A daily diary analysis. Emotion, 12 (2): 326-337.

Pothitou M, Kolios A J, Varga L, et al. 2016. A framework for targeting household energy savings through habitual behavioural change. International Journal of Sustainable Energy, 35(7): 686-700.

Pratto F, John O P. 1991. Automatic vigilance: The attention-grabbing power of negative social information. Journal of Personality and Social Psychology, 61 (3): 380-391.

Pronin E, Olivola C Y, Kennedy K A. 2008. Doing unto future selves as you would do unto others:

Psychological distance and decision making. Personality & Social Psychology Bulletin, 34 (2): 224-236.

Prothero A, Dobscha S, Freund J, et al. 2011. Sustainable consumption: Opportunities for consumer research and public policy. Journal of Public Policy and Marketing, 30 (1): 31-38.

Ramsey R P, Sohi R S. 1997. Listening to your customers: The impact of perceived salesperson listening behavior on relationship outcomes. Journal of the Academy of Marketing Science, 25 (2): 127-137.

Ratcliffe J W. 1976. Analyst biases in KAP surveys: A cross-cultural comparison. Studies in Family Planning, 7 (11): 322-330.

Rees J H, Allpress J A, Brown R. 2013. Nie Wieder: Group-based emotions for in-group wrongdoing affect attitudes toward unrelated minorities. Political Psychology, 34 (3): 387-407.

Rita V, Pierre V. 2020. Effects of emotions and brand personality on consumer commitment, via the mediating effects of brand trust and attachment. Recherche et. Applications en Marketing (English edition), 35 (1): 84-110.

Robert J D, Geoffrey J. 1999. Positively versus negatively framed product attributes: The influence of involvement. Psychology and Marketing, 16 (7): 613-630.

Rokonuzzaman M, Ahasan H, Emran M, et al. 2020. An investigation into the link between consumer's product involvement and store loyalty: The roles of shopping value goals and information search as the mediating factors. Journal of Retailing and Consumer Services, 52: 125-135.

Rothman A J, Salovey P, Antone C, et al. 1993. The influence of message framing on intentions to perform health behaviors. Journal of Experimental Social Psychology, 29 (5): 408-433.

Royne M B, Levy M, Martinez J. 2011. The public health implications of consumers' environmental concern and their willingness to pay for an eco-friendly product. Journal of Consumer Affairs, 45 (2): 329-343.

Rozin P, Fallon A E. 1987. A perspective on disgust. Psychological Review, 94 (1): 23-41.

Rozin P, Haidt J, McCauley C. 2000. Disgust//Lewis M, Haviland J M. Handbook of emotions. 2nd edn. New York: Guilford Press.

Rubera G. 2015. Design innovativeness and product sales' evolution. Marketing Science, 34 (1): 98-115.

Sakkthivel A M. 2010. Influence of internet on online buyer involvement towards buying different products and services. International Journal of Electronic Finance, 4 (2): 171-189.

Salo M, Nissinen A, Lilja R, et al. 2016. Tailored advice and services to enhance sustainable household consumption in Finland. Journal of Cleaner Production, 121 (10): 200-207.

Samuelson P. 1937. A note on measurement of utility. The Review of Economic Studies, 4 (2): 155-161.

Sarapin S H, Christy K, Lareau L, et al. 2015. Identifying admired models to increase emulation: Development of a multidimensional admiration scale. Measurement and Evaluation in Counseling and Development, 48 (2): 95-108.

Schafer J B, Konstan J, Riedi J. 1999. Recommender systems in e-commerce//Proceedings of the 1st ACM conference on Electronic commerce. New York: Association for Computing Machinery: 158-166.

Schaffrin A, Reibling N. 2015. Household energy and climate mitigation policies: Investigating energy practices in the housing sector. Energy Policy, 77 (2): 1-10.

Schiffman L G, Kanuk L L. 2004. Consumer Behavior. Upper Saddle River: Prentice Hall.

Schleich J, Gassmann X, Meissner T, et al. 2019. A large-scale test of the effects of time discounting, risk aversion, loss aversion, and present bias on household adoption of energy efficient technologies. Energy Economics, 80 (5): 377-393.

Schleich J, Klobasa M, Gölz S, et al. 2013. Effects of feedback on residential electricity demand-findings from a field trial in Austria. Energy Policy, 61: 1097-1106.

Schneider T R, Salovey P, Apanovitch A M, et al. 2001. The effects of message framing and ethnic targeting on mammography use among low-income women. Health Psychology, 20 (4): 256-266.

Schuck A R T, de Vreese C H. 2006. Between risk and opportunity: News framing and its effects on public support for EU enlargement. European Journal of Communication, 21 (1): 5-32.

Schultz P W, Nolan J M, Cialdini R B, et al. 2007. The constructive, destructive, and reconstructive power of social norms. Psychological Science, 18 (5): 429-434.

Schultz P W, Tabanico J J. 2009. Criminal beware: A social norms perspective on posting public warning signs. Criminology, 47 (4): 1201-1222.

Schwartz J. 1992. From libertarianism to egalitarianism. Social Theory and Practice, 18 (3): 259-288.

Schwartz S H. 1977. Normative influences on altruism. Advances in Experimental Social Psychology, 10: 221-279.

Schwepker C H, Cornwell T B. 1991. An examination of ecologically concerned consumers and their intention to purchase ecologically packaged products. Journal of Public Policy & Marketing, 10 (2): 77-101.

Seijts G H, Latham G P. 2000. The construct of goal commitment: Measurement and relationships with task performance//Goffin R D, Helmes E. Problems and Solutions in Human Assessment. Boston: Kluwer Academic Publishers: 315-332.

Seligman C, Darley J M.1976. Feedback as means of decreasing residential energy consumption. Journal of Applied Psychology, 62 (4): 363-368.

Senecal S, Nantel J. 2004. The influence of online product recommendations on consumers' online choices. Journal of Retailing, 80 (2): 159-169.

Septianto F, Pratiwi L. 2016. The moderating role of construal level on the evaluation of emotional appeal vs. cognitive appeal advertisements. Marketing Letters, 27 (1): 171-181.

Seta J J, McCormick M, Gallagher P, et al. 2010. Voice frequency impacts hemispheric processing of attribute frames. Journal of Experimental Social Psychology, 46 (6): 1089-1092.

Sexton R J, Johnson N B, Konakayama A. 1987. Consumer response to continuous-display electricity-use monitors in a time-of-use pricing experiment. Journal of Consumer Research, 14 (1): 55-62.

Sheehan K, Atkinson L. 2012. Special issue on green advertising: Revisiting green advertising and the reluctant consumer. Journal of Advertising, 41 (4): 5-7.

Sherif M, Cantril H. 1947. The psychology of ego-involvements: Social attitudes and identifications. New York: John Wiley & Sons; London: Chapman & Hall.

Sherif M, Hovland C I. 1961. Social Judgment: Assimilation and Contrast Effects in Communication and Attitude Change. New Heaven: Yale University Press.

Sheth J N, Newman B I, Gross B L. 1991. Why we buy what we buy: A theory of consumption values. Journal of Business Research, 22 (2): 159-170.

Shiloh S, Salton E, Sharabi D. 2002. Individual differences in rational and intuitive thinking styles as predictors of heuristic responses and framing effects. Personality and Individual Differences, 32 (3): 415-429.

Shocker A D, Ben-Akiva M, Boccara B, et al. 1991. Consideration set influences on consumer decision-making and choice: Issues, models, and suggestions. Marketing Letters, 2(3): 181-197.

Shocker A D, Srivastava R K. 1991. Brand Equity: A Perspective on Its Meaning and Measurement.

Cambridge: Marketing Science Institute.

Shoemaker P J. 1991. Gatekeeping. Los Angeles: Sage Publications.

Shriver S K. 2014. Network effects in alternative fuel adoption: Empirical analysis of the market for Ethanol. Marketing Science, 34 (1): 78-97.

Siegrist M, Süetterlin B. 2014. Human and nature-caused hazards: The affect heuristic causes biased decisions. Risk Analysis, 34 (8): 1482-1494.

Simon A F, Fagley N S, Halleran J G. 2004. Decision framing: Moderating effects of individual differences and cognitive processing. Journal of Behavioral Decision Making, 17 (2): 77-93.

Simonson I. 2005. Determinants of customers' responses to customized offers: Conceptual framework and research propositions. Journal of Marketing, 69 (1): 32-45.

Sirdeshmukh D, Singh J, Sabol B. 2002. Consumer trust, value, and loyalty in relational exchanges. Journal of Marketing, 66 (1): 15-37.

Smith R H, Webster J M, Parrott W G, et al. 2002. The role of public exposure in moral and nonmoral shame and guilt. Journal of Personality and Social Psychology, 83 (1): 138-159.

Sondhi N. 2010. Robert East, Malcolm Wright and Marc Vanhuele, consumer behavior: Applications in marketing, South Asia edition. Global Business Review, 11 (2): 314-316.

Soon Y E, Murray C M, Aguilar A, et al. 2020. Consumer involvement in university education programs in the nursing, midwifery, and allied health professions: A systematic scoping review. International Journal of Nursing Studies, 109: 103.

Soutar G N, Sweeney J C. 2001. Consumer perceived value: The development of a multiple item scale. Journal of Retailing, 77 (2): 203-220.

Sovacool B K. 2009. The importance of comprehensiveness in renewable electricity and energy-efficiency policy. Energy Policy, 37 (4): 1529-1541.

Spence M. 2002. Signaling in retrospect and the informational structure of markets. American Economic Review, 92 (3): 434-459.

Srivastava A P, Shree S. 2019. Examining the effect of employee green involvement on perception of corporate social responsibility: Moderating role of green training. Management of Environmental Quality, 30 (1): 197-210.

Staats H, Harland P, Wilke H A M. 2004. Effecting durable change: A team approach to improve environmental behavior in the household. Environment and Behavior, 36 (3): 341-367.

Stanton B F, Clemens J D, Aziz K M A, et al. 1987. Twenty-four-hour recall, knowledge-attitude-practice questionnaires, and direct observations of sanitary practices: A comparative study. Bulletin of the World Health Organization, 65 (2): 217-222.

Steele C M. 1988. The psychology of self-affirmation: Sustaining the integrity of the self//Berkowitz L. Advances in Experimental Social Psychology. San Diego: Academic Press: 261-302.

Steg L. 2008. Promoting household energy conservation. Energy Policy, 36 (12): 4449-4453.

Stern J. 2000. Metaphor in Context. Cambridge: MIT Press.

Stern P C, Dietz T, Abel T, et al. 1999. A value-belief-norm theory of support for social movements: The case of environmentalism. Human Ecology Review, 6 (2): 81-97.

Stern P C. 2000. Toward a coherent theory of environmentally significant behavior. Journal of Social Issues, 56 (3): 407-424.

Stern P C. 2011. Contributions of psychology to limiting climate change. The American Psychologist, 66 (4): 303-314.

Stiglitz J E. 2000. The contributions of the economics of information to twentieth century economics. The Quarterly Journal of Economics, 115 (4): 1441-1478.

Strauss A L, Corbin J M. 1997. Grounded theory in practice. Contemporary Sociology, 28 (4): 296.

Sun Y, Li S, Bonini N. 2010. Attribute salience in graphical representations affects evaluation. Judgment & Decision Making, 5 (3): 150-158.

Swearingen K, Sinha R. 2001. Beyond algorithms: An HCI perspective on recommender systems. ACM SIGIR 2001 Workshop on Recommender Systems, 13 (5-6): 1-11.

Sweeney J C, Soutar G N, Johnson L W. 1999. The role of perceived risk in the quality-value relationship: A study in a retail environment. Journal of Retailing, 75 (1): 77-105.

Tamera R S, Peter S, Unto P, et al. 2001. Visual and auditory message framing effects on tobacco smoking. Journal of Applied Social Psychology, 31 (4): 667-682.

Tatlonghari R V, Jamias S B. 2010. Village-level knowledge, attitudes and practices on solid waste management in Sta. Rosa city, Laguna, Philippines. Journal of Environmental Science and Management, 13 (1): 35-51.

Thaler R H. 1999. Mental accounting matters. Journal of Behavioral Decision Making, 12 (3): 183-206.

Thompson M, Ellis R, Wildavsky A B. 1990. Cultural theory. New York: Routledge.

Thompson S C, Stoutemyer K. 1991. Water use as a commons dilemma: The effects of education that focuses on long-term consequences and individual action. Environment and Behavior, 23 (3):

314-333.

Thorsteinson T J. 2006. Framing effects on the setting of critical scores for content valid tests. Human Performance, 19（3）: 201-217.

Toffler A. 1970. Future Shock. New York: Bantam.

Tolman E C. 1959. Principles of purposive behavior. Psychology: A Study of a Science, 2: 92-157.

Tong E M W, Tan C R M, Latheef N A, et al. 2008. Conformity: Moods matter. European Journal of Social Psychology, 38（4）: 601-611.

Tracy J L, Robins R W. 2004. Putting the self into self-conscious emotions: A theoretical model. Psychological Inquiry, 15（2）: 103-125.

Tracy J L, Robins R W. 2007. The prototypical pride expression: Development of a nonverbal behavior coding system. Emotion, 7（4）: 789-801.

Tracy J L, Robins R W. 2007. The psychological structure of pride: A tale of two facets. Journal of Personality and Social Psychology, 92（3）: 506-525.

Tran T P, Lin C W, Baalbaki S, et al. 2020. How personalized advertising affects equity of brands advertised on Facebook? A mediation mechanism. Journal of Business Research, 120: 1-15.

Triandis H C. 1977. Interpersonal Behavior. Monterey: Brooks/Cole Publishing Company.

Trope Y, Liberman N. 2003. Temporal construal. Psychological Review, 110（3）: 403-421.

Trope Y, Liberman N. 2010. Construal-level theory of psychological distance. Psychological Review, 117（2）: 440-463.

Tsai C I, McGill A L. 2011. No pain, no gain? How fluency and construal level affect consumer confidence. Journal of Consumer Research, 37（5）: 807-821.

Tucker C. 2014. Social networks, personalized advertising, and privacy controls. Journal of Marketing Research, 51（5）: 546-562.

Tucker C E. 2015. The reach and persuasiveness of viral video ads. Marketing Science, 34（2）: 281-296.

Tversky A, Kahneman D. 1981. The framing of decisions and the psychology of choice. Science, 211（4481）: 453-458.

Tybur J M, Lieberman D, Griskevicius V. 2009. Microbes, mating, and morality: Individual differences in three functional domains of disgust. Journal of Personality and Social Psychology, 97（1）: 103-122.

Valenzuela A, Dhar R, Zettelmeyer F. 2009. Contingent response to self-customization procedures:

Implications for decision satisfaction and choice. Journal of Marketing Research, 46(6): 754-763.

Van D B K L, Walker I. 2019. Heuristics in energy judgement tasks. Journal of Environmental Psychology, 62: 95-104.

Varshney U, Vetter R. 2001. A framework for the emerging mobile commerce applications//34th Annual Hawaii International Conference on System Sciences. IEEE Computer Society. Honolulu: Maui: 9014.

Vaughn R. 1980. How advertising works: A planning model. Journal of Advertising Research, 20 (5): 27-33.

Velde L V D, Verbeke W, Popp M, et al. 2010. The importance of message framing for providing information about sustainability and environmental aspects of energy. Energy Policy, 38 (10): 5541-5549.

Vesanen J. 2007. What is personalization? A conceptual framework. European Journal of Marketing, 41 (5/6): 409-418.

Vinson Donald E, Scott J D, Lamont L M, et al. 1977. The role of personal values in marketing and consumer behavior. Journal of Marketing, 41 (2): 44-50.

Völlink T, Meertens R. 2010. The effect of a prepayment meter on residential gas consumption. Journal of Applied Social Psychology, 40 (10): 2556-2573.

Waechter S, Sütterlin B, Siegrist M. 2015. The misleading effect of energy efficiency information on perceived energy friendliness of electric goods. Journal of Cleaner Production, 93 (15): 193-202.

Wakslak C J, Trope Y, Liberman N, et al. 2006. Seeing the forest when entry is unlikely: Probability and the mental representation of events. Journal of Experimental Psychology General, 135 (4): 641-653.

Wallace J P, Sherret A. 1973. Estimating the Relative Importance of Product Attributes. Berlin// Heidelberg: Springer.

Wang J, Geng L N, Schultz P W, et al. 2017. Mindfulness increases the belief in climate change: The mediating role of connectedness with nature. Environment and Behavior, 51 (1): 3-23.

Wang J, Yam R C M, Tang E P Y. 2013. Ecologically conscious behaviour of urban Chinese consumers: The implications to public policy in China. Journal of Environmental Planning and Management, 56 (7): 982-1001.

Wang W, Benbasat I. 2004. Impact of explanations on trust in online recommendation agents. Unpublished Working Paper.

Wang X T, Simons F, Brédart S. 2001. Social cues and verbal framing in risky choice. Journal of Behavioral Decision Making, 14 (1): 1-15.

Wang X T. 2004. Self-framing of risky choice. Journal of Behavioral Decision Making, 17(1): 1-16.

Wang Y G, Lo H P, Chi R Y, et al. 2004. An integrated framework for customer value and customer-relationship-management performance: A customer-based perspective from China. Journal of Service Theory and Practice, 14 (2/3): 169-182.

Wareham J, Boots D P, Chavez J M. 2009. A test of social learning and intergenerational transmission among batterers. Journal of Criminal Justice, 37 (2): 163-173.

Watson D, Clark L A, Tellegen A. 1988. Development and validation of brief measures of positive and negative affect: The PANAS scales. Journal of Personality and Social Psychology, 54 (6): 1063-1070.

Watson D, Tellegen A. 1985. Toward a consensual structure of mood. Psychological Bulletin, 98(2): 219-235.

Watson D, Wiese D, Vaidya J, et al. 1999. The two general activation systems of affect: Structural findings, evolutionary considerations, and psychobiological evidence. Journal of Personality and Social Psychology, 76 (5): 820-838.

Wedel M, Pieters R. 2015. The buffer effect: The role of color when advertising exposures are brief and blurred. Marketing Science, 34 (1): 134-143.

Wen Y, Alan J D. 2004. Framing effects of coupon face value on coupon redemption: A literature review with propositions. Journal of Marketing Management, 20 (7-8): 877-896.

Whetten, D. A. 2009. An examination of the interface between context and theory applied to the study of Chinese organizations. Management and Organization Review, 5 (1): 29-55.

White K, Macdonnell R, Dahl D W. 2011. It's the mind-set that matters: The role of construal level and message framing in influencing consumer efficacy and conservation behaviors. Journal of Marketing Research, 48 (3): 472-485.

Wicklund R A, Gollwitzer P M. 1982. Symbolic Self Completion. Hillsdale: Lawrence Erlbaum Associates.

Wilhite H, Ling R. 1995. Measured energy savings from a more informative energy bill. Energy and Buildings, 22 (2): 145-155.

Wilson E J, Sherrell D L. 1993. Source effects in communication and persuasion research: A meta-analysis of effect size. Journal of the Academy of Marketing Science, 21 (2): 101-112.

Winett R A, Leckliter I N, Chinn D E, et al. 1985, Effects of television modeling on residential energy conservation. Journal of Applied Behavior Analysis, 18 (1): 33-44.

Winett R A, Neale M S, Grier H C. 1979. Effects of self-monitoring and feedback on residential electricity consumption. Journal of Applied Behavior Analysis, 12 (2): 173-184.

Wittenberg I, Blöbaum A, Matthies E. 2018. Environmental motivations for energy use in PV households: Proposal of a modified norm activation model for the specific context of PV households. Journal of Environmental Psychology, 55 (2): 110-120.

Wolf S T, Cohen T R, Panter A T, et al. 2010. Shame proneness and guilt proneness: Toward the further understanding of reactions to public and private transgressions. Self and Identity, 9 (4): 337-362.

Woodruff R B. 1997. Marketing in the 21st century customer value: The next source for competitive advantage. Journal of the Academy of Marketing Science, 25 (3): 256-256.

Wyllie J, Baxter S, Kulczynski A. 2015. Healthy kids: Examining the effect of message framing and polarity on children's attitudes and behavioral intentions. Journal of Advertising, 44 (2): 140-150.

Xu D J, Liao S S, Li Q. 2008. Combining empirical experimentation and modeling techniques: A design research approach for personalized mobile advertising applications. Decision Support Systems, 44 (3): 710-724.

Yang D, Lu Y, Zhu W, et al. 2015. Going green: How different advertising appeals impact green consumption behavior. Journal of Business Research, 68 (12): 2663-2675.

Yang S, Lu S, Lu X. 2014. Modeling competition and its impact on paid-search advertising. Marketing Science, 33 (1): 134-153.

Yeung J K. 2006. The role of regulatory focus in message framing in antismoking advertisements for adolescents. Journal of Advertising, 35 (1): 143-151.

Yin W, Dubinsky A J. 2004. Framing effects of coupon face value on coupon redemption: A literature review with propositions. Journal of Marketing Management, 20 (7-8): 877-896.

Young W, Hwang K, McDonald S, et al. 2010. Sustainable consumption: Green consumer behaviour when purchasing products. Sustainable Development, 18 (1): 20-31.

Zaichkowsky J L. 1985. Measuring the involvement construct. Journal of Consumer Research, 12 (3): 341-352.

Zaichkowsky J L. 1986. Conceptualizing involvement. Journal of Advertising, 15 (2): 4-14, 34.

Zaichkowsky J L. 1994. The personal involvement inventory: Reduction, revision and application to advertising. Journal of Advertising, 23 (4): 59-70.

Zeithaml V. 1988. Consumer perceptions of price, quality and value: A means-end model and synthesis of evidence. Journal of Marketing, 52 (3): 2-22.

Zhang Y, Buda R. 1999. Moderating effects of need for cognition on responses to positively versus negatively framed advertising messages. Journal of Advertising, 28 (2): 1-15.

Zhao H H, Gao Q, Wu Y P, et al. 2014. What affects green consumer behavior in China? A case study from Qingdao. Journal of Cleaner Production, 63 (1): 143-151.

Zhou K, Yang S. 2016. Understanding household energy consumption behavior: The contribution of energy big data analytics. Renewable and Sustainable Energy Reviews, 56 (4): 810-819.

附录一 实验一的实验材料和测试问卷

一、实验材料

我们采用新能源汽车作为实验材料,同时为了避免新能源汽车的品牌对消费者的选择或者购买产生干扰,选择虚拟化的汽车品牌——"易行"新能源汽车为实验材料。"易行"新能源汽车,是一款以电为动力的节能汽车,噪声小;耗能低,每公里只要两毛钱;无污染,无汽车尾气污染;续航能力强,充电 5 小时,行驶两百公里。具体实验分组的视频截图如附图 1-1~附图 1-7 所示。

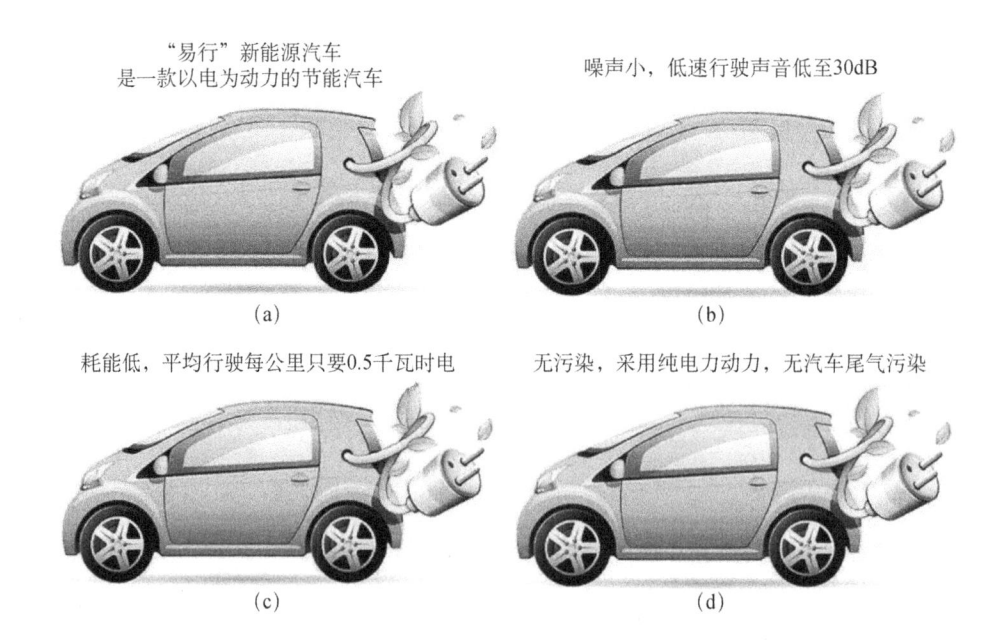

"易行"新能源汽车
是一款以电为动力的节能汽车

(a)

噪声小,低速行驶声音低至30dB

(b)

耗能低,平均行驶每公里只要0.5千瓦时电

(c)

无污染,采用纯电力动力,无汽车尾气污染

(d)

附录一 实验一的实验材料和测试问卷

续航能力强，充电5小时，行驶200公里

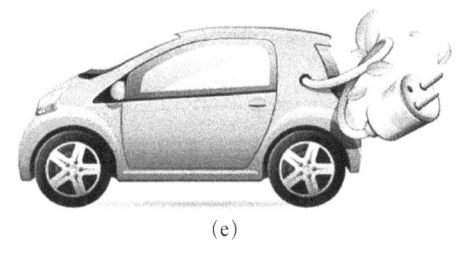

(e)

"易行"新能源汽车，给你最舒适的体验

(f)

"易行"，任你行！

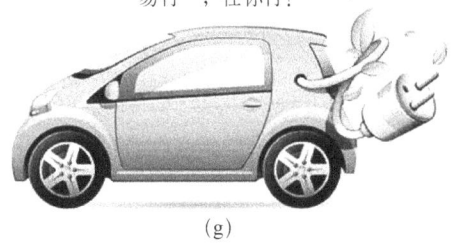

(g)

附图1-1 对照组视频截图（实验材料Ⅰ）

"易行"新能源汽车噪声小、耗能低、无污染、续航能力强

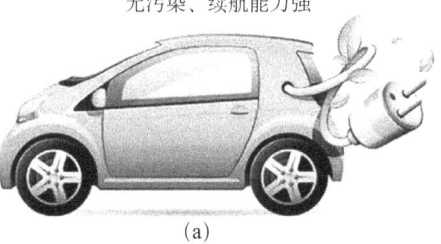

(a)

"易行"新能源汽车采用新技术、新结构

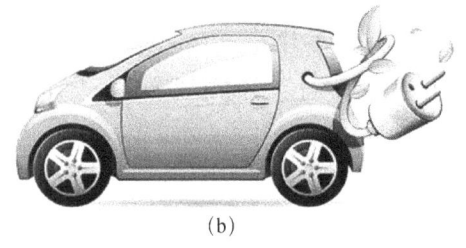

(b)

绿色环保的设计理念

(c)

完备的充电设施

(d)

335

完善的售后服务

(e)

上班族、白领都在使用，杭州市超过33%的家庭都在使用"易行"新能源汽车

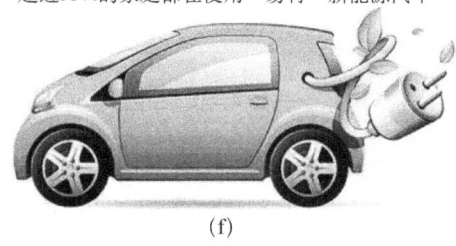

(f)

"易行"，你也行！

(g)

附图1-2　定制化绿色反馈信息组视频截图（实验材料Ⅱ）

"易行"新能源汽车噪声小、耗能低、无污染、续航能力强

(a)

购买"易行"新能源汽车既节约个人资金又节约社会资源

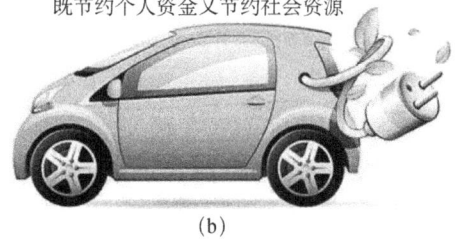

(b)

也能为节能减排、保护环境做出贡献

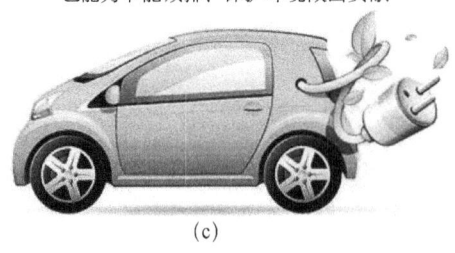

(c)

还能享受免摇号、不限行等优惠

(d)

· 336 ·

附录一 实验一的实验材料和测试问卷

更能享受政府补贴 （e）　　　　　"易行"，真的行！（f）

附图1-3　定制化绿色获得信息组视频截图（实验材料Ⅲ）

"易行"新能源汽车噪声小、耗能低、无污染、续航能力强 （a）　　　　　购买非新能源汽车 既加大个人资金开支又浪费社会资源 （b）

也能为节能减排、环境保护带来负担 （c）　　　　　还不能享受免摇号、不限行等优惠 （d）

更不能享受政府补贴 （e）　　　　　"易行"，我看行！（f）

附图1-4　定制化绿色损失信息组视频截图（实验材料Ⅳ）

337

定制化绿色信息影响研究：探索、验证和解释

"易行"新能源汽车噪声小、耗能低、无污染、续航能力强

(a)

购买"易行"新能源汽车，开车行驶前，记得检查仪表各项内容哟！

(b)

请选择阴凉通风处充电，避免高温充电！

(c)

雷暴雨天不要户外充电哟！

(d)

车辆发生碰撞检修时，记得佩戴绝缘手套哟！

(e)

"易行"，便你行！

(f)

附图1-5　定制化绿色贴士信息组视频截图（实验材料Ⅴ）

二、测试问卷

尊敬的先生/女士：

　　您好！我是××××大学研究者，在进行一项关于绿色消费行为的课题研究，非常希望得到您的帮助！恳请占用您几分钟时间参与实验，请您看完视频后填写下面的调查问卷。本调查完全匿名，我们保证您的信息不会被泄露，结果仅用于学术研究，希望您如实填写。非常感谢您的参与！

××××大学研究者

第一部分

请您看完这则视频后，回答此部分题项。7=完全同意，6=同意，5=大致同意，4=一般，3=不太同意，2=不同意，1=完全不同意，请选出最符合您的答案。

I 请如实填写以下问题	完全同意	同意	大致同意	一般	不太同意	不同意	完全不同意
1. 在购买绿色产品或服务时，我对绿色产品很关注	7	6	5	4	3	2	1
2. 在购买绿色产品时，我对环境问题很关注	7	6	5	4	3	2	1
3. 在购买产品时，我对绿色信息很关注	7	6	5	4	3	2	1
4. 在购买绿色产品时，我对商家环保倡议活动很关注	7	6	5	4	3	2	1
E 请如实填写以下问题	完全同意	同意	大致同意	一般	不太同意	不同意	完全不同意
5. 我一直关注日常生活中的资源浪费和环境污染问题	7	6	5	4	3	2	1
6. 即使牺牲一些经济利益，我也要节约资源和保护环境	7	6	5	4	3	2	1
7. 我每次看到有人浪费资源或污染环境，就感到很气愤	7	6	5	4	3	2	1
8. 我每次看到有人节约资源或保护环境，就会欣赏、赞同	7	6	5	4	3	2	1
9. 如果我浪费了资源或污染了环境，会感到很内疚	7	6	5	4	3	2	1
10. 如果我做到了节约资源和保护环境，会感到很自豪	7	6	5	4	3	2	1

第二部分

请您如实填写以下信息。

V 观看完这则绿色视频后，我认为：	完全同意	同意	大致同意	一般	不太同意	不同意	完全不同意
11. 购买"易行"新能源汽车帮我给别人留下好印象	7	6	5	4	3	2	1
12. 购买"易行"新能源汽车使我赢得更多的赞许	7	6	5	4	3	2	1
13. 购买"易行"新能源汽车帮我树立积极健康的个人形象	7	6	5	4	3	2	1
14. 购买"易行"新能源汽车可以改善别人对我的看法	7	6	5	4	3	2	1
15. 购买"易行"新能源汽车让别人觉得我非常有社会责任感	7	6	5	4	3	2	1

B1. 看完这个视频，我愿意将"易行"新能源汽车加入购物车

A. 是　　　　　　　　B. 否

B2. 看完这个视频，我愿意支付购买"易行"新能源汽车

A. 是　　　　　　　　B. 否

第 三 部 分

个人资料。

1. 我的性别：

A. 男　　　　　　　　B. 女

2. 我的年龄：

A. 15～24 周岁　　　　B. 25～34 周岁　　　　C. 35～44 周岁

D. 45～54 周岁　　　　E. 55～69 周岁

3. 我的学历：

A. 初中或以下　　　　B. 高中或中专　　　　C. 高职或大专

D. 本科　　　　　　　E. 研究生或以上

4. 个人月收入：（学生不用填）

A. 3200 元或以下　　　B. 3201～4800 元　　　C. 4801～6400 元

D. 6401～8000 元　　　E. 8001 元或以上

附录二　实验二的实验材料和测试问卷

本实验选用一款低经济价值,且大众认识度较高的绿色产品——节能灯作为实验刺激物。考虑到实验中出现真实的品牌名称可能会对实验产生干扰从而影响实验效果,本实验将刺激物设定为一个虚拟的品牌名称——"泡泡节能灯"。本实验共包含两部分的任务:第一,被试仔细观看"泡泡节能灯"广告,并回答相应的测试问卷;第二,被试完成解释水平特质量表。实验一共四则实验材料,分别为获得-大尺度信息策略、获得-小尺度信息策略、损失-大尺度信息策略、损失-小尺度信息策略。具体的实验分组材料如附图 2-1~附图 2-4 所示。

一、实验材料

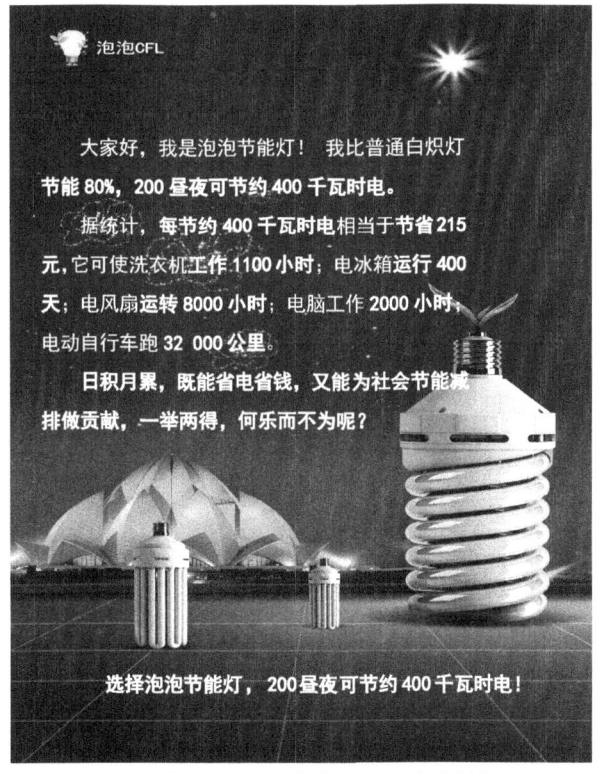

附图 2-1　获得-大尺度信息策略(实验材料Ⅰ)

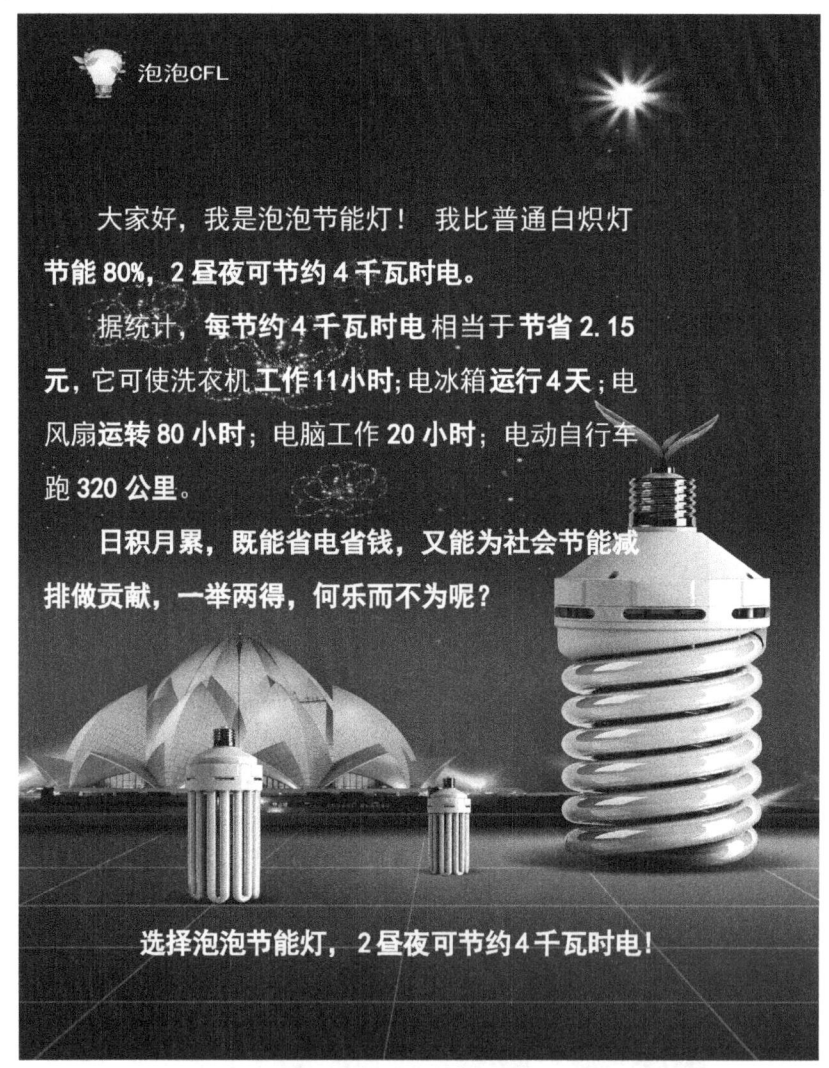

附图 2-2　获得-小尺度信息策略（实验材料Ⅱ）

附录二　实验二的实验材料和测试问卷

附图 2-3　损失-大尺度信息策略（实验材料Ⅲ）

附图 2-4　损失-小尺度信息策略（实验材料Ⅳ）

附录二　实验二的实验材料和测试问卷

二、测试问卷

尊敬的女士/先生：

您好！我们是××××大学研究者，正在进行一项关于消费者行为的民意调查。本实验共有两个部分的测验。第一部分，请您先仔细观看泡泡节能灯广告，然后回答自己的看法或态度；第二部分为简单的个性测验。本问卷完全匿名，回答并无对错之分。非常感谢您的参与！祝您生活愉快！

××××大学研究者

看完上述"泡泡节能灯"广告，请您回答下面的问题。在7个选项中，数字大小代表您的认同程度，如7代表完全同意，4代表一般，1代表完全不同意，请在最符合您的答案序号上画"√"。

C 看完这则"泡泡节能灯"广告后，我认为：	7 完全同意						完全不同意 1
1. 这则广告强调的是购买这款节能灯所带来很大的益处/好处	7	6	5	4	3	2	1
2. 这则广告强调的是不购买这款节能灯所带来很大的危害/损失	7	6	5	4	3	2	1
3. 这则广告强调的是购买这款节能灯所带来很小的益处/好处	7	6	5	4	3	2	1
4. 这则广告强调的是不购买这款节能灯所带来很小的危害/损失	7	6	5	4	3	2	1

D 看完这则"泡泡节能灯"广告后，我认为：	7 完全同意						完全不同意 1
1. 选择该节能灯有助于改善生态环境	7	6	5	4	3	2	1
2. 选择该节能灯对社会发展有好处	7	6	5	4	3	2	1
3. 我感觉购买该节能灯很划算	7	6	5	4	3	2	1
4. 我感觉该节能灯是物超所值的	7	6	5	4	3	2	1

E 看完这则"泡泡节能灯"广告后，	7 完全同意						完全不同意 1
1. 我愿意推荐我的亲戚朋友购买这款节能灯	7	6	5	4	3	2	1
2. 我愿意购买和使用这款节能灯	7	6	5	4	3	2	1
3. 我计划下一步购买和使用这款节能灯	7	6	5	4	3	2	1

F 请回答下面问题，答案无所谓对与错,真实填写即可	7 完全同意						完全不同意 1
1. 我对绿色广告的信息很关注	7	6	5	4	3	2	1
2. 我对环境问题很关注	7	6	5	4	3	2	1
3. 我对市场上新流行的绿色产品很关注	7	6	5	4	3	2	1
4. 我对绿色产品相关的活动很关注	7	6	5	4	3	2	1

H1 我的性别：

①男 ②女

H2 我的年龄：

①15～24 周岁　　　　②25～34 周岁　　　　③35～44 周岁

④45～54 周岁　　　　⑤55～69 周岁

H3 我的学历：

①初中或以下　　　　②高中或中专　　　　③高职或大专

④本科　　　　　　　⑤研究生或以上

H4 个人月收入：（学生不用填）

①3200 元或以下　　　②3201～4800 元　　　③4801～6400 元

④6401～8000 元　　　⑤8001 元或以上

解释水平特质量表

任何一种行为都可以用多种方式进行解释，比如，阅读，你可以认为"逐字逐句读书"，也可以理解为"获取某种知识"。对许多行为的描述你可以有自己独特的角度。下面的每种行为后面都有两种不同的解释，你认为哪个选项更符合你的看法呢？答案没有对错之分。

1. 洗衣服	a. 除掉衣服上的脏东西	b. 将衣服放到洗衣机里
2. 打扫房间	a. 表明一个人干净	b. 用吸尘器清扫地板
3. 付房租	a. 维持有个住的地方	b. 拿钱
4. 照顾家中的植物	a. 给植物浇水	b. 使房间看上去很好
5. 爬树	a. 视野开阔	b. 抓住树枝
6. 问好	a. 说"你好"	b. 展现友善
7. 自驾游	a. 按地图走	b. 欣赏乡村景色
8. 补牙	a. 保护牙齿	b. 看牙医
9. 按门铃	a. 移动手指	b. 看是否有人在家
10. 吃东西	a. 获得营养	b. 咀嚼和吞咽

再次衷心感谢您的回答！

附录三　实验三的实验材料和测试问卷

一、实验材料

实验三的实验材料与实验二相同，此处略。

二、测试问卷

尊敬的女士/先生：

您好！我们是××××大学研究者，正在进行一项关于消费者行为的民意调查。本实验共有三个部分的测验。第一部分，请如实填写家庭日常生活用电量；第二部分，请您先仔细观看泡泡节能灯广告，然后回答自己的看法或态度；第三部分为简单的个性测验。本问卷完全匿名，回答并无对错之分。非常感谢您的参与！祝您生活愉快！

××××大学研究者

第 一 部 分

首先，我们想了解您家庭每月人均用电情况。问题1、问题2中选一题回答即可！

1. 请问您家庭平均每月人均多少用电量？

    A. 小于或等于92千瓦时　　B. 93～137千瓦时　　C. 大于或等于138千瓦时

2. 请问您家庭平均每月人均多少电费？

    A. 小于或等于49元　　B. 50～73元　　C. 大于或等于74元

3. 这则信息能真实地反映出您家庭与杭州市家庭平均水平的用电比较

    A. 完全不同意　　　　　B. 不同意　　　　　C. 大致不同意

    D. 一般　　　　　　　　E. 大致同意　　　　F. 同意

    G. 完全同意

第 二 部 分

看完上述反馈信息后,请您回答下面的问题。在7个选项中,数字大小代表您的认同程度,如7代表完全同意,4代表一般,1代表完全不同意,请在最符合您的答案序号上画"√"。

C 看完这则"泡泡节能灯"广告后,我认为:	7完全同意					完全不同意1	
1. 这则广告强调的是购买这款节能灯所带来很大的益处/好处	7	6	5	4	3	2	1
2. 这则广告强调的是不购买这款节能灯所带来很大的危害/损失	7	6	5	4	3	2	1
3. 这则广告强调的是购买这款节能灯所带来很小的益处/好处	7	6	5	4	3	2	1
4. 这则广告强调的是不购买这款节能灯所带来很小的危害/损失	7	6	5	4	3	2	1

D 看完这则"泡泡节能灯"广告后,我认为:	7完全同意					完全不同意1	
1. 选择该节能灯有助于改善生态环境	7	6	5	4	3	2	1
2. 选择该节能灯对社会发展有好处	7	6	5	4	3	2	1
3. 我感觉购买该节能灯很划算	7	6	5	4	3	2	1
4. 我感觉该节能灯是物超所值的	7	6	5	4	3	2	1

E 看完这则"泡泡节能灯"广告后,我认为:	7完全同意					完全不同意1	
1. 我愿意推荐我的亲戚朋友购买这款节能灯	7	6	5	4	3	2	1
2. 我愿意购买和使用这款节能灯	7	6	5	4	3	2	1
3. 我计划下一步购买和使用这款节能灯	7	6	5	4	3	2	1

F 您还记得您家是属于哪种类型的用电消费群体吗?请回答下面问题,答案无所谓对与错,真实填写即可	7完全同意					完全不同意1	
1. 我对绿色广告的信息很关注	7	6	5	4	3	2	1
2. 我对环境问题很关注	7	6	5	4	3	2	1
3. 我对市场上新流行的绿色产品很关注	7	6	5	4	3	2	1
4. 我对绿色产品相关的活动很关注	7	6	5	4	3	2	1

H1 我的性别:

①男 ②女

H2 我的年龄:

①15～24周岁 ②25～34周岁 ③35～44周岁

④45～54周岁 ⑤55～69周岁

H3 我的学历：
①初中或以下　　　　　②高中或中专　　　　　③高职或大专
④本科　　　　　　　　⑤研究生或以上

H4 个人月收入：（学生不用填）
①3200 元或以下　　　②3201～4800 元　　　③4801～6400 元
④6401～8000 元　　　⑤8001 元或以上

解释水平特质量表

任何一种行为都可以用多种方式进行解释，比如，阅读，你可以认为"逐字逐句读书"，也可以理解为"获取某种知识"。对许多行为的描述你可以有自己独特的角度。下面的每种行为后面都有两种不同的解释，你认为哪个选项更符合你的看法呢？答案没有对错之分。

1. 洗衣服	a. 除掉衣服上的脏东西	b. 将衣服放到洗衣机里
2. 打扫房间	a. 表明一个人干净	b. 用吸尘器清扫地板
3. 付房租	a. 维持有个住的地方	b. 拿钱
4. 照顾家中的植物	a. 给植物浇水	b. 使房间看上去很好
5. 爬树	a. 视野开阔	b. 抓住树枝
6. 问好	a. 说"你好"	b. 展现友善
7. 自驾游	a. 按地图走	b. 欣赏乡村景色
8. 补牙	a. 保护牙齿	b. 看牙医
9. 按门铃	a. 移动手指	b. 看是否有人在家
10. 吃东西	a. 获得营养	b. 咀嚼和吞咽

再次衷心感谢您的回答！

附录四 实验四的实验材料和测试问卷

本实验为被试提供如下消费场景：你最近在装修新买的房子，所以经常在"某网站"（一个虚拟的大型网络购物平台，类似于淘宝网、天猫商城、京东商城等）上浏览家电等家装设备。然后请被试再观看"某网站"商城某种绿色产品的定制化绿色信息推荐的实验材料，最后让其根据自己的真实想法完成相应的测试问题。实验刺激产品为节能冰箱。实验中我们采用了两种定制化绿色信息推荐类型：基于自己的推荐和基于他人的推荐。具体的实验分组材料如附图 4-1～附图 4-4 所示。

一、实验材料

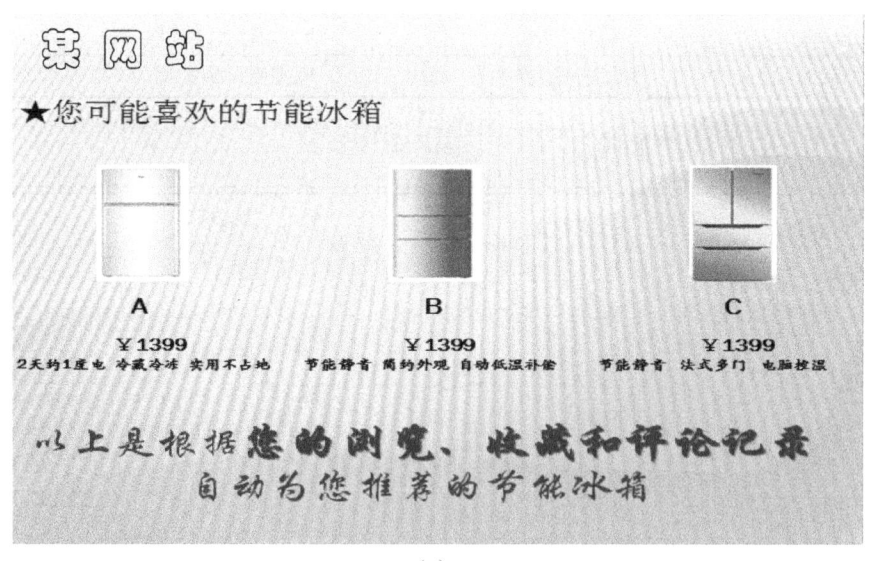

(a)

附录四　实验四的实验材料和测试问卷

某网站

★您可能喜欢的节能冰箱

A　　　　　　　　B　　　　　　　　C
¥1399　　　　　　¥1399　　　　　　¥1399
2天约1度电 冷藏冷冻 实用不占地　　节能静音 简约外观 自动低温补偿　　节能静音 法式多门 电脑控温

以上推荐是根据和你有共同偏好的朋友们得出的，您分享的越多，某网站的推荐越丰富

（a）

某网站

看了您的个人专属推荐，如果您愿意**考虑购买**，可把它（们）加入购物车；如果不愿意，可继续浏览其他商品

购物车

1899KA9 2门冰箱小型两门电冰箱/冷藏冷冻/节能家用	¥1399
3K电脑温控法式多门家用对开门四门冰箱节能冰	¥1399
BCD-206STPA 206升三门冰箱家用节能电冰箱 软冷冻车	¥1399

（b）

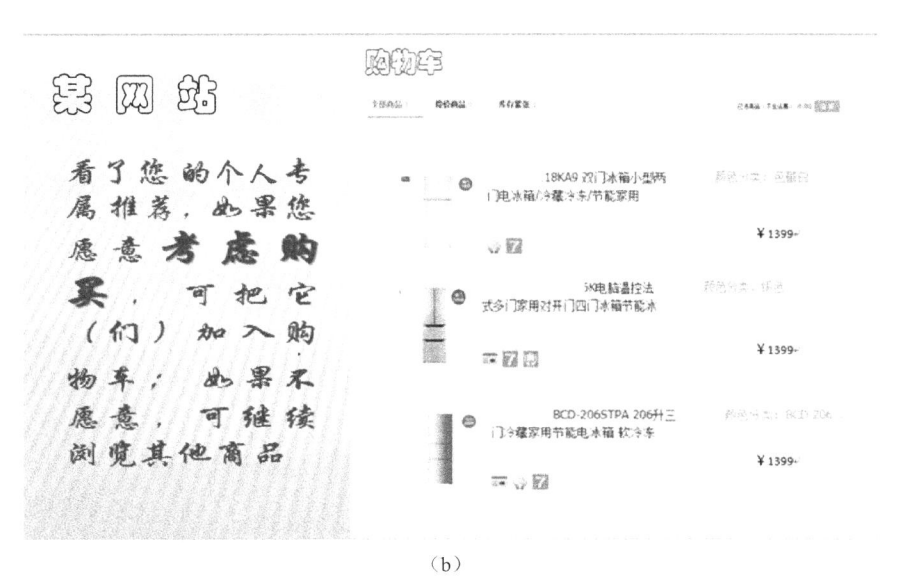

附图 4-1　基于自己推荐—高经济价值（实验材料Ⅰ）

· 351 ·

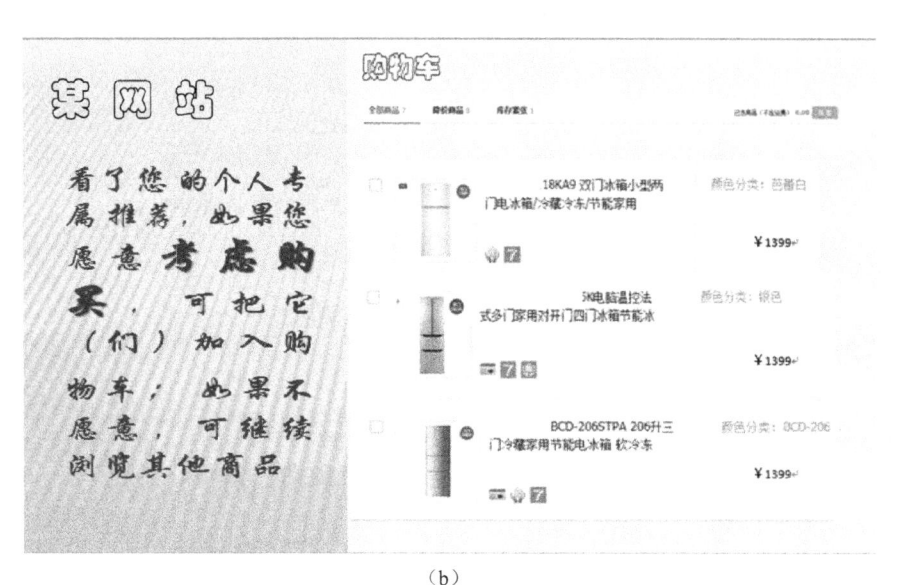

定制化绿色信息影响研究：探索、验证和解释

（b）

附图 4-2　基于他人推荐—高经济价值（实验材料Ⅱ）

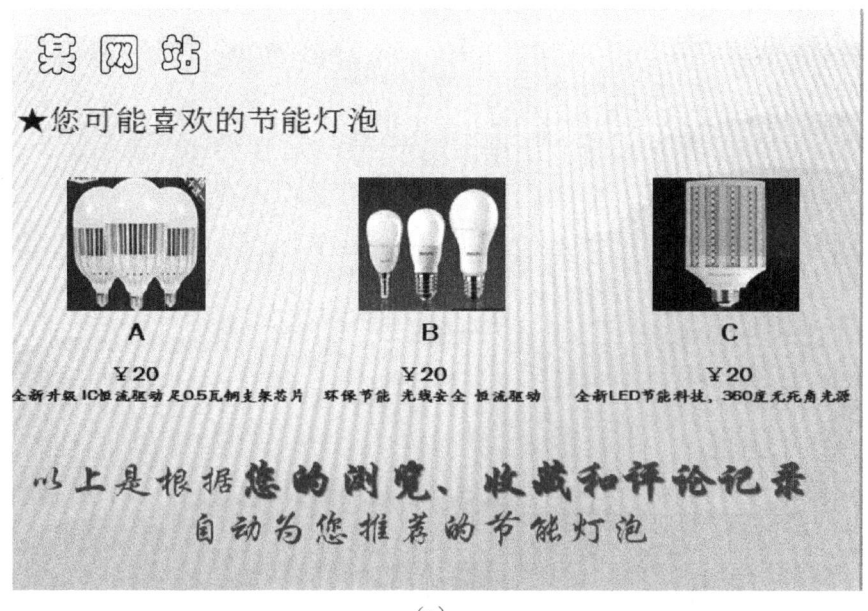

（a）

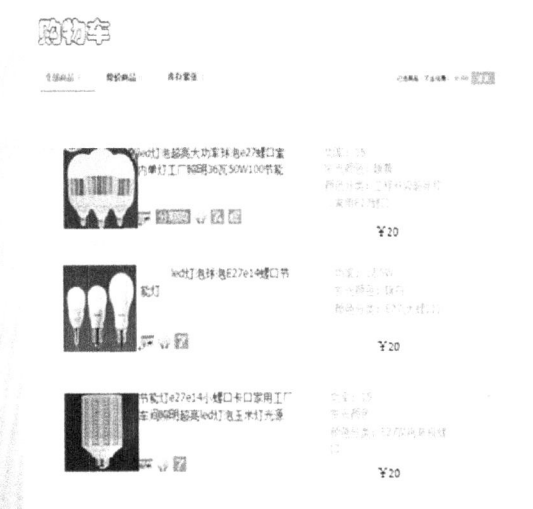

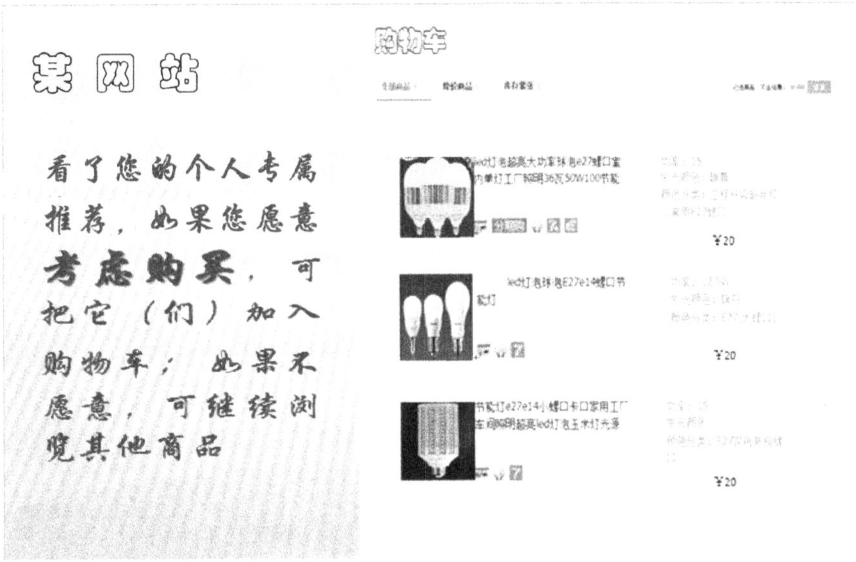

附录四 实验四的实验材料和测试问卷

（b）

附图 4-3　基于自己推荐—低经济价值（实验材料Ⅲ）

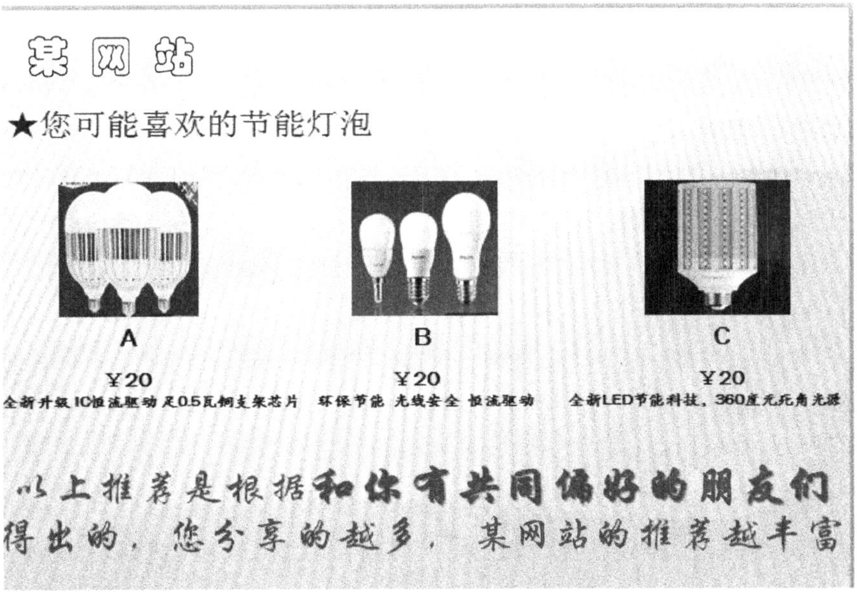

（a）

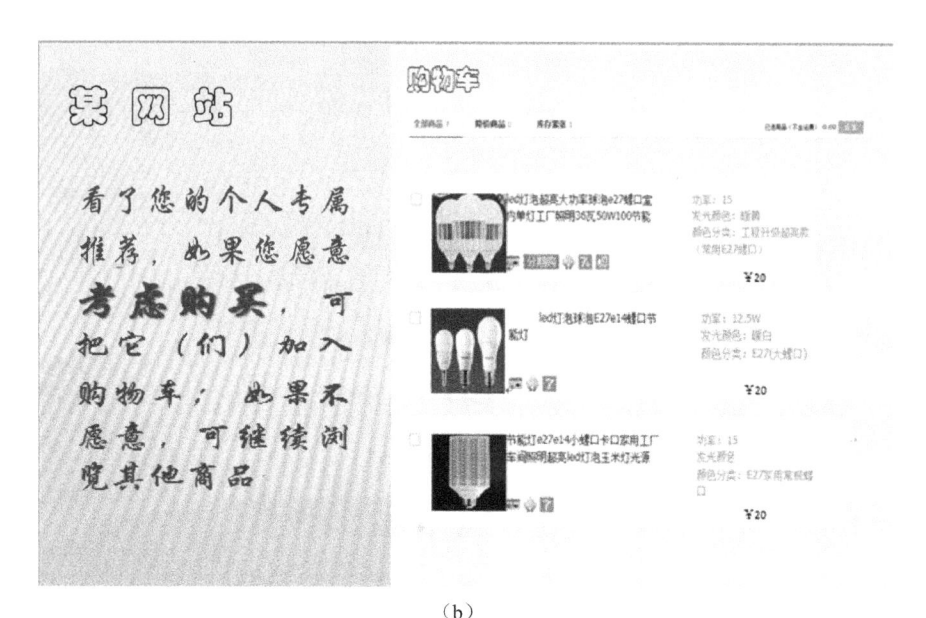

定制化绿色信息影响研究：探索、验证和解释

(b)

附图4-4　基于他人推荐—低经济价值（实验材料Ⅳ）

二、测试问卷

1. 问卷1

尊敬的女士/先生：

　　您好！我们是××××大学研究者，正在进行一项关于学术研究的民意调查，在此真诚地邀请您就调研中设计的情境表达真实想法，本调研是完全匿名的，回答并无对错之分，结果仅用于学术研究，敬请您安心作答。非常感谢您的参与！祝您工作、生活愉快！

××××大学研究者

　　请您仔细阅读以下内容，并将自己置身于这个情境中，然后根据自己的真实想法回答后面的问题。

　　您最近在装修新买的房子，所以经常在"某网站"（一个虚拟的大型网络购物平台，类似于淘宝网、天猫商城、京东商城等）上浏览家电等家装设备。"某网站"是一个具有推荐功能的网络购物平台，在这里，您可以接受网站专门提供给您的关于节能冰箱的定制化推荐。

附录四 实验四的实验材料和测试问卷

看完上述视频，请您回答下面的问题。在7个选项中，数字大小代表您的认同程度，如7代表完全同意，4代表一般，1代表完全不同意，请在最符合您的答案序号上画"√"。

A 看完这个推荐后，我认为：	7 完全同意					完全不同意 1	
1. 这个推荐的是基于我自己的偏好做出的	7	6	5	4	3	2	1

B 1. 看完这个推荐后，您是否愿意考虑购买这些节能冰箱，把它们加入购物车作为购买备选项：
①是　　②否

2. 看完这个推荐后，	7 完全同意					完全不同意 1	
2.1 我觉得这个推荐是有用的	7	6	5	4	3	2	1
2.2 我觉得这个网站推荐的信息很可靠	7	6	5	4	3	2	1
2.3 我会考虑购买推荐给我的绿色产品	7	6	5	4	3	2	1

C 1. 看完这个推荐后，您是否愿意最终选择购物车里的节能冰箱，并且支付购买它（们）：
①是　　②否

2. 看完这个推荐后，	7 完全同意					完全不同意 1	
2.1 我对我的最终选择决策很满意	7	6	5	4	3	2	1
2.2 我相信我做出了最好的选择决策	7	6	5	4	3	2	1
2.3 我搜集了足够的信息做出了最好的选择	7	6	5	4	3	2	1

D 请回答下面问题，答案无所谓对与错，真实填写即可	7 完全同意					完全不同意 1	
1. 我对绿色信息很关注	7	6	5	4	3	2	1
2. 我对环境问题很关注	7	6	5	4	3	2	1
3. 我对节能产品很关注	7	6	5	4	3	2	1
4. 我对环保倡议活动很关注	7	6	5	4	3	2	1

谢谢您的配合！

2. 问卷2

尊敬的女士/先生：

您好！我们是××××大学研究者，正在进行一项关于学术研究的民意调查，在此真诚地邀请您就调研中设计的情境表达真实想法，本调研是完全匿名的，回答并无对错之分，结果仅用于学术研究，敬请您安心作答。非常感谢您的参与！祝您工作、生活愉快！

××××大学研究者

请您仔细阅读以下内容,并将自己置身于这个情境中,然后根据自己的真实想法回答后面的问题。

您最近在装修新买的房子,所以经常在"某网站"(一个虚拟的大型网络购物平台,类似于淘宝网、天猫商城、京东商城等)上浏览家电等家装设备。"某网站"是一个具有推荐功能的网络购物平台,在这里,你可以接受网站专门提供给你的关于节能产品的定制化推荐。

看完上述视频,请您回答下面的问题。在7个选项中,数字大小代表您的认同程度,如7代表完全同意,4代表一般,1代表完全不同意,请在最符合您的答案序号上画"√"。

A 看完这个推荐后,我认为:	7完全同意					完全不同意1	
1. 这个推荐的是基于与我有共同偏好的他人做出的	7	6	5	4	3	2	1

B 1. 看完这个推荐后,您是否愿意考虑购买这些节能产品,把它们加入购物车作为购买备选项:
①是　　　②否

2. 看完这个推荐后,	7完全同意					完全不同意1	
2.1 我觉得这个推荐是有用的	7	6	5	4	3	2	1
2.2 我觉得这个网站推荐的信息很可靠	7	6	5	4	3	2	1
2.3 我会考虑购买推荐给我的绿色产品	7	6	5	4	3	2	1

C 1. 看完这个推荐后,您是否愿意最终选择购物车里的节能产品,并且支付购买它(们):
①是　　　②否

2. 看完这个推荐后,	7完全同意					完全不同意1	
2.1 我对我的最终选择决策很满意	7	6	5	4	3	2	1
2.2 我相信我做出了最好的选择决策	7	6	5	4	3	2	1
2.3 我搜集了足够的信息做出了最好的选择	7	6	5	4	3	2	1

D 请回答下面问题,答案无所谓对与错,真实填写即可	7完全同意					完全不同意1	
1. 我对绿色信息很关注	7	6	5	4	3	2	1
2. 我对环境问题很关注	7	6	5	4	3	2	1
3. 我对节能产品很关注	7	6	5	4	3	2	1
4. 我对环保倡议活动很关注	7	6	5	4	3	2	1

谢谢您的配合!